国家科学技术学术著作出版基金资助出版

国家社会科学基金重大项目（项目批准号：17ZDA291）
"情报学学科建设与情报工作未来发展路径研究"
中国科学技术情报学会重点支持工程

新时代情报学与情报工作论丛
苏新宁◎主编　李　纲◎副主编

新时代我国情报工作的发展

吴晨生　李　辉　等◎著

·北京·

图书在版编目（CIP）数据

新时代我国情报工作的发展/吴晨生等著. —北京：科学技术文献出版社，2023.8
ISBN 978–7–5235–0682–0（2024.12 重印）

Ⅰ.①新… Ⅱ.①吴… Ⅲ.①科技情报工作—研究—中国 Ⅳ.① G255.51

中国国家版本馆 CIP 数据核字（2023）第 163130 号

新时代我国情报工作的发展

| 策划编辑：郝迎聪 | 责任编辑：赵 斌 | 责任校对：文 浩 | 责任出版：张志平 |

出 版 者	科学技术文献出版社
地　　　址	北京市复兴路15号　邮编　100038
编 务 部	（010）58882938，58882087（传真）
发 行 部	（010）58882868，58882870（传真）
邮 购 部	（010）58882873
官 方 网 址	www.stdp.com.cn
发 行 者	科学技术文献出版社发行　全国各地新华书店经销
印 刷 者	北京虎彩文化传播有限公司
版　　　次	2023 年 8 月第 1 版　2024 年 12 月第 2 次印刷
开　　　本	787×1092　1/16
字　　　数	394千
印　　　张	23
书　　　号	ISBN 978–7–5235–0682–0
定　　　价	98.00元

版权所有　违法必究

购买本社图书，凡字迹不清、缺页、倒页、脱页者，本社发行部负责调换

《新时代情报学与情报工作论丛》

丛书顾问委员会

黄长著　梁战平　马费成　胡昌平　靖继鹏　赖茂生　王知津　张晓军　戴国强

丛书编委会

主　任　赵志耘　苏新宁

副主任　夏立新　李　纲　孙建军　卢小宾　潘云涛

编　委（按姓氏拼音排序）

毕　强　曹树金　陈　超　初景利　邓三鸿　樊　博　高金虎　黄水清
蒋　颖　冷伏海　李广建　李月琳　栗　琳　陆　伟　马　捷　马海群
沈固朝　王　芳　王东波　王延飞　王曰芬　吴　鹏　吴晨生　许　鑫
杨建林　姚乐野　臧国全　曾建勋　章成志　郑彦宁　周晓英　朱庆华

学术秘书　赵筱媛

《新时代我国情报工作的发展》
著者名单
(按姓氏拼音排序)

陈雪飞　樊彦芳　金学慧　靳晓宏　李　辉　李　荣
李佳娱　刘　菲　刘　如　刘彦君　吴晨生　谢晓专
宬铁梅　张　婧　张惠娜　周京艳　周晓英

总 序

情报学的发展与情报工作的重点任务紧密相关，不同时期的情报工作重点，引导着情报学研究和情报学学科建设的发展方向。20世纪50—80年代，我国科学技术的发展亟待情报工作能够提供国内外最新的科技发展动态和文献资料，我国情报学研究也起始于探讨科技文献交流规律的情报研究。20世纪90年代，信息爆炸和信息化浪潮的袭来，使得情报工作更加重视信息资源建设和信息服务，情报学研究的重点转向了信息处理、检索与服务及信息资源建设。21世纪以来，随着互联网的普及，情报工作更加重视网络信息资源的构建和服务，并在国家智库建设中开始显现作用。因此，情报学研究开始转向网络信息资源的构建和知识服务的研究，以及如何融入国家战略的情报学研究尝试。可以说，我国情报学研究历经了"文献"情报学、"信息"情报学、"网络信息"情报学等多个发展阶段。今天，我们进入了大数据时代，情报环境的变化、技术发展的推动、国家战略的需求，情报学与情报工作将向何处发展？这是情报工作者和情报学者必须思考的问题。

作为一名情报学学者，长期以来我一直关注情报学的发展，迫切感觉到：时代的发展、社会的需求，情报学与情报工作必须与时俱进，需要做出响应，需要顺应转型，需要在新的时代做出更大贡献。因此，2017年年初，我向全国哲学社会科学规划工作办公室提交了国家社会科学基金重大项目"情报学学科、理论、方法及情报工作未来发展研究"选题，在本学科专家学者的支持和关爱下，该选题得以立项招标。我们团队经过对选题的充分讨论，并请教多位情报学前辈、专家，最后确定以"情报学学科建设与情工作未来发展路径研究"为题申报国家社会科学基金重大项目。有幸再次得到评审专家的垂青，使本申报课题得以成为2017年国家社会科学基金重大项目之一。

课题在申请时，设立了5个子课题，团队成员也只有30余人。但学科专家高度重视该课题的研究，提出了扩充项目研究内容的建议。根据专家们的建议，我们进行了充分的论证，并向全国哲学社会科学规划工作办公室提出了课题变更申请，即从原有的5个子课题扩大到9个子课题，同时也得到了全国哲学社会科学规划工作办公室批准，从而使这项研究从原有的情报学学科建设、情报学教育体系、情报学理论与方法体系、情报工作未来发展、国家安全情报工作发展等5个方面的研究，又拓展到情报与智库的作用与关系、国外情报学与情报工作、情报工作制度建设、中国情报事业发展史等研究领域。课题组也得到了壮大，成员达到了140余人，涉及南京大学、武汉大学、北京大学、中国人民大学、中国科学院大学、南开大学、南京理工大学、南京农业大学、上海交通大学、华东师范大学、军事科学院、国防科技大学、中国人民公安大学、北京市科学技术情报研究所等20多所高校和10余家科研机构。

新时代的到来，新的环境、新的需求、国家战略实施的期待，使得情报学与情报工作迎来了大好的发展机遇，同样也面临许许多多的挑战。为了探讨我国情报学与情报工作的未来发展，2017年10月，中国科学技术情报学会、中国社会科学情报学会在南京大学召开了"首届情报学与情报工作发展论坛"，会议发布了由本课题组执笔撰写的《情报学与情报工作发展南京共识》（简称《南京共识》）。《南京共识》针对新时代国家安全与发展对情报学与情报工作的要求，重点强调了5个重新：重新定位情报学科发展目标，重新认识情报工作的性质和作用，重新设计情报学课程体系，重新认识理论、技术、方法的重要性，重新认识情报能力。《南京共识》为我们开展重大项目的研究指明了方向，也促使我们下定决心出版一套反映新时代情报学与情报工作发展的学术论丛。

为了写好这套学术丛书，课题组进行了反复论证，召开了10余次书稿论证会，并邀请了情报领域前辈、专家到会指导，专家对书稿的题名、大纲、初稿、修订稿等提出了许多建设性意见，保证了书稿内容的全面和完善。本套丛书涵盖了情报学理论、方法和技术，情报学学科建设和培养体系，情报应用方面的情报工作、情报感知、情报与智库、竞争情报，国外的情报学与情报工作发展，情报制度，中国情报事业的发展等，其中多本著作的主题为国内首次出版。整套丛书从新时代、新使命、新任务的角度来阐述情报学与情报工作的新内容，为我国情报学研究、情报学教育、情报工作和情报事业的发展提供了有力指导。

综观全套丛书，每一本都具有自己的创新和特色：

杨建林教授等所著的《情报学学科建设与发展》以哲学的视角阐述了情报学基本原理和基础理论体系，并基于信息范式与情报范式融合的指导思想，构建了情报学学科体系基本框架，并以此探讨了情报学学科知识体系建设与学科功能单位建设的主要内容。这些研究对促进人们更清晰地认识情报学、助力情报学学科良性发展有很大的帮助作用。

王东波教授等所著的《情报学教育和人才培养研究》紧扣大数据和人工智能下"耳目、尖兵、参谋"情报学人才培养的总目标，通过内容分析、调查问卷和文本挖掘的方法，在所掌握的多个维度的第一手数据基础上，首次对新中国成立以来情报学教育体系进行了系统的探析和全面的梳理，并对情报人才培养方案给出了切实可行的建议。

王芳教授等所著的《情报学理论：哲学基础与应用发展》用历史主义的视角对情报学理论流派和研究范式进行了系统梳理，对情报学理论支撑的哲学思想，包括本体论、认识论、方法论、元理论和范式等命题进行了深入探析，首次以哲学视角对情报学的理论研究进行了系统的审视。该书对于情报学的发展和学术研究的深化具有十分重要的意义，将会在情报学教学和实际工作中发挥理论指导作用。

章成志教授等所著的《情报学研究方法与技术体系》综合使用了信息组织、自然语言处理、机器学习等理论与技术，构建了情报学研究方法与技术体系，开发了情报学研究方法知识库与检索系统，并针对特定场景下的情报学体系问题进行探索。该书开创了机器辅助构建学科研究方法体系的先河，提出多层次、细粒度的情报学研究方法与技术体系，推动了人工智能时代的情报学理论研究。

吴晨生、李辉研究员等所著的《新时代我国情报工作的发展》站在我国情报工作发展的时代潮头，以新时代、新机遇为背景，以"转型"和"融合"两大核心问题为主线，着力从情报工作的使命担当、重点任务、情报机构的智库能力提升、国家情报工作体制构建等方面规划勾勒新时代我国情报工作战略转型的总体方向，为我国情报工作未来发展绘制了新的蓝图和大展宏图的愿景。

初景利教授等所著的《国外情报学与情报工作》立足国外情报学与情报工作历史与现实发展，梳理了部分发达国家的情报学与情报工作起源与发展、情报学理论研究、情报工作机制、情报学代表人物、情报学教育等，并以比较的视角审视了中国情报学与情报工作发展对策。全书以宏观的视野展示部分发达国家情报学与情报工作全貌，总结情报学与情报工作发展的主要特点，揭示情报学与情报工作历史变化与发展现状。

王延飞教授和杜元清研究员所著的《情报感知论》是作者在情报实践基础上所进行的情报理论深耕创新之作。作者秉持"解决决策信息不完备问题"的情报宗旨，着眼"早醒远眺"的情报使命，创造性地提出情报感知理论，阐明了通过情报感知、刻画和响应去应对和解决新时期战略性情报研究所面临的不确定性问题，构建了适合中国国情的情报感知理论和方法体系。

栗琳研究员和初景利教授等所著的《情报与智库》在深入研究战略情报理论方法，系统梳理具有中国特色的科技情报工作、智库建设实践基础上，对学界争论多年的情报与智库若干基础问题提出了独到的见解。作者团队来自科技情报和智库领域，其独特的研究经历为该书奠定了理论与实践基础。作为第一本系统论述情报学、智库研究及相关联系的著作，它的出版对于新时代情报学发展具有很大的推动作用。

许鑫教授等所著的《竞争情报分析方法及应用》立足大数据环境，展现了竞争情报在数据采集、组织存储、数据分析等全链条上的方法变化。该书寻数据驱动之门而入，立方法拓展之地而耕，破应用创新之门而出，极大地丰富了竞争情报分析既有的理论与知识体系，既为学界开阔学术视野，也为业界提供更具洞察力、科学性、普适性的竞争情报分析新范式。

马海群教授等所著的《大数据观下的国家情报工作制度研究》针对信息技术所创造的情报工作新场景、新模式和新业态，构建了国家情报工作制度新思维、新理论、新格局，并指出这是新时期我国情报学内涵演变及情报工作路径创新的根本性的核心组织部分，尤其以《中华人民共和国国家情报法》为标志的国家情报政策法律制度，彰显了我国情报工作制度的新图景与新定位。

周晓英教授等所著的《中国情报学历史与发展进程》对20世纪50年代中期情报学（中国科技情报学）诞生以来的中国情报学发展演变历史展开研究，采用先梳理归纳后分析演绎的方法，梳理中国情报学发展过程中的事件，提炼出一般性的概念，分析发展过程和结果，并阐述情报学发展演变过程及其规律。迄今为止，我国尚没有关于中国情报学历史方面的专门著作面世，该书的出版填补了国内该领域的一项空白。

今天，世界正处于百年未有之大变局，这一"变局"为情报学与情报工作带来了前所未有的发展良机。国家安全、经济发展、社会进步需要情报学与情报工作勇于担当，国家战略的实施赋予了情报学与情报工作神圣的使命。情报学与情报工作需要在新的时期有所作为，必须能够在新的时期做到守正与拓展，即守住情报领域，坚持在新环境、新技术、新需求下，对情报学理论、技术和方法的创新，突出情报本质，体现学科的情报话语内涵，展现学科的情报核心话语权，建立以情报为核心的学科话语体系。另外，拓展情报的应用领域，引进先进的理论技术和方法，以完善情报学学科体系。拓展强调两个方面：一是以大情报观构建情报学学科体系，建立适应国家安全与发展战略的大情报学科体系，构成包括科技、经济、医学、环境、生态、能源、社会科学、军事、国防、安全、外交等领域的情报学学科体系，实现各领域情报工作相互融合又各守其职；二是将先进的理念、理论、技术、方法引入情报学研究领域，开展深度的情报学研究，而不是专门研究人工智能、深度学习、人文计算、区块链等。准确地说，是将这些成果更科学合理地应用于情报学领域，拓展情报学研究方法，促进情报研究更加科学和精准。本套丛书正是在守正与拓展这一思想指导下，集情报学领域集体智慧构思完成的。

本套丛书为国家社会科学基金重大项目（项目批准号：17ZDA291）"情报学学科建设与情报工作未来发展路径研究"成果，出版过程中得到2020年度国家科学技术学术著作出版基金的资助，同时也得到中国科学技术情报学会的大力支持和资助。本套丛书在撰写过程中，还得到情报学前辈和专家们的大力支持与指导，他们是黄长著先生、梁战平先生、马费成先生、张晓军将军、胡昌平先生、靖继鹏先生、赖茂生先生、王知津先生等。在丛书付梓之际，由衷地感谢在本套丛书撰写出版过程中给予我们帮助与支持的机构和专家们。

扬帆起航正当时,潮头掌舵逐浪高。在中华民族伟大复兴中国梦、强国梦践行时期,情报学与情报工作将以更加崭新的面貌,矗立在科学领域和国家安全与发展战略实施中。在这样一个契机下,《新时代情报学与情报工作论丛》面世了,相信这套丛书一定会在我国情报学建设及情报事业发展中发挥重要作用。

苏新宁

2021年元旦于南京

前　言

情报活动始于战争，历史悠远。《孙子兵法》"知己知彼、百战不殆"的情报思想，开启了我国情报研究的先河。新中国成立后，遵循周恩来、聂荣臻和张爱萍等老一辈无产阶级革命家对情报工作的基本定位，我国军事（包括国防）、国家安全、公安等安全类情报工作与科技、经济、社科等发展类情报工作不断壮大，各具特色，为国家安全、社会发展和科技进步做出了重要贡献。

当前，我国情报工作已经进入颠覆性的新时代：国际政治经济渐进式变革，中国成为世界第二大经济体，科技竞跑加速、位置前移，情报引领能力建设成为未来我国情报工作的主旋律；总体国家安全观将国家安全问题置于一种更高级的形态，为我国"攻防"情报工作融合发展，引领并服务于国家安全与发展重大决策提出全新的国家命题；"云物移大智"（云计算、物联网、移动互联网、大数据、智能技术）新技术迭代发展，深刻影响着情报活动基本原则、情报生产组织方式、情报研究与情报服务模式，使情报工作从信息采集到情报判断都发生着革命性变化。情报工作不再局限于物理世界，虚拟世界也进入情报工作范畴。

在不断被颠覆的新时代，我国传统情报工作已经慢慢落后于时代潮流。"大国地位"与"分散情报"之间的矛盾比较突出，情报理念隔阂、领域情报隔阂、机构情报隔阂、情报技术隔阂成为我国迈向情报大国的障碍；大量"独家资料"专属的时代一去不返，情报服务竞争力受到同类机构业务入侵的冲击，情报工作出现回落，情报机构地位面临挑战；传统情报工作的服务手段根深蒂固，已有情报工作的偏差易说难改，现有情报工作技术方法、情报生产组织方式还较为落后，情报产品还是在拼人力，"全息"数据使情报判读能力成为情报工作中的"瓶颈"……

当今世界，未来已来，唯变不变。我国情报工作的变革发展已经成为无法回避的时代课题。以情报引领并服务于国家安全与社会发展的重大决策，是历史的传承，更是时代的召唤。如何把握转型与变革机遇，以"为国谋略"为己任，在将情报机构培育成国家重要智库任务统领下，革故鼎新，重塑情报思维，从组织样式到工具方法进行系统性改造，形成与我国大国地位相适应的"大国情报"能力，是我们必须面对和思考的战略问题。

从这个高度出发，我们出版了《新时代我国情报工作的发展》一书。本书是我们参与的国家社会科学基金重大项目"情报学学科建设与情报工作未来发展路径研究"的最终研究成果之一，主要立足情报实践视角，力求探寻新形势下我国情报工作未来发展路径，为推动我国情报工作真正开创无愧新时代、服务于国家安全与发展的工作新格局，为促进我国情报工作发挥整体合力融入国家安全与发展体系建设，提供对策建议。鉴于安全情报工作的保密特性，本书主要从发展类情报工作视角切入，且书中关于安全情报工作的所有论述均来自公开资料。本书共分8章：第1章从领域情报的角度追溯总结国家安全情报、军事情报、公安情报、科技情报、社科情报、竞争情报等情报工作的演进与使命变迁；第2章从世界政治经济格局变化、国家安全与发展战略布局、新技术跃迁式革命3个视角，廓清新形势下我国情报工作变革发展的机遇挑战；第3章揭示我国情报工作变革发展的"瓶颈"障碍；第4章诠释新形势下我国情报工作的角色定位、情报观念的塑造及其重点任务；第5至第8章力图从情报工作发展的智库转型、体制承载、军民融合、能力支撑等方面探寻我国情报工作变革发展的策略与路径。

本书主要由北京市科学技术情报研究所"情报3.0研究团队"完成，是集体智慧的结晶。参与执笔撰稿的核心成员包括吴晨生、李辉、刘如、张惠娜、靳晓宏、张婧、周京艳、金学慧、陈雪飞、樊彦芳、李佳娱等11人。中国人民大学周晓英教授、中国人民公安大学谢晓专教授参与了本书部分章节的撰稿工作。吴晨生、李辉完成书稿总体框架设计；吴晨生完成书稿定稿工作；李辉完成前言、书稿统稿和润色修改工作；周晓英、谢晓专、刘如、张惠娜、靳晓宏、李佳娱共同完成第1章撰稿工作，其中国家安全与军事情报工作部分由周晓英、谢晓专完成，科技情报工作史、社科情报工作史、竞争情报工作史由刘如、张惠娜、靳晓宏、李佳娱共同完成；张婧完成第2章撰稿工作；周京艳完成第3章撰稿工作；金学慧、宸铁梅共同完成第4章撰稿工作、金学慧完成第5章撰稿工作；陈雪飞完成第6章撰稿工作；李辉、樊彦芳共同完成第7章撰稿工作，其中李辉完成军民情报融合的内涵与模式、战略意义、制约问题与推进策略撰稿，樊彦芳完成主要大国的军民情报融合撰稿；刘如完成第8章撰稿工作。刘彦君、李荣、刘菲参与了相关研讨工作。

本书撰写受益于部分情报专家和学者的前期研究成果，详见书后参考文献。在本书成书的不同阶段，曾多次征求相关专家和同行的意见和建议。黄长著、马费成、张晓军、苏新宁、赖茂生、王知津、毕强等情报界权威专家为研究提供了指导，提出了不少重要且富于建设性的观点。高金虎、沈固朝、朱庆华、卢小宾、马海群、周晓英、王延飞、梁俊兰、张薇、郑彦宁、杜元清、栗琳等专家提供了有价值的建议和颇有助益的同行评阅意见。这些意见和建议大部分是在"情报学与情报工作未来发展路径"研讨会上提出的。持续研讨使观点趋于收敛，最终本书充分吸收了来自各方面的有益建议。在此谨向这些专家和学者一并表示感谢！

本书撰写还受益于中国人民大学信息管理学院周晓英教授及其团队的大力支持。周晓英教授带领团队搜集了大量国家安全与军事情报工作的宝贵资料，并进行了详细的历史梳理，本书第1章第1.1节直接全部采用，在此对周晓英教授及其团队的合作共享精神表示衷心感谢！

我国情报工作是不断迭代的伟大事业，本书尽力躬行情报实践的唯变不变。我们衷心希望本书能够进一步启发凝聚情报工作者的战略想象力和智慧，使未来的情报工作更加契合国家安全与发展形势，充分体现情报价值；我们更希望本书能为推进我国重构情报工作体系、全面开启我国情报机构智库化发展和军民情报深度融合新篇章提供切实帮助及做出更大贡献。由于知识、经验、眼界等所限，本书不足之处、讹误之处在所难免，恳请专家、学者和广大情报工作者批评指正。

著者

2019年12月6日于北京

目 录

第 1 章 我国情报工作发展简史 1

1.1 国家安全与军事情报工作 1
1.1.1 政务院情报总署（1949—1952 年） 2
1.1.2 中央军委情报部（1949—1953 年） 2
1.1.3 中央调查部（1955—1983 年） 3
1.1.4 国家安全部（1983 年—） 4

1.2 公安情报工作 4
1.2.1 特情与情报资料工作阶段（1950—1989 年） 5
1.2.2 全面信息化建设阶段（1990—2003 年） 7
1.2.3 情报信息主导警务阶段（2004—2013 年） 8
1.2.4 情报工作法治建设新阶段（2014 年—） 9

1.3 科技情报工作 11
1.3.1 机构成立与组织完善阶段（1956—1978 年） 12
1.3.2 情报工作现代化阶段（1979—1991 年） 15
1.3.3 信息资源建设与知识服务阶段（1992—2012 年） 16
1.3.4 智能服务与智库化转型阶段（2013 年—） 18

1.4 社科情报工作 19
1.4.1 机构初步成立与曲折发展阶段（1957—1976 年） 21

  1.4.2　恢复与再生阶段（1977—1985 年）……………………………22
  1.4.3　规模化与信息化发展阶段（1986—2010 年）…………………24
  1.4.4　新型智库建设阶段（2011 年—）………………………………24
 1.5　竞争情报工作……………………………………………………………25
  1.5.1　理念引入阶段（1987—1994 年）………………………………27
  1.5.2　组织建立与理论深入阶段（1994—2001 年）…………………28
  1.5.3　市场化发展与服务拓展阶段（2001—2010 年）………………30
  1.5.4　网络竞争情报兴起阶段（2010 年—）…………………………32
 1.6　本章小结…………………………………………………………………34

第 2 章　新时代情报工作的机遇挑战……………………………………36

 2.1　情报工作新活力…………………………………………………………36
  2.1.1　世界政治经济格局发生质变………………………………………37
  2.1.2　倚重情报谋略构建国际竞争对抗优势……………………………41
 2.2　情报工作新方向…………………………………………………………44
  2.2.1　国家智库建设战略提供情报工作新平台…………………………45
  2.2.2　总体国家安全观指明情报工作新方向……………………………46
  2.2.3　军民融合发展战略开辟情报工作新重点…………………………47
  2.2.4　《国家情报法》引发情报工作新反思……………………………48
 2.3　情报工作新动能…………………………………………………………49
  2.3.1　新科技革命成为情报赋能的前提条件……………………………49
  2.3.2　大数据提升情报工作效率…………………………………………51
  2.3.3　人工智能增强情报判断能力………………………………………55
  2.3.4　移动互联网创新情报工作模式……………………………………58
  2.3.5　网络和计算速度增进情报与决策联动关系………………………62
 2.4　本章小结…………………………………………………………………66

第3章　影响情报工作发展的现实问题……67

3.1　认知偏差……68
3.1.1　对情报概念的认知模糊……68
3.1.2　对情报工作起源的认知偏差……70
3.1.3　对情报工作核心任务的认知偏差……71
3.1.4　对大情报意识和总体国家安全观的认知不足……75

3.2　体制机制障碍……78
3.2.1　情报工作松散……80
3.2.2　现行情报体制萎缩……82
3.2.3　情报法治体系缺乏……85
3.2.4　合作共享机制缺乏……88

3.3　情报生产方式与服务手段落后……89
3.3.1　工作思路与时代需求相脱节……89
3.3.2　数据处理能力与数据全息化不匹配……90
3.3.3　情报需求与情报生产矛盾凸显……90

3.4　本章小结……92

第4章　新时代情报工作发展的重点任务……93

4.1　情报工作的使命担当……93
4.1.1　情报功能回归……93
4.1.2　责任提升……95

4.2　情报工作观念思维塑造……96
4.2.1　重塑大情报观……96
4.2.2　树立大数据思维……99
4.2.3　树立情报工程思维……101
4.2.4　树立情报系统思维……103
4.2.5　树立情报平行思维……104

4.3 情报工作的重点任务 ·· 106
    4.3.1 情报机构战略目标：成为国家重要智库 ·· 106
    4.3.2 情报工作立足点：挑起国家安全与发展履职重担 ··· 109
    4.3.3 情报工作制度统领：制定国家情报发展战略 ··· 112
    4.3.4 情报主体组织管理：协同整合战斗力 ··· 113
    4.3.5 情报生产模式变革：构建新型情报生产组织模式 ·· 115
4.4 本章小结 ·· 119

第5章 情报工作发展的智库转型 ·· 120

5.1 情报服务与智库服务的契合关系 ·· 120
    5.1.1 情报服务的增值性 ··· 120
    5.1.2 智库的定义与功能 ··· 121
    5.1.3 情报服务与智库的契合点 ··· 126
    5.1.4 情报机构与智库的协同发展需求 ·· 133
5.2 国内外智库发展经验与启示 ·· 134
    5.2.1 生态研究所：政策影响力发挥的技巧 ··· 134
    5.2.2 美国进步中心：新想法的引入与推广 ··· 139
    5.2.3 人大重阳：中国智库的快速成长之路 ··· 142
5.3 情报机构的智库转型 ··· 145
    5.3.1 情报机构智库转型具备的基础 ·· 146
    5.3.2 情报机构智库转型面临的压力与挑战 ··· 149
    5.3.3 情报机构智库转型的策略与途径 ·· 152
5.4 情报机构智库转型的制度保障 ··· 159
    5.4.1 体制保障 ·· 159
    5.4.2 机制保障 ·· 162
    5.4.3 人才保障 ·· 163
5.5 本章小结 ·· 165

目 录

第 6 章 情报工作发展的体制承载 ··· 167

- 6.1 国家情报体制的概念与重要意义 ································· 167
  - 6.1.1 国家情报体制的概念 ·· 167
  - 6.1.2 国家情报体制构建的重要意义 ···························· 169
- 6.2 国外国家情报体制构建 ··· 173
  - 6.2.1 美国国家情报体制 ·· 173
  - 6.2.2 英国国家情报体制 ·· 182
  - 6.2.3 德国国家情报体制 ·· 189
  - 6.2.4 日本国家情报体制 ·· 194
  - 6.2.5 俄罗斯国家情报体制 ·· 199
  - 6.2.6 各国国家情报体制的经验启示 ···························· 203
- 6.3 国家情报体制构建顶层设计 ·· 208
  - 6.3.1 国家情报体制构建的基础要素 ···························· 208
  - 6.3.2 国家情报体制构建 ·· 209
  - 6.3.3 国家情报体制宏观架构 ····································· 210
- 6.4 国家情报数据平台构建 ··· 222
  - 6.4.1 国家情报数据平台的内涵 ·································· 222
  - 6.4.2 国家情报数据平台的作用和意义 ························ 223
  - 6.4.3 国家情报数据平台的建设需求和建设重点 ············ 225
- 6.5 本章小结 ·· 227

第 7 章 情报工作发展的军民融合 ··· 228

- 7.1 军民情报融合的内涵与模式 ·· 228
  - 7.1.1 军民融合的内涵 ··· 229
  - 7.1.2 军民情报融合的内涵 ·· 229
  - 7.1.3 军民情报融合的模式 ·· 232
- 7.2 我国军民情报融合的战略意义 ···································· 237
  - 7.2.1 提高国家竞争对抗能力 ····································· 237

  7.2.2 回应总体国家安全期盼 ·· 238
  7.2.3 支持军民融合信息需求 ·· 238
  7.2.4 增强情报工作整体实力 ·· 239
 7.3 我国军民情报融合的制约问题 ··· 241
  7.3.1 情报体制是硬制约 ·· 241
  7.3.2 政策制度是软性壁垒 ·· 241
  7.3.3 过度的保密文化是无形障碍 ··· 243
 7.4 主要大国的军民情报融合 ·· 243
  7.4.1 美国：军民情报融合构建世界情报大国 ························· 244
  7.4.2 以色列："三管齐下"推动军民情报融合 ······················· 246
  7.4.3 主要大国军民情报融合实践的成功经验 ························· 251
 7.5 我国军民情报融合推进策略 ·· 252
  7.5.1 融合管理体制构想 ·· 253
  7.5.2 融合立法与互动管理政策体系构建 ································ 254
  7.5.3 情报文化分歧弱化 ·· 255
 7.6 本章小结 ·· 256

第 8 章 情报工作发展的能力支撑 ··· 258

 8.1 大数据智能时代的情报工作能力建设 ·· 258
  8.1.1 情报工作能力的内涵 ·· 259
  8.1.2 情报工作能力的发展与演进 ··· 260
  8.1.3 情报研究新范式的形成 ·· 263
  8.1.4 情报工作能力体系建设的动因 ······································· 266
 8.2 情报工作能力体系构成要素及框架 ··· 267
  8.2.1 构建情报工作能力体系的六度理念 ································ 268
  8.2.2 构建情报工作能力体系的四大要素 ································ 270
  8.2.3 情报工作能力体系框架 ·· 275
 8.3 内部机能建设：平衡能力和各种限制 ·· 277

8.3.1　数据资源保障能力 …………………………………………… 278
　　　8.3.2　数据处理能力 ………………………………………………… 284
　　　8.3.3　需求判读能力 ………………………………………………… 287
　　　8.3.4　情报感知能力 ………………………………………………… 292
　　　8.3.5　情报价值提炼能力 …………………………………………… 303
　　　8.3.6　情报组织管理能力 …………………………………………… 310
　8.4　外部能力建设：平衡机会与各种需求 ……………………………… 313
　　　8.4.1　情报协同能力 ………………………………………………… 313
　　　8.4.2　情报服务平台建设 …………………………………………… 315
　　　8.4.3　情报服务模式创新 …………………………………………… 318
　　　8.4.4　情报服务过程智能化处理 …………………………………… 320
　8.5　情报工作能力提升路径 ……………………………………………… 323
　　　8.5.1　情报工作能力提升路径的基本框架 ………………………… 323
　　　8.5.2　情报工作能力提升路线图 …………………………………… 325
　8.6　本章小结 ……………………………………………………………… 327

后　记 ……………………………………………………………………… 329

　一、关于情报工作重点的思考 …………………………………………… 329
　二、关于未来发展的战略判断 …………………………………………… 332

参考文献 …………………………………………………………………… 335

索　引 ……………………………………………………………………… 345

第1章
我国情报工作发展简史

"以史为鉴，可知兴替"。情报活动自古有之，是人类竞争的必然产物，并在军事战争中发展进化，逐渐形成了一些情报理论和思想。在国家安全与发展的利益驱动下，情报活动日益组织化和专业化，并逐渐形成分支，成为一个国家生存与发展的重要社会分工。情报工作是一项有组织、有目的、有任务的情报活动，其学理基础是情报学（Intelligence Science），其基本定位是"耳目、尖兵、参谋"，其核心功能是优化决策、战略预警和安全保卫。按照应用领域，情报工作可分为军事情报（包括国防）、国家安全情报、公安情报、反恐情报、应急情报等安全类情报工作，以及科技情报、社科情报、经济情报、竞争情报等发展类情报工作。本章力求厘清我国各领域情报工作多年的实践历程，映射出我国情报工作的演进联系，以期更加深入地了解情报工作在国家安全与发展中所扮演的角色和作用，认清情报工作在不同历史时期的重要使命，从而更加科学合理地构建新时代情报工作的发展路径。本章所涉及的情报工作，特指新中国成立以后，面向国家安全、经济社会建设与科技发展的情报工作，其中安全情报工作历史资料均为公开来源。鉴于安全情报工作的敏感性与隐蔽性，公开资料非常有限，本章仅依据公开资料对我国安全情报工作发展历程略予梳理，所呈现的仅仅是安全情报工作发展历程中的某些片段或方面，未能全面、系统阐明我国安全情报工作的总体发展脉络。

1.1 国家安全与军事情报工作

《中华人民共和国国家情报法》（以下简称《国家情报法》）规定："国家安全机关和公安机关情报机构、军队情报机构"统称为"国家情报工作机构"[1]。我们所探讨的

---
[1] 中华人民共和国国家情报法（2018修正）：第一章 第五条［Z］.2018-04-27.

安全情报工作主要包括国家安全情报工作、军事情报工作和公安情报工作三大领域。新中国建立前夕，我国开始筹划新中国国家安全保卫与情报工作。1949年8月9日，中共中央及中央军委给各解放区中央局及分局的电报指出："为了分工，以便更好地建设我们的保卫与情报工作，决定取消中央社会部，另成立情报、公安两部（中央政府成立时，为政府的情报、公安两部）。"[1]1949年10月，中央社会部撤销，其保卫部分划归公安部（在政府建立之前归军委建制），情报改设为中央军委联络部[2]。由此，情报与保卫分开，初步建立了国家安全情报、公安情报、军事情报三位一体的安全情报体制。

1.1.1 政务院情报总署（1949—1952年）

1949年9月27日，中国人民政治协商会议第一届全体会议通过《中华人民共和国中央人民政府组织法》[3]，中央人民政府政务院设情报总署，于1949年11月1日正式成立。情报总署是新中国第一个政府层面上的情报机构，负责海外情报工作，下设办公厅和国外调查研究局。1949年10月，中央人民政府委员会第三次会议通过邹大鹏为情报总署署长[4]。政务院情报总署只存在了不足3年，1952年8月7日中央人民政府委员会第十七次会议在北京召开，会议决定撤销中央人民政府情报总署[5]，情报总署的工作并入外交部情报司。

1.1.2 中央军委情报部（1949—1953年）

新中国成立后，中央决定撤销中央情报部，成立中央人民政府人民革命军事委员会情报部（简称中央军委情报部），1949年10月11日中央任命李克农为中央军委情报部部长，16日任命李克农为中央情报委员会书记，统一领导全国的情报工作[6]。1950年4月1日，周恩来指出，情报工作要从单纯的军事情报向军事和政治情报转变，还需要增加经济情报、科技情报，要开辟国外的情报工作[7]。1950年12月10日，中央人民

---

[1] 王仲方. 公安部是怎样成立的 [M] // 祝春林. 历史瞬间. 北京：群众出版社，1999：5.
[2] 宋月红. 鲜为人知的"中央调查部" [J]. 政府法制，2010（24）：38-39.
[3] 中华人民共和国中央人民政府组织法 [Z]. 1949-09-27.
[4] 同②.
[5] 中央人民政府委员会关于调整中央人民政府机构的决议 [Z]. 1952-08-10.
[6] 开诚. 中共隐蔽战线的卓越领导人李克农 [M]. 北京：中共党史出版社，2018：335.
[7] 中共中央文献研究室，中央档案馆. 建国以来周恩来文稿（第2册）[M]. 北京：中央文献出版社，2008：483.

政府人民革命军事委员会情报部改组为总情报部[1]，下设情报部、技术部、联络部3个部，军事情报、技术情报和政治情报正式划归总情报部负责，由李克农任部长，直属中共中央而不是总参谋部管辖[2]。1953年1月29日，中央人民政府人民革命军事委员会总情报部撤销，其下属的各部门划归中国人民解放军总参谋部建制，其中情报部成为中国人民解放军总参谋部情报部（简称总参情报部），技术部成为总参谋部技术侦察部，联络部成为总参谋部联络部。其中，联络部于1955年改组为中央调查部，李克农任部长[3]。

1.1.3 中央调查部（1955—1983年）

1955年3月4日，周恩来主持会议，会议决定把联络部中的军事情报单位划归中央军委，联络部变成党中央的一个非军事情报部，仍由李克农兼任部长，随后，中央批准成立"中央调查部"[4]。1955年6月20日，中共中央和中央军委决定把原属中央军委总参谋部的联络部归由中央书记处直接领导，定名为"中央调查部"，由李克农兼部长[5]。联络部中的军事情报单位继续保留在中央军委领导下，改为中国人民解放军总政治部联络部。"文化大革命"期间，中央调查部工作受到影响。1967年3月，中央调查部实行军管。1969年6月13日，中共中央决定撤销中央调查部，将其并入总参谋部情报部[6]，原中央调查部部长孔原改任总参谋部第二部政委，罗长青任副部长。1973年8月，中央调查部又逐渐恢复了原有建制，罗青长任部长。1975年7月恢复设立中国人民解放军总政治部联络部。1983年6月20日，第六届全国人民代表大会第一次会议决定由原中央调查部整体、公安部政治保卫局、中央统战部部分单位、国防科工委部分单位合并为"国家安全部"[7]。

---

[1] 张晖. 新中国成立初期的解放军八大总部[J]. 党史博览，2018（4）：38.
[2] 沈迈克. 关于中国共产党中央调查部的历史考察[J]. 黄语生，译. 当代中国史研究，2010（2）：99.
[3] 姚永森. 中共秘密战线首脑：李克农传奇[M]. 合肥：安徽人民出版社，1989：232.
[4] 杨尚昆. 杨尚昆日记（第1卷）[M]. 北京：中央文献出版社，2001：185.
[5] 王健英. 中国共产党组织史资料汇编（增订本）[M]. 北京：中共中央党校出版社，1995：963.
[6] 中国机构编制网发布中共中央机构沿革概要[EB/OL]. [2019-01-18]. http://www.scopsr.gov.cn/zlzx/jgyg/201811/t20181120_326533_6.html.
[7] 邹东涛. 发展和改革蓝皮书：中国道路与中国模式（1949—2009）[M]. 北京：社会科学文献出版社，2009：359.

1.1.4 国家安全部（1983 年—）

1983 年，中央政法委秘书长、公安部部长刘复之向政治局请示，要求改组中央调查部，由中央调查部整体、公安部政治保卫局、中央统战部部分单位、国防科工委部分单位合并组建国家安全部①。中央政治局批准了这一请示。1983 年 6 月 6 日，第六届全国人民代表大会第一次会议作政府工作报告指出："我国的社会主义现代化建设，是在复杂的、动荡不安的国际环境中进行的。为了确保国家安全和加强反间谍工作，国务院提请这次大会批准成立国家安全部，以加强对国家安全工作的领导。"②1983 年 7 月 1 日，中华人民共和国国家安全部召开了成立大会，万里、习仲勋、胡乔木、陈丕显、胡启立、田纪云，有关部门负责人郑天翔、杨易辰、刘复之、邹瑜、崔乃夫、伍修权等出席了大会。大会由国家安全部部长凌云主持。中共中央书记处书记陈丕显代表党中央、国务院作了重要讲话③。1983 年 9 月 2 日，第六届全国人民代表大会常务委员会第二次会议通过《关于国家安全机关行使公安机关的侦查、拘留、预审和执行逮捕的职权的决定》，明确规定："第六届全国人民代表大会第一次会议决定设立的国家安全机关，承担原由公安机关主管的间谍、特务案件的侦查工作，是国家公安机关的性质，因而国家安全机关可以行使宪法和法律规定的公安机关的侦查、拘留、预审和执行逮捕的职权。"④

1.2 公安情报工作

1949 年 7 月 6 日，中共中央革命军事委员会决定，在军事委员会下设立公安部，统辖各地公安机关的工作，并任命罗瑞卿为公安部部长⑤，为筹建新中国中央人民政府做准备。1949 年 10 月 1 日，中华人民共和国成立。根据《共同纲领》和《中央人民政府组织法》的规定，中央人民政府成立公安部。1949 年 10 月 19 日，中央人民政府委员会第三次会议决定，任命罗瑞卿为中央人民政府公安部部长，杨奇清为副部长。中央人民

---

① 李文良.中国国家安全体制研究［J］.国际安全研究，2014（5）：44.
② 政府工作报告：一九八三年六月六日在第六届全国人民代表大会第一次会议上［EB/OL］.［2019-01-18］.http://www.gov.cn/test/2008-03/12/content_917396.htm.
③ 赵相如.国家安全部召开成立大会［N］.人民日报，1983-07-02.
④ 全国人民代表大会常务委员会关于国家安全机关行使公安机关的侦查、拘留、预审和执行逮捕的职权的决定［Z］.1983-09-02.
⑤ 王飚.新民主主义时期中国共产党安全保卫工作的理论与实践［D］.长沙：湖南师范大学，2003：142.

政府命令发布后,中央军委公安部即行撤销,改名为中央人民政府公安部。1949年11月1日,中央人民政府公安部宣告正式开始办公,启用印信。11月5日,罗瑞卿亲自主持召开了中央人民政府公安部成立大会。1949年11月16日,中央人民政府公安部设置一厅六局,即办公厅、政治保卫局、经济保卫局、边防保卫局、武装保卫局、治安行政局、人事局,不久又增设警卫局[①]。1954年,中央人民政府公安部改为中华人民共和国公安部,简称"公安部",属国务院领导。

1.2.1 特情与情报资料工作阶段(1950—1989年)

情报作为科学决策和行动的依据,自公安工作诞生之日始便有之。早期的公安情报思想开始孕育于公安决策与实践中。新中国成立之初隐蔽战线态势严峻,土匪、盗匪、恶霸、封建流氓组织、走私与贩毒集团、反革命分子、特务、反动党团骨干分子、反动会道门头子等威胁突出,我国公安机关承担着肃特、剿匪、反霸、侦查保卫等诸多任务,1950年公安部先后召开第一次全国治安行政工作会议、第一次全国侦察工作会议、第二次全国公安工作会议,诸会议明确打击和惩治隐蔽战线上的敌人,对付土匪、盗匪、封建流氓组织、走私与贩毒集团等,要走"专群结合"的路线,一是强调群众路线,依靠群众获取犯罪线索,并要求重视调查研究工作;二是强调专门工作,要学会与隐蔽敌人做争斗,允许且积极正确地开展"特情"工作,并初步规定了特情物建和使用必须遵循的原则和方法[②③]。1952年7月召开的第二次全国侦察工作会议,提出建立和规范特情队伍和秘密据点的要求,明确了特情工作的重点和主攻方向[④⑤]。1953年9月,公安部召开第二次全国民警治安工作会议,确立了专案特情和控制特情思想,1955年召开的第三次全国刑事侦查工作会议又提出了情报特情思想[⑥]。自此,我国公安机关特情工作形成由"专案特情、控制特情、情报特情"构成的人力情报体系。

1963年,公安部制定了《刑事侦察工作细则(试行)草案》,对刑事特情建立的原则、分类、吸收对象、领导、管理、使用及联络网点建设等做了规定,刑事特情工作开始进

---

① 王飏. 新民主主义时期中国共产党安全保卫工作的理论与实践[D]. 长沙:湖南师范大学,2003:142.
② 邓立军. 中国现代秘密侦查史稽考[J]. 四川警察学院学报,2014(3):1-9.
③ 肖彬. 相知杨奇清(续)[J]. 人民公安,1999(11):58-63.
④ 同②.
⑤ 黄玉成. 建国以来刑事侦察学的发展概况[J]. 公安大学学报,1985(4):4.
⑥ 同②.

入了法制化的轨道①。可见，新中国成立之初便确立了"专群结合""公密结合"的工作方针，将特情工作、调查研究工作、群众工作作为公安情报工作的基石，并初步确立了秘密情报力量、公开调查研究、群众路线相结合的情报思想与制度规范。至 20 世纪 60 年代中期，因"左倾"思想的影响，秘密情报工作中存在的问题被放大，1965 年召开的全国侦查工作会议做出了"取消刑事特情和据点"的决定。

"文化大革命"期间，公安工作受到影响，公安情报工作进入停滞期。"文化大革命"结束后，公安工作开始恢复并逐步进入正轨。公安部刑侦局明确"刑事犯罪情报资料工作、刑事特情工作、刑事技术工作"是刑侦工作基础建设的三大支柱，要把这 3 项工作摆上重要位置，公安情报工作进入"人力情报"与"犯罪情报资料工作"并重的阶段。人力情报方面，公安部 1978 年颁布《刑事侦察工作细则》，明确规定"秘密搜查、密取证据、跟踪监视、使用耳目、技术鉴定等侦察手段，只能用于刑事犯罪分子和犯罪嫌疑分子"②。1981 年 3 月，公安部下达了《刑事特情工作细则》试行办法，对特情建设做了全面、具体的规定，增加了县公安局有权物建特情、农村可以建立特情及刑事诉讼中对特情的保护等规定③。1984 年 8 月，公安部正式下达了《刑事特情工作细则》，这是刑事特情工作发展进程中的第一个正式"法规性"文件④。

刑事犯罪情报资料是公安机关通过侦察手段、治安管理和其他方法所获得的一切有关刑事犯罪的人、事、物等方面的情况、线索，以及对其分析研究加工的成果，主要涉及搜集、储存、管理、检索和利用，探讨搜集、储存、检索、综合研究、管理等环节⑤。公安机关历来重视刑事犯罪情报资料工作。我国刑事犯罪情报资料工作是从人员资料建设开始的。人员资料建设起源于流窜犯材料档卡积累。20 世纪 80 年代，随着社会的进步和科学技术的发展，刑事犯罪活动也出现了许多新情况，特别是跨地区流窜犯罪日渐突出，在这种情况下，公安机关开始加强人员资料的建设和利用。

1980 年，上海市公安局刑侦处成立我国第一个情报信息专业管理机构"上海市公安局刑事犯罪情报中心"，开始系统搜集、存储各类刑事犯罪信息。公安部及时总结推广上海做法，1983 年在刑侦局设立犯罪情报管理处，负责全国犯罪情报工作的管理。公安

---

① 郭晓彬. 侦查策略与措施 [M]. 北京：法律出版社，2006：248.
② 李兴洲，李丹，李蓉. 论我国技术侦查措施立法的完善：以新《刑事诉讼法》为视角 [J]. 湖北警官学院学报，2013（5）：114-117.
③ 王彬. 比较法视野下的线人制度研究 [J]. 河南财经政法大学学报，2014（1）：54-64.
④ 陈晓辉. 刑事特情适用的若干争议焦点研究 [J]. 求实，2010（增刊 2）：69-71.
⑤ 于凤玲. 第一讲 刑事犯罪情报资料工作概述 [J]. 公安大学学报，1987（4）：59-63.

部在不断总结各地刑事犯罪情报资料工作经验的基础上，先后多次召开专业会议，决定将这项业务列为全国公安信息系统重点建设项目之一，并于1984年12月24日下达《关于刑事犯罪情报资料工作暂行规定》[公发（刑）203号]，该规定指出："犯罪情报资料工作是同刑事犯罪做斗争的一项重要的基础业务建设和有效的侦查手段。"① 这一文件的贯彻实施，进一步加快了全国刑事犯罪情报资料工作系统化、规范化和科学化的建设步伐。1986年公安部发布《关于加强刑事犯罪情报资料工作的通知》[〔86〕公（刑）字5号]及《关于收集劳改犯、劳教人员资料有关事项的通知》[〔86〕公（刑）字8号]，自此刑事犯罪情报资料工作制度基本建立②。1997年6月，河北石家庄全国刑侦工作会议召开，公安部明确了"三基础、三手段"内容，即刑侦基础工作是"刑事情报信息工作、刑嫌调控、阵地控制"③。

伴随着信息技术的发展，犯罪情报资料工作的信息化建设逐渐成为公安情报信息工作的重点。20世纪80年代，刑侦等业务部门开始率先建设业务信息系统。1984年，公安系统计算机网络建设正式启动④。1987年1月，公安部下达《关于开发刑事犯罪信息系统的通知》[〔87〕公（刑）字2号]，决定在江苏南京六合县公安局开展县级违法犯罪人员资料微机开发试点工作。1988年5月18日，公安部在南京市召开违法犯罪人员信息系统现场会，推广六合县微机管理人员资料的试点经验⑤。同年，第一版计算机"违法犯罪人员信息管理系统"出台，标志着犯罪情报由手工管理向计算机管理过渡。

1.2.2　全面信息化建设阶段（1990—2003年）

20世纪90年代初，美国掀起全球"信息高速公路"建设热潮。我国公安机关紧跟信息时代新技术发展步伐，积极运用新兴信息技术手段改进执法情报工作，大力推进信息应用系统和信息资源建设。1993年，由于多种原因，在公安部机构改革中，刑侦局犯罪情报管理部门被撤销，全国犯罪情报工作群龙无首，进入各部门、各地区各自为政的时期。1994年，为了实现跨地区、跨部门的信息共享，公安部通信局开发建设的"全国犯罪信息中心"（CICC）正式运行，CICC被认为是我国司法领域最早的数据库⑥。之

---

① 马忠红．刑侦基础工作的基本原理与侦查模式[J]．武汉公安干部学院学报，2008（4）：21．
② 于凤玲．第二讲　刑事犯罪情报资料的搜集（一）[J]．公安大学学报，1987（5）：62-65．
③ 卢心钢．对加强刑侦基础工作的思考[J]．辽宁警专学报，2009（4）：17-19．
④ 马德辉．中国公安情报学的兴起和发展[J]．情报杂志，2015（11）：7-14．
⑤ 刑事犯罪情报资料[EB/OL]．[2019-01-18]．http://www.jssdfz.com/book/gaz/D4/D3J1.html．
⑥ 于志刚．犯罪记录制度的体系化建构[J]．中国社会科学，2019（3）：71．

后,刑事犯罪侦查、经济犯罪侦查、禁毒、国内安全保卫、治安、户政、出入境等业务部门都建立了自己的信息系统。1995年,公安部提出建立地市级综合公安信息系统,对各警种数据进行整合,实现公安信息跨地区、跨部门共享,最大限度地发挥信息资源的效益。1998年,在机构改革中,刑侦局恢复犯罪情报管理处的设置,但作为部门情报管理处,无法掌控全局性的犯罪情报管理工作。1998年9月22日,公安部决定组织实施"公安信息化工程——金盾工程",1999年1月6日全国公安厅局长"南京会议"宣布正式启动"金盾工程",2002年中办、国办印发文件,确定"金盾工程"为国家电子政务建设的12个重要业务系统建设项目之一,正式拉开了新时期公安技术改革的大幕[①],并于2005年完成一期建设目标。公安执法情报信息系统与公安信息化建设为公安情报工作的发展奠定了信息平台与信息资源基础。与此同时,鉴于刑事犯罪的智能化、隐蔽化、集团化、职业化的发展趋势,2001年公安部修订出台了《刑事特情工作规定》,用以指导新时期刑事特情工作[②];公安部禁毒局为了规范禁毒工作中的特情问题专门另行制定了《缉毒特情管理办法(试行)》(2001年)[③],进一步推动人力情报工作的规范化与制度化建设。

1.2.3 情报信息主导警务阶段(2004—2013年)

为顺应世界情报主导警务发展潮流,2004年我国全国公安厅局长会议明确提出建立公安情报信息系统的任务。2005年3月,中国人民公安大学成立公安情报学系,公安情报学专业获教育部批准,并于当年9月开始招收第一届公安情报学专业本科生,开启我国公安情报学专业本科学历教育之先河。2005年6月,公安部国际合作局和浙江省公安厅在杭州举办"情报信息主导警务"国际论坛,推动了情报信息主导警务理念的落地。2005年10月,公安部明确指出,各级公安机关要牢固树立情报信息主导警务的理念,加大情报信息体系建设力度,建立健全维护国家安全和社会稳定工作的情报信息综合分析研判机制,不断提高发现、预警能力。2008年2月,国家发展和改革委员会批复"金盾工程"二期,标志着公安信息化建设和应用进入深化阶段。同时,力争通过二期工程建设,使公安情报系统等高端应用得到进一步推广,基本形成全警采集、全警应用、全警

---

① 赵炜.公安改革40年:历程、经验、趋势[J].中国人民公安大学学报(社会科学版),2018(2):3.
② 马海舰.刑事侦查措施[M].北京:法律出版社,2006:175.
③ 自正法.线人侦查的合法性及规制探析[J].云南警官学院学报,2013(5):70-75.

共享的公安信息化应用格局[①]。2008年9月，公安部"南京会议"提出在部、省、市三级建立综合情报部门[②]。2013年，公安部情报中心与中国人民公安大学联合举办"公安综合情报工作高峰论坛"，搭建了综合情报部门与理论研究机构交流的平台，为公安战略情报研究提供了重要平台。

1.2.4 情报工作法治建设新阶段（2014年—）

2014年成立的国家安全委员会提出总体国家安全观思想，国家安全与情报立法工作进入快车道。2014年11月，《中华人民共和国反间谍法》出台，2015年1月中共中央政治局召开会议审议通过《国家安全战略纲要》，2015年7月第十二届全国人民代表大会常务委员会第十五次会议通过新的《中华人民共和国国家安全法》（以下简称《国家安全法》），明确了政治安全、国土安全、军事安全、文化安全、科技安全等11个领域的国家安全任务。该法第四章第二节对我国国家安全情报信息工作做了明确规定：一是明确要求"国家健全统一归口、反应灵敏、准确高效、运转顺畅的情报信息收集、研判和使用制度，建立情报信息工作协调机制，实现情报信息的及时收集、准确研判、有效使用和共享"（第51条）。二是明确"国家安全机关、公安机关、有关军事机关根据职责分工，依法搜集涉及国家安全的情报信息。国家机关各部门在履行职责过程中，对于获取的涉及国家安全的有关信息应当及时上报"（第52条）。三是强调情报信息工作，"应当充分运用现代科学技术手段，加强对情报信息的鉴别、筛选、综合和研判分析"（第53条）。四是强调情报信息报送的质量，要求"情报信息的报送应当及时、准确、客观，不得迟报、漏报、瞒报和谎报"（第54条）。

2015年12月27日，《中华人民共和国反恐怖主义法》发布，该法第四章对反恐怖主义情报信息工作提出具体要求：一是规定了反恐怖主义情报工作归口管理机制，明确"国家反恐怖主义工作领导机构建立国家反恐怖主义情报中心，实行跨部门、跨地区情报信息工作机制，统筹反恐怖主义情报信息工作。有关部门应当加强反恐怖主义情报信息搜集工作，对搜集的有关线索、人员、行动类情报信息，应当依照规定及时统一归口报送国家反恐怖主义情报中心。地方反恐怖主义工作领导机构应当建立跨部门情报信息工作机制，组织开展反恐怖主义情报信息工作，对重要的情报信息，应当及时向上级反恐怖主义工作领导机构报告，对涉及其他地方的紧急情报信息，应当及时通报相关地

---

① 马德辉.中国公安情报学的兴起和发展[J].情报杂志，2015（11）：7-14.
② 罗杰.公安机关情指一体化工作机制研究[D].北京：中国人民公安大学，2018：10-21.

方"（第43条）。二是强调基层基础工作，要求"公安机关、国家安全机关和有关部门应当依靠群众，加强基层基础工作，建立基层情报信息工作力量，提高反恐怖主义情报信息工作能力"（第44条）。三是明确反恐怖主义情报工作可采取技术侦察手段，"公安机关、国家安全机关、军事机关在其职责范围内，因反恐怖主义情报信息工作的需要，根据国家有关规定，经过严格的批准手续，可以采取技术侦察措施。依照前款规定获取的材料，只能用于反恐怖主义应对处置和对恐怖活动犯罪、极端主义犯罪的侦查、起诉和审判，不得用于其他用途"（第45条）。四是强调"有关部门对于在本法第三章规定的安全防范工作中获取的信息，应当根据国家反恐怖主义情报中心的要求，及时提供"（第46条）。五是强调情报研判与预警，"国家反恐怖主义情报中心、地方反恐怖主义工作领导机构以及公安机关等有关部门应当对有关情报信息进行筛查、研判、核查、监控，认为有发生恐怖事件危险，需要采取相应的安全防范、应对处置措施的，应当及时通报有关部门和单位，并可以根据情况发出预警。有关部门和单位应当根据通报做好安全防范、应对处置工作"（第47条）。六是强调国家秘密、商业秘密与个人隐私保护，要求"反恐怖主义工作领导机构、有关部门和单位、个人应当对履行反恐怖主义工作职责、义务过程中知悉的国家秘密、商业秘密和个人隐私予以保密"（第48条第一款），"违反规定泄露国家秘密、商业秘密和个人隐私的，依法追究法律责任"（第48条第二款）。

2016年11月7日，《网络安全法》发布，该法对网络安全信息记录、采集、共享、提供等一系列问题做了明确规定。2016年，国家互联网信息办公室发布《国家网络空间安全战略》，国家安全战略部署与法治体系建设进入新时代。

2017年，《国家情报法》正式出台，首次以法律形式确立了我国国家情报工作体制，明确了国家情报工作的宗旨和工作原则、国家情报工作机构的职权、国家情报工作保障及法律责任等。根据该法，国家建立健全集中统一、分工协作、科学高效的国家情报体制。中央国家安全领导机构对国家情报工作实行统一领导，制定国家情报工作方针政策，规划国家情报工作整体发展，建立健全国家情报工作协调机制，统筹协调各领域国家情报工作，研究决定国家情报工作中的重大事项；中央军事委员会统一领导和组织军队情报工作；国家安全机关和公安机关情报机构、军队情报机构（以下统称国家情报工作机构）按照职责分工，相互配合，做好情报工作，开展情报行动；各有关国家机关应当根据各自职能和任务分工，与国家情报工作机构密切配合。至此，国家首次以法律形式确立了由"国家安全机关、公安机关情报机构、军队情报机构"构成的国家情报工作体系，标志着我国安全情报工作步入法治建设新阶段。

在总体国家安全观与国家安全法治建设完善的大背景下，公安情报工作改革持续推进。2015年2月，中央审议通过《关于全面深化公安改革若干重大问题的框架意见》及相关改革方案，明确要"健全情报信息主导警务机制"。2015年7月21日，公安部召开部全面深化改革领导小组第十三次（扩大）会议，研究审议并原则通过了《关于建设完善警务信息综合应用平台促进资源联通共享的指导意见》《关于进一步加强公安情报综合研判工作的意见》《公安情报综合研判工作改革试点方案》，明确要求建设完善警务信息综合应用平台，推动有关警种业务系统的融合对接，促进资源联通共享，建立有效的协调管理机制，确保公安基层基础工作高效规范、业务有机协同、数据动态鲜活、信息高度共享，进一步提升基础工作信息化建设水平；同时，将加强公安情报综合研判定位为全面深化公安改革的重要任务之一，要求坚持需求导向，把服务决策、服务实战、服务基层作为综合研判工作的出发点和落脚点，突出工作重点，拓宽研判视野，整合信息资源，完善工作机制，不断推动公安情报综合研判工作在科学、专业、实战、高效的轨道上持续发展[①]。2019年，公安部内设机构完成改革调整，成立情报指挥中心，推动"情报指挥一体化"建设[②]，公安情报工作进入新阶段。

1.3 科技情报工作

科技情报工作是把科学技术领域的数据信息，经过有计划、有组织、有目的的加工整理之后，形成有价值的判断，及时传递给使用者的一项重要工作。1956年，周恩来、聂荣臻、张爱萍等先辈们把科技情报工作的功能定位为"耳目、尖兵、参谋"。同年，国家科技情报组织（中国科学技术情报研究所）成立，标志着新中国和平时期科技情报工作的全面展开[③]。几十年来，我国科技情报机构从无到有，从小到大，积极适应国家在不同历史时期的要求，其社会功能及价值不断提高，为推动科技进步、促进经济和社会发展等提供了有力的情报支撑。

在以往的研究工作中，专家学者以不同的视角对科技情报的发展历程进行了阶段划分。例如，包昌火于2010年从科技情报研究的角度，将我国科技情报研究发展过程分

---

① 公安部.公安部通过公安情报综合研判工作改革试点方案［EB/OL］.［2015-07-22］.http://legal.people.com.cn/n/2015/0722/c188502-27343791.html.
② 蒋小天.公安部内设机构大调整：多部门整合做强办案部门.设情报指挥中心［N］.南方都市报，2019-05-13.
③ 苏新宁.大数据时代情报学与情报工作的回归［J］.情报学报，2017，36（4）：331-337.

为兴起阶段（20世纪50—60年代）、向软科学研究方向发展的阶段（20世纪70—80年代）、全面进入咨询业领域的阶段（20世纪90年代至2010年）[①]。吴晨生等从科技情报服务的角度提出"情报3.0"概念[②]，并将我国科技情报服务发展历程分为情报1.0时代（1950—1978年）、情报2.0时代（1978—2012年）、情报3.0时代（2013年—）。借鉴相关学者前期研究成果和实地走访调研，通过梳理分析科技情报机构的业务演变和能力变迁，将我国科技情报工作60余年的发展历史分为机构成立与组织完善（1956—1978年）、情报工作现代化（1979—1991年）、信息资源建设与知识服务（1992—2012年）、智能服务与智库化转型（2013年—）4个阶段（图1-1）。

图1-1时间轴下方为科技情报机构组织的历史发展情况，时间轴上方为影响科技情报工作的重要事件，用圆圈的大小来大致描述当时科技情报机构的竞争优势，圆圈交叠是因为任何竞争优势的增强或减弱都是循序渐进发生的，不是戛然而止的。对我国科技情报工作的发展历史阶段进行划分，是以重大事件为节点，站在国家科技情报工作战略方位的角度，梳理总结我国科技情报工作发展。

1.3.1 机构成立与组织完善阶段（1956—1978年）

第二次世界大战后，全世界开始大规模重建与复兴，科技迅猛发展，尤其是当时成为世界科技创新中心的美国，积累了大量的科技文献和资料。1950年，莫尔斯提出"情报检索"的概念，并不断影响着科技文献利用和分析的方法手段，促使成立于1937年的美国文献学会（ADI）在1968年改名为美国情报科学学会（ASIS）。美国还在1951年成立了国防军事技术情报局（ASTIA）[③]。在同一时代，日本在1957年成立了科学技术情报中心（JISOT）；对新中国初建时期影响巨大的苏联在1952年成立了科学情报研究所（ГСНТИ），到1968年其雇员已达到2万5000余人[④]。科技情报工作作为冷战时期的重要国家竞争手段逐渐走向繁荣。

我国科技情报机构的设立与其他国家几乎是同步进行的。新中国成立以来，我国科技基础薄弱，在西方发达国家的全面封锁环境下，急需科技人才的引进及大量国外科技资料的翻译和学习。1955年10月归国的钱学森深知图书情报的重要意义，归国5个月

[①] 包昌火，王秀玲，李艳. 中国情报研究发展纪实[J]. 情报理论与实践，2010，33（1）：1-3.
[②] 吴晨生，李辉，付宏，等. 情报服务迈向3.0时代[J]. 情报理论与实践，2015，38（9）：1-7.
[③] 张力治. 情报学进展（1994—1995年度评论）[M]. 北京：情报理论与实践杂志社，1995：1.
[④] 霍国庆，汪冰. 穿越冷战的情报科学史及其启示：理查兹"情报科学与冷战的结束"评价[J]. 情报科学，1998（16）：90.

第1章 我国情报工作发展简史

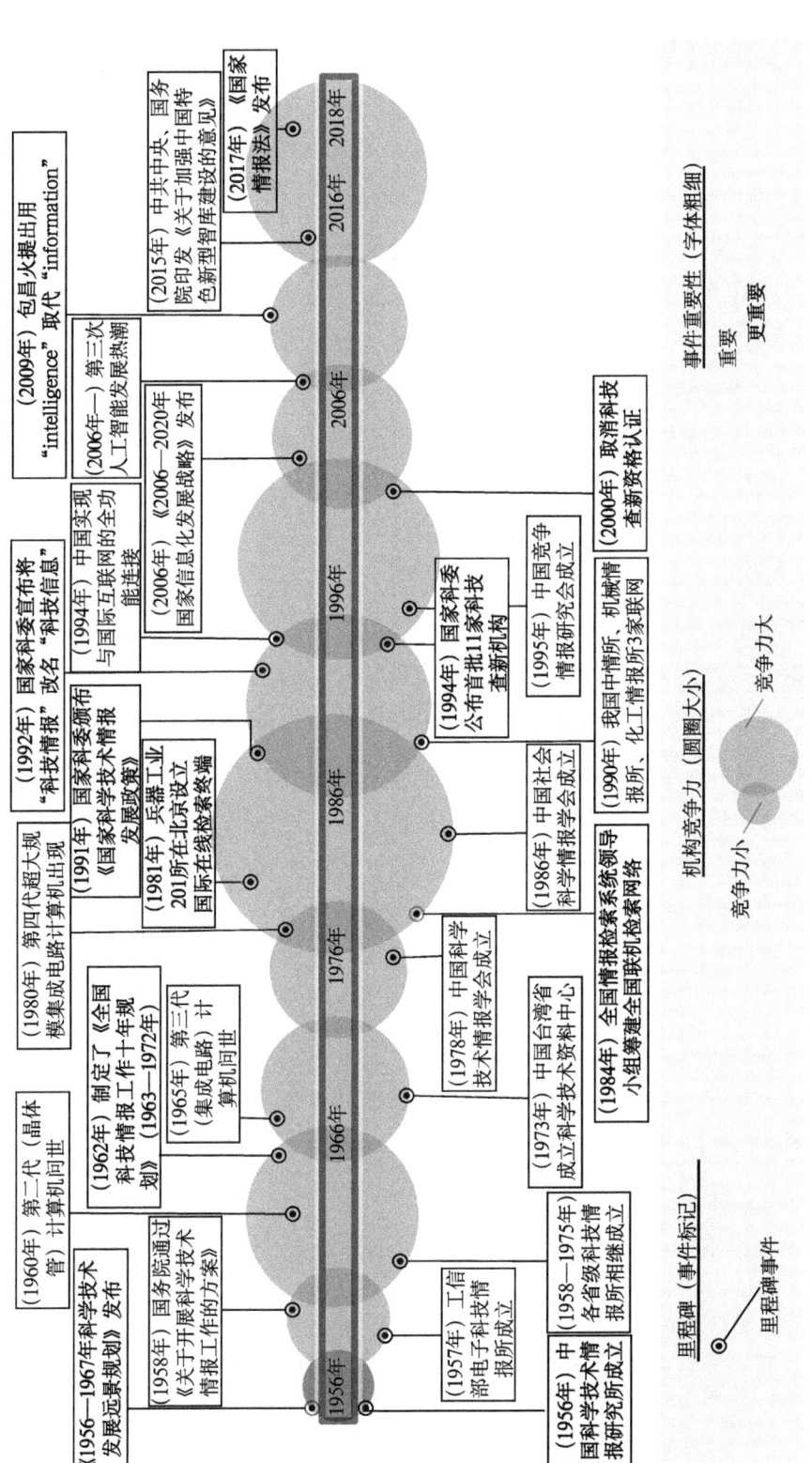

图1-1 我国科技情报工作发展简史

后，担任科技发展规划编制综合组组长的钱学森提议"我国应根据国家科技和经济发展需要，加快建设具有中国特色的科技情报系统"[①]。周恩来总理在钱学森的倡导下，将发展科技情报事业列入了《1956—1967年科学技术发展远景规划》（以下简称《规划》）[②]。《规划》指出，要加快建设专门的科技情报工作，快速建立两级情报机构。1956年，中国科学技术情报研究所（现名为"中国科学技术信息研究所"）成立，标志着我国科技情报工作在国家战略发展规划的层面正式拉开序幕。随后，各省级情报机构也相继成立。为了更好地组织这些科技情报机构，推动科技情报学术活动，中国科学技术情报学会于1978年成立。在科技情报工作的初建期，我国推出一系列促进科技情报事业的发展规划和工作方案，迅速组建成立了综合科技情报机构（国家级、省级、市级）、行业科技情报机构（化工、轻工、纺织等）和情报学会，这些机构开始为科技发展和社会进步发挥重要的支撑作用。举世闻名的南京长江大桥、"两弹一星"等高科技项目都受到科技情报工作的大力支持。

这一时期的科技情报机构发展也是跌宕起伏，以江苏省科学技术情报研究所为例，1958年为响应国家开展科技情报工作的号召，江苏省科委成立了情报处；1960年，在情报处的基础上成立江苏省科学技术情报研究所；1961年，全国推行精简机构的政策，江苏省科学技术情报研究所进行缩编，再次成为省科委情报处，直到3年后才恢复成科学技术情报研究所；1966年，"文化大革命"对科技情报事业带来巨大的影响，江苏科学技术情报研究所一度被撤销，直到1978年，在全国科技情报工作的整顿和恢复潮流中正式恢复[③]。江苏科学技术情报研究所的这些经历是整个科技情报机构在这一时期的一个缩影，科技情报机构在风雨中逐渐站稳脚跟，为特殊时期的新中国科技发展做出了重要的贡献。

当时的科技情报工作者常被称为文献工作者，主要是手工采集（检索）文献、处理技术报告、编译原始文献或报道它们的二次文献[④]。此外，这一时期的部分科技情报工作也有军事情报的特点，即通过海外人员对国外新闻报道、杂志书籍的大量收集和阅研，以内参的形式汇编传递回国。

《规划》明确地规定了科技情报工作的任务："迅速建立机构，培养情报工作的专家，

---

① 杨照德，熊延岭. 钱学森中国星[M]. 上海：上海交通大学出版社，2012：1.
② 卢胜军，栗琳. 钱学森情报思想及其应用研究[M]. 北京：航空工业出版社，2016：171.
③ 夏太寿，王晓梅，梅伟. 继往开来再创辉煌：江苏省科学技术情报研究所发展历程回顾与展望[J]. 江苏科技信息，2010（5）：3-6.
④ DOROTHY B L，RONALD W T. 情报科学史[J]. 情报科学，1993（14）：64.

全面和及时地搜集、研究和报道国内外，特别是科学先进国家的科技发展情况和新的成就，使全国科学工作能及时地了解这些发展与成就。"①可见该时期，我国科技情报工作的主要工作内容是建立情报机构、培养情报人才、编译科技文献、创办部分科技信息动态报道刊物；其历史使命是使全国科技工作者及时获取国内外科技领域的成就和动向，以便吸收这些科技成就，提高我国的科研和生产能力。

1.3.2 情报工作现代化阶段（1979—1991年）

在互联网时代来临之前，电子计算机技术促使科技情报工作飞速发展，是触发科技情报工作现代化的革命性技术。科技情报机构在发展期积累了大量国内外文献资料，构建了数据库，通过联机检索服务的方式，使科技情报机构成为其他机构和人员获取科技信息的重要来源，竞争优势非常明显。可以说，电子计算机技术推动我国科技情报工作进入快速发展期。

在科技情报发展战略层面，这一时期提出并逐步实现了科技情报工作的现代化发展战略。1979年，钱学森在《经济管理》上发表了《情报资料、图书、文献和档案工作的现代化及其影响》的文章，明确指出科技情报现代化需要对情报资料、图书、文献和档案进行收集、存储、终端查阅、检索和通信②。1984年，国家科委发布《全国科学技术情报工作条例》指出，科技情报工作对实现我国四个现代化具有重要意义。1988年，国家科委发布《情报工作和情报科学发展战略》，正式将我国情报工作现代化提升到国家发展战略的高度③。钱学森在情报工作现代化的论述中提到，在情报收集、存储、终端查阅、检索和通信技术这5个现代化关键问题中，检索是最核心的问题，对整个科技情报领域重点发展联机检索指明了工作重心和方向。

在科技情报工作层面，随着全国联机检索技术的快速发展，促使我国科技情报机构获得了独特的、不可替代的竞争优势。1979年，弗莱德里克·基尔古获得美国情报科学学会（ASIS）年度荣誉奖，以此嘉奖他创造的"合作编目与资源共享系统"，基尔古的这一工作奠定了联机检索的基础，对促成图书情报联合发展起到深远影响④。1980年，第四代超大规模集成电路计算机出现，加速了科技情报现代化的进程。1981年，兵器工

---

① 卢胜军，栗琳. 钱学森情报思想及其应用研究 [M]. 北京：航空工业出版社，2016：44.
② 钱学森. 情报资料、图书、文献和档案工作的现代化及其影响 [J]. 经济管理，1979（3）：18-23.
③ 包昌火，包琰. 中国情报工作和情报学研究 [M]. 北京：科学出版社，2013：前言.
④ DOROTHY B L，RONALD W T. 情报科学史Ⅶ [J]. 情报科学，1994（15）：61.

业 201 所在北京设立国际在线检索终端，1984 年中国情报检索系统领导小组筹建全国联机检索网络，引进数十种国外机读文献磁带，连接 12 个大型联机检索系统，到 20 世纪 80 年代中期已经有 47 个城市建立了 102 个国际联机检索终端[1]，科技情报联机检索的时代正式开启。这对于传统的纸质资料收集和查询方式来说，是一次巨大的技术进步。

在这个时期，由于电子计算机技术刚刚起步且功能单一，使得科技情报机构、图书馆、档案部门对于文献资料的存储、管理、检索都使用了同样的方法手段，再加上情报学起源于文献学[2]的历史渊源，科技情报工作中包含对图书资料、档案资料的搜集、整理、研究的工作内容，于是，图书、情报和档案逐渐因自然的发展规律而越走越近。

总而言之，不同于初期的文献编译服务，这一时期的科技情报主要工作内容可以称为科技信息服务，由于国家对科技情报工作现代化发展的要求，使科技情报机构开始积累资源、构建数据库，通过联机检索技术获取、查询、传递具体的科技信息，其历史使命是为国家科研项目、生产技术难题、企业技术升级提供专题信息检索、编译和研究服务。

1.3.3 信息资源建设与知识服务阶段（1992—2012 年）

全球信息化热潮使我国科技情报机构业务向多样化发展，使科技情报工作进入工作重心的调整期，同时也加速了情报机构知识服务的进程。尽管如此，这一阶段情报机构的知识服务并没有很强的竞争优势，科技情报机构间开始出现工作业务分化现象，有的侧重于发展科技查新业务，有的着力于数据资源建设工作，有的从事知识服务业务，还有的聚焦于竞争情报服务业务。

1992 年，国家级科技情报机构"中国科学技术情报研究所"改名为"中国科学技术信息研究所"。1993 年，美国发布"国家信息基础结构"计划，开放互联网，"信息高速公路"建设的热潮开始席卷全球。1994 年，中国国家计算与网络设施工程（NCFC）将全国数十个城市网络连入互联网，并使中科院计算机网络信息中心率先提供完善的网络服务[3]，国内用户可以与 154 个国家和地区共享网络信息资源[4]，使科技情报机构的联机检索逐渐转向网络化信息检索。在互联网环境下的信息检索可以通过 WWW、Gopher 等

---

[1] 赖茂生. 新环境、新范式、新方法、新能力：新时代情报学发展的思考［J］. 情报理论与实践，2017（40）：2.
[2] 张力治. 情报学进展（1994—1995 年度评论）［M］. 北京：情报理论与实践杂志社 .1995：1.
[3] 孙振誉，张蕙杰，白碧君，等. 信息分析导论［M］. 北京：清华大学出版社，2007：13.
[4] 张力治. 情报学进展（1994—1995 年度评论）［M］. 北京：情报理论与实践杂志社 .1995：256.

检索工具快速访问资源，而且全文信息也越来越多，用户可以把需要的信息传输到自己的主机上。我国图书馆纷纷加入国家互联网的 Gopher 服务主机和客户机，从而实现"虚拟图书馆"和"数字图书馆"的憧憬[①]。随着科技文献数字化的发展和互联网技术的进步，越来越多的数据库对互联网开放，全国各地的科技情报机构开始建立中文电子期刊及出版物的数据库。中国三大中文期刊数据库中，万方（1993年成立）与维普（1995年成立）都是由科技情报机构成立并运营的。中文期刊数据库的不断完善，为我国科技情报工作重视文献计量研究方法奠定了基础。

此外，1994年国家科委将38家科技情报机构认定为一级查新机构。科技查新一度成为这个时期科技情报机构的日常工作任务，尤其在各省，科技查新部门成为省级情报机构重要的业务部门。2000年后，具有查新资质的工作站越来越多，该项业务的核心竞争力减弱，业务也趋向平稳。尤其是2003年《行政许可法》通过后，科技部根据国务院的三定方案，不再具备认定科技查新一级机构的职能，全国科技查新工作处于群龙无首状态。

由于互联网的开放式信息检索不断发展，科技文献和知识具有了广泛的流动性，传统的联机检索服务开始衰退。此外，情报机构投入大量精力加工、建立的数据库也以公司的形式逐渐脱离科技情报机构组织，使这一时期的科技情报工作者开始将工作重心向知识服务转移。

我们之所以称这个时期为科技情报工作的调整期，是因为科技情报机构拥有的核心竞争优势正在减弱，传统的文献编译与文献检索变得越来越普及且大众化，新出现的科技查新业务、数据库建设工作、竞争情报服务业务、知识服务业务等多样化发展，情报工作重心在摸索中不断演进。尤其是1992年国家级科技情报机构"中国科学技术情报研究所"改名为"中国科学技术信息研究所"，弱化了情报，突出了信息。在这个背景下，包昌火于2009年提出用"intelligence"取代"information"的倡议，这也是信息服务向知识服务转变的风向标。在知识经济浪潮推动下，科技情报机构为了适应社会对知识共享与科技决策的需求，以决策咨询的方式，发布了大量的研究报告。

因此，这一时期的科技情报主要工作内容可以划分为两部分：数据资源建设与知识服务。科技情报工作者基于文献计量的特征和文献内容的发现，挖掘科技情报，使科技情报工作由文献信息服务转向知识服务。这一阶段科技情报工作的历史使命是以知识服

---

① 霍国庆，汪冰. 穿越冷战的情报科学史及其启示：理查兹"情报科学与冷战的结束"评价［J］. 情报科学，1998（16）：95.

务支撑决策，即对各国科技领域的发展现状、发展趋势、发展路线、战略措施等进行研究，从而支撑我国科技决策，增强政府决策的科学性和战略性。

1.3.4 智能服务与智库化转型阶段（2013年—）

大数据时代的到来，人工智能等信息技术的快速发展及智库建设作为国家战略的提出，带来了科技情报机构发展的春天，促使科技情报工作开始向智能服务和智库化转型。

情报工作智能服务与以往不同之处在于，"智能"反映了情报工作者以智能的技术手段加工信息、激活知识、运用情报的能力[①]。信息技术的变革和突破推动智能化工作平台及智能分析工具开始运用到科技情报工作中，为科技情报工作带来了技术支撑下的转型发展，带动着知识服务向其高级阶段——智能服务的升华。目前，科技情报服务已经初步具备了智能服务的性质，体现了智能服务的部分特点，但距离真正的智能服务还有相当的差距。

国家对智库建设的重视，也推动着科技情报工作向智库化方向转型。2015年，中共中央办公厅、国务院办公厅印发了《关于加强中国特色新型智库建设的意见》[②]后，中国新型智库建设呈现井喷现象。在美国《全球智库报告》中，中国从2008年入围74家增长到2016年的435家，智库数量成为世界第二。在此背景下，科技情报机构也受到很大影响，纷纷开始设计和布局智库化转型。2016年以后，全国各地情报学会组织的学术研讨会都围绕情报机构智库化转型的主题展开学术探讨，中国科学技术信息研究所、中国科学院文献情报中心、北京市科学技术情报研究所等机构都在努力向智库化转型，并在理论研究和实践工作方面有所进展。2018年，北京市科学技术情报研究所成为北京市首批智库"北科智库"的重要成员单位。

这个时期的科技情报机构不再仅仅满足于为科技创新需求提供信息保障，也不再满足于为狭义的科技决策者提供情报支持，而是将工作边界扩展到为科技创新发展的宏观决策提供支撑和前瞻，为政府、企业提供战略情报服务。

科技情报机构与智库机构虽然有很多相似之处，但还是有很多本质的区别。从根本上讲，科技情报的看家本领是善于积累数据、管理信息和知识服务，在智库化发展定

[①] 霍忠文，闫旭军. "情报"、"Informagence"与"Infotelligence"：科技情报工作科学技术属性再思考[J]. 情报理论与实践，2002，25（1）：1-5.
[②] 中共中央办公厅、国务院办公厅关于加强中国特色新型智库建设的意见[Z]. 2015-01-20.

位上应该向数据型智库发展，以数据做支撑，以知识服务做平台，提供智力支持。随着智能服务能力的提升，科技情报机构将提供更多的智力产品。不过应当指出，智库化转型并不是将科技情报机构变成一个智库，而是推动科技情报机构拥有智库功能。准确地说，未来科技情报机构应该是一个提供更多智力产品的科技情报机构，而不是单纯地提供科技信息，也不是单纯地只提供专家智慧。

现阶段科技情报工作主要内容是在不同的科技应用领域、不同的科技创新过程和科技管理的不同阶段，以全信息链个性化的智能服务，提供科技发展态势和趋势的分析、建议、策略方案等，产生具有前瞻性、战略性和针对性的研究成果。其历史使命是为政府或企业科技创新决策提供高质量的智力支持，关注并主动探索国家、科技领域重要问题，并以产生的科学思想产品影响科技创新舆论，进一步推进科技创新发展的步伐。

1.4　社科情报工作

社会情报（Social Intelligence）思想产生于20世纪70年代，由著名竞争情报学者S. Dedijer提出[①]。社会情报摆脱了科技情报的信息资料工作传统，使用科学的方法去理解和解释社会中的经济—技术情报活动，这与竞争情报有着一些重合，但又有着明显的区别。竞争情报具有鲜明的针对性和对抗性，主要是针对竞争对手开展的一系列情报工作；而社会情报更侧重面向社会发展的经济和技术情报活动。社会情报概念提出的重大意义还在于对当时混杂概念的规范和统一，将"社会与经济情报"[②]"工商情报"[③]"经济—技术情报"等进行了理论归纳，摒弃了当时情报学经典的文献资料范畴的传统概念。1991年，作为第一份以"Social Intelligence"命名的期刊——《社会情报》（后更名为《经济与技术情报》），在其创刊号上明确指出，社会情报的核心目的就是解释社会中存在的现象和原因，以便获取竞争优势[④]。1992年，日本东京大学成立了社会情报研究所，并开展了对社会情报的生产、流通、处理、蓄积及利用等多方面的综合研究，从情报的视角对人类社会进行解释。

---

① DEDIJER S. Social engineering of intelligence for development [C] // Document No.6 at the Meeting on the Knowledge Industry and the Process of Development. Paris：OECD，1980：1-59.
② 缪其浩. 社会情报（智能）的理论、应用及其对发展中国家的意义 [M] // 情报学进展（1996—1997年评论）. 北京：兵器工业出版社，1997：1-28.
③ 刘怀宝. 试论工商情报 [J]. 图书情报知识，1987（1）：15-18.
④ CORNIN B. An introduction for social intelligence [J]. Social intelligence，1991，1（1）：1-6.

同国际上社会情报发展路径与旨归略有不同,我国开展更多的是社科情报(Social Science Information)工作,这与我国社科情报工作的起源有关。我国社科情报工作的开展起源于中国科学院社会科学情报研究室。在"大情报观"视野下,我国的社科情报既离不开科学情报,也离不开社会情报[1],属于社会情报的范畴。

对于社科情报的概念界定,学术界尚未取得一致看法。范并思认为,社科情报系统地研究了社科情报问题的活动及成果[2]。梁邻德认为,社科情报工作是通过搜集、加工、存储、检索等手段研究社会科学情报的构成与特性、社会科学情报活动规律的特性要求[3]。基于我国社科情报的历史发展和工作实践,我们认为社科情报工作是基于信息获取、评价、分析和预测等科学方法,解释和说明社会科学问题,为适应迅速变化的外部世界环境而支持和引领决策的一种有组织的活动。社科情报涉及各种社会发展趋势、社会思潮、政治现象,反映整个社会生活,与科技情报相比,具有明显的政治倾向性和意识形态色彩[4]。

目前,还没有找到针对我国社科情报工作历史脉络系统研究的相关成果,但有一些研究和梳理值得参考。例如,党跃臣从社科情报理论综述的角度,对社科情报学术研讨会的发展做了梳理和研究[5];杨沛超等以中国社会科学院图书馆的历史发展为视角,总结了我国社科情报事业发展的历史轨迹[6];蒋颖从中国社会科学情报学会发展的视角,梳理了30年的学会发展历程。2018年,在改革开放40周年之际,中国社会科学情报学会以"改革开放四十年中国图书馆学情报学发展研究"为主题召开了学术年会,专家们通过报告的形式总结了过去的成就,探讨了现在的困境,展望了未来的发展[7]。

在社会需求推动下,我国的社科情报工作开始发展成为与科技情报工作不同的工作领域,发展出特有的工作模式与机制,探索形成了中国特色社会主义社科情报事业道路。纵览我国社科情报发展历史可以看出,我国社科情报工作大致可分为机构初步成立与曲折发展(1957—1976年)、恢复与再生(1977—1985年)、规模化与信息化发展

---

[1] 杨正翠. 困境变革转机[J]. 情报资料工作,1989(1):9.
[2] 范并思. 社科情报学理论建设的问题和思路[J]. 图书馆学通讯,1987(1):22.
[3] 梁邻德. 社会科学情报学[M]. 南京:南京大学出版社,1988:101-102.
[4] 赵素卿. 社会科学情报及其特点[J]. 中共山西省委党校学报,1993(3):58-60.
[5] 党跃臣. 中国社会科学情报理论研究综述[J]. 大学图书馆学报,1998(5):29-32,35.
[6] 杨沛超,汪小熙. 社会科学情报事业发展的历史轨迹与未来走向:以中国社会科学院图书馆为例[J]. 情报资料工作,2008(6):9-13.
[7] 徐亚男. 改革开放四十年中国图书馆学情报学发展研究:中国社会科学情报学会2018年学术年会纪要[J]. 情报资料工作,2018(6):108-109.

（1986—2010 年）和新型智库建设（2011 年—）4 个阶段，如图 1-2 所示。

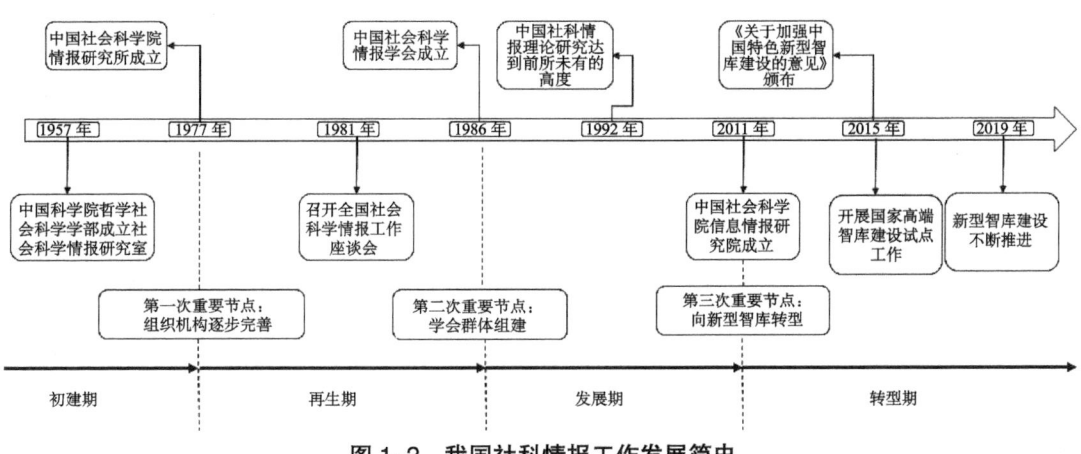

图 1-2 我国社科情报工作发展简史

1.4.1 机构初步成立与曲折发展阶段（1957—1976 年）

1950 年，中国科学院首批 15 个研究所中有 4 个社会科学类研究所，到 1955 年 6 月学部体制建立，哲学社会科学学部为 4 个学部之一。1956 年，国家在制定 12 年科学技术发展远景规划的同时，也制定了《哲学社会科学规划草案》（1956—1967 年），推动了院属哲学社会科学研究机构的发展。到"文化大革命"之前，哲学社会科学学部有 14 个研究机构，包括哲学所、经济所、世界经济所、文学所、外国文学所、语言所、历史所、近代史所、世界历史所、考古所、民族所、法学所、世界宗教所和情报所[①]。其中，1957 年，中国科学院哲学社会科学学部成立社会科学情报研究室，标志着我国社科情报事业的开始（1963 年，社会科学情报研究室更名为学术资料研究室）。

但在很长一段时间内，受"文化大革命"影响和当时领导决策机制的限制，以及社会科学学科自身发展等历史原因影响，社科情报工作并没有真正开展起来。当时的社科情报工作者无法参与社会发展的决策，只能在"我注六经"或"六经注我"的框架中做学问[②]，或者进行部分文献编译工作，为社科工作提供专题的信息检索、编译和文献服务。

1975 年 9 月，国务院公布《国务院关于哲学社会科学若干事项的通知》，规定中国

---

① 张志会. 哲学社会科学学部独立始末 [N]. 中国科学报，2014-04-04.
② 范并思. 推动社科情报的学科建设 [J]. 情报资料工作，2006（5）：12-14.

科学院哲学社会科学学部"直接受国务院指导,其地位同于科学院,相当于部委一级单位"。该通知正式提出了建立单独的社会科学院的计划。1976年秋,我国哲学社会科学文化事业逐步复苏,在这个背景下,我国社科情报工作开始逐步恢复。可以说,此时我国社科情报工作刚刚起步,处于服务手段较为单一、服务范围较为局限的阶段,主要工作内容是建立组织机构、进行资料整理编译及文献查询与传递。

1.4.2 恢复与再生阶段(1977—1985年)

1977年4月5日,中国科学院哲学社会科学学部向中央递交《关于哲学社会科学学部改变名称的请示报告》。5月7日,中共中央批准了该报告,决定将"中国科学院哲学社会科学学部"改名为"中国社会科学院",地位与中国科学院等同,相当于部委一级,学部时期的14个研究所全部划归过去。至此,哲学社会科学学部正式从中国科学院独立出去[①]。伴随着改革开放的顺利进行,我国社科情报事业发展得以恢复与再生。

这一时期,我国社科情报工作的规范化和有序化得到了加强,情报产品的科学化、系统化和整体化方面有了明显提高。我国社科情报工作迅速发展起来的原因,一方面在于社会科学的发展与变革,使社会科学内部产生了一种全新的社科情报服务需求;另一方面在于传统的社科情报服务不能满足日益增长的社科情报需求。而我国社科情报事业发展的最重要的背景,是改革开放以后中国社会科学的变革[②]。日新月异的社科情报理论与实践研究及不同层次、不同系统的情报产品的生产,大大丰富了这一时期的社科情报实践活动[③],为我国社科情报工作迎来了发展的春天。

在社科情报组织机构建设方面,1977年中国社会科学院情报研究所成立,标志着现代意义的社科情报事业在中国的出现[④]。中国社会科学院情报研究所在社科情报研究方面起了一定的推动作用,更重要的是为中国社会科学院的研究服务于中央搭建了一个平台,开展实际的社科情报研究和传递工作。20世纪80年代开始,全国29个省(区、市)先后建立了社科院系统的社科情报机构。在这一发展阶段,图书馆学、情报学进行了有机的整合,并初步实现了社科院系统、高校系统、党校系统、军队院校系统和新闻系统

---

① 张志会.哲学社会科学学部独立始末[N].中国科学报,2014-04-04.
② 范并思.推动社科情报的学科建设[J].情报资料工作,2006(5):12-14.
③ 张聿忠.走进新世纪的社科信息理论与实践研究:历史的回眸与展望[J].情报资料工作,2000(1):2-6.
④ 赵涛.对社科情报理论研究的思考[J].大学图书馆学报,1996,14(5):54-58.

五大社科情报系统联合规划、协调发展的局面。在这一阶段，社科情报工作发展成为具有一定规模的重要事业[①]。

在社科情报事业规划与顶层设计层面，1981年召开的全国社会科学情报工作座谈会，从顶层设计的角度对全国社科情报工作任务、服务对象及工作内容等进行了规划、设计。1983年召开的全国社会科学情报工作规划会议，结合工作实际探讨了我国社科情报工作的方针与任务，商定了"六五"期间协作项目，酝酿了全国社会科学情报工作者协会的筹建事宜。1984年，全国社会科学图书资料情报工作"七五"规划会议指出，社科情报工作的方向是"为推动科研的发展服务，为党政领导的决策服务，同时也为广大社会科学爱好者服务"。1986年讨论制定的《社会科学情报系统工作试行条例》（草案），对社科情报网络的建设提出了规划与设想。这些20世纪80年代建立起来的规划、设计及方案，为我国的社科情报事业发展提供了基本框架。

在社科情报理论阵地建设和学术平台建设方面，1980年《资料工作通讯》创刊，后更名为《情报资料工作》，该期刊作为中国社会科学情报学会学报，逐步发展成为社科情报领域学科学术交流与展示的平台与阵地。

在社科情报专业人才培养方面，到20世纪80年代，我国逐步实现了本科生和研究生层面的社科情报学教育。1979年，中国人民大学创办社科情报专业本科教育，作为我国社科情报教育的开始，为我国社科情报领域培养专业人才。1984年，武汉大学组建了全国第一家图书情报学院，增设社科情报专业[②]。20世纪80年代中期，华东师范大学、上海社会科学院情报所招收硕士研究生，开始培养社科情报专业领域高层次人才。

在社科情报研究成果方面，20世纪80年代，一些体系化的、相对成熟的社科情报研究成果相继面世，如赵惠丰的《社会科学情报工作概论》，易克信、赵国琦的《社会科学情报理论与方法》等。《情报资料工作》也日益为社科情报研究者所接受，并成为社科情报理论沟通交流的重要平台。这一时期，社科情报领域体系化、系统化研究成果的出现，标志着我国社科情报理论日趋成熟。

总而言之，这一时期的社科情报工作主要内容是从顶层规划、理论研究、人才培养等多个方面推进社科情报工作的开展，使得在情报产品的科学化、系统化和整体化方面有了明显提高，其历史使命是为我国社科项目研究提供专题检索、编译和研究服务，为向决策层传递社科情报研究成果搭建平台。

---

① 曹默.浅议社科情报工作的制约因素［J］.黑龙江社会科学，1995（1）：74-77.
② 白继红.我国社会科学情报学理论研究综述［J］.图书馆理论与实践，1993（3）：23-25.

1.4.3 规模化与信息化发展阶段（1986—2010年）

1986年，中国社会科学情报学会成立，将分散的社科情报研究力量组织起来，为社科情报工作者搭建了沟通交流的平台。中国社会科学情报学会的成立，是中国社科情报事业形成规模的标志，同时是中国社会科学对学科信息需求达到一个新高度的必然结果[①]。在中国社会科学情报学会成立之后，各省、系统纷纷成立社会科学情报学会。1987年，湖南省社会科学情报学会成立大会暨第一次社科情报理论与方法学术讨论会在长沙召开。此后，陕西省社会科学情报学会、全国党校文献情报学会、中国新闻资料学会、北京市社会科学情报学会、河北省社会科学情报学会、福建省社会科学情报学会、广东省社会科学情报学会、山西省社会科学情报学会、湖北省新闻工作者协会新闻资料分会等纷纷成立[②]，这些学会的成立推动我国社科情报事业蓬勃发展起来。

1988年，中国社会科学情报学会首届年会探讨了社科情报服务的相关问题；1991年，中国社会科学情报学会第二届会员代表大会讨论了服务手段和工作环境建设的相关问题；1995年，中国社会科学情报学会第三届会员代表大会重点讨论了情报服务如何满足社会主义市场经济的迫切需求等相关问题。中国社会科学情报学会在理论结合实践的层面，融合社科情报力量与社会需求，极大地推动了社科情报事业的发展。可以说，1986—1992年，中国的社科情报理论研究达到了前所未有的高度[③]。

这一时期的社科情报工作有一个特点，就是信息化建设水平显著提高。这源于全球信息化发展热潮促使社科情报工作开始重视数据资源建设。在社科情报研究方面，也开始基于文献计量的特征与文献内容的发现增强决策层的科学性和预见性。

1.4.4 新型智库建设阶段（2011年—）

知识经济的兴起，尤其是国家创新体系的提出，推动我国社科情报事业快速发展起来，我国的社科情报工作逐步进入智库化转型时期。2011年，中国社会科学院信息情报研究院的成立，成为我国社科情报机构向智库转型发展的里程碑事件。中国社会科学院信息情报研究院的定位就是要促进中国社会科学院发挥党和国家重要思想库和智囊团作用，以其成为中国社会科学院向党中央和国务院报送决策参考信息的重要平台、国内国际重要思想理论与战略决策的重要信息库、中国社会科学院科研成果转化并应用于实践

---

① 范并思. 推动社科情报的学科建设[J]. 情报资料工作，2006（5）：12-14.
② 蒋颖. 中国社会科学情报学会三十年回顾[J]. 情报资料工作，2016（6）：7-10.
③ 范并思. 社科情报学：一个逐渐远行的学派[J]. 图书情报知识，2006（6）：80-83.

的重要渠道[①]。2015年1月，中办、国办印发《关于加强中国特色新型智库建设的意见》指出，要发挥中国社会科学院等机构作为国家级综合性高端智库的优势，使其成为具有国际影响力的世界知名智库。《国家高端智库建设试点工作方案》将中国社会科学院、上海社会科学院等列为首批25家试点单位。在中国社会科学院的智库化转型战略布局下，中国社会科学院信息情报研究院作为中国社会科学院19家专业化智库之一，重点围绕关系国家发展重大理论和实践问题，尤其是马克思主义理论创新和党的意识形态问题，开展智库研究工作[②]。这是我国社科情报机构在国家智库战略布局和智库化转型过程中的改革和实践，也是社科情报机构发展的风向标。

这一时期，我国的社科情报工作主要以新型智库建设与服务为主，其历史使命是促进社科情报工作更好地为党和国家及各级政府战略决策、社科研究提供情报支撑。各地社科情报机构还聚焦地方特色领域，不断创新智库服务模式。在社科情报工作方式方法上，通过大力推进网络信息化环境下情报技术的开发与应用，推动地方情报机构的智库服务向信息化、网络化发展。社科情报机构从面向服务中央、地方等上级单位传递研究成果的社科情报研究工作，逐步拓展了工作外延，成为汇集社科情报资源、产生科学思想产品、影响社会发展的重要思想库，使社科情报机构更加有立场、有理论、有数据、有研究成果、有专家团队、有社会影响力。

1.5 竞争情报工作

竞争是人类的一种本能，也是经济活动的一个属性。不同于军事情报，竞争情报（Competitive Intelligence，CI）来源于经济活动中的竞争。随着第二次世界大战的结束，全世界的注意力都开始转向科技和经济的发展，为了提高本国的发展优势，各国开始从战略层面采取措施。竞争情报在这种激烈的竞争活动中应运而生。

关于竞争情报和竞争情报工作的定义，国内外学者从不同角度给予了不同的界定。相对而言，美国竞争情报专业人员协会（SCIP）对竞争情报的界定较为客观："竞争情报是人们用合乎职业伦理的方式搜集、分析和传递有关竞争环境、竞争者和组织本身的准确、相关、具体、及时、前瞻性及可操作性信息的过程。"与其他概念的主要区别就

---

① 张凤娜. 中国社会科学院成立信息情报研究院［N］. 中国社会科学报，2011-09-29.
② 荆林波. 中国智库综合评价AMI研究报告［R］. 北京：中国社会科学评价研究院，2017：231-233.

在于该概念中加入了"使用合乎职业伦理的方式",进一步表明了竞争情报职业化或行业化的先决条件和重要手段。国内学者黄晓斌对竞争情报工作的概念界定则较为全面,他认为"竞争情报工作是为了提高竞争力而进行的对竞争情报的收集、整理、组织、分析、研究和利用等一系列活动"[①],这一概念对竞争情报工作的目标和内容做了清晰的描述。

在国外竞争情报工作和时代发展需求的影响下,中国学者从20世纪80年代开始了对竞争情报理论和方法的探究。至今,我国对竞争情报的研究已经走过了30多年的历程,研究人员涉及科技情报界、社科情报界、军事情报界、企业管理界和政府部门等。除丰富的文献成果外,还产生了许多有影响力的竞争情报基金项目、示范工程和应用案例等,不断扩展了竞争情报的研究边界和深度。我国从事竞争情报工作的机构既有国家及各地方的情报专业研究院所,也有从事战略管理的各类咨询机构,虽然服务对象、服务类型、工作方法各有侧重,但竞争情报的本质和目标是一致的。

在以往的研究工作中,专家学者从竞争情报学科建设、竞争情报研究、竞争情报服务等不同视角对竞争情报的发展历程进行了总结和探讨。包昌火等于2012年总结了竞争情报引入的历史贡献,系统回顾了1987年以来我国竞争情报发展历程中的里程碑事件,构建了以竞争情报循环为主线,以竞争情报生产为核心,由理论、管理、方法、教育和应用五大模块构成的竞争情报学科体系[②]。王知津等于2007年从军事情报理论与企业实践中的管理学、经济学理论的融合促成了竞争情报理论的产生与发展的角度探讨了竞争情报理论的演化过程,以及与情报学的关系[③]。彭靖里等于2005年从竞争情报引入我国初期的学术交流、项目研究、示范工程、专著出版等方面对我国竞争情报的发展概况及特点进行了详细的梳理[④]。邢杰等于2003年从理论研究、实践探索、学术交流、教育培训4个角度探讨了竞争情报工作的发展演变[⑤]。

随着竞争情报工作发展重心的不断调整,将我国竞争情报工作的发展历史分为4个阶段:理念引入阶段(1987—1994年)、组织建立与理论深入阶段(1994—2001年)、市场化发展与服务拓展阶段(2001—2010年)、网络竞争情报兴起阶段(2010

---

① 黄晓斌.试论新环境下我国竞争情报工作的发展方向[J].情报科学,2000,18(11):967-970.
② 包昌火,李艳,包琰.论竞争情报学科的构建[J].情报理论与实践,2012(1):1-9.
③ 王知津,陈维军.论竞争情报的理论来源[J].图书情报工作,2007,51(7):28-30,61.
④ 彭靖里,邓艺,刘建中,等.国内外竞争情报产业的发展与研究述评[J].情报理论与实践,2005(4):4-8.
⑤ 邢杰,马德辉.论我国竞争情报研究现状及发展趋向[J].津图学刊,2003(1):77-80.

年—),如图 1-3 所示。

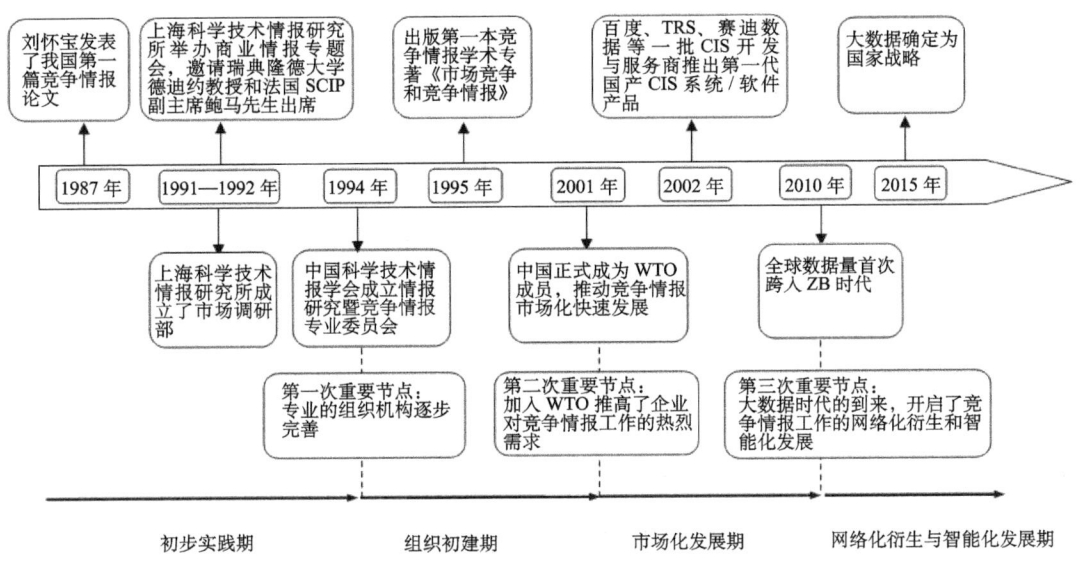

图 1-3 我国竞争情报工作发展简史

1.5.1 理念引入阶段(1987—1994 年)

竞争情报诞生于 20 世纪 50 年代,是军事学、经济学、管理学和情报学等学科相互交融的结果,是情报工作的重大发展[①]。1986 年,美国竞争情报专业人员协会(SCIP)的成立,标志着竞争情报开始向专业化、制度化、规范化方向发展。

1987 年,刘怀宝发表了我国第一篇竞争情报论文[②],开启了中国学者对竞争情报理论和方法的探究。二十世纪八九十年代,我国科技情报界敏锐地觉察到国际上新出现的竞争情报发展动向,开始邀请美国、日本等国的专家学者来华进行学术交流,以引进和学习西方发达国家开展竞争情报研究与服务活动的经验。1991 年 10 月,上海科学技术情报研究所在国内首次举办了商业情报专题会,邀请瑞典隆德大学德迪约教授和法国 SCIP 副主席鲍马先生出席;1993 年 7 月底,中国科学技术情报学会情报研究专业委员会在张家界召开了全国情报研究学术研讨会,推介了"情报研究的国内外比较研究项目"

---

① 包昌火,张燕,黄英.情报学进展:2002—2003 年度评论(第五卷)[M].北京:国防工业出版社,2003:310-374.
② 刘怀宝.略谈竞争情报及其搜集方法[J].图书情报知识,1987(2):30-32.

研究成果，并把竞争情报作为我国情报研究工作的发展方向之一；1993年8—9月，应上海科学技术情报研究所、中国兵器工业情报研究所和北京科学技术情报学会的邀请，日本工商竞争情报专家协会会长中川十郎教授来华讲学，成为中外竞争情报学术交流的开端，引起了我国情报界人士的极大兴趣和关注。

随着市场经济的进一步发展，企业为了取得竞争地位，不但要了解竞争对象，还要从与竞争对象的比较中认识自己，采取相应的对策，从而提高竞争力。实践呼唤竞争情报，竞争情报促使情报工作拓宽了新的研究范围，这也是竞争情报可以一经引入就能在中国迅速引起广泛关注和研究的重要原因。伴随改革开放的深入发展，从20世纪90年代开始，地方情报所开始试行面向市场的竞争情报服务。20世纪80年代中期起，上海科学技术情报研究所逐步形成了对情报研究的群体，1992年中期成立了"市场调研部"，通过为国内外企业提供工商情报咨询服务，开始进行竞争情报实践的探索。1993年12月，由上海青年科技启明星计划资助，上海科学技术情报研究所完平、缪其浩等人完成的"建立上海轿车工业竞争环境监视系统的研究"，开启了由政府资助的专题竞争情报项目研究的先河。

这一时期，随着国内外竞争情报学者学术交流的广泛开展，竞争情报的基本思想已经在我国落地生根，国内学者也在借鉴国外竞争情报研究经验的基础上开始逐步对竞争情报的理论和方法开展系统的研究，并结合中国实际开启了竞争情报应用实践的序幕。

1.5.2 组织建立与理论深入阶段（1994—2001年）

1994年1月28日，中国科学技术情报学会经中国科协批准，成立了中国科学技术情报学会情报研究暨竞争情报专业委员会，宣告了中国竞争情报专业组织的诞生，标志着我国情报研究工作进入一个新的发展时期[①]。1995年4月，中国科学技术情报学会竞争情报分会正式成立，从此国内的竞争情报研究工作开始走上有组织和与国际竞争情报研究接轨的道路，竞争情报的研究和发展也开始逐步走向组织化和正规化。

在竞争情报理论研究方面，自1994年以来，先后由中国科学技术大学、中国兵器工业情报研究所、中国科学技术信息研究所和北京大学等单位主持开展了"竞争情报对企业竞争决策支持机制"（1994年）、"企业竞争情报系统的模式和运动机制研究"（1999年）、"网络环境下竞争情报理论与方法研究"（2000年）等一批国家自然科学基金资助

---

① 彭靖里，杨斯迈，赵鸿阳. 我国竞争情报研究与服务发展评述［J］. 情报探索，2008（10）：75-78.

课题的研究。1998年11月，包昌火首次提出了建立人机结合的，具有三大网络、三个系统、一个中心和六大功能的竞争情报系统（Competitive Intelligence System，CIS）的基本框架[①]，以此为指导开展了国家自然科学基金项目"企业竞争情报系统的模式和运行机制研究"，代表了当时国际上关于CIS研究的重要进展。1998年，武汉大学图书情报学院的邱晓琳在《中国信息导报》发表的《企业秘密信息的反竞争情报保护》，成为第一篇以反竞争情报为主题的学术论文；2000年8月，邱均平等发表了题为《论知识管理与竞争情报》的学术论文[②]，成为我国最早论述两者关系的学者，推动了我国竞争情报与知识管理整合的研究。从以上研究可以发现，竞争情报的理论框架、方法模型、服务流程、系统构建都成为竞争情报的重要研究方向，竞争情报的基本思想和研究方法已得到学术理论界的认同与理解，研究课题很大程度上都是我国开展竞争情报活动中为解决实际问题而提出的，有利于理论与实践的紧密结合。这一时期国外竞争情报已经形成了较为完整的理论、方法及应用体系，也在众多知名企业中进行了应用实践。国外的方法体系如何适应中国的市场化需求，如何根据服务对象的目标来提供相应的竞争情报服务，也逐步成为我国竞争情报工作研究初期的重要任务。

在竞争情报应用实践方面，1995—1998年，由北京竞争情报研究会发起，北京市科委实施了以企业竞争力评价和CIS建立为重点的北京市竞争情报示范工程，这是我国官产学办竞争情报的重要范例，同时也促进了我国竞争情报研究从理论向实践的发展。

在竞争情报专业人才培养和教育体系建设方面，从20世纪90年代中期开始，我国的武汉大学、黑龙江大学、北京城市学院等高校就陆续开办了竞争情报本科专业；北京大学、南开大学、中山大学、南京理工大学和中国科学技术大学等陆续开展了竞争情报方向的硕士生教育；南京大学、北京大学、中国科学院文献情报中心等还开始了竞争情报专业博士生高层次人才的培养；1995年5月，北京大学的赖茂生教授培养了我国第一位以《竞争情报研究与企业生存和发展》为论文题目的硕士生周键，开创了我国竞争情报学历教育的先例。高等院校作为竞争情报专业人才的培养基地，逐渐成为我国竞争情报研究的主力。

随着我国竞争情报理论研究和教学的开展，专家学者也相继公开出版了一批有影响的竞争情报研究专著。1995年3月，陈翔宇等编辑了我国第一本竞争情报著作《企业竞

---

① 包昌火. 加强竞争情报工作，提高我国企业竞争能力 [J]. 中国信息导报，1998（11）：33-36.
② 邱均平，段宇锋. 论知识管理与竞争情报 [J]. 图书情报工作，2000（4）：11-14.

争情报研究》；同年 6 月，由北京竞争情报研究会倡议和组织，缪其浩主编，包昌火等总审，出版了《市场竞争和竞争情报》专著，这是我国第一部以竞争情报为主题的学术专著。这些专著既反映了我国竞争情报研究的水平，也是对国内外 10 多年来竞争情报理论与实践研究的总结，在推动我国竞争情报发展和产业化方面发挥了重要的作用。

随着竞争情报理论与实践研究在我国的出现和深入展开，国内相继成立了"北京市竞争情报咨询服务中心""北京城市学院竞争情报研究所""深圳竞争情报研究会"等从事竞争情报理论研究和咨询服务的专业机构，涌现出不少致力于竞争情报研究的群体，包括中国科学技术信息研究所、北京环信咨询公司、南京大学、南京理工大学、上海大学、南开大学和云南省科学技术情报研究所、湖南省科学技术情报研究所等，它们对竞争情报工作进行了有益的探索，取得了突出的成绩，对我国竞争情报研究的开创和发展起到了重要作用[1]。

总而言之，这一时期从研究内容上看，无论是论文还是编著，基本上都围绕着竞争情报的基本概念、特征，竞争情报源及其特点，搜集、分析竞争情报的方法，竞争环境情报研究，竞争对手情报研究，竞争市场情报研究，竞争战略情报研究，竞争情报与窃取商业秘密的关系研究等主题展开，虽然研究还缺乏深度，但内容比较全面，基本跨越了最初的介绍性阶段，转入系统性、整体性研究阶段，为竞争情报理论的最终形成奠定了良好的基础[2]。可以说，竞争情报使情报研究更广泛地参与决策，为直接进入国民经济主战场提供了切入口，也为情报科学的进一步发展提供了应用基础，我国竞争情报研究就此进入了"发展期"。

1.5.3 市场化发展与服务拓展阶段（2001—2010 年）

竞争情报的兴起与发展不仅适应了我国由计划经济体制向市场经济体制的转型和加入 WTO 后企业参与国际市场竞争的客观要求，而且促进了科技情报机构的服务对象由过去以科研院所为主逐步拓宽到包括科研院所、政府和企业等在内的全社会，推进了情报服务工作的重点由信息搜集、整理向情报分析和情报判断的转变，同时也开启了企业面向市场的竞争情报服务探索和实践。

2001 年，中国正式成为 WTO 成员，国内企业实践竞争情报的热情十分高涨。同

---

[1] 彭靖里，邓艺，刘建中，等. 国内外竞争情报产业的发展与研究述评[J]. 情报理论与实践，2005（4）：4-8.
[2] 邢杰，马德辉. 论我国竞争情报研究现状及发展趋向[J]. 津图学刊，2003（1）：77-80.

年，竞争情报丛书《竞争情报与企业竞争力》《竞争环境监测》《竞争对手分析》《竞争战略与竞争优势》《网络竞争情报源》《企业竞争情报系统》《商业秘密保护》《技术创新与企业竞争》正式出版，标志着我国竞争情报理论研究和行业需求翻开了新的篇章[①]，也是竞争情报市场化快速发展的开始。

在研究机构层面，2004年广东省深圳市为有效地推动城市竞争情报服务的发展，组织开展了"企业竞争情报普及工程"；2006年，湖南省启动了"竞争情报普及工程"，帮助企业提升竞争情报特别是科技情报的搜集、分析及综合应用能力；2006年，中国国家图书馆专门设立了"企业信息服务中心"，为企业提供竞争情报服务。2009年，以中国科学技术信息研究所为代表的机构对产业竞争情报（Industry Competitive Intelligence，ICI）理论和实践的探索表明，我国科技情报机构工作重心正悄然向竞争情报方向转变，而陈峰则是我国情报界最早从事产业竞争情报研究的学者之一[②]。

在企业层面，近年来随着竞争情报研究的不断深入，国内的上海宝钢集团、青岛海尔集团、重庆长安、长虹集团等一批有远见的企业，结合自身实际，纷纷成立了自己的竞争情报机构并引进CIS，通过各种手段收集分析竞争环境和竞争对手等方面的情报，积极开展竞争情报研究活动，为企业的迅速成长提供了有力的信息保障；中国石油和化工协会与中国化工信息中心等单位合作建立的"中国化工产业预警机制"，帮助我国企业应对国外的反倾销贸易壁垒，积极开展反倾销竞争情报研究与服务[③]。

由于我国在学习西方国家竞争情报理论方法的同时，十分注意强调对引进相关技术和系统工具的消化吸收，并结合国情进行改造和创新，这一时期在服务技术水平方面已取得突破性的进展。2002年，百度、中国网络情报中心、TRS、赛迪数据等一批CIS开发与服务商就根据企业要求，研发成功并相继推出了第一代国产CI系统/软件产品，先后在100多家大中型企业的信息化建设中得到广泛的应用，从而开创了国内的CI系统/软件开发与服务领域市场。其中，天下互联科技集团通过收购365Agent情报中心，将其升级为中国网络情报中心，于2004年推出了企业情报门户系统（CIPS），该系统基于对竞争情报、企业门户及知识管理的深刻理解，应用网络机器人、超大规模定制主题匹配、新闻相似性分析、模式识别与情报推送、语义分析与处理、关联信息分析和个性

[①] 张福俊，徐建国，刘荫明. 竞争情报分析 [M]. 北京：中国书籍出版社，2016：19-20.
[②] 陈峰，赵筱媛，郑彦宁. 应对国外竞争需要高度倚重产业竞争情报 [J]. 情报科学，2009（2）：175-178.
[③] 彭靖里，杨斯迈，赵鸿阳. 我国竞争情报研究与服务发展评述 [J]. 情报探索，2008（10）：75-78.

化数据处理与知识管理等技术，结合企业具体的情报需求，把来自互联网、人际网络、企业内部等各种渠道的相关信息有机整合，为企业提供实时跟踪监测企业需求的情报，并及时将获取的情报推送给客户，从而建立起企业个性化情报需求的"企业的情报门户"，受到企业用户的普遍欢迎。

国内CI系统/软件服务商的出现及其产品的研发成功，以及市场化运作和宣传推广，有力地推动了IT在企业竞争情报工作中的应用，也加快了竞争情报研究与服务业的数字化改造步伐，使竞争情报分支学科很快成为情报科学中数字化程度较高的学科之一。

这一时期企业需求的主动性增强，竞争情报开始走向市场化，其主要工作内容可以划分为3个部分：一是科技情报机构面向市场所提供的竞争情报服务；二是企业自身的竞争情报战略活动；三是企业面向市场提供竞争情报咨询及技术服务。其历史使命是以情报服务支撑市场决策，即对各服务对象的发展现状、竞争环境、竞争对手、竞争战略等进行研究，从而支撑企业决策，增强企业决策的科学性和战略性。

1.5.4 网络竞争情报兴起阶段（2010年—）

随着通信、互联网等技术的快速发展，2010年全球数据量首次跨入ZB时代[①]，标志着大数据时代的开启。2011年，IBM、SAP、BMC等机构发布"大数据"相关研究，市场进入大数据商业模式的推广阶段。这个时期，竞争情报工作环境发生了显著的变化。不同于以往的竞争模式，大数据时代的竞争情报具有互动频繁、对抗强度高、竞争环境复杂的特点。

（1）大数据环境下竞争情报的对抗互动更加频繁

在过去的竞争理论中，制定战略方案时几乎不会分析竞争对手的反应及之后一系列的对抗互动行为。大数据时代在为企业或行业提供海量的竞争对手数据时，竞争对手也会获得我方的海量数据。这就意味着在动态竞争的条件下，制定有效且有价值的竞争战略，必须要着重考虑预测竞争对手行为和削弱竞争对手的竞争优势。

（2）大数据环境下的竞争情报环境日趋复杂

大数据使竞争情报的工作环境发生了巨大变化。鉴于发展大数据对于国家未来竞争优势的重要性，国务院于2015年9月5日发布了《国务院关于印发促进大数据发展行

---

① 张清辉，陈昊. 大数据背景下商业模式研究回顾与展望[J]. 中国管理信息化，2015, 18（7）：159-161.

动纲要的通知》，正式将发展大数据确定为国家战略。在大数据环境下，企业每天需要处理 PB 级别的数据。多维、完备的数据为企业了解自身的优劣势、追踪竞争对手的动态及洞察竞争态势提供了全面的信息来源，但传统的竞争情报方法和技术已经不能很好地应对大数据带来的巨大挑战。海量分散的高价值低密度数据，类型多样且快速更新，使得企业在收集、存储、分析数据进而获得情报的过程中面临着许多困难。竞争情报是将数据信息原料转化为决策谋略的过程和产品，是大数据转化为财富的重要手段，是开发利用大数据资源的重要抓手。而如何利用大数据来推进竞争情报理论方法的创新，实现竞争情报智能化发展，也是近年来竞争情报界研究与实践的焦点问题。

(3) 大数据环境下竞争情报的竞争优势周期缩短，持续创新成为核心竞争优势

在动态变化的竞争环境中，相对稳定的竞争优势周期越来越短，需要及时获取情报、快速响应、调整内部资源，从而增强竞争优势的可持续性。因此，竞争情报已经不是依靠情报工作击败竞争对手，而是依赖不断创新，改变竞争规则，建立新的竞争优势。要具备满足大数据环境下的竞争优势，就必须有预测行业发展、快速行动和自主创新的能力，能够主动改变竞争规则，创造新的竞争优势。竞争优势的转移可能就是放缓竞争情报研究的一个原因，而这种竞争环境的变化促使网络竞争情报的衍生和发展。

(4) 竞争情报工作中技术手段的智能化发展

情报工作智能服务与以往的不同之处在于，"智能"反映了情报工作者以智能的技术手段加工信息、激活知识、运用情报的能力[1]。情报 3.0 时代，为应对互联网信息严重过载给情报工作带来的影响，需要利用智能化技术来提高情报服务的智能化水平[2]。将知识库、云计算技术和大数据处理系统应用到竞争情报系统的各个环节中是未来重要的研究方向[3]。2011 年，李德毅[4]在著作《云计算技术发展报告》中提出在企业竞争情报服务应用中引入云计算成为必然趋势和现实选择，并具有强大的优势。吴金红等则从情报意识、情报组织团队、情报安全制度等方面探讨了大数据时代企业竞争情报工作的重点[5]。

---

[1] 霍忠文，闫旭军. "情报"、"Informagence" 与 "Infotelligence"：科技情报工作科学技术属性再思考 [J]. 情报理论与实践，2002，25（1）：1-5.
[2] 吴晨生，李辉，付宏，等. 情报服务迈向 3.0 时代 [J]. 情报理论与实践，2015，38（9）：1-7.
[3] 杨洋，陈立军，张莹. 我国竞争情报系统模型构建研究综述 [J]. 情报科学，2016，34（6）：98-102.
[4] 李德毅. 云计算技术发展报告 [M]. 北京：科学出版社，2012：5.
[5] 吴金红，张飞，鞠秀芳. 大数据：企业竞争情报的机遇、挑战及对策研究 [J]. 情报杂志，2013，32（1）：5-9.

同时，人工智能先进的理论、方法和技术也为竞争情报系统的优化升级提供了全方位的支撑。基于大数据智能的竞争情报系统充分体现了大数据、高性能计算能力、智能计算框架的优势，相比以往的竞争情报系统，除了提供基本的信息服务，更满足了用户对于知识层面的需求，实现了竞争情报的整体功能，提升了情报感知和预测能力。组织可以通过竞争情报系统从对决策的辅助支持扩展到引领战略发展方向，获得更大的竞争优势[①]。

另外，在全国范围内，一些高校和研究机构纷纷响应国家的大数据发展政策，相继设立了大数据研究中心和人工智能研究中心。在国家大数据发展政策支持下的行业、高校和企业对于情报人才培养的积极响应，为我国情报意识的普及和企业竞争情报工作的开展提供了完备的人才储备，同时为我国营造良好的企业竞争情报发展环境和情报战略升级提供了智力支持。

在现阶段，竞争情报工作开始以网络化为趋势，以大数据智能技术为手段，以形成有价值的竞争情报产品为表现形式，以增强组织竞争力为目标[②]，根据用户不同阶段的不同需求，提供个性化的竞争情报智能服务。如何从巨大规模、高速动态的大数据中获得竞争情报信息，如何利用智能技术分析这些信息，提高组织、机构的竞争优势和抗风险能力，成为这一时期竞争情报工作的重心，也是衡量一个组织或机构竞争情报工作能力的重要指标之一。在总体国家安全观的背景下，竞争情报工作应该着眼于服务国民经济整体发展战略，以全球竞争的视角来看待竞争情报的支撑作用，通过提升竞争情报的智能化水平，为竞争中的产业战略决策和国家战略布局提供服务。

1.6 本章小结

在时间的维度上，一切事物都是过程的集合体。厘清事物本身的发展历程，探究不同阶段事物的发展特点，有助于深入把握事物的基本发展规律，从而更准确地把握其未来趋势。情报工作是一种社会现象，来源于人类社会的创造性劳动，受制于人类社会的实践活动，在人类社会的发展历史中发挥着重要的作用。

---

① 唐晓波，郑杜，翟夏普．基于大数据智能的竞争情报系统模型研究［J］．情报理论与实践，2018，41（11）：133-137，160．
② 张民阔，曹如中，郭华．不确定性情境下竞争情报作用机制研究［J］．图书馆理论与实践，2015（12）：28-32．

现象必有规律。不同历史发展时期，情报工作的发展有着鲜明的时代特点，这与特定的社会语境、认知水平、科技应用和社会历史发展阶段相适应，更与特定历史阶段下情报需求密切相关。传统情报工作往往建立在"行千里路"和"阅万卷书"的基础上，以安全保障为主要目的，通过人际情报和文献情报获取相关资讯信息，并以口头传递、文字传递、信号传递的方式传递给情报需求方。第二次世界大战结束后，世界进入和平发展的大时代，全球经济突飞猛进，我国在众多领域上都渴望了解更加广泛的信息、知识乃至情报，以确保自身的安全和发展优势，军事、国家安全、公安、科技、社科等领域的情报工作得到全面的发展，情报工作的属性也发生了巨大的变化，由传统情报工作逐步向现代情报工作转变。

在不考虑安全情报一些秘密手段前提下，无论是安全类情报，还是发展类情报，在新中国成立初期，主要是基于少量信息（文献资料、音频资料等）的直接收集和编译；随着第四代超大规模集成电路计算机的出现，越来越多的文献资料被数据化整理，可以通过计算机进行查找、检索和分析；互联网普及后，数据的获取和整理工作不再是情报机构的特有能力，越来越多的数据信息被大众传播和分享，情报工作面对大量数据，不得不转变工作思路，通过寻找信息之间的相关性和影响这些相关性的中间变量，将信息向知识产品转变，并开始提供更多的知识服务；人工智能技术大大提升了数据采集和分析的能力，情报工作也开始向智能化发展，以人机结合的工作模式，通过自动采集、智能感知、前期防御、风险预见、个性化服务等方式，使数据、信息、知识的情报价值再升级。需求的多样化拓宽了情报工作的领域，技术的变革推动了情报工作逐步向专业化、系统化、工程化和智能化方向发展，但情报工作的本质目的就是在决策过程中信息不完备的情况之下，消除信息不确定性，从而降低决策的盲目性，优化决策者的思路。因此，情报工作应该不忘初心，履行"耳目、尖兵、参谋"的职责，牢记其根本使命：支撑决策、引导决策。

第 2 章
新时代情报工作的机遇挑战

"知其事而不度其时则败,附其时而不失其称则成。形变不同,胡可专一。"60多年来,一代又一代情报人不断探索和奋斗,我国各领域情报工作快速发展,作为服务决策的"耳目、尖兵、参谋",为国家安全稳定、经济建设、社会进步和科技发展做出了重要贡献,但这种贡献与成就还远未达到情报工作发展的宏大目标。当前,世界经济格局深刻变化,全球治理和国际秩序面临变革,产业转移进程进一步深化,新一轮科技革命和产业变革孕育兴起,尽管中国国际地位显著提升,日益走近世界舞台中央,但也正处于经济社会发展新阶段下的国家治理现代化深刻变革中,国家新型智库建设如火如荼,以总体国家安全观为指导的国家安全工作开拓新局面,军民融合发展势头强劲。新时代的发展浪潮冲击着一切领域,新形势影响着社会的每一个组成部分,新环境、新需求、新技术为我国情报工作注入新活力、新方向、新动能。借此良机促进情报工作大崛起大发展是我们情报人的必然选择。本章力图从世界政治经济格局变化、国家安全与发展战略布局、新技术跃迁式革命3个视角,廓清我国情报工作变革发展的机遇挑战,以期为我国情报工作变革发展的策略与路径选择做好形势研判。

2.1 情报工作新活力

当前,世界竞争格局发生质变,强国角力、国际秩序博弈、意识形态冲突、全球治理建设、产业链地位争夺等形成日益严峻复杂的竞争对抗与局面,这些都为情报工作带来新的挑战,情报工作主战场、情报工作根本性战略任务都会随之发生改变。所以我们认为,世界政治经济格局的变化为情报工作注入了新的活力。

2.1.1 世界政治经济格局发生质变

(1) 经济力量对比演化

在和平与发展的时代主题下,随着世界经济变迁、各方力量不断演化发展、利益重组和国际矛盾不断复杂变化,世界经济格局正经历深刻的结构性演变。

2008年金融危机后,国际力量的对比出现了"东升西降""南升北降"的格局。以"金砖"国家为代表的一批新兴经济体的群体性崛起,冲击着既有的世界经济格局,成为金融危机后全球经济复苏的主要拉动力量:过去10年,金砖五国经济占全球经济的比重从12%上升到23%,国际贸易占世界国际贸易的比重从11%上升到16%,对外投资的比重从7%上升到12%,对世界经济增长的贡献率超过50%[①]。与此同时,美国、欧洲等全球主要发达经济体受金融与债务危机冲击陷入了较长时间的经济增速放缓时期,逐步丧失了作为世界经济增长动力引擎的地位;受危机冲击和两场战争拖累,美国软硬实力均明显受损,2016年美国经济总量占世界经济总量的比重已由2001年的32%左右下降至25%左右[②],美元作为世界储备货币的地位也受到动摇,2008—2017年美元在全球外汇储备中的比重从64%下降到61%左右[③];欧盟经济发展受阻,日本公共债务高企,国际地位下滑。

新兴经济体、发展中国家的崛起和大国实力的均衡化使得国际力量对比正在发生近代以来最具革命性的变化。世界多极化明显加快,冷战后形成的"一超四强"的局面逐步演变为"一超多强",尽管美国仍是世界最大的经济体,但总体实力相对削弱,欧盟、日本、中国与俄罗斯四强演变成当今的中国、欧盟、俄罗斯、英国、日本、印度、巴西多强[④],这"多强"内部的分层、排序也悄然发生着变化。

战事未发,情报先行。新时代经济格局演化发展中各方力量的角逐,就是一场没有硝烟的战争:美国追求单极格局、俄罗斯多管齐下全力恢复大国地位、欧盟和日本与美国同盟、以金砖国家为代表的广大发展中国家联合,各种国际力量的角逐带来各种利益冲突、分歧矛盾、竞争激化,造成各国之间各种有意识的对抗性活动。这种复杂局面既

---

① 中国经济网.金砖五国占全球经济比重升至23%,对世界经济增长贡献率达50%[EB/OL].[2017-08-29].http://www.ce.cn/xwzx/gnsz/gdxw/201708/29/t20170829_25458089.shtml.
② 张东冬.美国国家实力衰落与国际权力格局的变化[J].国际展望,2018,10(2):32-51.
③ 腾讯证券.美元全球外汇储备占比跌至四年新低人民币占比上扬[EB/OL].[2018-04-03].http://stock.qq.com/a/20180403/025160.htm.
④ 陈向阳.国际格局多层化与大国关系多样化及中国应对[J].江南社会学院学报,2017,19(1):38-41.

为以对抗性作为基本固有属性[①]、以支撑国家战略决策科学化为己任的情报工作提供了广阔的实践场地,又对情报工作的"耳目、尖兵、参谋"能力提出了更高的要求。

(2)国际秩序面临大变革

一般来说,国际秩序是指大国或国家集团通过博弈形成的某种权力和利益关系[②],国际秩序的塑造改变遵循"实力变化—利益变化—目标变化—战略变化—秩序变革"[③]的规律。随着世界经济力量结构的嬗变,利益分歧、摩擦与冲突频显,国际体系中权势消长的动态趋势已不可避免。

一方面,全球化、多极化进程下,世界经济、政治格局都在发生变化,而现有国际秩序带有美苏强权政治的烙印,主要以西方大国的利益为中心制定规则,弱小国家的利益往往成为西方大国进行交易的牺牲品和筹码[④],这种西方发达国家占据主导性的全球治理秩序已越来越不适应新兴经济体群体性崛起的新力量格局,新兴经济体和发展中国家对现有国际秩序改革的诉求强烈,迫切要求"对国际秩序中现存的权力和利益配置方式做出调整,对影响国际事务和议程设置的话语权、主导权的规则进行重塑,对国际社会中的核心价值重新建构"[⑤];另一方面,国际体系中意外事件频发,英国"脱欧"欧洲一体化进程逆转、美国大选出乎意料、意大利宪法公投遭拒,逆全球化和民粹主义兴起,全球自由秩序正呈现系统性危机,受金融危机后遗症、贫富分化、全球生态等各种经济、社会、环境等问题的冲击,部分发达国家和巨型公司贸易保护主义抬头,自我保全和牟利意识凸出,承担国际义务和参与国际合作的意愿不断消减,各国之间目标差异和利益纷争使得协调难度加大,全球治理陷入大国合作势头消退、多元主体协同缺失[⑥]、全球性议题显著增多[⑦]等现实困境,这些显示出西方国家主导的国际秩序实力和效能下降,国际秩序正面临着各种阵痛与动荡。由此,国际秩序转型势在必行,世界进入全球治理体系体制性改革与国际秩序转换和重塑的历史关键时期[⑧]。

[①] 赵冰峰,赵永廷.论情报的认知对抗本质[J].情报杂志,2010(4):19-21,71.
[②] 徐秀军.国际秩序:变革呼唤加强全球治理[J].世界知识,2018(14):34-35.
[③] 肖晞.国际秩序变革与中国路径研究[J].政治学研究,2017(4):38-48,126.
[④] 张少冬.国际秩序中的中国大国地位与角色分析:兼评赫德利·布尔的"中国与国际秩序"观[J].宁夏党校学报,2018,20(1):70-75.
[⑤] 同③.
[⑥] 王鸿刚.中国参与全球治理:新时代的机遇与方向[J].外交评论(外交学院学报),2017(6):1-21.
[⑦] 张菀航.全球治理版图中的中国坐标[EB/OL].[2017-10-10].http://www.chinado.cn/?p=5540.
[⑧] 网易财经.从全球治理改革到重塑国际秩序:"自由政体"与"非自由政体"之争[EB/OL].[2017-03-20].http://money.163.com/17/0320/00/CFUBEK4S002580S6.html#from=keyscan.

中国作为日益强盛的世界大国，国际秩序观及其博弈选择不仅关乎国家发展，更在一定程度上左右着国际秩序走向，如何战略定位，如何应对全球治理秩序变化带来的经济、社会、环境等各方面利益诉求矛盾纷争，如何在全球治理体系中争取话语权、与世界各国找到利益契合点，这些都将极大地考验国家的战略智慧及为其提供支撑的情报工作。

(3) 世界产业转移呈现新趋势

随着全球化进程的不断推进，世界经济、文化、科技等领域逐步深入联系、连接、融合、发展，全球生产要素逐步优化配置，产业结构持续调整，生产力不断发展，全球金融、商业、技术、人才等一系列战略资源共享和竞争加剧，与此同时，现代化技术不断推陈出新，新一轮技术革命蓄势待发，这一切使得全球分工体系不断变革，产业转移进程进一步深化，呈现出新趋势和新动向。

第一，产业链高端节点国家为挽救自身沦落、解决"产业空心化"等经济结构问题，开始调整经济格局，重振实体经济，引导"制造业回流"；第二，以人工智能、新能源、新材料、下一代基因组学、先进机器人等为代表的新一轮科技革命初现端倪，技术范式的革命推动经济范式革命，新的产业链高端节点随时都会破土而出，各国均积极探索经济增长新动力，抢占产业链高端节点，促进新技术对传统产业的融合、改造和提升，尤其发达国家纷纷推出产业发展战略规划，如德国"工业4.0"、美国先进制造业国家战略计划、英国工业2050战略等，聚焦发展人工智能、数字制造、机器人等先进制造领域[①]，以抢占未来竞争制高点；第三，随着经济发展，全球各区域制造业生产要素成本对比不断发生变化，承接上一次产业转移的国家和地区成本不断上升，而综合能源、物流、销售成本和制度性优势等多方面要素成本，发达国家本土高端制造业反而显现出竞争力。由此，本次全球产业转移呈现出双向转移、抢占新动能的新格局：全球产业转移以技术创新、产业升级，即新动能为动力；一部分劳动密集型、以出口或代工为主的中小制造企业由中国东南沿海地区向中国中西部、越南、柬埔寨等周边劳动力和资源价格更低廉的地区和国家转移，一部分高端制造业在美国、欧洲等发达国家"再工业化""制造业复兴"战略引导下相继将海外生产线迁回本国。

在此双向转移、抢占新动能的新格局中，中国处于技术壁垒的双向挤压，即高端低端产业同时受先导国家、新兴国家的争夺，全球产业再分工、产业价值链高端节点争夺、新动能探索和培育竞速战的紧迫局势亟待情报工作的助力。

---

① 闫坤，程瑜. 全球制造业发展的总体趋势与财税政策支持 [J]. 国外社会科学，2018（3）：78-86.

(4) 科技创新由跟跑为主向更多领域并跑领跑转变

改革开放以来，中国经济社会发展迅速，综合国力不断提高，创造了第二次世界大战结束后一个国家经济高速增长持续时间最长的奇迹①，科技、国际地位、国际影响力和主动作为能力不断持续上升。

经济上，中国连续"弯道超车"，居世界的位次不断前移，对世界经济增长的贡献跃居全球首位：经济总量由改革开放初期的全球第十一，逐步跃升，2005年超过法国居第五，2006年超过英国居第四，2007年超过德国居第三，2009年超过日本，成为紧随美国之后的全球第二大经济体。2006年以来，中国对世界经济增长的贡献率一直稳居世界第一，2017年中国对世界经济增长的贡献率高达27.8%，超过美国、日本贡献率的总和，拉动世界经济增长0.8个百分点，成为世界经济增长的第一引擎②，以经济增长和进口带动全球经济复苏。

科技上，在极具战略意义的5G领域③和AI领域④，中美已经形成并跑格局，遥遥领先其他国家，中国量子反常霍尔效应、多光子纠缠等基础研究领域也达到世界领先水平⑤。

国际能力上，中国同世界的关联性和融合性越来越紧密，在国际格局中主动作为能力显著增强：中国以代表性的新兴市场国家、发展中国家和巨大经济规模世界强国的多重身份成为沟通发达国家、发展中国家的桥梁，分别与发达国家、发展中国家形成以产业分工、贸易、投资、资本间接流动和贸易、直接投资为载体的两大循环体系⑥；从二十国集团峰会、上海合作组织建设到金砖国家建设机制等，中国在国际体系中的话语权不断提高，在国际秩序变革中的作用和影响备受瞩目，中国因素日益影响着世界格局的变化发展，推动国际秩序的除旧布新，中国正从世界舞台不太中心甚至一度边缘的位

---

① 人民网.习近平在省部级主要领导干部学习贯彻党的十八届五中全会精神专题研讨班上的讲话[EB/OL].[2016-05-10].http://cpc.people.com.cn/n1/2016/0510/c64094-28337020.html.
② 中国政府网.国际地位显著提高国际影响力明显增强［EB/OL］.［2018-09-18］.http://www.gov.cn/shuju/2018-09/18/content_5322933.htm.
③ 美国无线通信和互联网协会.2019美国无线通信和互联网协会CTIA报告U.S. tied with China in global 5G race［EB/OL］.［2019-04-02］.https://www.fiercewireless.com/wireless/report-u-s-now-tied-china-global-5g-race.
④ JOHN M. China gains on the U.S. in the artificial intelligence arms race［N］.The New York Times, 2017-02-03.
⑤ 新华社.看待中国科技创新世界地位要有"定力"［EB/OL］.［2018-08-06］.http://www.xinhuanet.com/tech/2018-08/06/c_1123229123.htm.
⑥ 吴润生，杨长湧.我国重要战略机遇期内涵和条件变化研究［J］.中国发展观察，2015（2）：26-34.

置向舞台中央走近。

从跟跑、并跑到领跑的转变，从世界舞台边缘向中心的靠近，中国国际地位的提升已是不争的事实，如何全面认识中国国际地位的复杂性和中国内外部发展环境，适应国际环境变化，扮演好新的国际角色，以发展的眼光适应和调整自身的身份定位和发展战略，直面国家经济社会转型面临的困难和阻力，有效化解各种矛盾，是国家不容回避的重要课题，也是我国情报工作服务于国家安全与经济社会发展的重要研究任务。

2.1.2 倚重情报谋略构建国际竞争对抗优势

虽然和平与发展是新时代的主题，但国际形势深刻复杂变化，国际社会正处于动荡和变革的周期中，各种不稳定不确定因素增多，趋势性、系统性风险发酵演化概率增加，情报工作作为应对不稳定不确定性风险、维护国家发展不可或缺的幕后力量，在全球多种因素交叠、多重利益复杂博弈的局面中亟须与时俱进，发挥更大的支撑作用。

（1）情报工作需强化反遏制定位

经济力量对比演化下，美国"绝对优势"减弱，中国与美国间的差距正迅速缩小。据世界银行数据，2017年美国以19.39万亿美元的GDP总量位列世界第一，中国以12.237万亿美元位居第二，超过排名第三、第四、第五的日、德、法三国GDP的总和，仅10年时间就从美国GDP总量的24%上升到63%，世界和中国都已发生巨大的变化。这是今天情报工作的现实环境。

情报作为组织对外部环境变化的感知和响应，是组织制定发展战略和安全对策的先导和基础[1]。情报从舞台的边缘迅速走到舞台的中央，成为必不可少的工作，甚至是核心工作。

以应对科技遏制为例：一方面，各方对情报的需求越来越强，从中央和地方政府、战略高技术产业领域企业、独立科研机构到产业信息咨询服务机构等，从国际谈判、科技政策决策、战略高技术选择到重大研发投资决策，对于国外对华技术出口限制相关的情报，如战略高技术发展与竞争态势分析、技术出口限制清单等，无疑都具有强烈持久的需求[2]；另一方面，各方对情报能力的要求越来越高，要求情报工作以更敏锐的洞察力积极关注、跟踪国际上各项制度、举措的新动向和新变化，多渠道深入了解各国相关行业发展状况尤其是重要零部件及相关核心技术动向，以摸清对方的战略意图、战术安

---

[1] 包昌火，刘彦君，张婧，等. 中国情报学论纲［J］. 情报杂志，2018（1）：1-8.
[2] 陈峰. 应对国外对华技术出口限制的竞争情报问题分析［J］. 情报杂志，2018（1）：9-13，33.

排、时间节点，预测对手可能从哪里下手，对我们的打击会有多大，在此基础上做好我国战略高技术发展路径决策、关键核心技术的布局和自主研发的整体安排、国际技术合作渠道选择等各方面决策的情报支撑工作。

总之，情报工作要做好"耳目、尖兵、参谋"，发挥对抗性本质，积极感知和减小环境的不稳定性、不确定性，争取信息或认知优势，引领科学决策，冲在应对经济封锁、高科技遏制、文化渗透等"反遏制"的第一线。

（2）产业破局亟待情报助力

世界产业转移的趋势走向与国家前途命运息息相关，尤其在本次产业转移中国制造业处于被发达国家和新兴发展中国家分别争夺高、中低端制造业的"双向挤压"局面，中国正处于全球产业再分工和产业价值链高端节点争夺、新动能探索和培育竞速战的紧迫局势之中。

竞争之道，情报先行。新一轮产业转移下的全球产业价值链高端节点争夺，实质上是全球利润再分配体系中的占位竞争，占位的基础是技术创新新动能探索和培育竞速战，即战略高技术的选择和研发，而战略高技术的选择和研发离不开情报支撑。情报应充分发挥其在新技术、新产业、新业态、新模式等领域的支撑和引领作用，把握机遇，"双向推进"中国剥离劳动密集型、低技术含量、低附加值的产业，发展高附加值、核心技术环节，提升高利润争夺能力，冲破被发达国家和新兴发展中国家分别争夺高、中低端制造业的"双向挤压"局面，助力中国由"双向挤压"向"双向推进"破局。

各国争夺的高附加值、核心技术环节，无一不是情报工作随时跟踪的前沿领域。充分吸收上一轮产业迁移的溢出效应，把握新一轮产业迁移的机会，以创新打造新动能、实现产业结构升级，为中国在全球产业竞争中解决创新结构问题、实现从边缘创新到核心创新的重大突破，这其中的每一步都需要情报的感知发现、定位、引领甚至是融入其中，打造产业跨越式升级的关键支撑力，是新时代对情报的历史要求，也是新时代情报工作的重要任务。

（3）"中国理念"亟待情报支撑

实力决定地位，地位决定责任与义务。大国崛起必然触及国际秩序建构，从毛泽东时代中国几乎孤立于国际秩序之外，到新时代中国"国际秩序的维护者和多边主义的践行者"[①]，中国未来如何参与建构国际秩序、承担全球治理的大国责任，是一场权利、

---

① 新华网．王毅：中国是国际秩序的维护者和多边主义的践行者［EB/OL］．［2018-09-29］．http://www.xinhuanet.com//2018-09/29/c_1123501431.htm.

利益、公平、和平等多重选择的博弈，将极大地考验国家的战略智慧，这个战略智慧的前提和基础就是情报工作。这个战略智慧对情报的需求在短短几年里就从空白发展到极度依赖，对情报工作眼界、思想和引领作用提出了划时代的要求。

知己知彼，百战不殆。知己知彼是国家在国际秩序观博弈和冲突对抗战中立足于不败之地的起点，也是情报工作服务科学决策、战略规划的灵魂所在。当下世界政治经济格局大发展大变革大调整、全球化进程深化拓展，为情报工作利用国际资源打开了更广阔的空间，也使得国与国之间联系更加紧密、相互关系更加复杂，国家利益延伸至全球每一个角落，因此，维护国家利益的情报工作也应拓宽国际视野，将触角伸向所有国家利益之所在，将国际意识、国际知识及情报的高度责任感、敏感度融合，形成良好的国际视角，站在更广阔乃至全球的角度上观察关乎国家发展的全球经济活动、社会发展、法治建设、国家治理、科技发展等方面事物，才能在充分了解自我和世界的基础上，掌握趋势、吸收经验，支撑科学决策、战略规划。

党的十九大报告指出："没有哪个国家能够独自应对人类面临的各种挑战，也没有哪个国家能够退回到自我封闭的孤岛"，要"推动人类命运共同体建设，共同创造人类的美好未来"。人类在自然和社会发展变化中面对着共同的问题，也承担着共同的使命和责任，尤其在经济和生态上相互依赖、文化和精神上相互影响和渗透的当今全球化时代，人类在市场、科技、信息和交往扩大化中逐渐结成多维多构、层叠交织的命运共同体。全球意识作为全球化发展的必要条件和基本诉求，不仅是一种认识、一种态度，更是一种思维方式。情报工作只有具备健康而积极的全球意识，提升认知、创新、求解、决策与批判等高阶思维技能，在多元的科技、文化、信息和地区差异、区际联系中理性认知国家利益和人类共同利益，建立国家认同上的全球认同，才能更好地从全球战略高度认识和解决国际秩序观博弈和冲突对抗战中的现实困境，为我国更准确地把握时代脉搏、从容应对变化和危机、积极参与全人类命运共同体的全球治理实践提供支撑。

总之，面临国际秩序转型动荡期，情报工作需以更高的眼界和思想支撑"中国理念"、坚守"国家利益"、构建"人类命运共同体"，情报工作应将广阔的国际视野、健康积极的全球意识、对人类发展深刻的历史性理解和情报的高度责任感、敏锐感融合，将触角伸向所有国家利益之所在，站在全人类的高度关注方方面面利益产生和分配的诉求，注重共同利益基础上的正和博弈与互利共赢，积极推动全人类命运共同体的国际秩序进步和全球治理实践，为维护人类共同的政治、经济、文化规则奋斗！

(4) 情报引领需从低级向高级发展

实践证明，发展的高度由领跑者决定，发展的速度由创新者突破，谁走好了创新的先手棋，谁就能抢占先机、赢取优势。中国从跟跑到并跑、领跑的历史性转身，既是大势所趋，更是形势所迫，迫切要求情报工作从"跟踪型"向"引领型"转型。

领跑、并跑和跟跑虽一字之差，却有着本质区别：跟跑是从较低的起点跟踪、学习先进者，走跟踪、模仿的路线，相应的情报工作任务主要是将国外现成的找到和拿来，支撑学习、模仿；并跑和领跑者"前方并没有路"，不能总是指望依赖前人的探索成果来提高自己的水平，更不能做其他领跑者的附庸，永远跟在后面亦步亦趋，要作为开辟新路的先行者，相应的情报工作主要任务不再是支撑学习、模仿，而是必须打破常规，服务于战略规划布局、开拓创新、风险预测和应对，要回答"向哪里去？"这个问题，要分析当前局势，预测下一步发展走向，搜集整理相似素材以梳理推理事态规律、应对经验，为相关方高瞻远瞩把握创新规律、审时度势选择正确方向、激发潜能抢占创新高地做好情报支撑。

我们当前的情报工作，更多的是停留在过去几十年形成的服务于"跟跑"阶段的情报收集模式，尤其一部分因历史原因与图书馆、档案工作归为一类的情报搜集工作，以传统科技文献信息为对象，将文献信息的搜集、加工、检索、服务作为核心内容，不仅忽视了情报对社会、生产、经济发展的先导作用，甚至因为论文、专利等研究对象的滞后性，使得情报的价值和时效性大打折扣。但这种跟踪性情报收集模式已不适用于并跑和领跑。要为"并跑、领跑"的科学化决策作支撑，情报工作需由跟踪性转为前瞻性的战略预见模式，强调前瞻性、战略预见性，强调情报的先导性、引领性作用；观念上，更加重视情报对科学预测的重要性；信源上，以人际情报、网络情报等信息源来弥补传统文献资源的滞后性等不足；方法上，提升预警、预判、预测等"预先性"情报分析能力。

总之，情报引领能力建设将是未来 20 年情报建设的主旋律。

2.2 情报工作新方向

国家安全与发展战略的全面实施，丰富了我国情报工作的问题域，也对我国情报工作发展提出了新需求新要求，挑战与机遇并存，克服挑战、抓住机遇是我国情报工作大发展的关键。

2.2.1 国家智库建设战略提供情报工作新平台

现代人类社会活动呈现普遍关联、普遍制约、动态变化等复杂特性，几乎任何一项重要决策都是牵涉领域范围广、不确定因素多，决策的复杂性和难度增强，传统的经验型决策很难适应需求，智库逐渐成为决策咨询的思想提供者、产出者，在重大决策中发挥着越来越重要的作用。21世纪以来，智库的建设也得到了我国政府的高度重视和关注。2013年4月，习近平总书记对建设中国特色智库做出重要批示，首次提出建设"中国特色新型智库"的目标，将智库发展视为国家软实力的重要组成部分，并提升到国家战略的高度①。同年11月，党的十八届三中全会通过《中共中央关于全面深化改革若干重大问题的决定》，提出加强中国特色新型智库建设，建立健全决策咨询制度，在中共中央文件中首次出现"智库"一词。2014年10月，中央全面深化改革领导小组第六次会议审议通过《关于加强中国特色新型智库建设的意见》，习近平总书记提出"要从推动科学决策、民主决策，推进国家治理体系和治理能力现代化、增强国家软实力的战略高度，把中国特色新型智库建设作为一项重大而紧迫的任务切实抓好"。可以说，建设中国特色新型智库已成为推动国家治理体系和治理能力现代化的重要内容。在中央的号召下，"智库"很快就变成了政治和学术热词，"智库热"现象不断升温，我国各种类型的智库活动和成果发布在全国乃至世界各地如火如荼地展开，发展迅速。在我国智库热兴起过程中，情报界对智库给予了高度关注。通过文献调研和统计我们发现，在智库研究中，情报学者与管理学、政治学、决策学等学者一起构成了智库研究的主力。

新时代国家治理体系和治理能力的现代化发展、政策研究体系与研究生态的不断完善，为一流智库的建设和发展提供了千载难逢的有利机遇，也为情报工作发展提供了极佳的实践平台。

《关于加强中国特色新型智库建设的意见》明确指出，中国特色新型智库是以战略问题和公共政策为主要研究对象、以服务党和政府科学民主依法决策为宗旨的非营利性研究咨询机构②。而情报机构一直以"耳目、尖兵、参谋"作为功能定位，"耳目、尖兵"是智库服务科学决策的基础，"参谋"又与智库的功能特点不谋而合，理论上，情报不仅能为智库的政策、战略、战术相关研究、判断提供基础数据、信息、情报的获取、处

---

① 胡鞍钢：建设中国特色新型智库的实践与总结［EB/OL］．［2014-07-09］.http://theory.people.com.cn/n/2014/0709/c40531-25258112.html.
② 中共中央办公厅、国务院办公厅印发《关于加强中国特色新型智库建设的意见》［EB/OL］．［2015-01-20］.http://www.gov.cn/xinwen/2015-01/20/content_2807126.htm.

理、分析、评估等功能，还能直接为相应的政策、战略、战术等相关政府公共决策咨询服务。自 2016 年以来，全国各地情报学会组织的学术研讨会都开始围绕情报机构智库化转型展开讨论；中国科学技术信息研究所以"一个智库，两个中心"的发展思路向建设高端智库转型[1]；2018 年，北京市科学技术情报研究所成为北京市首批智库"北科智库"的重要成员单位[2]，同年，陕西省科技厅依托陕西省科学技术情报研究院开始建设"陕西科技智库"；2019 年，北京科学技术情报学会被北京市科协授予首批"智库基地"。多年来，情报机构与智库的发展紧密联系、相互契合，情报对智库建设的积极作用是不言而喻的，智库的发展又为情报发展拓宽了空间。因此，在国家加强智库建设的大环境下，情报机构提升"智库功能"，在国家科技战略、规划、布局和政策等方面发挥更重要的作用已势在必行。

2.2.2 总体国家安全观指明情报工作新方向

新时代，国内外安全形势仍然严峻，甚至更加紧迫[3]：全球地缘政治越来越敏感复杂，地缘冲突日益加剧、扩散效应日益明显，朝核危机、中东困局等危机频发，都将给国际关系和世界政治经济走势带来新的变数和不确定性；全球经济复苏疲弱、增速放缓，发达经济体债务持续高企，新兴经济体经济粗放式增长面临结构调整、方式转换等问题；全球环境风险逐年递增，极端气候、自然灾害、大气土壤水污染等各种环境问题日趋严峻，严重威胁到人类生存和社会发展，攸关众多国家切身利益；恐怖主义袭击和武装冲突持续在全球范围内蔓延，冲突和战争阴影尚未远去；网络威胁作为非传统安全威胁的代表，所产生的关联性、系统性冲击对极具依赖性的网络社会形成全方位的威胁压力。

国家安全是安邦定国的重要基石，是国家生存之本。面对日益突出的非传统安全问题和尚未解决的传统安全问题，2014 年 4 月 15 日习近平总书记在主持召开中央国家安全委员会第一次会议时提出总体国家安全观[4]，指出要既重视外部安全，又重视内部安

---

[1] 戴国强.勇于创新铸辉煌：纪念中国科学技术信息研究所建所 60 周年［N］.科技日报，2016-10-15（2）.
[2] 刘如，吴晨生，刘彦君，等.中国科技情报工作的传承与发展［J］.情报学报，2019，38（1）：38-45.
[3] wind 资讯.2018 年全球风险报告：严峻挑战与黄金机遇并存［EB/OL］.［2018-01-19］.http://www.p5w.net/weyt/201801/t20180119_2066048.htm.
[4] 新华社.习近平：坚持总体国家安全观走中国特色国家安全道路［EB/OL］.［2014-04-16］.http://cpc.people.com.cn/n/2014/0416/c64094-24900492.html.

全；既重视国土安全，又重视国民安全；既重视传统安全，又重视非传统安全；既重视发展问题，又重视安全问题；既重视自身安全，又重视共同安全；强调 11 种安全，即构建集政治安全、国土安全、军事安全、经济安全、文化安全、社会安全、科技安全、信息安全、生态安全、资源安全、核安全等于一体的国家安全体系。由此，我国国家安全观由传统安全观、新型安全观演变为以人民安全为宗旨的总体国家安全观。

古往今来，情报总是为一定的集团利益和政治路线服务的，而国家安全是国家的最高利益。毫无疑问，我国情报工作与国家安全密不可分，是维护国家安全的重要组成部分。我国国家安全观的发展，也对我国情报工作提出了新的要求，为情报工作的拓展变革提供了契机和方向。当前我国国家安全内涵和外延比历史上任何时候都要丰富，时空领域比历史上任何时候都要宽广，内外因素比历史上任何时候都要复杂[①]，相应地，为适应和维护国家安全的新需求，服务于国家安全的情报工作内涵和外延也应丰富和延展，关注的时空领域、内外因素也应增加。总之，情报工作应在总体国家安全观指导下重塑思维、转变思路、拓宽内容、丰富手段、提升智能，进行全方位转变、优化、发展，以确保国家安全情报体系有效和高效运转，深化情报工作对国家安全和发展的价值。

2.2.3 军民融合发展战略开辟情报工作新重点

随着现代社会发展，"军""民"技术、管理、应用等各方面的结合面越来越广、联系越来越密切，同时，国家战略利益也不断从传统领域向经济、文化等各个领域延伸，将国防和军队现代化建设根植于经济社会发展体系之中，凝聚国家意志和全社会力量，推动全方位、多领域、深层次军民深度融合，已成为世界新一轮国家实力建设和军事战略调整的新趋势。

党的十八大以来，以习近平同志为核心的党中央站在国家安全和发展的战略全局高度，提出新时代军民融合深度发展战略思想。2015 年 3 月，习近平总书记出席十二届全国人大三次会议解放军代表团全体会议时提出，"把军民融合发展上升为国家战略"，"加快形成全要素、多领域、高效益的军民融合深度发展格局"。党的十九大报告也将军民融合发展战略列为"七大战略"之一，明确了军民融合发展战略在国家战略体系中的重要地位。军民融合发展呈现整体推进、加快发展的良好势头。

---

① 新华社.习近平：坚持总体国家安全观走中国特色国家安全道路［EB/OL］.［2014-04-16］.http://cpc.people.com.cn/n/2014/0416/c64094-24900492.html.

军民融合打破"军"与"民"相互分割和自成体系的封闭系统,促进"军"和"民"之间全领域、全要素、全方位的物质和信息等交流与渗透,形成一个军民兼容、相互协调和良性互动的开放对流系统,使一次性资源投入获得国防安全利益和经济社会利益双重产出,实现经济社会资源的最优配置①。军民融合发展战略是长期探索经济建设和国防建设协调发展规律的重大成果,也是实现我国国家治理体系和治理能力现代化的内在要求。

军民融合发展战略的推进,也对情报工作提出了新要求,为情报工作统筹发展打开了新格局。情报工作最初就出现在军事斗争中,虽然随着社会发展的需要,情报已渗透至政治、经济、科技等各个领域,且长久以来呈现军用情报和民用情报"两张皮"的现象,但无论是军用情报还是民用情报,其服务和保卫国家的宗旨是一致的,二者在价值观、技术手段等诸多方面有着共通之处。在我国军民融合由初步融合向深度融合推进的关键阶段,为适应国家战略决策需求,正确把握和认识新时代军民融合思想内涵、探索情报工作军民融合价值、内涵、原则、方向、路径,是新时代赋予情报工作的重要任务,也将是情报工作提升决策支持服务效率和质量、实现情报效能最大化的必然选择。

2.2.4 《国家情报法》引发情报工作新反思

2017年6月27日,我国首部关于情报的法律《国家情报法》在十二届全国人大常委会第二十八次会议上通过,实现了我国情报法制化的历史性突破。《国家情报法》明确了国家情报工作的目标、原则、机构职权、工作保障、法律责任等,是国家情报工作法治化的标志,也是国家贯彻落实总体国家安全观、推进全面依法治国、加强和保障国家情报工作、维护国家安全和利益的现实需要。

《国家情报法》指出国家情报工作的目标是"坚持总体国家安全观,为国家重大决策提供情报参考,为防范和化解危害国家安全的风险提供情报支持,维护国家政权、主权、统一和领土完整、人民福祉、经济社会可持续发展和国家其他重大利益",明确规定"中央国家安全领导机构对国家情报工作实行统一领导,国家情报机构(包括国家安全机关和公安机关情报机构、军队情报机构)按照职责分工,相互配合,做好情报工作、开展情报行动"。这部法律的具体内容,带来了情报学界对情报工作,包括情报工作源头、情报工作目的职责和具体内容、情报机构体系、情报生产服务方式手段等方方

---

① 杜人淮.中国特色军民融合式发展:内涵、特征与实现形式[J].南京政治学院学报,2013(6):78-82.

面面的反思。

很长一段时间，受 1992 年第八次全国科技情报工作会议上"情报"改称"信息"的影响[1]，情报学界淡化"情报"偏重"信息"，注重数据信息的搜集、序化等文献工作，忽视情报研究工作，更是鲜有军事情报、国家安全情报相关研究，偏离了情报工作"耳目、尖兵、参谋"的定位。而今颁布实施的《国家情报法》将情报工作与"国家安全"紧密联系，无疑为情报工作正本清源、回归正确轨道指明了方向。

《国家情报法》也使科技情报工作面临前所未有的挑战，作为情报界的中坚力量，遍布全国的科技情报机构未被囊括在《国家情报法》规定的国家情报机构中，科技情报工作在国家情报工作中被边缘化，这更是需要情报界反思，情报工作的变革迫在眉睫。

2.3 情报工作新动能

情报工作的发展从来都与科技发展息息相关。当前以人工智能、互联网+、大数据等新一代信息技术为支柱的新一轮技术革命和产业变革的发展大潮一浪接着一浪，一场涉及情报思维、机制、模式、方法技术及工具的情报生产革新之战蓄势待发。新技术将极大提升情报速度，而情报速度将重画决策的工作方式宽度、思维模式和决策体制，深度的情报随时会提供"档案"级答案。

2.3.1 新科技革命成为情报赋能的前提条件

科技革命主要指科学理论、方法、思维方式或技术体系原理等发生了突破性进展或根本性变革[2]。科学技术是最高意义上的革命力量，人类现代化的历程本质上是科技创新发展的历程，人类社会的每一次重大变革都与科技的革命性突破密切相关。科技革命又催生产业变革。在当前经济转型需求和科技演化周期驱动下，世界正处于新一轮科技革命和产业变革孕育兴起的关键时期，一旦关键性技术范式产生重大突破，所引发的经济社会和产业变革将对整个世界产生重大、深远影响。

以往历次科技革命都主要限于某一科学领域，如蒸汽技术革命为热力学领域，电力技术革命为电力学领域。但 21 世纪以来，各领域科学技术的联系更加紧密，呈现出某

---

[1] 加快改革步伐，大力推进科技信息事业的发展，为实现我国国民经济建设第二步战略目标作出新贡献：国家科委副主任周平在全国科技情报工作会议上的报告（摘要）[J]. 科技情报工作，1992(10)：4-8.
[2] 赵若玺，徐治立. 新科技革命会引发什么样的产业变革[J]. 人民论坛，2017(23)：79-81.

些领域率先突破，进而引发其他领域群发创新、新兴交叉领域不断涌现的特征。而当前世界科技又进入密集突破期，科学技术加速发展，大数据、移动互联网、人工智能、智能制造、物联网、下一代基因组学、先进机器人、储能技术、先进材料等众多领域技术突飞猛进。由此，新一轮的科技革命可能遍及自然科学各大领域，全方位、多领域的科技革命相互交叉、相互融合，必然会产生前所未有的影响，可能深刻改变人类社会的生产生活方式，颠覆传统的经济活动惯式，颠覆现有很多产业的形态、分工和组织方式，实现多领域融通，重构人们的生活、学习和思维方式，在全球范围内形成新的生产力分布格局和新型生产关系，甚至改变人与世界的关系。世界经济论坛创始人、执行主席施瓦布教授就在《第四次工业革命：转型的力量》中指出：新一轮的科技革命"将数字技术、物理技术、生物技术有机融合在一起，触及经济社会的方方面面，可植入技术、数字化身份、物联网、3D打印、无人驾驶、人工智能、机器人、大数据、智慧城市等将对社会产生深刻影响，重塑全球生产、消费、运输与交付体系，新产业、新业态、新经济将随之应运而生"。不可避免地，情报工作也将受到新科技革命的检验和冲击，新科技革命的先进技术潮流必将为情报生产力发展打开新的空间。

以新能源、新材料、新一代信息技术、生物技术等先进技术为核心并相互融合的新科技革命，可能引领人类进入万物感知、万物智能、万物互联的绿色可持续发展新时代，对情报生产体系结构、情报生产内容和方法技术、情报产品形式等各方面与物质生产结构和经济社会发展的适应性提出新标准、开辟新思路。例如，建立在量子物理学基础上的超高速计算机，将彻底改变计算的概念，实现同一时间大批量所有数据的同步分析，不仅将打破情报分析、预测现有的时间和能力桎梏，大幅提升情报工作效能，也将对情报加密领域造成强有力的冲击，密码学家指出"目前所有加密技术在量子计算机面前均不堪一击"[①]，情报加密的科技和思维范式将完全改写；再如，目前，浩如烟海的信息和知识几乎成为人们准确获取和利用信息和知识的最大困扰，信息的鉴别、筛选也是情报工作中极为关键的一环，新科技革命带来的万物智能、万物互联可能改变人们获取信息的途径，降低信息搜索和筛选成本，提升知识获取率，现有部分由情报工作者实现的鉴别、筛选等环节可能被人工智能取代。

新科技革命带来科技范式、思维范式、生产方式和生活方式的转变，为情报工作的发展提供了新的契机，情报工作需要与时俱进，适应并融合世界先进技术潮流，随技

---

① 史蒂芬·陈. 王晓雄，译. 中国研量子计算机或颠覆情报加密行业［EB/OL］.［2014-01-12］. https://new.qq.com/cmsn/20140112/20140112000902.htm.

的迭代更替不断进行情报生产技术调整、流程再造和服务创新，才能在技术洪流中经久不衰，实现突破性飞跃。

2.3.2 大数据提升情报工作效率

随着信息时代的迅猛发展，数据以惊人的速度激增，"大数据"这一概念应运而生。据监测统计，2017年全球的数据总量为21.6 ZB（1 ZB=10万亿亿字节），目前全球数据的增长速度每年在40%左右。大数据正以一种革命风暴的姿态冲击着当今社会的方方面面，以各种方式和路径影响着我们的生活和理解、探知世界的方式。

虽然大数据一词已经是大家耳熟能详的高频热词，但大数据的概念尚未有统一的说法。维基百科对大数据的定义是"太大、太复杂，传统数据处理应用软件无法充分处理的数据集"。互联网数据中心（IDC）则将大数据界定为"为了更经济地从高频率获取的、大容量的、不同结构和类型的数据中获取价值，而设计的新一代架构和技术"。大数据研究专家维克托·迈尔在《大数据时代生活、工作与思维的大变革》中指出："大数据是人们在大规模数据的基础上可以做到的事情，而这些事情在小规模数据的基础上是无法完成的，大数据是人们获得新的认知、创造新的价值的源泉。"[①]

可以看出，大数据的概念绝不等同于"大"的数据，也并不局限于"数据"本身，大数据超越了海量复杂结构数据集合的含义：大数据不仅包括大体量多结构数据集合，还包括对这些数据集合进行处理、利用的模式、技术和过程，更包含大数据与传统数据最大的区别，即传统的数据和思维无法揭示的数据蕴藏的巨大价值。由此，大数据"4V"特征——容量大（Volume）、种类多（Variety）、速度快（Velocity）、价值密度低（Value）中的 Value 还可以理解为价值总量大。

实际上，大和小的概念是相对的，大数据的"大"，即数据的量级并不非常重要，更为关键的是数据的"全"，即大数据思维的关键之一——"不是随机样本，而是全体数据"，用全部或几乎全部的数据来从不同角度观察和研究数据的方方面面。

作为创新、竞争和生产力的下一个前沿，大数据正日益成为竞争的关键基础，给各行各业的理论和实践带来深刻的革命。大数据的内在含义——从海量数据中揭示和获取价值的洞见，与情报工作以大量信息资源为基础来获取和发现有价值的信息具有契合性，因此，大数据给情报工作带来了巨大的冲击和影响。大数据正以不同的形式全方

[①] 维克托·迈尔，肯尼思·库克耶.大数据时代生活、工作与思维的大变革[M].盛杨燕，周涛，译.杭州：浙江人民出版社，2013：9.

位、多角度、深层次地渗透入情报工作的各个环节，变革情报工作流程。这种变革，本质上是原有基础之上的增量，将传统的面向单一任务、以人力驱动为主的情报工作流程，转变为大数据下面向重点领域、以数据驱动为主的情报工作流程，为情报工作本质——"人脑的研判"奠定更牢靠的基础（图2-1）。

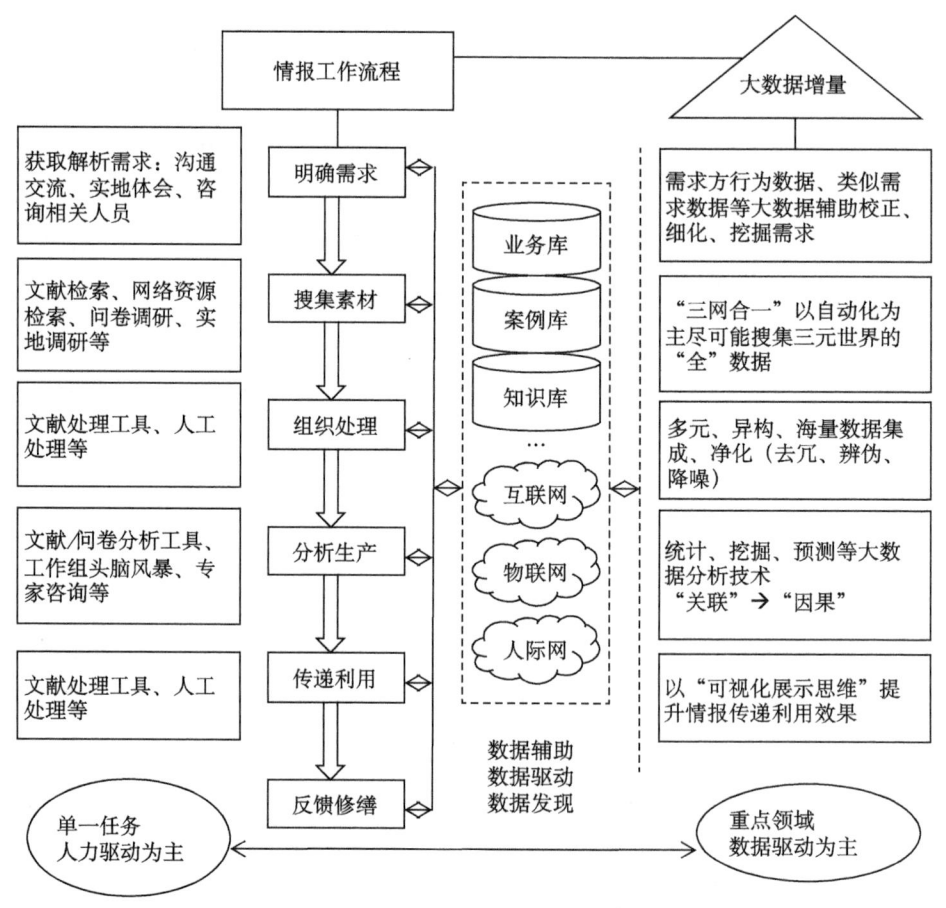

图 2-1 大数据下情报工作流程示意

（1）大数据辅助洞悉情报需求

明确需求是情报工作的第一步，也是后续工作开展的关键。传统的情报需求获取和解析主要依赖需求方的陈述，即情报工作者与需求方的沟通交流，情报工作者前往需求方实地体会、咨询需求方相关人员或领域专家等也是明确需求的常见手段。需求陈述表面较为简单，但实际障碍重重，一方面，受到陈述者表达能力和获取者理解、认知能力的影响；另一方面，需求方很可能自身并未认识到其潜在的情报需求，即"不知道自己需要什么",而情报要支持决策,满足"不知道需要知道"的部分也极为重要。大数据,正是解决这些问题的有效手段之一。以往情报人员研究用户或追踪对象的信息搜索或利用行为,主要是通过直接沟通或间接问询获取对方数据,现在则可以方便地通过网络实时日志、点击流、社交媒体、开放 API 等方式来获取实时的"电子踪迹"。例如,Plum Analytics 公司提供的 PlumX Metrics 指标就包含使用、捕获、提及、社交媒体和引文指标[①],这些实时数据反映出对象的行为特征,隐含着最真实的"线索"。与淘宝通过消费者浏览记录、相似消费者行为记录进行商品推荐类似,大数据通过这些需求方行为数据、相似业务需求数据等来更全面、准确地认知需求方的行为和需求特征,减少需求方因自身认知或表达能力所未传达、未被情报工作者接收到的情报需求。

(2)"三网合一"自动化搜集三元世界"全"数据

传统情报以文献检索、网络资源检索、问卷调研、实地调研等作为信息搜集渠道,获得的情报素材来源是特定的,属于小数据时代的随机采样,这样的数据素材的发声有着天然的缺陷,即数据价值的有限性,有时候能得到正确的结论仅可能是因为运气好,恰好样本能反映出总体的特征。

大数据下,有价值的情报可能散布在物理世界(Physical World)、信息空间(Cyberspace)和人类社会(Human Society)三元世界所产生的各种数据中,用以分析的数据越"全",分析的结果就越可能接近"真"。由此,大数据下的情报搜集,在传统搜集渠道下,应加强对物联网、互联网、人际网三网数据的全面搜集,尤其要注重重点领域物联网和人际网的主动、预先构建和利用,尽可能使得"样本=总体",实现情报分析的精准化。

大数据的大体量,也决定了情报数据搜集要改变以人力为主的传统做法,将大部分人工采集工作以自动采集取代,使情报工作者减轻或摆脱繁重的体力采集劳动,集中精力投入到价值增值更大的核心环节。

(3)以"全"数据及其处理分析技术提升情报产品价值

大数据的真正意义在于蕴藏在数据中的传统数据和思维所无法揭示的巨大价值。因此,数据的组织处理、情报分析生产是以大数据为基础的情报工作流程中最为关键的增值环节。

传统的情报流程主要是基于文献、认知、结构化"小数据"的情报分析和提炼,如文献计量分析、文献内容分析、头脑风暴、专利分析等,大数据思维则强调多源、碎片

---

① 马费成,张瑞,李志元.大数据对情报学研究的影响[J].图书情报知识,2018(5):4-9.

化、异构化数据集成、去冗、辨伪、降噪、融合、统计、挖掘、预测等大数据分析技术的运用，以"全"数据还原事物本身，以大规模数据辅助预测和异常点检测，降低个人认知偏差和预见能力带来的误判，由此来优化和提升情报产品的价值。这种从基于小样本抽样的挖掘推断，转变为总体数据的全量挖掘①，是大数据环境下情报分析科学观的重大转变，与传统基于小样本、经验模型的情报分析相比，以大数据为基础开展的情报分析精准度将得到空前的提升。美国大数据分析专家 Nate Silver 利用大数据分析美国总统大选，连续两次准确地预测了选举结果，甚至在 2012 年的大选中精准地预测了美国 50 个州的得票率②。

大数据强调"不是因果关系，而是相关关系"，但情报作用于决策，事物间的关联关系和因果关系均很重要，基于大数据的情报工作除了要注重揭示大数据间的相关关系之外，还要将指征浅表现象的相关关系作为依据，融入社会情境来进一步深入分析、探究现象背后事物间的因果关系。

（4）以可视化展示提高情报传达渗透率

可视化又称视觉化，是指采用各种方式方法将抽象事物、过程转变成视觉可见对象的过程。实验心理学家赤瑞特拉研究证实，视觉在整个感觉系统中居于主导和基础地位③，在人类信息接收过程中，视觉吸收信息的占比高达 83%④。

在情报传递利用环节，融入大数据中的可视化展示思维，注重情报产品的视觉表达，能使情报结果具有更强的说服力、感染力，以及更高的传达渗透率。

纵观大数据之于情报流程的变革可以发现，在情报素材（数据）的组织处理、情报分析生产这两个情报增值的核心环节中，传统的根据经验和小样本数据决策的模式有所弱化，大数据的思维理念得以强调，但情报工作的本质实际上是"人脑的研判"，数据来源、内容的可靠性研判、情报情境的构建、无意义弱相关关系的辨析、原因和结果的推断等，都需要情报专家、领域专家的主观智慧和思想。

总体来说，大数据之于情报工作，更多的是原有基础之上的增量。大数据带给情报工作新思维、新方法、新技术，为情报工作的各个环节提供基础性的支持，为情报工作本质——"人脑的研判"奠定更牢靠的基础。

---

① 徐超. 科学研究第四范式对信息分析的挑战与应对［J］. 情报资料工作，2017（4）：53-60.
② DANIEL T. Obama's win a big vindication for Nate Silver, king of the quants［EB/OL］.［2012-11-06］. https://www.cnet.com/news/obamas-win-a-big-vindication-for-nate-silver-king-of-the-quants/.
③ 李涛. 高等院校视觉识别系统的构建与研究［D］. 保定：河北大学，2007：4.
④ 连维建. 图像 Image 视觉思维［M］. 天津：天津人民美术出版社，2016：4-5.

2.3.3 人工智能增强情报判断能力

早在1956年,"人工智能"(Artificial Intelligence,AI)这一术语就在美国达特茅斯学院召开的学术会议上被首次提出。60年后的人工智能元年,即2016年,随着美国谷歌DeepMind研制的AlphaGo打败韩国著名围棋选手李世石热点事件的传播,人工智能技术的快速发展成为全球关注的热点,人工智能技术研发及产业化进入高速发展的新时期。

人工智能至今也尚未有确切的定义。最早提出人工智能概念的研究者John McCarthy等人提出:人工智能就是要让机器的行为看起来像是人所表现出的智能行为一样[①]。美国麻省理工学院温斯顿教授认为:"人工智能就是研究如何使计算机去做过去只有人才能做的智能工作。"[②] 维基百科对人工智能的定义为:人工智能是有关"智能主体的研究与设计"的学问,而智能主体是指一个可以观察周遭环境并做出行动以达至目标的系统。指挥自动化和人工智能专家李德毅院士给出了人工智能的简洁定义:"探究人类智能活动的机制和规律,构造受人脑启发的人工智能体,研究如何让智能体去完成以往需要人的智力才能胜任的工作,形成模拟人类智能行为的基本理论、方法和技术,所构建的机器人或智能系统,能够像人一样思考和行动,并进一步提升人的智能;人工智能的内涵可以用4个二级学科来替代:脑认知基础、机器感知与模式识别、自然语言处理与理解、知识工程。"[③] 从不同的人工智能定义可以发现,人工智能尝试以机器人或计算机系统等"智能主体"模仿人类思维的逻辑法则,包括知觉、推理、判断、证明、学习和问题求解等。因此,人工智能是一门综合性的科学,所涉学科广泛,包括计算机科学、语言学、心理学等。按智能水平,人工智能被分成强人工智能和弱人工智能,二者的本质区别在于是否具有自我意识。强人工智能是指具有自我意识和知觉,真正能推理和解决问题的智能机器;弱人工智能则更多地类似于"高级仿生"工具,受智能系统中既定行为模式的约束。人工智能技术目前所取得的进展和成功,都在弱人工智能的范畴。

虽然人工智能的定义尚无统一定论,但人工智能已来到我们身边,几乎无处不在,如苹果Siri智能聊天、手机人脸识别解锁、新闻内容智能分发推送、自动驾驶汽车、智能医疗诊断等,人工智能正在快速演化应用,给人们的生活和工作带来巨大影响,也为

---

① 尚文倩.人工智能[M].北京:清华大学出版社,2017:1.
② 丁世飞.高级人工智能[M].徐州:中国矿业大学出版社,2015:2.
③ 人工智能学会.李德毅院士:以智能之名标记这个时代[EB/OL].[2018-01-08].http://www.sohu.com/a/215450718_99957767.

各行各业带来了机遇与挑战。

情报（Intelligence）与人工智能（Artificial Intelligence）都对应着同一个单词"Intelligence"，说明二者有着一定的相似关系，都围绕着"智能"，情报本身具有智能性，是经由人脑使用智慧所得到的判读，而人工智能则是人脑的模拟和延伸。尽管情报并不关注人工智能领域如何对人的思维和判断的模仿，但很明显，人工智能技术所实现服务的应用可能赋予情报工作新的活力和生机。早在1985年，钱学森就强调了智能机对情报工作的重要性，指出现在解决情报的知识激活问题"是靠有经验的水平比较高的情报研究工作者来做，情报信息工作要发展，还用这个方法就不行了，那要多少研究人员啊？因此，要自动化，这就要用人工智能，用智能机。"[①]颠覆性的人工智能技术变革情报工作的新时代即将来临，人工智能可能与情报生产的各个环节产生强烈的"化学反应"，为情报生产注入新的思想，提供新的方法和工具，带动情报决策的根本转型，促进情报效果质量的提升。

实际上，人工智能和大数据相辅相成、不可分割。当今的人工智能中机器进行判别的问题，本质上是以大量数据为导向的数据问题，大数据可以说是人工智能的基础，人工智能是大数据的高级应用，大数据处理分析中的神经网络、机器学习等算法和分析技术本身就属于人工智能领域。人工智能对情报的变革离不开大数据的支撑，如果说大数据为情报工作流程的各个环节提供基础性的支持，那人工智能则是实现情报智能化、提升情报价值的本质所在，最为关键的是，人工智能和大数据的结合，将加速"算法+数据"决策时代来临，增强情报判断能力。

（1）情报工作将聚焦于情报判断

智能传感使人工智能机器具有视觉、听觉和触觉，可在不同的媒体终端感知周边环境，完成各种动作，并与人发生互动，甚至比人类"看"得更清、"听"得更准、"摸"得更细，这使得以人工智能采集实地情报成为可能，甚至比人工更为客观、精准、低成本；智能检索、自然语言处理、图像与情感识别、智能统计、深度学习等使得机器自动长时间、持续性监测，以及初步深入数据挖掘海量数据和信息成为现实。与此同时，面向大数据的情报采集、分析等工作面临人工无法负荷的困局，由此，作为人类实践的新工具、人类体力或脑力的延伸，以人工智能取代情报工作各环节中冗杂的、机械的、重复性工作，甚至客观的、简单的、可重复的判断分析工作，使情报工作者的精力投入需求优化、业务逻辑梳理、信息源辨析、数据处理/分析模型选择与优化、算法调度、智

---

① 卢胜军，栗琳. 钱学森情报思想及其应用研究[M]. 北京：航空工业出版社，2016：77.

慧分析研判与评估等最为关键、最需要充分发挥人类智慧的"判断"环节，将是新时代情报行业的必然选择。美国国家地理空间情报局（NGA）局长 Robert Cardillo 就曾在演讲中表示，分析和利用未来 20 年的商业卫星影像，如果用纯人力将需要 800 万名影像分析师，依靠 NGA 正在积极引入的人工智能技术，75% 的分析任务将全部自动化[①]；美国国防部的 Maven AI 项目[②]也是利用机器学习技术自动挖掘无人机监控录像来节省军事分析师的时间，让他们将时间和精力用在更重要的环节。

(2) "算法 + 数据 + 人的智慧"或成主流

情报具有科学属性，数据密集范式已经成为大数据时代的科学研究范式，数据发现是科学和认知的基础已成为大数据时代的理念。大数据是原材料，驱动数据并支撑分析、判断、预测等价值产生过程的核心就是人工智能算法。对人脑而言，情感和思想，实际上就是大脑神经元的独特算法，也是整个世界最有效的数据处理算法，而大数据支撑的人工智能系统中，算法是用于计算、数据处理和自动推理等的系统计算的具体步骤。一旦人工智能系统中以深度学习为代表的算法在感知、辨识、记忆、分析等各种模式的能力上达到一定水平，加上智能系统对大体量"全"数据的处理优势，代替人脑进行"算法 + 数据"的初步判断是完全没有问题的。原来的情报判断以个人或小团队的作坊式工作方式基于不完全情报的"顿悟"过程[③]，并不适用于数据密集范式下的情报工作，但完全依赖于"算法 + 数据"式的大数据人工智能，又忽视了弱人工智能下无法把控的人的感情、人情练达、创新性等各种不可模拟和重复的人的智慧，因此，"算法 + 数据 + 人的智慧"式判断将大数据知识发现与人脑不完全情报的"顿悟"相结合，以数理统计结果的相关性辅助求证因果关系，既实现了人脑的延伸，又优化了情报工作的效能，将是情报判断革命的趋势。

当下，深度学习、增强学习、概率学习等新算法不断涌现的机器学习技术和大数据实时流处理技术越来越成熟，情报机构对于大数据和人工智能技术的研发应用也正不断深入，全球引领性的情报机构，如美国国防部高级研究计划局（DARAP）、美国情报研究高级计划局（LARPA）、美国中央情报局（CIA）都开展了诸如 AI Next Campaign

---

① 面对海量数据，美国情报机构寄希望于人工智能 [EB/OL]. [2017-09-13]. http://www.sohu.com/a/191598234_354973.
② 张悦，颉靖. 美国国防部 Maven AI 项目开发首个算法并投入测试 [EB/OL]. [2017-11-06]. http://www.dsti.net/Information/News/107295.
③ 徐宏宇. 人工智能与情报工作：访上海市科学技术情报学会理事长刘炜 [J]. 竞争情报，2018（3）：8-10.

（DARAP）、ForeST（IARAP）、DIVA（IARAP）等大量利用机器学习、深度学习、人类行为识别、智能认知、预测预警等人工智能技术提高情报分析效能的研发项目，情报分析判断和决策支持的整体趋势必将向自发、自动、高效、精准、智能方向深度发展[1][2][3]。

2.3.4 移动互联网创新情报工作模式

随着宽带无线移动通信技术的进一步发展和智能手机、平板电脑等移动智能终端的普及，尤其是4G网络建设全面铺开后，移动通信技术与互联网技术融合的产物——移动互联网（Mobile Internet，MI）成为一股席卷信息和通信技术领域的破坏式的创新浪潮，网络所引发的社会变迁迈进了新的阶段——移动互联网时代。据中国互联网络信息中心（CNNIC）发布的《中国互联网络发展状况统计报告》报告显示，截至2018年6月，我国手机网民规模已达7.88亿，2018年上半年新增手机网民3509万，较2017年年末增加4.7%，网民通过手机接入互联网的比例高达98.3%[4]。移动互联网已普遍触及大众指尖，渗透到社会生活的方方面面，成为大众生活不可或缺的重要组成部分。

除了传统网络的开放性、交互性、高速率、低费率外，移动互联网的即时性、便利性、易操作和隐私性等强体验打破了人们工作和生活的时空限制，人们不必在固定场所和特定时间接入网络，使得互动交流简便、即时、低成本，信息传播瞬时化、多样化、杂糅化、双向化。可以说，移动互联网正日益改变着信息和人的二元关系，革新着人们的交流与认知方式，甚至改变着人类社会的生活方式和关系结构。

5G（第五代移动通信技术），更是将以其连续广域覆盖、热点区高容量、低时延和高可靠、低功耗和大连接等特征[5]，给移动互联网的发展带来深刻、彻底，甚至是颠覆性的影响。据统计，到2025年全球将有1000亿连接，70亿人的连接可能只会占到总连

---

[1] DARPA.AI next campaign［EB/OL］.［2019-03-06］.https://www.darpa.mil/work-with-us/ai-next-campaign.
[2] IARPA.Research programs［EB/OL］.［2019-03-06］.https://www.iarpa.gov/index.php/research-programs.
[3] PATRICK T.有137个AI项目的美国中情局，最怕的是中国人工智能国家决策［EB/OL］.［2017-10-26］.http://www.sohu.com/a/200476867_470008.
[4] 温婧.我国网民规模突破8亿 手机网民规模达7.88亿［EB/OL］.［2018-08-21］.http://dy.163.com/v2/article/detail/DPO1OMRI05310L8B.html.
[5] 张长青.浅析5G网络对移动互联网的影响［J］.电信网技术，2015（11）：28-33.

接数的 10%，而绝大部分的连接会是人与物、物与物的连接①。未来流量之大、连接之广，将无可限量；智能互联、万物互联将成为现实。

作为利用知识或信息工作的知识型工作者——情报工作者的工作条件就是搜集、访问、获得、处理和产生所需要的数据和信息，工作对象、工作资源、工作成果都表现为数据和信息。而未来与大数据、人工智能、物联网等结合的移动互联网，将以其超强的感知能力、智能化程度和移动连接功能，帮助人们实现"4A"，即任何时间（Anytime）、任何地点（Anywhere）、任何人（Anyone）、任何事物（Anything），甚至"5A"（Anyway，任何方式）之间信息的畅通通信。移动互联网实现的人与人、人与物、物与物之间数据和信息的获取、传递、存储、使用等各方面服务，必然会对情报工作的工作条件、工作内容、工作资源、工作成果等各个方面造成冲击和变革，进而推动传统的情报工作模式进行革命性的改造和提升（表2-1）。

表 2-1　移动互联网下情报工作模式的主要变化

工作模式	传统情报工作	移动互联网下情报工作
工作地点	办公室、现场等	无处不在
工作时间	固定时间段	随时
工作主体	情报专员为主，领域专家为辅	"全员""众包"等外部人力资源利用成为可能
工作任务/资源/方法技术	独立、纵横分割	宽共享和全联通
价值增值方式	人脑"心智"和"性智"的主观顿悟	智能化、集成化的综合集成研讨

（1）情报工作条件泛在化

情报工作的本质是一种知识创新型工作，理论上来说，并不受工作时间、地点限制，只要能获取、处理、利用数据和信息，情报工作就能开展。移动互联网的"云+端"模式，能保障情报工作随时随地可接入，不仅打破了传统情报工作要在特定办公室、现场开展的限制，也使得情报工作线几乎可以实现永远在线，情报工作者不再受固定时间的制约，大量的碎片时间也可被高效利用，实现价值增值。

移动互联网为工作者参与情报工作提供了极大便利，也使得发挥群体智慧的"全员""众包"情报成为可能。评论家分析"9·11"事件认为：情报很可能被个别人分析出，

---

① 王攀. 从1000亿连接到1000亿美元：华为描绘全球数字化转型路线图[EB/OL].[2016-04-14]. http://www.xinhuanet.com/fortune/2016-04/14/c_1118615885.htm.

但没有在需要时被提供和共享①。移动互联网环境和自媒体的发展，几乎每一个人都从传统媒体时代的"旁观者"转变成为现在的"当事人"，每一个人都是信息和数据的传播者，甚至生产者，这些产生于"当事人"真实见闻、感受、思考的信息和数据中可能潜藏着许多重要情报。这些情报将分散在不断产生、积累的互联网信息和数据中，依据情报任务需求的情报专员再从海量数据和信息中发现和获取这些情报就极为困难，将耗费大量的时间和精力，甚至若"当事人"并未生产、传播所获取、思考判断的情报资料，这些关乎情报任务的重要情报线索将无处可寻。

"全员""众包"情报就是解决这一困扰的有效途径。移动互联网下无处不在的情报工作环境里，情报工作任务、进展、相关素材资源和工具等情报任务相关事务都将以不同保密级别显示在情报工作网络中，情报工作流也均发生在网络上，这使得"全员""众包"人员可以随时进入、推进情报工作流。相对于传统的由该情报任务组情报专家、领域专家主要完成情报工作的模式，这里的"全员"可以是满足情报任务保密机制下所有有兴趣或有义务的情报工作人员，而并非局限于分配到该情报任务组的人员，甚至包括情报任务委托方或与情报任务相关事务接触的"全员"，这样不仅最大限度地利用了相关人力资源，更关键的是较大限度地保障了情报线索和情报"顿悟"的有效利用。"众包"则是充分利用外部资源、大众集体智慧和技能资源的一种问题解决方式。众包的概念由美国《连线》杂志记者在2006年提出，一般指将任务以自由自愿的形式外包给非特定的大众网络的做法②。自众包理念引入情报工作领域后，已有不少学者对情报工作众包进行了理论和实践探索。对于情报机构自身难以解决、保密机制允许的情报难题，源于社会多样性和差异性的众包创新是解决问题的有效途径，这一点已被大部分情报学者认同。移动互联网的实时、开放、共享特性给了开放创新的众包更便利的实现条件。

总体来说，无处不在的情报工作环境、"全员""众包"情报都是情报工作的新的组织形式，移动互联网是其实现的现实条件，但其具体运作本质上都是细致的管理问题，这些情报工作模式的创新尚需要情报工作者的进一步探索实现。

（2）情报工作体系联合化系统化

情报工作的组织管理体系是国家情报工作效率的重要决定因素。当前，我国的情报工作还处于各级别、各地区、各领域、各部门情报机构各自独立、纵横分割、相对封

---

① 宋新平，杨阳，李保珍.市场营销员工参与市场营销竞争情报现状调查：Web 2.0下全员情报模式视角［J］.情报理论与实践，2016（3）：36-41.
② 刘同，真溱，汤珊红.界定众包情报［J］.情报理论与实践，2016（1）：145.

闭的局面。这种分散封闭的组织管理体系不仅会阻碍情报系统内部的相互合作，使得情报机构力单势孤，还可能会造成大量的重复工作和资源浪费。移动互联网的万物互联趋势，为情报工作体系的联合化系统化创造了便利的条件；迅猛发展的科学技术下联系面越来越广、专业性综合性越来越强、要求越来越复杂的情报工作也越来越需要多方的配合和互助。因此，构建一体化的情报工作体系，促进情报资源和任务宽共享和全联通不仅是时代的要求，而且是实现现代情报工作目标的必然选择。

情报体系一体化、情报资源和任务宽共享和全联通实质上是依托移动互联网的连接，以虚拟集成的组织管理模式建立联合化系统化的国家情报体系，以相应的规章制度将各级别、各地区、各领域、各部门情报机构组织起来，打破领域、地域、部门等行业、区划和行政界限，形成统一管理、协调发展、相互配合、相互依托、联系密切的有机整体，进而保障情报工作任务的有效分工、灵活响应、资源共享、技术互助，使情报体系这个复杂的巨系统不断优化，达到最佳的情报工作效能。

（3）情报研判过程智能化集成化

通过前文人工智能相关章节可知，尽管以深度学习为代表的算法在感知、辨识、记忆、分析等各种模式的能力加上智能系统对大体量"全"数据的处理优势，代替人脑进行"算法+数据"的初步判断是完全没有问题的，但弱人工智能依据历史行为或已知判断的积累来推断规律，这种没有感情的机器尚无法模拟、取代可能依据个体文化、信仰、教育、情绪、人情练达等多重复杂变量做出的创新性判断，因此"算法+数据+人的智慧"式判断将是情报判断革命的趋势。

综合集成研讨厅就是"算法+数据+人的智慧"式判断实现的有效模式。人机结合从定性到定量的综合集成方法和综合集成研讨厅体系是20世纪90年代以钱学森院士为代表的中国科学家在系统工程领域首次提出开放复杂巨系统概念后提出的处理这类问题的方法及其实践形式[1][2]。这种方法通过构建由专家体系、机器体系和知识体系三者共同构成的巨型智能协作空间，把专家的智慧、各种数据模型和计算机的高性能有机结合起来，充分发挥人的主观能动性，合理运用研讨专家特有的计算机所欠缺的经

---

[1] 钱学森，于景元，戴汝为.一个科学新领域：开放的复杂巨系统及其方法论[J].自然杂志，1990（2）：3-10.
[2] 戴汝为.从定性到定量的综合集成法的形成与现代发展[J].自然杂志，2009（6）：311-314，326.

验、知识等"心智"和"性智"①，促进从定性的、不全面的感性认识到综合定量的理性认识的飞跃。

一方面，情报本身具有交叉性、综合性，新时代事物间关联越来越密切，越界和跨界越来越普遍的形势下，情报决策问题的综合性、复杂性、开放变化性、层次性等复杂巨系统的特点日益突出；另一方面，情报决策问题"算法＋数据＋人的智慧"式判断需求日益强烈。与此同时，信息和通信技术领域的创新浪潮——移动互联网又为运用综合集成方法和综合集成研讨厅人机协作从定性到定量处理复杂情报决策问题带来了强大的助推力。由此，情报核心——决策过程将以智能化、集成化的综合集成研讨新模式打造情报判读新时代。

2.3.5　网络和计算速度增进情报与决策联动关系

《孙子兵法·作战篇》指出："故兵贵胜，不贵久。"《旧唐书·李靖传》也指明："兵贵神速，机不可失。"如果说情报内容的真实准确性是情报的第一生命，那情报的及时性，即情报速度就是情报的第二生命。情报速度主要包含两方面含义：一是情报内容的时效性，情报最重要的是"真"，即还原事物的本来面貌用以消减决策的不确定性，而事物是实时变化的，尤其当今飞速发展的社会下，事物瞬息万变，情报的价值也随时间推移和事物变化而逐渐贬值，一旦事物变化或相应情报不再属于"信息不对称"状态，情报也就失去了意义，因此，缩短情报生产时间、关注情报内容的动态变化进而保障情报内容的时效性是决定情报速度的关键之一；二是情报传递利用的及时性，只有经过传递利用，情报才能达到预定的目标，实现情报价值，传递利用得越快，留给情报支持的决策时间就越充分，情报价值可能越大，因此，情报传递利用包括反馈后的修正再传递，传递和再传递速度都是决定情报价值的关键所在。

随着互联网科技迅猛革新进步，情报工作早已步入互联网时代，情报需求交流、情报资料搜集、情报处理分析、情报产品传递等各项活动都离不开互联网的支持。而网络的世界，每一秒钟都在发生翻天覆地的变化。据统计，截至 2017 年 11 月，全球互联网宽带的平均下载速度达到 40 Mbps，而全球移动通信的平均下载速度达到 20 Mbps，全

---

①　郭诚开. 基于综合集成研讨厅的网络银行安全问题研讨模式探究［D］. 北京：中国人民公安大学，2017：2-6.

球互联网平均速度仅在2017年内就增长了30%以上[1]。大部分发达国家都计划在2018年年底到2020年间完成5G的部署[2]，据全球移动通信协会指出[3]，5G所具备的核心技术要求包括端点连接数据速率为1 Gbps～10 Gbps，网络延时低于1 ms。5G下限1 Gbps的速度是当前下载速度（20 Mbps）的50倍；人类大脑的反应速度最快只有0.03 s，5G通信1 ms的延时对大脑而言就是完全实时同步的。可以预见，超过人类思维速度的网络下，网络远程操作、云端计算系统等都将变成现实。从世界上首台超级计算机的运算速度达到每秒2.5亿次，到运算速度达十万亿次、百万亿次、千万亿次的云计算系统逐渐出现在我们的视野里，计算机系统的计算能力产生了质的飞跃，原来需要数周才能完成的训练运算，可能只需几分钟就能完成，云计算超强的数据处理能力将彻底改变大规模、复杂、高精算领域，为机器代替人脑提供更多可能。但这并不是终点，未来计算速度进步的步伐还在加快：在5G尚未全面应用时，中国、美国、俄罗斯、欧盟等国家和地区都启动了6G的概念设计和研发工作，未来6G网络理论下载速度可以达到每秒1 TB[4]，欧盟科学家正在利用下一代激光技术创建光速宽带连接，传输速率可达112 Tbps，是5G传输速率的约10万倍[5]；通过检测扭曲成螺旋状的光线，互联网速度可以提高100倍，这项研究可用于轻松升级现有的网络，大幅提高传输效率[6]。

纵观历史上改变世界的重大科学进展可以发现，速度的进步是改变世界的重要动力。以蒸汽机、汽车、飞机等为代表的速度进步型工具对人类的影响超过其他任何机器，能与之媲美的计算机和网络也都是以速度改变着世界，高科技带来的高速度是人类现代化社会的基本特征之一。网络世界、计算系统速度的飞跃，也将带动现代以互联网和计算机为基础的情报速度变革，未来情报速度跃进将增进情报与决策联动关系。

---

[1] 全球互联网速度在2017年提升了30%［EB/OL］.［2017-12-17］. http://www.sohu.com/a/211043128_448831.
[2] 马炯慧，姜柳，冯笑语，等.一组图看懂5G发展进程［EB/OL］.［2018-12-18］. http://www.sohu.com/a/282644604_257861.
[3] 5G技术：1 GB/s数据传输速率和1 ms延迟可实现［EB/OL］.［2014-12-11］. https://fiber.ofweek.com/2014-12/ART-210007-8120-28912164.html.
[4] 颜东惑.工信部：2020年将启动6G研发速度每秒1 TB［EB/OL］.［2018-11-12］. http://tech.qq.com/a/20181112/008232.htm.
[5] 科学家用下一代激光技术创建宽带连接2股或最先受益［EB/OL］.［2018-08-14］. https://finance.ifeng.com/a/20180814/16446295_0.shtml.
[6] 光纤技术取得突破互联网速度可以提高100倍［EB/OL］.［2018-10-24］. http://tech.qq.com/a/20181024/013548.htm.

第一，实时、交互的平行情报将成为科学决策的重要前端环节。

一方面，互联网、云计算、大数据、物联网等情报支撑技术突飞猛进，渠道广泛、搜集模式复杂、汇集处理困难、分析演算复杂等情报生产难点将得到突破性进展，实时、自动、智能、高精度数据信息监测与搜集、仿真模拟人工思维处理分析等成为普遍现实，通过虚实互动的平行系统，根据情报工作的需要，培育许多"活"的人工情报系统，以自主搜索、自主交换、自主变态，并向实际情报组织及时、针对性地发出情报、提醒、警告、请求等，构成实际与人工情报过程平行运行的实时、在线、闭环、自适应的智能情报体系①——平行情报将以虚拟仿真的形式间接嵌入到决策活动流程之中，实现"参照情报"与"现实情景"的虚实互动、平行执行②，这种实时性与交互性结合、自动化与主动化并行的情报辅助决策模式，将极大地提升情报支撑决策的反应灵敏度和准确度，强化情报作为决策前端环节的重要性。国际数据公司（International Data Corporation，IDC）发布的白皮书 *Data Age 2025：The Evolution of Data to Life-Critical* 就指出，认知 /AI 系统将数据分析从不常见的、追溯式的实践转变成为战略决策和行动的前摄式推动因素③。

另一方面，传统公共决策的集权、经验、有限协商决策体制已无法适应现代社会发展需求，大数据下数据密集型科学发现范式、社会化媒体下社会公众的意见诉求、横向分工合作与纵向科层制决策体制的僵化和乏力，以及党的十八大以来以习近平同志为核心的党中央就建设中国特色新型智库、建立健全决策咨询制度做出的一系列重要论述和指示，无不昭示着数据驱动决策，决策体制扁平化、透明化、民主化，定量分析和定性分析相融合，领导决策与专家辅助决策相结合，科学论证，充分发挥群体智慧等决策工作方式、思维模式和决策体制变革的迫切需求。以情报为前端，充分发挥其"耳目、尖兵、参谋"作用，通过群众、社会、各部门意见情报搜集、大数据整合协同分析、"算法＋数据＋人的智慧"式判断为党和政府决策提供重要支撑将成为科学决策、民主决策、依法决策的必然选择和必然趋势。

第二，情报、决策和执行错位同步、实时修正或可实现（图 2-2）。

---

① 王飞跃.从激光到激活：钱学森的情报理念与平行情报体系［J］.自动化学报，2015（6）：1053-1061.
② 李阳，李纲.工程化与平行化的融合：大数据时代下的应急决策情报服务构思［J］.图书情报知识，2016（3）：4-14.
③ JOHN F G，DAVID R，JOHN R. Data age 2025：the evolution of data to life-critical［EB/OL］.［2017-12-31］.https://www.innovation4.cn/library/r21572.

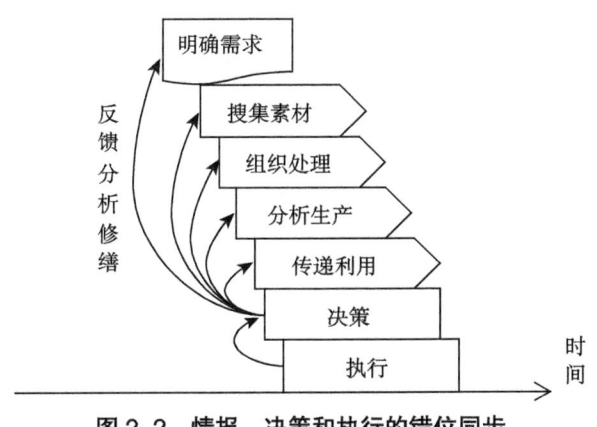

图 2-2 情报、决策和执行的错位同步

传统的情报→决策→执行的决策机制下,情报生产响应和情报效能反馈往往具有滞后性,通常情报需求明确时已是事态较为紧迫,而情报效能得到反馈已是决策执行后较长时间,这样的情报往往无法做到事预则立,也无法紧跟事态发展趋向做出调整。大数据、移动互联网、人工智能、智能制造、物联网、先进机器人等技术相互融合支持的情报速度跃迁,将彻底改变这一局面。

超高计算、传输速率和超过人类思维速度的低延时,将使得情报生产线速率得到飞速提升,当前时限以日、周、月甚至年为生产周期的情报生产线向以时、分、秒甚至人类思维最快反应速度毫秒级转变时,量变将产生质变,情报、决策和执行的错位同步将成为可能,情报→决策→执行、明确需求→搜集素材→组织处理→分析生产→传递利用→反馈分析修缮这样传统的线性流程可能转变为实时、平行的错位同步流程:情报人员通过与智能、自动的平行情报生产体系的交互,控制情报工作这项复杂巨系统中的明确需求、搜集素材、组织处理、分析生产、传递利用、反馈分析修缮等各项环节之间的时间差,如在智能平行情报系统搜集一部分情报素材的同时对情报素材进行处理、分析,实现一边情报搜集一边情报分析;将情报分析融入情报生产线各个环节,实现快速、精准与决策、行动几乎协同的情报支持体系,将情报生产线的时长缩短至"行动执行时距"(决策需求产生到行动实际执行之间的时间距离)、"下一步行动执行时距"(上一步行动实际执行到再次决策之间的时间距离)等时距内,这样改变过去战略、战术决策"想好了再跑"的思维模式,实现"边跑边想",以情报速度尽可能最大化减少决策中的不确定性,实现决策和行动的实时调整,提高决策和行动对现实境况、竞争态势的反应速度。

2.4 本章小结

我国情报工作的变革发展不仅需要从历史演进的启示中去寻找答案，更需要从不断被颠覆的新环境中去寻找契机。当前，全球经济利益的获取点燃了国家间竞争与对抗的引擎，国家间的情报与反情报工作更加尖锐复杂；总体国家安全观将国家安全问题置于一种更高级的形态，对情报工作需求发生了新的变化；中国科技创新从跟跑到并跑、领跑的历史性转身，意味着在情报研究工作中能够借鉴的国外成功经验将越来越少，以定性为主的情报研究已经不能满足新形势的需要，"计算型""引领型"情报工作要参加到中国屹立世界舞台中央的大业中，情报引领能力建设将是未来20年我国情报工作的主旋律；信息技术飞速发展为情报工作的发展灌注了持续性能量，"云物移大智"新技术与思维深刻影响着情报活动的基本原则、情报生产组织方式、情报研究与情报服务模式，情报工作不再局限于物理世界，虚拟世界也进入情报工作范畴。未来的情报工作应该汲取新的时代精神，适应新的安全环境，应对新的秩序挑战，并将各种挑战和机遇转化为驱动力，在更加广阔的空间和维度建立理论框架、加强实践创新，发挥情报对抗性本质，提升眼界和思想高度，支持中国的强国担当，引领中国屹立世界舞台中央，为维护国家总体安全、保持国家竞争优势提供重要支撑。

第3章
影响情报工作发展的现实问题

"问渠那得清如许,为有源头活水来。"随着世界战略格局变化、新科技革命、总体国家安全观的提出、军民融合的发展、创新驱动发展战略的实施,我国的情报工作面临千载难逢的战略机遇期;随着"云物移大智"等新技术的发展,我国情报工作被注入新的动力。时代的需求与技术的进步共同为情报工作提供了良好的发展机遇,同时也对情报工作提出了更高的要求。而由于历史和现实的复杂原因,我国情报工作尚存在诸多亟待解决的"瓶颈"问题,掣肘着我国情报工作的深化变革与全面发展。只有解决这些问题,我国的情报工作才能进一步发展,情报工作变革才能取得新突破。近年来,情报界对情报工作的发展现状进行了反思,指出了情报工作中存在的诸多问题。例如,情报工作者大量从事"打杂"工作、IT在情报界鸠占鹊巢等现象明显,情报技术与情报研究本末倒置,以本应该作为情报工作方法与手段的信息技术研究代替真正的情报研究[1];情报活动与管理严重脱节,学术与实践话语体系亟须重构与升级[2];文献学的历史遗留问题[3];等等。本章主要从情报工作的认知、情报工作的体制机制、情报工作的生产方式与服务手段等方面揭示现存问题,希望对我国情报工作面临的现实困境有一个全面认识,为重新构建情报工作发展蓝图拨开迷雾。

---

[1] 吴晨生,张惠娜,刘如,等.追本溯源:情报3.0时代对情报定义的思考[J].情报学报,2017(1):5-8.
[2] 李阳,孙建军.中国情报学与情报工作的本土演进:理论命题与话语建构[J].情报学报,2018,37(6):631-641.
[3] 邹志仁.情报交流模式新探[J].情报科学,1994(4):34-37.

3.1 认知偏差

情报工作是一项具有实践性和时代感的活动，人们对它的认知也处于变化与发展中。不管时代如何发展、技术如何进步，情报和情报工作都有其最本质的东西。不同领域的情报工作在服务对象、研究方法、情报产品等方面可能存在诸多差异，但同作为"情报"，总是具有其共性和普遍性。但是，纵观现阶段的情报工作，人们对情报的定义、情报工作的核心任务、情报的属性、情报分析的性质与范式等，都存在着较大的认知偏差，这些认知偏差限制了我国情报工作的发展，成为制约我国情报工作变革的绊脚石。

3.1.1 对情报概念的认知模糊

从事情报工作，首先要对情报概念的内涵与外延、情报的属性等有明确的认识。从学术角度来看，目前的情报概念是一个极为复杂、极为混乱的概念。例如，2016年，梁春华等人通过内容统计的方法，以中国知网、万方、超星读秀等全文数据库，以及权威词典、互联网等为采样源，对业内的情报概念进行了采集和整理，共分析整理出191种情报概念，并归纳分析了包括发起者、接收者、状态、载体、意义、实体等方面的词频和词汇[①]。虽然情报学界和情报业界都对情报的概念进行了不遗余力的研究，但至今仍未形成公认的情报定义，以至于大多数文章在提到情报概念时都要对其定义进行一定的说明，否则后续的论述将无法展开。更值得注意的是，很多文章使用的虽然是同一个"情报"，但是论述的具体内容则千差万别。概念的模糊与混乱已经严重影响了情报工作和情报学科的正常发展。

当前对情报概念的研究主要是研究者从各自角度出发，众多的角度形成了情报定义众说纷纭的现象。目前，学界出现了几种从情报工作实践出发总结的情报定义，获得了一定的认可度，但由于缺乏理论支撑，仍然难以在情报界全面推行。

（1）多角度的情报定义

目前，主要从信息、知识、智慧的角度来定义情报[②]。张惠娜等人通过统计发现，在其研究整理的145个情报概念中，有70种情报概念将"情报"界定为"知识"，或者

---

① 梁春华、孙明霞，邹志鹏，等．基于采样统计内容分析的情报定义研究［J］．情报理论与实践，2016（10）：21-24，35．

② 靖继鹏，马费城，张向先．情报科学理论［M］．北京：科学出版社，2009：3．

从"知识"的视角看待和理解情报,有51种情报概念从"信息"的视角看待"情报",还有的情报概念将"情报"界定为"成果""智慧""报告""判断"等实体[①]。例如,"情报"是一种能为受信者所理解并对受信者有用的信息;情报是经过人类选择的信息。这是从信息的角度来定义情报。"情报"是人们思考与行动所需要的知识;情报就是解决问题的知识;情报是使人原有的知识结构发生变化的那一小部分知识。这是从知识的角度来定义情报。"情报"是人们意志、决策、部署、规划、行动所需要的知识和智慧;先进的、特定的、传递着的、具有指导和预测意义的、系列化的知识、资料、智慧,以及消息、报告和信息都叫情报。这是从智慧的角度来定义情报。这3个角度的定义从各自的研究角度出发,有一定的合理性,但是细究起来又会发现,人们对信息、知识、智慧的理解又是不一样的,如信息的定义也是众说纷纭。此外,信息、知识、智慧三者之间的界限也是模糊不清的,这进一步造成了情报定义的混乱。

(2) 几种较多被认可的情报定义

虽然情报定义众说纷纭,但是仍然出现了多种获得较广范围认可的研究和定义。

一是钱学森认为"情报是激活了、活化了的知识"。钱学森依据科技情报工作的实践对科技情报工作的一些根本问题进行了科学的理论概括。他指出,情报是解决特定问题所需要的知识。这句话中有两点值得注意。一方面,情报是一种知识,是激活了、活化了的知识。也就是说,某一个知识只有在使用、应用的时候才有可能成为情报,知识的范围比情报的范围大。另一方面,情报要针对某一个问题,有及时性、针对性的要求。此外,钱学森还将情报与资料进行了区分:资料不是情报,情报工作包括资料收集的过程,但是由资料获得情报需要经过一个活化、激活的过程。钱学森的情报定义重在过程,即情报是知识激活的一个过程。这跟肯特的"情报是活动"有相似之处。

二是池建文从认知的角度进行了情报定义,认为情报是关于他方事实的本来面貌和深层次原因的判断,是新信息与旧知识融合所形成的新认知。"新认知"包括:对外界新的发展变化的捕获,对既有事实的新发掘,新的观点和见解的凝练[②]。他常用的例子是:"狗叫了"是信息,"狗叫了,鬼子进村了"才是情报,因为后者是情报人根据前者作出判断而形成的一种新的认知。

---

① 张惠娜,李辉,刘如. 基于科技情报工作革新的情报概念嬗变研究 [J]. 情报理论与实践,2017 (10):5-8,14.
② 池建文,顾小放. 科技情报工作需要尽快摆脱"非常态" [J]. 情报理论与实践,2007,30 (6):721-724.

三是吴晨生等人提出的"情报是人脑做出的有价值的判断"[①]。在这个定义中，有3个关键词值得注意。第一个关键词是"人脑"，情报既不是人未经思考的条件反射，也不是信息、照片等未经过人脑思考加工的材料。第二个关键词是"有价值"，情报的"有价值"是针对特定目标对象的价值，而不考虑对其他人是否有价值，这体现了情报对象的针对性。第三个关键词是"判断"，"判断"既是一个表示过程的动词，又是一个表示结果的名词，"判断"既构成情报生产的过程，又表现了情报生产的结果，即判断的结果——知识。

这3种定义主要产生于具体的情报工作实践，对具体的情报工作有指导作用，因而获得了一定的共识。但是，由于缺乏相应的理论支撑，这3种定义尚未获得情报学界的一致认可。因此，相对于其他学科中成熟的概念而言，情报的定义仍然处于众说纷纭的状态，亟待进一步研究。

情报概念的诸多研究虽然可以看作学术概念的争论，但这种长久的争论必将影响情报工作的实践，没有明确对象的情报工作是很难获得长足发展的。其中，情报概念的纷争带来的最为直接的影响是对情报工作的起源和情报工作核心任务的认知偏差。

3.1.2 对情报工作起源的认知偏差

情报工作是一项古老的社会活动，2500年前的《孙子兵法》便记载了大量情报工作，并形成了一定的情报理念[②]。其中所提到的"间谍"甚至被当作了情报的代名词，以至于我们今天提到情报，大众的第一反应就是间谍。情报诞生于军事领域，刚开始时主要被当作军事用语使用，具有机密性、对抗性、竞争性、谋略性、时效性等特征[③]。随着社会的发展，情报一词的使用范围扩大，非军事领域也出现了情报用语，科技情报、经济情报、政治情报、文化情报、安全情报、公安情报、反恐情报等词语——涌现出来。正如有学者指出：当代情报研究除了军事、政治领域外，范围已经扩展到经济安全、文化安全、生态环境、健康状态及对有组织犯罪的打击、反恐、贩毒等新领域[④]。不过，不管其领域如何扩展，情报活动起源于军事活动这一根本不会改变，与军事情报相关的

---

① 吴晨生，张惠娜，刘如，等.追本溯源：情报3.0时代对情报定义的思考[J].情报学报，2017，36（1）：1-4.
② 周京艳，黄裕荣，刘如.《孙子》的情报理念探析[J].孙子研究，2017（4）：37-41.
③ 谢晓专.情报学"名不副实"的尴尬及其解决之道[J].情报资料工作，2010，31（3）：14-19.
④ 卢宏，汪社教.国外Intelligence之实践、研究与教学管窥[J].图书情报工作，2005，49（9）：26-30.

对抗性、时效性、谋略性等情报属性也不会改变。

但是，中国情报界常常将图书馆学的诞生或中国科学技术情报研究所成立的1956年作为中国科技情报1.0时代的起源。这种说法完全忽略了情报工作的真正源头——战争（军事行动）和治安活动[①]。将情报工作归根于图书馆学的成立，是现实生活中情报人与普通读者对情报工作的理解存在差异的重要原因。

确切地说，中国科学技术情报研究所的成立可以说是中国科技情报1.0时代的起源，而不是情报工作的起源。其实，中国科学技术情报研究所成立之时，其承担的职能是"耳目、尖兵、参谋"，这三者本就是军事用语，因此即使是将中国科学技术情报研究所的成立作为中国情报工作的起源，也没有脱离情报的军事起源。但是，随着情报工作范围的扩大化，尤其是"情报"改"信息"后，情报的"耳目、尖兵、参谋"功能日益丧失，情报界逐渐将情报工作的起源归结于信息管理，信息工作成为情报工作的核心内容。对情报工作起源的错误认识进一步造成了对情报工作核心任务理解上的偏差。

3.1.3 对情报工作核心任务的认知偏差

实践需要理论的支撑与指导，情报工作应该有相应的情报理论的指导，而概念是理论的起点。由于情报概念认识的差异，情报界对情报工作及情报工作核心任务的理解也存在差异。例如，从信息的角度来理解情报就会以信息工作作为情报工作的核心任务，将信息收集、资源建设、信息服务作为情报工作的重心。从知识的角度来理解情报就会以知识服务作为情报工作的核心任务，将知识组织、知识发现作为工作的重心。

包昌火常年从事情报工作，对情报工作的理解是从实践经验总结得出的，并进行了理论升华，因而获得了情报界的广泛认可。他认为，情报工作是组织为获取和分析情报的一项系统化工作，是一项超越军事、政治、经济、科技等单一领域的，有意识、有目的、有组织、有控制的搜集、"序化和转化"数据和信息来为不同层次科学决策服务的科学劳动[②]。情报工作包括搜集资料、宣传介绍、建立检索体系和情报分析工作（即情报研究工作）4个方面[③]。其中，情报研究工作是情报工作的重要组成部分，也是情报工作的核心任务，是最能体现情报价值的工作环节。

但是，由于情报界对情报本质、情报起源的理解存在偏差，因而对情报工作核心任

[①] 高金虎. 从"国家情报法"谈中国情报学的重构 [J]. 情报杂志，2017（36）：2-7.
[②] 包昌火，刘彦君，张婧，等. 中国情报学论纲 [J]. 情报杂志，2018，37（1）：1-8.
[③] 钱学森. 科技情报工作的科学技术 [J]. 医学信息学，1984（2）：3-10.

务的理解也存在偏差,即过分重视信息工作而忽略了情报研究,尤其是忽视了信息的转化工作——将信息转化为情报和谋略的核心任务。这种理解的偏差导致情报机构核心能力的缺失,最终远离了决策层。对情报工作核心任务理解的偏差主要体现在以下几个方面。

(1) 热衷于普通信息资源的建设

在实际的情报工作中,很多情报机构热衷于信息搜集、数据库的建设。资源建设是开展情报工作的基础,资源优势也一直是情报机构的优势。但是,信息资源的建设应该是以情报判读为中心的,是为快速响应情报用户的情报需求做准备的。在数据获取相对容易的大数据时代,普通信息资源的建设可以由数据服务商来完成,或者说,在大数据时代,普通信息资源的建设属于信息工作的范畴,而不是情报工作的主要内容。情报工作离不开信息资源的建设,但不是毫无头绪、毫无目标的资源建设。情报工作中的信息资源建设应该是围绕机构的定位、具体的任务有针对性地搜集资料,更为重要的是要对信息资源进行深度挖掘,为情报的判读做准备,如此方能完成具备竞争力的资源建设。很长一段时间内,情报机构因为掌握了充足的信息资源而具备了无可替代的地位。而在数据、信息获取方便、快捷的时代,单纯的信息资源搜集与建设已经不能使其保持核心竞争力。只有对信息进行深度加工,并且能够为后续的情报判读所用,才是有意义、有价值的信息资源建设。但是,我们的情报工作者还没有转变思维与方式,依然热衷于建设千篇一律的信息资源。

(2) 重在信息服务,缺乏情报服务

由于热衷于信息资源的建设,未对信息资源进行以情报判读为中心的开发和转化,信息的序化工作在完整性方面差强人意,因而最后提供的服务主要是信息服务,而不是情报机构本该具有的情报服务。信息服务是与信息和信息工作密切相关的,其含义有狭义和广义之分。从狭义上讲,信息服务只是信息交流系统(信息搜集、整理、加工、报道、服务、反馈)中的一环,仅指接待用户并为其提供信息产品的工作,是专门信息服务机构针对用户的信息需求,及时地将开发好的信息产品以用户方便的形式准确传递给特定用户的活动。从广义上讲,信息服务涵盖了整个信息工作内容,包括信息的搜集、整理、存储、加工、分析、传递、利用等各项活动,泛指以产品和劳务形式向用户提供信息和传播信息的各种信息劳动[①]。不管是狭义还是广义,信息服务主要是一种信息中

---

① 贺德方.数字时代情报学理论与实践:从信息服务走向知识服务[M].北京:科学技术文献出版社,2006:39.

介，即信息源和信息用户的桥梁。信息服务只告诉用户某些信息，而这些信息对用户如何发挥功能则主要由用户自我决定。情报服务是情报人为决策者提供用于决策的情报，它是在信息序化和转化的基础上，经过了情报人的判断所得出的结论，即情报服务不单纯是信息的传递与传播，情报服务的重点是告诉决策者应该怎么做，如何应对所遇到的情况。尤其是在信息获取越来越便捷的时代，决策者需要的不再是触手可得的简单信息，而是能够支撑决策的情报，尤其需要的是能够解决现实问题的可行性方案等。情报服务的典型业务包括：针对性、时效性很强的动态情报报送；对信息原料素材进行深入分析，开发出对高层用户有明确含义的情报报送；面向高端用户解决特定问题需要的专题研究等。情报服务和信息服务的最大区别是：信息服务重在告诉用户"发生了什么"，情报服务则重在"对我意味着什么"及"我该怎么办"[①]。从目前情报机构提供的服务来看，其工作重点尚处于努力告诉决策者"发生了什么"的阶段，告诉决策者应该怎么办的服务非常少，尤其是缺乏面向高端用户的、解决特定问题所需要的专题研究。

(3) 缺乏支撑决策、引领决策的情报产品

情报支撑决策，这是情报界达成的共识，也是符合情报的基本属性的，因而引领决策是情报工作的最终目的。但是，由于提供的是信息服务，而不是经过人脑判读的情报，不少情报机构生产的情报产品都是资料汇编，很少生产出对决策有积极影响的情报产品。资料汇编有一定的参考价值，尤其是在资料匮乏、信息封锁的时代下，资料汇编能够影响用户决策。但是，一份高价值的情报产品，总是能够解决决策者近期或远期的实际困难，能够保证组织的安全、维护组织的利益。服务于组织的安全与发展是情报工作的终极目标，也是情报与信息的根本区别。以竞争情报为例，一份高价值的情报产品具有以下特征：明确的需求，并以问题为导向来收集信息；倚重可靠的一手信息；高度凝练、精准表达；深度分析，提出实操层面的解决方案[②]。其他领域的情报产品也具有类似的特征。例如，情报机构的常见情报产品——专报。从写作惯例来说，一篇能够得到决策者关注的专报，总是包括对策建议，即在说明情况和原因后，提出具体的解决方案。而具有切实可行的解决方案的专报往往更能得到决策者的肯定。通俗一点来说，更能得到决策者的批示，因而领导批示也成为情报人发挥功能、体现价值的重要成果。总体来说，当前情报产品的缺点在于很少提出实操层面的解决方案，不能给决策者提供解决问题的可能性，由此阻碍了情报价值的实现。

---

① 陈峰. 论面向高端用户提供情报服务的四个层次 [J]. 情报杂志，2016，35 (10)：13-17.
② 陈峰，张薇. "中兴事件"中的典型高端竞争情报产品分析 [J]. 情报杂志，2018，37 (5)：5-9.

(4) 情报分析的认知误区

作为情报工作的重要环节，情报分析是将搜集的信息转化为可运行产品的过程，在情报工作中具有重要作用。具体而言，情报分析是根据社会用户的特定需求，以现代信息技术和软科学研究方法为主要手段，以社会信息的采集、选择、评价、分析和综合等系列化加工为基本过程，形成新的、增值的情报产品，为不同层次科学决策服务的社会化智能活动。开展情报分析，产生评估预测，成为决策和行动的依据，这是古今中外的军事家和情报理论家的共同认识[①]。在实际工作中，情报分析处于情报工作的核心和顶层位置，情报分析人员是最重要的顶层专家[②]。情报分析是一项融合了科学性和艺术性的工作，是情报工作的中心环节。高效的情报分析方可生产有价值的情报，而低效的情报分析则会浪费大量的情报资源，导致有用的情报信息不能发挥其正常的功能。但是，在实际工作中我们发现，情报人对情报分析的认识存在诸多误区。

一方面，情报技术与情报分析的本末倒置。情报分析是一项技术性和技巧性很强的工作。在信息化、大数据时代，情报分析更是离不开计算机等情报技术的支撑。但是，在情报工作中情报人员应该具有清醒的意识，即情报技术只是实现情报分析的一种手段或工具，它不能代替情报分析本身。而在现实的情报工作中，情报技术与情报分析本末倒置的现象很常见，不少情报人以为情报技术的研究是自己的本职工作，只要掌握了各种情报技术便可以顺利开展情报工作，从而忽视了最能体现情报工作价值的情报分析。以信息技术为例，现代信息技术可以将人从繁杂、枯燥的信息整理工作中解放出来。但是，在应用现代信息技术的时候，情报工作者应该明确一点，即情报人是利用现代信息技术为情报工作，而不是研究现代信息技术。我们应该做到运用信息技术，而不是被信息技术所束缚。从目前的情报工作实践来看，信息技术的研究、信息系统的开发占据了某些情报工作者很大一部分精力。这一点从情报类学术期刊的发文可以明显看出，不少带有"情报"字样的学术期刊刊发了众多的信息技术类文章，这些文章的作者包括情报工作者和信息技术研发者。众多信息技术的文章发表于情报类专业杂志，容易造成一种情报工作等同于信息技术工作的错觉，模糊了情报和信息的界限。将信息技术与情报本质有机结合、让信息技术为情报工作所用，是情报人对待信息技术的正确态度。

另一方面，对新的情报分析范式反应迟钝。"范式"是一个共同体成员所共享的信仰、价值、技术等的集合，指常规科学所赖以运作的理论基础和实践规范，是从事某一

---

① 高金虎. 情报分析方法论［M］. 北京：金城出版社，2017：10.
② 张晓军. 美国军事情报理论研究［M］. 北京：军事科学出版社，2007：6.

科学研究的研究者群体所共同遵从的世界观和行为方式[①]。情报分析存在一定的范式，合理的分析范式将提高情报分析工作的科学性与系统性。具体而言，情报分析范式是对情报分析方法论的规范与界定，指在情报工作中，通过情报分析满足情报需求过程中所使用的一系列概念、方法及原则。由于分析对象、问题情境等诸多差异，情报分析有不同的范式。从历史角度来看，我国的科技情报研究范式经历了事实型情报搜集、综述型情报分析、计算型情报研究等范式演变[②]。虽然不同的情报分析范式都可以达成情报分析的目的，但是不同的情报分析范式有不同的应用场景，能够适应不同的情报分析环境。随着大数据、云计算、物联网等技术的迅速发展，数据科学对科技和社会发展的推动作用日益显著，数据驱动型决策成为决策的主流。这一变化对科技情报工作的影响促使情报分析由表述性情报分析走向计算型情报分析。计算型情报分析是情报分析技术与以计算机技术为核心的信息技术相结合的产物，它弥补了人脑在面对庞大信息时搜集、处理、和分析上的自然局限，以计算机及相关信息技术为工具，以学习与知识理解等智能分析技术为核心技术，以情报分析方法和数学模型方法为组织分析手段，通过对数据内容及其关系、模式的深度解析、挖掘和发现，帮助分析人员解决情报问题，完成情报任务和辅助决策[③]。因此，计算型情报分析是新的情报环境和情报需求下反应最为迅捷的分析范式，是情报人应该多加应用的分析范式。但是，从情报工作实践来看，计算型情报分析范式尚处于理论研究的阶段，其应用还需要情报工作人员的进一步努力。未来的科学研究将是数据密集型，以数据驱动作为科学研究的主要范式[④]，而情报工作本就与数据分析有着天然的关系。在数据时代，如何快速地获取准确数据、高效地分析海量数据、清晰地解读系列数据是情报工作者面临的严峻挑战[⑤]。

3.1.4 对大情报意识和总体国家安全观的认知不足

情报工作是一项实践性很强的工作，应该符合时代发展的需求，并能支撑并且引领各类决策。从时代需求和发展环境来看，服务于总体国家安全观是当前情报工作的主要

[①] 托马斯·库恩.科学革命的结构［M］.4版.金吾伦，胡新和，译.北京：北京大学出版社，2012：9-11.
[②] 张志强.论科技情报研究新范式［J］.情报学报，2012，31（8）：788-797.
[③] 李广建，江信昱.论计算型情报分析［J］.中国图书馆学报，2018，44（1）：4-16.
[④] 初景利.新时代情报学与情报工作的新定位与新认识："情报学与情报工作发展论坛（2017）"侧记与思考［J］.图书情报工作，2018（1）：140-142.
[⑤] 化柏林，武夷山.论我国科技情报工作的基本特征［J］.情报理论与实践，2013，36（5）：11-13.

任务。正如有学者指出的，现代情报学应与国家安全与发展需求相关联，致力于解释、预测新时代国家安全与发展中的情报现象，指导国家安全与发展的治理[①]。现代情报学如此，新时代的情报工作更应该将服务于国家安全与发展、维护国家利益等落到实处。这就要求我们的情报工作具有总体国家安全观的战略高度和大情报意识。但是，从目前的情报工作实际来看，我国的情报工作明显缺乏战略高度和大情报意识。虽然情报学界进行了众多总体国家安全观下的情报工作的研究，但在实际的工作中，总体国家安全观的战略意识、大情报观意识并没有贯穿情报工作之中。

（1）缺乏大情报观

情报观指的是社会成员对情报的看法，历来情报观都极富时代感[②]。所谓的时代感指的正是情报观念会随时代发展而变化。我国情报人在情报工作的实践和情报理论的研究中形成了不同的情报观念。这些观念形成于具体的时代背景中，各自指导了某一阶段的情报工作实践。其中，大情报观就是一种在我国情报事业中具有重要影响的情报观念，它指导了当时的情报工作，深化了社会成员对情报和情报工作的认识。

大情报观首先从科技情报领域提出。1987年，卢太宏等人在《变革中的情报工作新观念与新方式》中正式提出了"大情报观"。大情报观认为，"从科技情报延拓到各类社会要求的情报，情报学要从单一领域的情报系统演变为综合的社会情报系统。"[③]从大情报观的首次提出可以发现，大情报观强调了两点：一是科技情报应该跳出科技领域，二是跳出之后要与其他领域融合发展。1988年8月，全国情报政策与发展战略学术研讨会提出，要解放思想，转变观念，要求情报人员树立大情报观。为了对大情报观有一个总体认识，本部分先对大情报观产生的背景和内涵作一简单介绍。

第一，大情报观产生于大科学的背景之中。大科学有两个显著特征：一是规模大。大科学需要大量的跨学科、跨领域的人员参与，也需要巨大的经费支持。由此出发，为科学决策提供支撑的情报工作也就必须突破领域的限制，而不能在局限于某一类别或某一领域的情报。因此，大情报观强调的是多学科、多领域的情报协同与合作。二是作用大。大科学解决的是与国家和社会密切相关的重大问题，对国家安全、社会发展、经济实力提升具有巨大的促进作用。因此，为大科学提供决策支撑的大情报，先天地具有为国家、社会、经济发展提供情报服务的功能。从大科学的角度来看，大情报观是为大科

[①] 赵冰峰. 论面向国家安全与发展的中国现代情报体系与情报学科[J]. 情报杂志, 2016, 35（10）: 7-12.
[②] 王崇德. 情报观的进化[J]. 情报业务研究, 1990（4）: 169-173.
[③] 卢太宏. 变革中的情报工作新观念与新方式[J]. 科技情报工作, 1987（3）: 15-17.

学服务的，这是大情报观中"大"的含义之一。最终服务于国家和社会发展的重大事务，如经济建设、社会发展、国家安全等。我们不能离开经济建设、社会发展等国家重大利益来理解大情报观。同时，大科学项目在实施以前也需要有全局性考虑，既要衡量大科学的投入与产出比、国家的承受力，也要考虑大科学项目对国家和社会发展的长远利益。这些在实施以前都需要开展相应的情报工作。因此，大情报观是一种关注全局性和长远利益的战略情报观。同时，大科学需要多学科、多领域的合作与协同。由它引申出来的大情报观，也强调多学科、多领域的情报合作，强调多领域情报的协同，主张在合作与协同中开展情报工作。因此，大情报观是一种融合的情报观。

第二，大情报观将情报作为一种社会的普遍现象。从广义上说，情报是一种普遍存在的社会现象，它适用于所有在认识客观世界过程中存在情报需求的广泛领域。情报具有具体性，表现为它必然隶属于一定的领域并为一定的领域服务[①]。情报的具体性主要表现在每一种情报工作都是围绕特定的目标、在特定的领域进行，如科技领域需要科技情报工作，军事领域需要军事情报工作，社科领域需要社科情报工作，等等。这就是所谓的小情报观，即在某一具体领域开展与领域相关的、具体的情报工作。同时，作为一种社会现象，情报又具有普遍性，即各个领域情报均具有的共性，这些共性剥离了领域情报的具体特征，又在具体特征的基础上加以总结和提炼，这就是大情报。大情报观正是希望突破领域情报的限制，将情报作为一种普遍存在的社会现象来研究。因此，大情报观是超越具体，对情报的一般意义和现象进行思考和认识，它将追至情报行为的极值和本质予以分析和判定[②]。从哲学的角度来看，大情报观是对情报的一般意义和现象来进行研究，而不限于某一个具体的领域。也就是说，大情报观强调的是情报共性，注重的是情报理念。

我们总结了理解大情报观的几个方面：一是大情报观提出的本心是促进科技情报工作的开放与融合。开放指的是科技情报工作不能局限于为科学研究、科技发展服务，还应该为社会发展服务。融合指的是情报工作的模式，即各领域以融合的工作方式为国家安全和社会发展提供服务。二是大情报观是一种普通情报观，发展了广义的情报意识。大情报观视情报为一种普遍存在的社会现象，在总结领域特征的基础上研究情报的本质特征和一般规律，是一种普通情报观。由此树立的是一种广义的情报意识，即情报工作不仅仅存在于军事、科技等特定领域，也存在于社会发展的各个领域，要充分重视情报

---

① 杨教."大""小"情报观辨析：兼评某种"大情报观"[J].情报杂志，1996，15（1）：3-7.
② 郭昀.情报与符号：从大情报观情报载体[J].情报科学，1988（3）：25-28.

在社会发展中的地位和作用。三是大情报观是一种战略情报观。大情报观强调的是情报工作应该为科技发展、国家和社会稳定、经济建设服务。这些都是面向国家战略需求的,而不管处于什么时代。面向国家战略需求,正是大情报观之"大"的主要内涵。

虽然随后大情报观在发展的过程中由于对信息的过度重视导致了情报范围的无限扩大,但是,从我们对大情报观产生的背景和内涵来看,大情报观是一种比较合理的情报观念,而且在当时也指引科技情报走出了困境。因此,只要我们纠正发展过程中的偏差,大情报观仍然是一种能够指导情报工作的情报思想。因而,近年来苏新宁等专家不断呼吁我们的情报工作要有大情报意识,要以大情报观来指导我们当前的情报工作。但是,这种大情报意识还仅仅停留在专家的呼吁中,远远没有贯彻到情报工作的实践中。具体表现为,我们的情报工作仍然以各自的领域为中心,采用传统的情报工作方式,局限于传统的服务对象开展工作,并没有以大情报观为指导来开展情报工作。

(2) 缺乏总体国家安全观的战略意识

情报工作脱胎于战争,它的产生与发展始终围绕着国家安全。情报之所以一直受到国家的重视,也正是其在维护国家安全中发挥了重要作用。可以说,维护国家安全是情报工作的终极目的,情报工作应该围绕时代的国家安全观来展开。2014年,总体国家安全观正式提出,成为新时代的国家安全观。情报界意识到了总体国家安全观对情报学和情报工作带来的重大影响,因此情报学者对其展开了多角度的研究。然而,在实际的情报工作中,总体国家安全观尚未真正引起情报人的重视。很多情报工作人员认为,维护国家安全是军事情报或安全情报的任务,其他如科技情报、社科情报、竞争情报等,与之关系不大。有些地方情报机构则认为,维护国家安全是国家情报机构的任务,机构的资源和人员的能力均难以担此重任。这些认识显然是缺乏总体国家安全观战略意识的表现,不利于情报工作的发展。众所周知,国家安全是一项系统工程,它需要大量情报资源的共享,需要跨部门的协同与联动,因而需要所有情报机构,需要每一个情报工作人员的共同参与,只是在具体分工上有所差异。同时,情报机构和情报人员只有将自身置于维护国家总体安全的大战略中,才能完成情报人的使命,体现情报工作的终极价值。

3.2 体制机制障碍

美国战略情报之父谢尔曼·肯特指出:情报是知识、情报是组织、情报是活动[①]。

---

① 谢尔曼·肯特.战略情报:为美国世界政策服务[M].刘微,肖皓元,译.北京:金城出版社,2012:1.

综合起来理解，即情报是一种在组织间进行的活动。情报体制是情报工作发展到一定阶段的产物，指的是国家情报机构及其内部和分工不同的各情报机构的相关隶属关系和权利划分、职能划分的表现形式、组织形式和情报工作方式[①]。

情报机构是情报工作的组织者和实施者，情报体制的运转效率直接关系到情报工作的质量。例如，在第二次世界大战结束之后，英国由于建立了完备的情报体制，建立起覆盖全球的情报网，英国的情报观念甚至输出到美国，对美国的情报工作产生了深远的影响，英国也成为世界上首屈一指的情报大国[②]。美国情报工作的成功也与肯特、杜勒斯等情报大师对情报体制的研究与推进密不可分。例如，肯特对情报进行了层次划分。第一个层次是为国家安全决策服务的战略情报，第二个层次是为政府各部门服务的部门情报，第三个层次是支援美军军事行动的战术情报。由这3个层次出发，美国的情报机构也分为3个层次：中央情报局和联合情报委员会负责战略情报，部门情报组织负责中期的部门情报，部门相关行动小组负责短期的战术情报[③]。如此划分，情报机构的分工特别清晰，同时能够在中央情报局的统一协调下实现有机合作。

国家情报体制是一个国家全国范围内统一组织协调的情报工作体制。它将国家军事情报机构、民间情报机构、文献机构、图书馆、档案馆等统一协调管理，便于最大限度地开发全国的情报资源，为国家安全、对外战略服务[④]。当前环境下，国家安全形势越来越复杂，情报活动内容有了明显变化，情报服务国家安全的方式发生变化，情报的价值更加突出，各领域情报走向融合[⑤]。在这样的背景下，统一协调的国家情报工作体制越来越重要。当国家安全和社会发展的重大利益关切需要情报工作的支撑时，没有统一协调、高效运行、保障有力的国家情报工作体制机制是难以想象的。正如学者指出的，分割的"体制"影响了"情报服务"的整体效能，更难以发挥情报的"耳目、尖兵、参谋"功能[⑥]。总体而言，我国的情报体制已经不能适应情报需求和情报工作环境的新变化，存在着诸多制约情报工作进一步发展的因素。

---

① 屈健，李琦.我国情报机构的变革与情报体制演变历程研究[J].情报杂志，2011，30（6）：4-7.
② 高金虎，吴晓晓.中西情报思想史[M].北京：金城出版社，2016：121.
③ 高金虎，吴晓晓.中西情报思想史[M].北京：金城出版社，2016：234.
④ 郭永良.国家情报体制的历史沿革[J].情报资料工作，2008（1）：15-19.
⑤ 张秋波，唐超.总体国家安全观指导下情报学发展研究[J].情报杂志，2015（12）：7-10.
⑥ 曾建勋.花甲之年的惆怅：科技情报事业60年历程反思[J].情报理论与实践，2017，40（11）：5-8.

3.2.1 情报工作松散

各领域情报走向融合是实现国家总体安全的必由之路，领域情报工作之间相互影响越来越明显。但是，当前情报工作组织间处于分离的关系，主要表现在以下几个方面。

（1）军事情报机构与民用情报机构的分离

我国的情报组织主要分为军事情报机构和民用情报机构，二者在工作中很少交流与互动，存在明显的隔阂。虽然近年来国家提出军民融合，情报组织间的军民融合也逐步提上日程。但是，在实际的情报工作中，军民情报组织与机构间的隔阂仍然存在。军事情报机构由于其保密性、安全性等诸多特殊性，不便与民用情报机构展开交流，民用情报机构难以学习到军事情报机构的工作方法与流程。但民用情报机构在资源、方法方面也有其优势，有不少值得军事情报机构学习的地方。

军事情报与民用情报虽然在工作对象、工作内容、工作方法等方面有诸多不同，但是二者同为情报，都具有情报的对抗性、冲突性等共同特性。同时，从情报工作的起源来看，专业的民用情报本脱胎于军事情报。这些共性使得二者存在交流的基础，且二者的不同可以实现优势互补。例如，可以将民用情报领域的信息加工及其加工优势与军事情报领域的对抗性情报优势相整合，并将其与国家发展与安全决策的情报需求相关联[①]。但是，我国的军事情报机构和民用情报机构之间的交流非常少，偶尔的交流也停留在表面。虽然近年来这种情况有所改善，但民用情报和军事情报的交流主要停留在学术交流层面，实质性的工作交流并不多见。这其中有军事情报机构保密性的客观因素存在，也有积久而成的认识观念的问题，即军事情报机构对民用情报机构的工作是存在偏见的，甚至有军事情报工作者认为，科技情报工作者所从事的工作不能称之为情报工作。从目前的情况来看，不打破这种机构之间的偏见，军事情报机构和民用情报机构之间的交流与合作难以进一步发展。这也是我们说军民情报融合难以见成效的原因之一。

（2）情报教育机构和情报工作机构的分离

情报教育机构与情报工作机构也存在一定的隔阂。教育机构虽然不直接参与情报工作，但承担着为情报工作机构输送合格、优质情报人才的任务。但是，目前的情报教学并没有完成这项任务。具体表现为，情报教育机构不知道情报工作机构需要什么样的人才，在人才的知识培养、技能培养方面存在误区甚至盲区，导致情报专业的学生进入情报工作单位后不能迅速适应工作，另外有很多情报专业的学生走向了其他行业和岗位，

---

① 杨国立，苏新宁. 迈向 Intelligence 导向的现代情报学［J］. 情报学报，2018，37（5）：460-466.

并未进入情报行业。这种情况的存在与情报工作的性质有关。情报工作是一项实践性很强的工作,需要理论与实践相结合。但是,很多情报教育者没有情报工作实践,情报工作者又很少对工作实践进行经验总结。虽然这种情况正在得到逐步改善,即情报教育机构与情报工作机构的合作与交流日益频繁,在项目申报、培训学习方面开展了不少合作。但与国外教学与实践的紧密结合相比,我们的情报教学与情报工作的有机结合还有很长的路要走。只有将情报教育与情报工作有机结合,情报教育才能为情报工作培养优质的情报人才;只有情报工作人员将实践总结成经验、理论并应用于教学,才能让情报教育培养出符合情报工作需求的人才。

(3) 情报机构与决策机构相分离

情报机构与决策机构的关系、情报工作人员与决策者的关系,是情报学界和业界普遍关注的问题。两者应该维持一种什么样的关系、保持一种什么样的距离,才能最大限度地发挥情报的价值?对于这个问题,国际与国内的情报界持有不同的看法。例如,在美国情报界,情报与决策的关系始终是一个备受争论的话题,出现了"肯特模式"与"盖茨模式",以及贝茨对这两种极端模式的中和[1]。肯特对待情报与决策的关系被称为"理想化"模式。在肯特看来,情报分析人员应该保持客观性,要能独立于决策者所关注的问题之外。分析人员只需要实事求是地介绍当前正在发生的事件,至于如何看待这些事件、应该如何处理等问题,完全由决策者自行决定。肯特确定了两条原则,即"情报务必紧贴决策、计划和作战以便起到最大限度的指导作用;但又不能太近,以免丧失了判断的客观性和完整性。"盖茨的观点被称为"政治化"模式。盖茨多次公开批评肯特的观点导致情报部门生产的情报存在不相关、不及时或关注性不强的问题,情报分析人员不能对外界合理的问讯做出有效的回答,并提出了"情报人员永远不可能中立"的论断。盖茨的论断得到很多人的肯定。此后,贝茨对二者进行了一定的调和,他从肯特"既不能走得太近,也不能太远"出发,探讨了二者之间的具体界限,认为肯特的"理想化"模式过分强调情报的客观性会产生负面效果。同时,贝茨认为"政治化"是情报分析不可避免的现象,但要把握好度。因此,贝茨是同意情报政治化的,他是在情报政治化和情报中立化中寻找平衡。相对而言,贝茨的看法更符合情报工作的实践。

不管情报界的争论如何,得到决策者的信任、对决策施加正面影响,这是每一家情报机构、每一个情报人员的最大愿望。因此,虽然情报机构与决策机构、情报人与决策者的亲密程度究竟为何有待研究与分析,但是完全分离与隔绝的状态显然是不利于情

---

[1] 张晓军. 美国军事情报理论研究 [M]. 北京:军事科学出版社,2007:168.

报工作开展的。情报机构与决策机构的分离带来的最坏结果是情报机构无法知晓决策机构的情报需求,决策机构则不知道情报机构能够提供什么样的情报服务。在我国的情报工作中,决策机构和情报机构分离的现象比较明显,具体表现为决策机构很少采用情报机构的成果,甚至有的决策者不知道在其范围内还有情报机构的存在,而情报机构的情报工作则变成了自我提升的工作,与决策者关系不大。而情报工作者若想对决策施加影响,首先必须对决策者个人进行研究,通过了解其个人爱好、习惯和关注的领域来研究分析他们的决策需求。这是一种不合理的情报工作模式,将情报人员的很多精力消耗在对决策者个人的研究上,占用了大量本应用于情报本身研究的时间。

从某种意义上来说,决策者对情报工作的认知决定了情报机构的命运。在情报发展史上,由于决策者对情报工作的错误认知,导致情报工作陷入困境的例子屡见不鲜。由于决策者对情报工作的充分重视,情报工作迎来发展的黄金时期,这样的例子也是比比皆是。例如,美国总统小布什由于其情报工作的经历,对情报工作极其重视,对中央情报局也极其信任。小布什时期的美国情报工作可以说是一个辉煌的时期。在当前的发展环境中,我国的情报人员面临的困境是,决策者因为没能从情报机构得到想要的情报,情报机构的地位越来越边缘,情报工作人员也变得可有可无,因而在机构改革中很容易陷入被合并、被取消的境地。

3.2.2 现行情报体制萎缩

我国的情报工作系统曾经比较发达,各级情报机构数量众多。以科技情报系统为例,自 1956 年中国科学院情报研究所成立后(1958 年改称为中国科学技术情报研究所),专业和地方的科技情报机构相继建立,具有法人地位的科技情报机构曾经达 400 多个,情报工作站达 9600 多个,从业规模 10 万余人,形成了条块分割、纵横交错的科技情报研究工作体系[①]。这些情报机构和情报工作者为国家的科技进步和经济发展做出了重要贡献。当时国家的许多重大项目和工程中都有情报人的身影。根据相关统计,1985 年全国科技情报机构针对农业技术、适用技术、高新技术、基础科学、自然资源开发利用、企业发展、生态和环境保护,以及社会、经济、技术协调发展等方面开展技术跟踪、比较研究、政策剖析等类型的情报研究工作,承担课题 774 项,提出研究报告 5920 篇,编写参考资料 15 605 份。1990 年,全国 414 家科技情报机构提出情报研究报告 2973 份,完成专题咨询 30 786 项,为企业、基层单位和有关部门提供了可行性论证、

---

① 贺德方. 我国科技情报行业发展方向的探讨[J]. 情报学报,2008,27(4):483-489.

技术经济评估、经营管理和市场预测等方面的专业咨询服务①。从这些数据可以发现，我国当时的科技情报体制是较为发达的，而条块分割的组织形式适应了当时的时代特征和情报需求。

但是，经过多年的发展，这种组织形式也出现了与现实不相适应的地方，全国情报机构改革随之而起。与此同时，随着计算机技术的发展，信息的获取变得更为容易，相关机构的竞争也削弱了情报机构存在的必要性，情报机构或情报部门的地位变得岌岌可危。在这种内外危机的夹击下，我国的情报体制不断萎缩，有效领域越来越少，情报机构随时有被其他机构兼并和替代的可能。

（1）情报机构数量减少

随着社会主义市场经济的发展，我国的情报机构也相应进行了改革。以科技情报机构改革为例，中央部委科技情报机构具体的改革路径包括：①按非营利机构管理的公益性科研机构独立运行；②多家机构合并运行；③转制成中介机构；④随上级主管部门并入企业集团；⑤转为科技型企业。地方科技情报机构的改革与之相似。经过此轮改革后，科技情报行业呈现以公益性为主、以中介机构和企业为辅的多元化管理体制。改革带来的结果是情报机构数量大为减少，情报业务变得极其分散。

（2）全国情报工作政府管理部门被取消

更值得关注的改革是，1998年国家科委科技情报司被取消。情报司被取消后，类似职能的管理机构与部门再也没有成立。由此，全国没有了对全国科技情报工作进行统一管理、统一规划的政府管理部门，科技情报失去了一体化的规划与管理。正如有学者指出的，这一轮改革使得我国的情报机构缺乏统一的管理体制，最重要的是失去了统一的情报规划，这严重限制了情报服务功能的发挥②。我们知道，美国、日本等国家发达的情报工作，与其统一的管理与规划的情报体制是分不开的。经过此轮改革，我国的情报体制进一步萎缩，情报机构的核心能力丧失，情报机构的地位逐渐边缘化。

（3）相关部门竞争激烈

在科技情报机构改革的同时，其他诸如技术经济研究机构、管理科学研究机构、科技咨询公司、决策咨询与研究中心等相继成立。这些机构与情报机构的工作内容相似或交叉，与情报机构形成了激烈的竞争。同时，这些机构由于刚刚成立，在技术和财力方面占有明显优势，能够吸引更多的人才，因而具有很强的生命力和竞争力。而情报机构

---

① 刘昭东. 信息工作理论与实践[M]. 北京：科学技术文献出版社，1995：558-559.
② 曾建勋. 花甲之年的惆怅：科技情报事业60年历程反思[J]. 情报理论与实践，2017（11）：5-8.

则由于体制上的限制,在人力和财力方面存在诸多不足,竞争能力明显不足。

同时,在政策的推动下,我国智库建设取得重大成功。对于情报机构而言,智库机构的竞争带来的压力非常大。例如,中国科学院科技战略咨询研究院是中国科学院学部发挥国家科学技术方面最高咨询机构作用的研究和支撑机构,是中国科学院率先建成国家高水平科技智库的重要载体和综合集成平台,并集成中国科学院院内外及国内外优势力量建设创新研究院。它的发展方向是发挥中国科学院集科研院所、学部、教育机构于一体的优势,从科技规律出发研判科技发展趋势和突破方向,从科技影响的角度研究经济社会发展和国家安全重大问题,聚焦科技发展战略、科技和创新发展政策、生态文明与可持续发展战略、预测预见分析、战略情报等领域,汇聚国内外优秀人才,建设开放合作的战略与政策国际研究网络,为国家宏观决策提供科学依据和政策依据,努力成为全球科学技术和创新发展政策思想引领者[1]。可见,中国科学院科技战略咨询研究院将情报研究作为重要业务,致力于为管理部门提供战略咨询。其情报研究更是与国家发展、时代需求紧密联系,其队伍也是围绕情报研究建设起来的。这样的机构越来越多,它们给情报机构造成的竞争压力也日益增加。

(4) 情报机构失去社会认知度

经过"信息"取代"情报"的一轮改革,公众对情报机构的认知又回到了"间谍""特工"的阶段。"信息"取代"情报"有其积极的一面,如扩大了情报工作的范围,增强了情报分析的技术。但是,也正因为改为情报,使得原本已经具有明显区别的公开情报与秘密情报二者混为一谈了。在公众的眼里,情报或是间谍,或是特工,而公开情报机构就是使用计算机查找信息的信息服务机构。公众的认知对情报工作的影响是显而易见的。例如,日本科技情报所取得的成功,与公众对科技情报的正确认知和支持是分不开的。当前环境下,我国公众对科技情报、社科情报等的认知对我国情报工作的发展是非常不利的。

(5) 情报研究队伍不够强大

与情报教育相关的是,当前的情报学专业人才大量流向其他行业,而情报行业本身的人才流动性也非常大,人才流失问题比较严重。这些因素共同造成的问题是,我们虽然有一支不小的情报工作队伍,但是真正精通专业、熟悉业务的情报人员非常少,尤其是缺乏情报战略科学家。情报战略科学家的缺少,严重阻碍了情报工作、情报科学的发展。体现在具体的情报工作变革中,就是缺乏明确变革方向,没有明确的变革路径。这

---

[1] 中国科学院科技战略咨询研究院简介 [EB/OL]. [2019-08-12]. http://www.casisd.cn/jggk/jgjj.

一点我们将在后文详细说明。

需要进一步强调的是,改革已经是 20 世纪的事,其对情报工作的影响正在情报界形成反思。而随着大数据、全媒体时代的到来,情报行业并没有完全转变思维方式,也没有更新情报理念,导致情报工作的成效不大,情报工作的成效没有引起决策者的足够重视,因而情报体制有可能进一步萎缩。例如,在新一轮机构改革的背景下,有些情报机构陷于被合并甚至被取消的危险境地,甚至有几个情报机构已经与其他机构合并,情报机构仅仅成为新成立单位的某一个部门,并且只保留了部分情报业务,原有的很多业务都被剥离了。虽然情报业务仍然存在,但情报机构的合并与取消,必将导致情报事业的下滑,从而使得一体化的情报工作系统的建设越来越困难。

3.2.3 情报法治体系缺乏

完善的法律法规是情报工作开展的坚实保障。近年来,我国情报立法进入了飞速发展期。2015 年 7 月出台的新版《国家安全法》对情报领域的诸多问题做了明确规定,如第四章第二节是针对情报信息的规定,其中第 51 条规定了国家健全制度机制保障情报信息的时效性、准确性、共享性。此外,第四章第三节中风险预防、评估和预警也是情报工作的范畴。2016 年颁布的《中华人民共和国反恐怖主义法》,专列第四章对反恐情报进行规定。此外,在反恐国际合作等章节中涉及对反恐情报的收集与应用等问题。2017 年 6 月《国家情报法》出台,填补了我国国家情报专项法律的空白,正式开启了我国专项情报法律法规的建设工作。《国家情报法》首次以法律形式明确了我国国家情报工作的目的、原则定位、情报体制、情报机构及人员职权、情报工作保障及法律责任。但是,在看到这些进步的同时,我们也应该看到我国情报法律法规的不足之处。

(1) 情报法律法规不成体系

我国的情报立法虽然取得了重大进展,但总体而言不成体系。除了《国家情报法》,我国缺少其他的专门法律,很多条文都是穿插于其他的法律法规之中。而《国家情报法》由于自身的定位,只是一些原则性的规范条文,缺乏对具体工作的明确指导。也就是说,我国现有的情报法律法规不成系统,急需进一步完善。包昌火曾经明确指出:当前我国情报工作面临的主要困境之一正是缺乏制度化的国家情报法治体系[①]。当前安全形势日益复杂,国际竞争日益激烈,情报工作的范围更为广泛。要想充分发挥情报工作维

---

① 包昌火,马德辉,李艳,等.我国国家情报工作的挑战、机遇和应对[J].情报杂志,2016,35(10): 1-6,17.

护国家安全与发展的功能,必须要有全面系统的法律规范的支持。

与俄罗斯联邦的情报法律体系进行对比可以发现,我国的情报法律体系是不够完整的。俄罗斯联邦的情报法制分为以下几个层次:基本法类、情报领导机构和情报机构法律、法规及规章(包括情报领导机关的部门法律法规、业务立法、各情报机关的部门法律法规)、总统令、国际法规、协议。这些不同层次的法律法规为俄罗斯联邦情报机关一切行为提供了基本依据,其内容和功能包括:情报基本概念的法制化、情报组织的法制化、情报活动的法制化、情报人员权利的法制化、情报监督的法制化[1]。可见,俄罗斯联邦的情报立法从层次和内容上都成为体系。反观我国的情报立法,尚有诸多地方需要完善,离体系化的情报法律法规非常远,即使已经有学者意识到情报法律法规的重要性,但我国情报法治体系建设仍处于起步阶段,并没有引起政府管理部门的充分重视。

(2)缺乏单行情报法律法规

《国家情报法》虽然给我国的情报工作进行了原则性的规定,但它针对的主要是国家情报工作。其中规定的国家情报机构包括国家安全机关和公安机关情报机构、军队情报机构,并没有包括我国众多的科技情报机构、社科情报机构,以及其他行业情报机构。我国目前的情报体制还是以领域为主的,如科技情报工作、社科情报工作、竞争情报工作。缺乏部门、领域的单行法律虽然属于情报法律不成体系的一个方面的表现,但是这里单独列出是因为单行法律法规的制定在我国尚未引起重视,不仅管理部门没有重视,情报机构和情报工作者也没有重视。由于情报具有针对性,不同领域的情报工作需要不同的法律规范,因而以领域为中心的单行情报法律法规至关重要。例如,竞争情报工作存在着不少的灰色地带,这些灰色地带亟须合法性解释与规定,否则将给情报人员的工作带来危险,因为游走于法律边缘的行为是极其危险的。

总体来说,情报工作的发展既需要法律的保护,也需要法律的制约,情报工作的开展既需要原则性的法律规定,也需要具体性的条文指导。只有二者结合,才能形成体系化的情报法律法规,让情报人员在工作中有法可依、有法可循,既保证情报工作的顺利开展,也保证情报工作人员的安全。当前不成体系的情报工作法律法规很难确保情报工作的顺利开展,制约了情报工作的进一步发展。

(3)相关人员缺乏情报法律意识

虽然我们的情报法律法规不成体系,情报法制建设有待加强。但是,我们的情报法律也不是一片空白,情报工作仍然是有法可依的。与法律不成体系相比,当前在情报

---

[1] 彭亚平,王亮.俄罗斯联邦情报法制建设及其特点[J].情报杂志,2017(1):14-17.

法制建设方面更为严重的问题是相关人员缺乏情报的法律意识。从近年来国家查获的危害国家安全的重大案件来看,很多犯罪嫌疑人的问题都是由于缺乏情报法律意识所造成的,他们犯案主要是没有意识到自己的行为是危害国家安全的行为。

例如,2017年4月14日,江西省国家安全机关披露了一批危害国家安全的真实案件,其中有多起案例就是由于有关人员缺乏情报法律意识与知识。在"帮境外'记者'窃取'新闻素材'"案例中,曾供职于辽宁某企业的韩某,失业后由于经济紧张,便通过互联网发布求职信息。很快他被网上自称"记者"的境外间谍情报人员盯上。对方告诉韩某需要新闻报道素材,让他去某涉军目标附近就业。为了表达诚意,该"记者"很大方地给韩某汇来1万多元作为定金。面对金钱诱惑,韩某满口答应了。在这名境外谍报人员的指令下,韩某顺利进入某单位应聘成功,之后多次利用工作之便,用手机偷拍大量某重大军工项目照片,传到境外给对方。拿到钱款后,韩某又遵照该"记者"的遥控指挥,先赴北京参加国防技术项目推介会,现场搜集了大量录音、照片等资料;接着又专程前往辽西某地拍摄了另一组重要军事目标的照片。2015年1月,大连市中级人民法院一审判决被告人韩某犯为境外窃取、非法提供国家秘密罪,判处韩某有期徒刑8年,剥夺政治权利4年,依法追缴其违法所得。从案情来看,韩某偷拍竣工项目照片并传到境外,其行为明显触犯法律,但韩某在金钱的诱惑下却丝毫没有意识到自己的违法犯罪行为。

在案例"非法调查农业基础数据案"中,上海某商务咨询公司受国外某机构委托,在全国20个粮食主产区开展了一系列农业基础数据调查,包括我国农作物的种植习惯、农药购买、国家补贴、是否转基因等多达百余项内容。国家安全机关发现此情,经专家评估,这些数据若被境外企业或组织掌握,有可能对我国粮食及农业贸易安全构成威胁,农业部、国家统计局据此在全国范围开展专项整治,依法对有关单位的非法调查行为进行了处罚。从披露的案情来看,该公司在承担相关项目时,既没有国家安全的意识,也缺乏相关的法律意识,将关系国家粮食安全的重要数据当作普通的数据。

(4)情报普法工作有待加强

相关人员法律意识的淡薄与情报普法工作的收效甚微有关。情报法律法规的制定必须加快脚步,而已经颁布的法律法规的宣传与普及也必须提上日程,加强情报普法工作、提高相关人员的法律意识刻不容缓,否则,在网络发达的信息时代,由于不懂法所造成的损害国家安全的行为将会越来越普遍,国家安全面临的威胁也将会更为隐蔽。当前我国正在建设法治化国家,各项普法工作全面展开,情报法律法规的普及工作也应提上日程。但是，当前情报普法的手段和方式还是比较传统的宣传教育，并没有采用群众喜闻乐见的传播方式，因而传播的效果并不是特别理想，很难形成普遍的情报法律意识。

3.2.4 合作共享机制缺乏

在全球一体化发展的时代，在知识融合发展的时代，合作共享是情报工作顺利开展的必由之路。情报工作的合作共享包括国际范围合作和国内的合作共享。有学者已经指出，就目前我国的情报工作来看，一方面我国同其他国家的情报工作合作较少，即使对共同的对象也没有做到情报共享，没有形成优势互补；另一方面我国国内长期以来并没有像美国国家情报局或韩国国家情报院一样对全国整体的情报工作进行统一规范管理的机构，使得各情报机构工作过于分散，情报成果不能够有效发挥其作用[①]。合作共享机制的缺乏主要表现在以下几个方面。

（1）缺乏统一协调的国家情报管理机制

当事关国家利益的重大事件发生时，决策的制定需要众多机构、众多人员的参与。在这种情况下，情报工作的开展需要有统一的机构进行协调与管理，否则将落入一盘散沙的工作状态。我国的情报工作缺乏管理全国情报机构、协调全国情报工作的管理机构。统一、协调管理机构的缺失，限制了情报机构合作的效率。

（2）缺乏常规的国际情报合作渠道

由于情报工作的保密性，国际合作受到诸多的限制，很难做到真正的情报共享，因而缺乏常规的国家情报合作渠道。保密性与共享性是情报工作中无法绕开、无法回避的矛盾。在当前复杂多变的国际环境下，单靠一国的情报力量很难掌握全球关键信息，因此要建立常规的国际情报合作渠道，实现全球的信息共享。不过，情报的共享性与保密性矛盾的解决不是一蹴而就的，需要情报界和国家层面的多方衡量，通过分析其中的利弊，从中找到平衡点，然后在平衡点的基础上开拓国际情报合作渠道。例如，韩国已经建立了与盟国的情报共享机制，形成了常规的国际情报合作渠道。经过长期的情报合作，韩国与美国已经形成了相对完善的共享机制。在此机制下，韩美两国都可以利用自身的情报工作优势，以双方的情报共享方式提升自身情报工作能力。此外，韩国与日本签署的韩日《军事情报保护协定》深化了韩日之间的情报合作，加强了美日韩盟国间的情报合作和共享。从目前的情况来看，我国的情报工作在国际情报合作渠道的开拓上还

---

① 张静，刘国政，林媛，等.韩国情报体制及工作特点[J].情报杂志，2018，37（1）：28-33.

有很多工作要完成。需要指出的是，2019年8月由于多方面的复杂原因，韩国政府决定终止与日本的《军事情报保护协定》。但是，从其签订后所起的作用来看，韩日的《军事情报保护协定》对韩日之间情报合作的影响和作用是积极的。

我国的情报合作受到的限制越来越多，我国的情报交流将会变得越来越困难。如果不能及时开辟一条合理合法的国际情报合作与交流渠道，我国的情报工作将会陷入困境，这对国家安全与发展的制约是显而易见的。

（3）缺乏国内融合化的情报工作平台

在数字化、网络化、智能化高速发展的时代，情报工作的合作共享很大程度上是信息资源的共享。经过多年的积累与开发，众多的情报机构建设了众多的信息资源库。此外，政府、企业、社会机构也积累了丰富的数据资源。情报工作的重点之一是利用这些资源，构建面向国家安全治理和经济社会发展的融合化的国家情报数据平台或中心，充分利用相关领域的大数据资源，在制定国家重大决策之时，提供及时、准确、高效的情报服务。但是，我国目前缺乏这样的情报工作平台，虽然专家已经呼吁多年，但仅仅是在某一领域或某一区域建成了合作的情报工作平台，并且其中一些情报工作平台也尚未实现内容的融合，仍然是大量数据库的分类集合。而建成的一些工作平台也仅仅是某一领域的平台，并不能实现全领域的融合。虽然融合化情报工作平台的建设有很大的难度，但是如果迟迟不采取有效行动，我们的情报工作将很难有大的突破，新时代的情报工作变革也将成为泡影。

3.3 情报生产方式与服务手段落后

大数据的发展使得情报发生了重大变化，其中最为明显的是使得情报走向大众化和全息化。具体而言，在数据驱动下，情报工作逐步由事实型情报收集、综述型情报分析向计算型情报研究，并最终迈向智能型情报工作时代。在新的时代背景和工作环境中，传统的情报工作思路已经不再适用，传统的工作模式亟须更新。但是，从现实的情报工作来看，当前的情报生产方式和服务手段已经跟不上数字化、网络化、大数据化的时代需求，生产方式与服务手段的落后也成为制约情报工作变革的巨大障碍。

3.3.1 工作思路与时代需求相脱节

大数据时代，数据和信息猛增，并呈现出非结构化、碎片化的特点。数据量巨大、数据来源多渠道、数据结构多元化是大数据时代数据的显著特征。这给情报工作带来了巨大挑战。我们知道，传统情报工作的优势主要在于情报机构掌握了大量的、特有的数据资源，数据优势成为情报机构的撒手锏。情报工作人员则掌握了特有的检索方法和策略，能够从自身拥有的数据资源中迅速找出所需要的数据，有时候甚至不需要进行过多的情报分析，就能生产出具有高度价值、能够解决决策者需求的情报。这种情报工作思路主要适用于文献与信息匮乏的时代，但已经无法满足互联网＋大数据时代数据信息的环境。因为各种情报用户都能够方便地从互联网上获取大量的信息，情报机构的信息资源优势不复存在。因此，情报工作的思路和方法都必须及时更新。反观情报工作实践，在情报来源和情报载体都已经发生显著变化的时代，我们还恪守着传统的情报工作思路，采用传统的人工手段来开展情报工作。

3.3.2 数据处理能力与数据全息化不匹配

数据全息化时代的最大特征是开源性情报数量的激增，信息爆炸性增长态势明显。不同格式、不同类型数据的出现加大了数据收集、存储、组织与分析的难度。由此出现了信息爆炸与信息采集能力之间的鸿沟。为跨越这个鸿沟，情报工作人员必须改变信息数据处理的理念和方式，不断提高信息数据处理与判读的技术手段。

但是，新的数据环境下，情报工作者面临着诸多技术难题，包括：如何采集与存储"全信源"数据；如何解决庞大的数据量与有限的个体阅读量之间的矛盾；如何保证数据信息分析结果的科学性和可靠性，如何去除数据收集过程中形成的数据噪声，如何保证数据质量的最优化等，实现情报生产方式的变革；如何使得大数据情报与人际情报相结合，成功赢取情报竞争力[①]。这些都是当前情报工作必须解决的难题，信息鸿沟已经成为阻碍情报工作变革的难题。

3.3.3 情报需求与情报生产矛盾凸显

情报需求的大众化、专业化和快速化是"互联网＋"和大数据时代情报的重要发展，这使得情报生产跟不上情报需求，具体体现在以下方面。

（1）情报需求的大众化对传统情报机构的情报供给能力提出了挑战

随着知讯社会的发展，情报需求的主体从过去特定的有限的社会群体转向大众群

---

① 吴晨生，陈雪飞，李佳娱，等．情报3.0环境下的情报生产要素特征与情报生产方式变革［J］．情报理论与实践，2018（1）：1-4．

体，即情报需求群体显著扩大，情报工作应该面向大众化需求。而面对情报需求的大众化趋势，情报机构的情报生产能力并未明显提高。

（2）情报需求的专业化对情报工作人员的业务能力提出更高的要求

由于社会分工细化，情报工作涉及的专业领域急剧增多，新兴领域、交叉领域不断涌现，而这些新兴领域和交叉领域往往成为社会发展的关键领域。这对情报工作人员提出了更高的要求。传统情报机构多采取针对若干个特定领域、以专项小组长期跟踪的工作模式，这已经不能适应新形势下的情报需求。

（3）传统情报工作的情报生产周期不能支撑情报业务的快速发展

大数据时代，社会信息快速发展，这要求情报工作人员具有快速的情报响应能力，具有敏感的情报意识，如此才能尽可能地缩短情报生产周期，快速实现情报的收集、分析与判读。但是，当前的情报搜集采用的还是大众化、普及化的网络搜索工具，不能满足专业情报机构的业务发展需求，对于缩短情报生产周期作用不大，由此无法支撑情报业务的快速发展。

（4）情报供给的个体性、差异性与情报生产的客观化、流程化之间存在着矛盾

情报人员的知识结构、情报敏感度、价值立场，尤其是情报判读能力的个体差异，导致面对同一组信息、数据或现象，不同情报人员的判读结果会出现个体性与差异性，这与情报生产的标准化、流程化存在着矛盾。如何解决情报分析人员由于专业知识背景、利益相关远近乃至意识形态、价值观念的个性化与情报分析专业化、流程化之间的矛盾，快速进行数据信息搜索并上升到情报判读[①]，这是数据时代必须解决的难题。它需要通过情报工作人员情报思维的提升训练和情报工具的辅助方能完成。我们看到很多情报机构加强了情报人员的思维训练，也有不少机构举办了各类学习培训班，旨在提高情报人员应用工具的能力。但是思维的训练需要长久的实践，工具的开发与应用也需要持续的学习，因此两项工作的进展都极为缓慢。

（5）情报分析方法落后

当前环境下，新技术的发展日新月异，新方法层出不穷。例如，大数据、云计算、物联网和人工智能等新技术、新方法手段在情报工作发达的国家中得到了广泛的运用，这些技术让情报获取与分析更加智能、更为高效，让情报工作更好地发挥了服务决策的功能。反观我们情报工作中新方法、新技术的应用，不得不承认，与美日欧等情报发达

---

① 张惠娜，李辉，刘如，等．关于情报 3.0 环境下科技情报工作的思考［J］．情报工程，2017（5）：87-93．

的国家和地区存在较大的差距。此外，很多国外应用多年的情报工作方法与技术，在我国还处于引荐和推广的阶段。例如，地平线扫描，在欧美的情报工作中已经是成熟的、运用广泛的方法。在我国，该方法直到近几年才由杜元清引进来[①]，尚处于介绍他人经验的阶段，国内很少有利用该方法的研究案例。此外，2018年1月英国政府科学办公室发布《未来预见研究方法体系》，该报告系统介绍了英国政府各部门在制定政府中长期战略性政策、进行未来预见研究中所用的方法与工具。搜集未来动向情报的方法与工具，包括地平线扫描、7个问题研究方法、关键文献、德尔菲法；探索变化动态的方法与工具，包括驱动要素图谱法、不确定因素轴心法；描述未来可能情况的方法与工具，包括情景分析法、愿景描述法、SWOT分析法；制定和测试政策与战略的方法与工具，包括政策压力测试法、倒推法、路线图方法。这些方法中，有我们熟悉的，如德尔菲法、SWOT分析法，也有众多我们尚不熟悉的，如驱动要素图谱法、不确定因素轴心法等。对于这些不熟悉的，我们应该加以学习和实践。而这些方法只是该报告总结的，尚有诸多新方法、新技术、新工具有待我们学习和运用。

3.4　本章小结

情报工作曾为我国国家安全、社会经济和科技发展做出了重要贡献。然而，历史的辉煌不能掩盖现在的低迷和社会地位危机，传统情报工作的偏差易说难改，慢慢落后于时代潮流。大量"独家资料"专属的时代一去不返；情报服务竞争力受到同类机构业务入侵的冲击；"全息"数据使情报判读能力成为情报工作中的瓶颈……这些现实问题使我国情报工作特色越来越淡化，缺乏核心方向标志，情报工作出现回落，情报机构地位面临挑战，情报体制亦出现萎缩，更在国家安全与发展重大决策中丧失了话语权。新时代对情报工作的改变是全方位的，情报界应主动适应时代潮流，重新审视情报工作中存在的各种"瓶颈"问题，推进情报工作重塑，唯有如此才能真正找出我国情报工作变革发展的方法与途径。

[①] 杜元清.地平线扫描的概念及案例研究[M]//情报学进展（2016—2017年度评论）.北京：国防工业出版社，2018：154-191.

第 4 章
新时代情报工作发展的重点任务

"万物得其本者生,百事得其道者成。"不同时期,情报工作肩负着不同的使命。在新中国成立之初,面对西方国家的经济和科技封锁,跟踪、翻译、整理国外科技文献,是当时情报工作的主要使命。20 世纪 80 年代我国经济体制改革拉开序幕,在发展市场经济过程中竞争情报研究与工作实践在我国萌出。当前,面对深刻变化的国家安全环境、艰巨繁重的改革发展任务,服务于国家安全与社会发展重大决策成为新时代我国情报工作的重要使命。本章作为承上启下章节,秉承"凡是过去,皆为序章"的豪情,重点论述了新时代我国情报工作的角色定位与使命担当,探讨了我国情报工作未来发展的认知自觉,并简要勾勒出我国情报工作未来发展的重点任务,以期我国情报工作顺应时代之"新"而"出新""履新"。

4.1 情报工作的使命担当

纵观中国情报史可以发现,当国家和民族面临重大冲突与对抗的高压时期,情报活动也随之走向一个历史高潮。春秋战国时期,战争频繁、兵家蜂起,情报迎来了它的"黄金时代";第二次世界大战与冷战时期,中国共产党情报工作出色且富有成效,产生了以毛泽东思想为代表的人民情报工作理论与工作布局。新的战略环境需要我国情报工作承担起新的历史责任和使命,为保障国家安全、发展,捍卫国家和人民根本利益做出更大的贡献。

4.1.1 情报功能回归

在不同历史时期,由于外部环境和用户情报需求不同,情报活动和情报工作在我国发展中的角色与功能定位，经历了起伏和摇摆。

在我国，情报最先发源于强对抗性的军事领域，农业和手工业远没有战争对情报的需求迫切，"知己知彼，百战不殆""定敌如何，而报于上官者"，这种朴素的强调及时掌握敌我情况的情报使命感在漫长的历史时期一直是我国古典情报理论的精髓。

1941年8月，中共中央做出两个著名的决定：《关于增强党性的决定》《关于成立调查研究局的决定》，决定成立中央调查研究局，下设调查局、党务研究室、政治研究室，负责情报搜集与调查和政策研究工作，第一次将情报工作上升到为党的整体战略服务的高度。同年9月，中共中央和中央军委做出《关于在各战略单位成立情报组织的决定》，随后成立中央情报部，这是中国共产党情报工作发展史上的重大转折，标志着中国共产党情报工作任务将实现以保卫性情报工作为主到以军政战略情报为主的转变。

新中国成立后，百废待兴，发展经济和科技事业成为社会迫切需求，人们热情高涨，"科技情报""社会情报"的概念逐渐深入人心，我国建立了遍布全国的科技情报网络。与此同时，科学技术的快速发展，印刷、复印、电信技术和信息加工处理技术日新月异，文摘、索引、定题情报服务（Seletive Dissemination of Information）等多种情报服务形式出现，科技信息的有序化及快速传递成为情报工作的主要使命，"耳目、尖兵、参谋"是我国科技情报工作成立之初确定的目标，这种定位确切地概括了我国情报工作的两大阵地：信息检索与决策参谋研究。但是，在实际执行过程中，科技情报工作在这两大阵地之间出现过较长一段时间的偏移，科技情报机构多以科技信息跟踪、采集、翻译、报道、信息工具开发等为主业，处在信息序化表层，科学抽象、情报分析等工作深度不够，与决策参谋的距离渐行渐远。情报工作功能定位出现偏移与当时的客观环境有较大关系。新中国成立初期，西方国家对我国实行封锁政策，我们很难获取国际上最新的科技文献，而我国的发展又需要大量的西方科技情报，在这种情况下，我国科技情报工作得到了优先发展，成为我国现代情报工作中发展最早、最快且成果最丰富的部分。

1990年9月，《国家科学技术委员会、国防科学技术工业委员会关于加强情报研究工作的意见》明确提出：情报研究是科技情报工作的重要组成部分，是科学决策的一个重要环节。1991年2月，国家科委发布《国家科学技术情报发展政策》指出"情报研究是对情报的深度加工，属思想库范畴""加强情报研究，为决策科学化提供可靠依据，推动科学技术进步与经济发展，是这一工作的基本方针"，明确了情报工作的性质和任务。1992年9月15日，在全国科技情报工作会议上，国家科委宣布将"科技情报"改名为"科技信息",在我国科技情报界兴起了全国性的"情报"改"信息"运动,同时"情报"一词在我国情报学刊物中逐渐消失。改名带来的直接影响是削弱了情报安身立命的"参谋"功能,情报工作日渐向信息科学领域偏移。

面对这种混乱和迷失的局面,以包昌火为代表的情报学者多次呼吁情报工作要回归"耳目、尖兵、参谋"的职能,并指出情报工作的主要任务是信息序化与转化,以实现情报工作价值的增值。近几年,随着中央提出"建设中国特色新型智库"的最高指示,各级情报机构开始重新思考其"耳目、尖兵、参谋"的定位,积极尝试从信息服务向决策服务回归,积极参与智库建设。2014年1月国家安全委员会成立,4月提出总体国家安全观和由11种安全构成的国家安全体系。随着我国国家总体安全观的提出,以及新时代国家面临的新博弈,越来越多的中国情报界人士开始摒弃传统的科技情报观念,加入"Intelligence"阵营,中国情报事业整体向"参谋"功能回归。

4.1.2 责任提升

情报工作是一项组织面临环境威胁来筹划应对策略的软科学活动,它的基本任务是"Information"的"Intelligence"化,即将信息转化为情报和谋略,为组织的科学决策提供基础和导向。情报工作与战略环境息息相关,在不同的历史时期,我国情报工作肩负着不同的使命。

20世纪50—70年代末,情报工作的主要使命是突破西方国家封锁,获取西方国家最新科技信息,服务我国经济与科技复苏。当时西方国家对我国实行封锁政策,西方原版科技类书刊对中国禁售,此外,这些外文原版科技书刊价格昂贵,而当时的中国外汇紧张。这些都直接导致我国很难获取西方最新科技文献和科技信息。而我国的发展又需要大量的西方科技情报,在这种情况下,获取西方最新科技信息成为当时科技情报工作最为紧迫的使命。紧密跟踪国外先进技术和武器装备发展动态、翻译国外经典文献、开展文献传递与定题等是当时非常有名的情报服务模式。

20世纪80年代至21世纪初,情报工作的主要使命是应对信息革命带来的信息爆炸与过载,"知识服务"成为情报服务的主流。20世纪80年代,我国吹响了改革开放的号角。与此同时,随着世界科技革命和信息革命浪潮的到来,情报工作在席卷全球的"知识革命与信息革命"中面临着新的时代机遇和挑战。电子信息爆炸式增长,人们既享受着海量信息给生活带来的便捷,同时也在信息的海洋中变得迷失、无所适从,信息焦虑问题开始凸显。信息过载与情报稀缺并存。1996年,经济合作与发展组织发表研究报告指出，社会进步与生产力发展的主要源泉不是粗糙的信息而是不断创新的知识，"知识"成为情报研究和情报工作的主要对象，前沿跟踪、动态监测、趋势预测等深度专题情报服务模式日益受到重视。

近年来，情报工作面临着服务国家安全与发展的新责任、新使命，保卫与引领是情报工作肩负的重大使命。进入21世纪以来，世界格局进入深刻变革期，"一超多强"多极化格局取代两极格局，多个"力量中心"角逐，国际形势不确定性凸显。中国的国际地位和作用不断增强，大国关系面临新考验，竞争博弈将成为新兴大国与西方强国国际关系的主要矛盾，在未来较长一段时间内，在对抗中合作和在合作中对抗将成为大国关系的主旋律。面对新的国际战略环境，情报工作以国家利益为根本利益，应站在国家安全与社会发展的整体层面，以情报流程为主线，以情报生产为核心，面向政治、经济、社会、科技、军事、外交、安全等国家安全和社会发展各领域，做好情报资源保障、科学前沿跟踪预测、风险评估预警等情报保卫与引领服务，发挥好情报工作的"耳目、尖兵、参谋＋引领保卫"作用。

4.2 情报工作观念思维塑造

恩格斯曾经指出："当技术革命的浪潮正在四周汹涌澎湃的时候……我们需要更新、更勇敢的头脑。"情报观念思维是一种主观性因素，是久而久之渗透至情报实践中的潜在基因，并决定了情报工作的涉足空间与发展潜力。社会发展和环境变迁必将引起观念的变化发展。情报思想观念的变革，意味着通过一系列思维活动，不仅要把握客观事物发展的本质与规律，还要提出预测性、结论性或评价性的思维成果，从而更好地指导情报工作实践。情报观念思维是一个很庞大且不断发展变化的概念，我们很难集中概括，只能窥豹一斑。

4.2.1 重塑大情报观

大情报观是相对于小情报观而言的（表4-1）。在不同时期，为了适应时代发展需要，我国情报观和情报工作模式几经转折。20世纪80年代，我国情报界提出了"大情报观"，这在当时具有一定的突破性，适应了当时社会的现实需求，主要体现在：其一，大情报观适应了市场经济体制改革的社会发展需求。20世纪50年代以来，中国科技情报工作兴起，80年代我国迎来了改革开放，随着我国社会主义市场经济体系的逐步确立和发展，情报需求呈现多样化和综合化，商业情报需求增加，竞争情报研究与实践开始崛起，突破了科技情报的"小情报观"范畴；其二，大情报观顺应了信息时代的强势来袭。20世纪90年代初，第二次信息产业浪潮在美国兴起，在很短的时间内速度传遍西欧各国及日本等，面对如潮的信息革命，处在高速发展阶段的中国，也开始奋力发展信息产业。与此同时，信息科学在我国迎来了大发展时期。在这种情况下，以信息资源为基石的情报研究和情报工作，必然需要突破传统的科技文献范围。1992年经国家科委批准，"情报"改"信息"的更名运动兴起，情报的研究范围开始向信息科学方向延伸，极大地丰富了信息资源的建设与累积和先进信息分析方法与工具的开发。

表4-1 大情报观与小情报观的区别

	大情报观	小情报观
情报价值	国家利益	领域价值
情报目的	引领决策	支撑决策
情报层级	战略规划	战术支持
工作模式	协同融合	各自为政

传统的大情报观确实"放大"了，但也"走偏"了，对信息领域的集中关注，严重背离了大情报观的最初旨归。目前局限于图书情报一体化中单兵作战的情报工作思维，在情报功能发挥和情报工作发展中暴露出诸多负面影响。在当下，结合情报工作的新环境、新条件，我们提倡重塑大情报观，主要包括服务国家安全与发展双重价值追求、不同领域不同机构情报工作主体的协同融合、情报资源大融合。

（1）新时代的大情报观倡导服务国家安全与发展双重价值追求

总体国家安全观背景下，情报界所面临的问题既有安全问题，又有发展问题，这是两个问题域，而要寻求这两个问题域的辩证统一，需要以大情报意识、大格局意识来应对。以往我国情报工作在面对"是服务于国家安全还是服务于社会创新发展"这一问题时，是将安全与发展二者之间割裂开来的，军事情报、公安情报、国家安全情报等主要以服务国家安全为己任，而科技情报、经济情报等主要以服务科技创新和经济发展为己任，它们作为我国情报工作体系中的两大分支，泾渭分明，二者交流协作甚少。2017年，我国颁布的《国家情报法》在总则中明确指出，"国家情报工作坚持总体国家安全观"，情报工作要"维护国家政权、主权、统一和领土完整、人民福祉、经济社会可持续发展和国家其他重大利益"。如今随着世界多极化格局的形成，国际战略环境将长期以合作、竞争甚至是对抗为特征，情报工作应围绕"以安全促发展，以发展保安全"的总体战略思路开展工作。

（2）新时代的大情报观是情报主体的大协作、大融合

坚持大情报观、大融合观，既符合我国科技与经济紧密结合、军民融合的国家战略需要，也符合我国情报事业自身实现大发展的现实需求。在我国，不缺少情报工作实践，也不缺少情报思想和理论，但长期以来，各条阵线上的情报工作条块分割、彼此孤立，缺乏沟通和交流，导致我国情报工作难以"拧成一股绳"。尤其是基层情报研究机构力量薄弱、处境艰难，而由事业单位代行政府功能，在管理体制上存在着一些根本性的缺陷。此外，由于我国严密的国家安全政策，军事情报工作、安全情报工作与科技情报工作、经济情报工作等之间是完全分开、截然不同的两个情报工作体系。前者以维持治安和社会稳定、保卫政权的安全为使命，普遍以技术侦察包括对外谍报派遣、特种技术侦察等为情报搜集的主要手段，工作带有保密性、攻防意识浓厚。而后者则强调以开源信息资源为主，强调通过公开、合法途径获取信息，在公开信息基础上挖掘情报，以信息技术、网络技术为主要手段。随着社会一体化发展的加速，军事、科技、经济、外交、文化、法律、安全等多领域融合，决策者面临的问题更加复杂、环境更加多变，在这种情况下，条块分割的情报工作格局将难以主动协调、快速出击，发挥情报预知、预警、预防的先导作用，形成一个面向国家安全和社会发展整体需求的统一、高效的国家情报工作体制。树立大情报观、大融合观、大协同观，从情报事业整体上来说，有利于加快促进我国情报业大一统局面的形成，促进统一、协调、分工明确的国家情报工作体系的形成；从情报机构个体来说，大融合、大协作将为情报机构带来新的工作机会和新的发展生机。情报工作的大协作，不仅是情报机构之间的协作，还包括情报机构与智库、科研机构、高校、政府、企业等机构之间的协同合作，在情报工作中发挥集体的智慧，为用户决策提供综合性、前瞻性和战略性的情报支撑。

（3）新时代的大情报观是情报资源的大融合

大数据时代，情报资源在体量上实现了海量拓展，同时在结构形式上也花样翻新，令人眼花缭乱。过去的情报工作以文献为主，显然这已经远远不能满足大数据时代的情报分析和情报挖掘需求。需要文献信息资源与网络信息资源和多媒体信息资源、纸质信息资源与电子信息资源、结构化信息资源与非结构化信息资源、静态信息资源与动态信息资源等进行大融合。

4.2.2 树立大数据思维

2011年麦肯锡在其发布的一份题为《大数据：创新、竞争和生产力的下一个前沿领域》的报告中，曾经这样描述大数据对社会生产与生活的影响："数据已经渗透到每一个行业和业务职能领域，逐渐成为重要的生产要素；而人们对于海量数据的运用将预示着新一波生产率增长和消费盈余浪潮的到来。"大数据既是大规模的数据集，又不仅仅是一个简单的数量概念。在经济全球化发展过程中，作为拥有最庞大市场的中国，同时也拥有最庞大的数据，与此同时，随着移动终端、4G/5G网络的大面积普及，与我们自身相关的数据都可能成为被记录和分析的数据，这既给情报事业发展带来了巨大机遇，同时也使情报工作面临新的压力和挑战。苏新宁指出，大数据强调的概率分析、趋势分析及4V特征与过去我们情报工作中强调的精准及传统方法，尚有不少区别[①]。因此，情报学研究和情报工作重心必须要有所改变，情报学研究和情报工作要有大数据思维。

大数据时代带给我们的不光是海量数据和先进的数据处理技术，更重要的是打破了人们传统的思维模式，带来了新的思维模式，即大数据思维。"所谓大数据思维，是指一种意识，认为公开的数据一旦处理得当就能为千百万人急需解决的问题提供答案"[②]。陈宇新教授从营销角度将大数据思维概括为3个维度：定量思维、相关思维和实验思维。何婷基于大数据技术的内在逻辑，将大数据思维的特征概括为规律性、无偏性、关联性和开放性[③]。周世佳则将大数据思维的特征概括为整体性与涌现性、多样性与非线性、相关性与不确定性等3个方面[④]。刘洋将大数据思维模式概括为动态性与智能化思维模式、相关性与预测性思维模式、整体性与不确定性思维模式[⑤]。结合大数据思维的特征与模式，站在情报学研究与情报工作的角度，我们认为大数据及大数据思维下的情报学研究与情报工作思路的转变方向主要包括四大方面：情报学理论方法重构、情报数据源拓展、情报工作模式变革、情报分析模式创新。

（1）情报学理论方法重构

过去的情报学理论与方法主要是基于小样本而创建的，传统的理论方法是否还适用

[①] 苏新宁.大数据时代情报学与情报工作的回归[J].情报学报，2017，36（4）：331-337.
[②] 维克托·迈尔·舍恩伯格，肯尼思·库克耶.大数据时代：生活、工作与思维的大变革[M].盛杨燕，周涛，译.杭州：浙江人民出版社，2013：167.
[③] 何婷.大数据思维对图书馆信息服务工作的启示[J].图书馆建设，2014（1）：64-68.
[④] 周世佳.大数据思维探析[D].太原：山西大学，2015：37-40.
[⑤] 刘洋.大数据思维对传统出版业的影响及应用[D].长春：吉林大学，2017：59-61.

于海量数据环境？是否需要重新验证？是否需要创新与发展？这是值得情报界人士重新思考与探索的问题。例如，在传统文献基础上提炼出来的普赖斯定律、布拉德福定律、洛特卡定律、文献半衰期等情报学几大定律及引文分析法等科学评价方法，它们在大数据和网络环境下是否仍然有效？这些问题都需要我们去研究和验证。总之，新环境下情报学理论与情报研究工作面临着对传统理论方法进行改进完善及对新的理论方法进行创新的重任。

（2）情报数据源拓展

情报数据源的拓展主要体现在两个方面：一是在体量上的拓展，二是在结构形式上趋于多元化、复杂化。过去的情报工作以传统文献为主，显然这已经远远不能适应大数据时代的发展趋势与发展需求。当今的情报源应该是多渠道、多元化、多维一体的。从载体形式上来说，可以是电子和网络信息，也可以是传统纸质文献信息，且电子网络情报已经成为情报学的主要研究对象；从类型上来说，既包括静态文献数据，也包括动态网络数据，尤其是社会化媒体数据。总体来说，相比文献数据，网络数据要复杂得多，各类数据在情报分析中都发挥着应有作用。以前在情报分析中利用较多的是结构化数据，而如今半结构化、非结构化数据在大数据中占有相当大的比例，如文本、音频、视频等富媒体数据，将富媒体化数据纳入情报分析范畴，将极大丰富情报工作产出。

（3）情报工作模式变革

大数据时代，无论是海量数据的采集、筛选，还是情报判读与分析，主要依靠人工方式按部就班进行是不可能完成的，因此，需要对这种工作模式进行变革，包括借助先进的IT技术及情报团队人员结构的调整。大数据时代，先进IT技术在情报工作中的应用几乎贯穿情报工作的整个流程。在情报需求对接与情报主题选择上，在解题基础上借助专家库可以迅速查找领域对口专家，以备后续合作所用。在数据采集与加工处理与分析过程中，情报搜索引擎、统计分析软件、可视化软件等工具软件必不可少。

情报团队人员结构的调整则体现为新角色的加入，除了情报分析员之外，还包括行业专家、数据分析员等角色[①]。情报分析员主要负责情报判读与分析，以及情报工作统筹；行业专家则主要发挥其专长，从专业角度进行数据分析与判断；数据分析员主要是通过熟练应用现代化信息技术来实现海量数据的挖掘、分析及可视化等IT技术功能。

---

① 刘如，吴晨生，李梦辉.大数据时代科技情报工作的机遇与变革[J].情报理论与实践，2015，38（6）：35-39.

(4) 情报分析模式创新

在传统的情报思维模式中，我们习惯于追究事物的因果联系，也就是解答"为什么"的问题，而大数据思维则启示我们，有时为了提高响应效率，我们没必要过于纠结这件事与那件事之间是否存在必然的因果联系，我们只需要知道某种迹象的出现，一定或大概率会发生某种结果，也就是解答"是什么"及"会怎样"的问题。大数据的海量性、涌现性、多样性、非线性等特征，使得在海量数据的情报挖掘过程中具有很多不确定性，如果等耗费大量时间和精力去得到准确的因果关系再去办事，可能这件事已经不值得办了。在这种不确定性时代，从原因到结果的因果思维和从结果到原因的相关思维同等重要，相关思维甚至更重要，因为它体现了追求"是什么""怎么样"而不是"为什么"的务实精神。从大数据中寻找不同线索之间的关联性，依靠大量、基础的数据及统计结果，从而预测事物的发展趋势，这种相关性思维有助于提高情报工作的响应速度和预判能力与水平。

4.2.3 树立情报工程思维

相对于较为规范的文献信息，当今的情报工作面临着更庞大、更复杂、更原始、更零散的数据环境，这就要求情报工作必须走向体系化、规范化、标准化和现代化，以应对巨量的、异构的数据资源，以尽最大可能快速、准确地辨识大数据内部隐含的内在关系，为决策提供情报支撑。所谓"工程化"是指"把经验、技巧、常识、知识进行固化、理论化、规范化，构建一个可重复创造有价值产品的最优系统、环境"[①]，而所谓情报工程化是指"一个组织情报观念、情报素养、情报规划、情报研究、情报应用、情报管理等内容在组织业务上的集约体现"[②]。情报工程的核心是以系统效率和效益为目标，通过以人为核心的五大生产要素（人、信息、工具、规范、资金）的科学组织、优化管理和量化评价，来继承规划、设计、改善和创新的工程技术。情报工程化简单来说就是情报工作规范化、流程化、体系化，从而使得情报产品的投入产出系统更加协调高效，在情报产品质量、效率和成本之间达成平衡。情报工程思维的落实可以体现在以下3个方面。

(1) 情报工程理论与方法体系研究

情报工程思维绝不仅限于将情报工作视为一门工程，它有相应的理论和方法体系

---

① 李阳. 工程化思维下的智库情报机能研究［J］. 情报杂志，2016，35（3）：36-48.
② 刘琦岩. 科技智库亟需提升情报工程化水平［J］. 情报工程，2018（8）：1.

支撑。朱礼军等人认为情报工程理论发端和来源于管理学、情报学、计算机科学、社会学、经济学、决策学、统计学等基础学科，其方法体系包括用户管理层面的用户个性化需求分析、产品设计、服务运作管理、市场渠道和销售、情报产品质量评价，数字资源层面的异构、异源数据采集、组织整理与评估，技术支撑层面的大数据、云计算、人工智能、自然语言处理、数据挖掘等分析服务及情报自动化处理生产线等，管理层面的成本控制、绩效评估、政策法规与标准规范管理、合作伙伴管理、产品供应链管理、外包与协作网络维护、情报流程管理等。

（2）搭建基于工程视角的情报服务能力体系

安淑新将情报服务的工程化流程要素概括为数据资源、工具方法、专家智慧3个维度①。数据资源是基础，工具方法是手段，专家智慧是情报由信息服务、知识服务走向知识集成服务与智能服务的决定性要素。能力是显性知识技能与隐性价值的统一②，与情报服务的工程化流程三要素相对应，情报服务能力包括数据资源保障能力、情报方法工具开发运用能力及情报分析判断能力3个方面：第一，数据资源保障能力主要为实现异构、异源资源的整合提供情报分析的海量数据支撑，大数据给人们带来了丰富的信息，但从现实来看，目前一些独特的信息资源仍然主要把握在一些权威部门、特殊部门、信息服务商等手中，因此，情报机构的数据资源保证能力建设需要两手抓，一手抓基本信息资源和特色数据资源的采集、自建，一手抓与不同机构之间的数据资源共建共享。第二，情报分析有一系列方法体系支撑，包括传统的文献计量、专利分析、网络计量、层次分析、情景感知、战争游戏、决策树等方法，此外，情报机构还可以借鉴国际知名咨询公司和智库在其研究活动中创造性提出的一些独有研究方法、指标、模型、软件、工具等，如兰德公司的投资组合分析工具、高德纳咨询研究所的通量平衡分析等，并基于自身的研究需求加以改进，从而提高情报研究的深度和效率。信息技术包括大数据技术与工具，也在情报研究和情报系统建设中得到了应用，如 Hadoop、Spark、HPCC、Splunk 等，这些工具和软件的应用主要是解决异构知识库之间的互理解、互通信问题，从而实现更高层的知识融合。第三，情报判读和战略研判是一项主要依赖专家智慧的知识性活动，专家智慧主要为情报分析服务，情报分析判断能力决定了情报服务的水平，要想给政府、企业等情报需求者提出一份远见卓识、具有洞察力的决策方案，需要有合理的智囊团队在背后支撑，他们应该是一支既有情报专家、数据分析专家又有

---

① 安淑新. 国外智库管理运行机制及对我国的启示［J］. 当代经济管理，2011，33（5）：88-92.
② 刘琦岩. 科技智库亟需提升情报工程化水平［J］. 情报工程，2018（8）：1.

领域专家的综合型战队。

（3）实行科技情报服务流程化、规范化管理

受 Herring 模型的影响，我们一般从流程的角度将情报服务划分为情报需求分析与反馈—信息采集与加工—信息分析与判断—情报输出—情报应用这样 5 个环节，它简单明了地勾画出情报活动的实质，即"数据—信息—情报"的增值过程，具有普适性。但是显然，在执行具体的情报工作任务时，根据任务的轻重缓急，我们没有必要一定要千篇一律、按部就班地遵循这一线性流程。那么，如何在灵活性与规范性之间保持平衡呢？这就要求我们站在一个更高的视角，不光要从具体的情报业务还要从情报服务机构整体发展的高度，将情报服务机构的发展战略与情报业务流程结合起来，将情报流程与组织战略流程等结合起来，即流程设计的三分法思想：战略流程、情报（经营）流程、保障流程，它们又可以进一步细分为情报机构远景规划流程、综合研究类情报业务流程、快报/简报类情报业务流程、趋势预测类情报业务流程、数据资源建设类情报业务流程、信息技术支撑类情报业务流程等。

4.2.4　树立情报系统思维

系统科学界一般将系统界定为"相互作用的诸要素的综合体"[①]，"系统思维就是运用系统概念来认识对象、整理思想的思维方式"[②]，展开来说就是识物想事时要有系统意识，把研究对象看作一个由不同要素构成的系统，且要素和要素之间、要素和系统之间、系统和环境之间等是一个有机整体，它们相互联系、相互作用，需要我们从整体上分析问题和解决问题。系统思维为我们认识、描述和研究各种自然现象和社会现象提供了一个科学的思维分析框架，系统思维有其内在原则，包括整体性原则、相关性原则、开放性原则和演进性原则等[③]。系统思维下的情报分析模式主要包括以下 3 个方面。

（1）整体观的情报分析模式

系统思维的思考方式是一种以整体观为核心的思考方式，强调事物结构的整体性，强调整体对部分的支配作用和部分对整体的依赖性，把系统内、外诸要素整合在一起，通过内外部要素的有机整合、搭配，来提升系统的整体竞争力。从哲学上来说，万事万物都是宇宙这个整体的一个部分，世界上没有绝对独立的事物，系统论强调从系统的角

---

① BERTALANFFY L. General system theory [M]. New York：George Braziller，1968：41.
② 苗东升. 系统思维与复杂性研究 [J]. 系统辩证学学报，2004，12（1）：1-5.
③ 易小明. 论系统思维方法的一般原则 [J]. 齐鲁学刊，2015（4）：57-63.

度来看问题，情报分析过程中，尤其是面对复杂问题的分析时，系统思维模式更易于接近客观事物的本来面目，从而避免片段化、片面化地看问题，以提高情报分析质量和情报预见力。由信息网络、组织网络和人际网络构成的机构竞争情报系统布局、情报价值链研究、情报流程管理等就是情报界的系统思维和整体观思维的典型体现。

（2）环状看因果的情报分析模式

系统思维的关联性原则强调事物是普遍联系的，世界是"一幅由种种联系和相互作用无穷无尽交织起来的图画"①，任何一个物体都是多维的、立体的、多层次的，平面思维、线性思维等远远无法满足我们对事物的客观认知，必须代之以"立体"思维，认识事物时要注意其纵向层次和横向要素的耦合、时间和空间的统一，把握认识对象的立体结构和总体功能，在观察一连串的变化过程中，看因果的互动关系，不仅仅只看因果关系。

（3）动态发散型情报推理模式

开放性是系统的一个基本属性，系统的开放性决定了事物是不断发展演化的。系统要维持自身的稳定发展，必须向环境开放，从环境中获得必要的物质、信息和能量。开放性思维与封闭、孤立、消极、狭隘等思维相对，就是要求人们解放思想，突破定势思维和思维僵化，动态、多视角、全方位、发散地看待问题。中国传统思维侧重于收敛性思维，是一种向内向后收敛的思维方式，是一种求稳定的思维方式。而开放性思维层次更为丰富，是一种求发展的思维方式。从系统演化的角度来说，稳定是相对的，发展是绝对的，因此，当面对用户复杂的情报问题时，我们应综合运用收敛性思维和开放性思维，不光向后向内追究原因和答案，更要向前向外看待问题。趋势外推、情景分析、战争游戏等情报方法就是这种思维模式的典型应用，而大数据为该思维模式提供了更广阔的天地，更智能、更快捷高效的情报预演推测方法有待我们去研发。

4.2.5 树立情报平行思维

人类的基本思维方法主要有 3 种，分别是描述性思维、判断式思维和设计式思维。爱德华·德·波诺博士首次提出了平行思维的概念。所谓平行思维，就是指从多个角度来看待和分析同一个问题的思维模式，其目的是力图打破人们脑中的惯性思维、定式思维习惯，转变思维方向和角度，以便获得新的认知。平行思维与垂直思维（判断式思维）是一对相对的概念，判断式思维是一种非此即彼的思维模式，关注"是什么"。平行思

---

① 马克思恩格斯选集：第一卷 [M]．北京：人民出版社，1995：212．

维主张既定路径与旁边路径相结合，在不同模式之间进行切换和转换，以便获得新启发、新认知，平行思维关注"可能成为什么"，接受各种"可能性"，但不轻易下判断。平行思维是一种创新思维模式，而智能科学的崛起为平行思维、发散思维提供了最佳手段。人工智能时代的到来，物理世界、信息世界外的第三世界（心理世界）崛起，在未来的生活中，人机结合将达到一个新高度，虚实一体，这将必然带来情报思维、情报体系、情报方法与平台革新。平行思维方式在情报研究活动中的运用，可以先从以下两方面下功夫。

(1) 加强平行思维模式训练

平行思维是一种新的思维方式，在情报研究任务中运用少之又少，情报界人士甚至对平行思维这一概念可能都很陌生。在这种情况下，加强平行思维训练、提高情报人员的平行思维意识是首要工作。在情报工作中运用平行思维的一些设想有：①运用平行思维来看待和解读一项特定的情报问题和情报任务，从多个角度认知和分析我们所面对的事件，发动团队成员发散思维，从而加深甚至重构团队成员对事件的认知；②平行思维下的情报判断和分析，开放性地提出各种各样的可能性，且并不强迫做出选择，平行思维下的判断步骤可以是提出一个情报问题、搜集并列出相关信息、列出问题的正负面影响、列出事态发展走向的多种可能性、列出不同"可能性"的所有相关因素并分析相关因素之间的制衡关系；③平行思维下的情报决策参谋，针对前面平行思维下的多种"可能性"，列出多种改进方案。在除了以上的平行思维下的情报问题解读、情报判断与分析和情报参谋外，还可以有平行思维下的情报洞见、评估、辩论等，都值得我们去思考和加以运用。

(2) 构建情报服务的平行控制能力

所谓情报服务的平行控制能力，主要是指实现"任务"与"数据"的并行服务、建设情报平行计算与平行管理系统。传统的情报系统，主要基于结构化、线性、单向度、静态的数据分析，而"互联网+"时代，数据是异构、非线性、多维度、动态的，这就需要通过虚拟仿真技术，用情报数据构建模拟人工系统，增强情报数据传感节点的覆盖面，形成"虚实结合"的平行系统，实现情报系统从"单向度数据分析"向"多维度场景模拟"的转变，从而提高情报服务与决策的可视化、精准化和科学化[①]。

---

① 李辉，张惠娜，侯元元，等.情报3.0时代科技情报服务能力研究：基于工程技术视角的服务能力四层结构模型[J].情报理论与实践，2017（3）：1-4.

4.3 情报工作的重点任务

部署新时期我国情报工作的重点任务,有利于为我国情报工作切实指明方向,我们主要从情报机构战略目标、情报工作立足点、情报主体组织管理、情报工作制度统领及情报生产模式变革等五大方面,总结新时期中国情报工作的落脚点和方向。

4.3.1 情报机构战略目标：成为国家重要智库

成为国家重要智库是情报机构的重大战略选择,其重要意义主要体现为以下5个方面。

(1) 智库化是情报机构适应国家与社会发展新需求的必然选择

当前,我国正处在实现民族复兴,建设富强、民主、文明社会主义现代化强国的发展进程当中,面临复杂而又严峻的国内外环境,国家安全面临巨大挑战。对国内和国外环境的了解,对潜在危险、威胁的知悉和掌控,是合作还是竞争,都需要做充分的准备。这些都为情报机构智库化发展提出新的需求。

一方面中国经济和社会高速发展,一跃成为世界第二大经济体；另一方面中国经济社会发展面临国内外环境复杂多变的考验,中国高度重视智库建设,急切需要来自各方的智力支持。2013年,习近平总书记首次就智库建设做出重要批示,2015年中共中央办公厅、国务院办公厅《关于加强中国特色新型智库建设的意见》出台,极大地鼓舞了我国的智库研究和智库实践,从中央部委到地方政府、企业、高校、媒体都成立了智库,原来政府内部的政策研究机构、各个公司的研究院都被赋予了智库职能,智库建设迎来"春天"。国家政策的出台对智库的推动作用非同小可,给情报机构参与智库建设营造了宏观制度环境。

(2) 智库化重塑了情报机构的"参谋""智囊"形象

我国古代的"门客""谋士""说客"等是最早的政策顾问,但他们大多是单打独斗,没有组织性且带有明显的个人政治意图,主观色彩浓厚。我国情报工作则经历了一个由以个人为中心发展到以组织为中心的转变过程,组织性是情报工作形成的标志,也是情报事业发展的开端。由于保密政策等原因,人们历来对情报存在误解,如认为情报就是间谍,情报就是科技情报,情报工作就是信息工作等,情报的谋略功能被长期忽略。人们对情报工作之所以存在认识偏差,归根结底是因为人们对情报工作的界定和理解只抓住了部分,如解决用户信息不对称问题,而忽略了情报工作还有为用户特定问题的解决

"出谋划策"的价值。情报机构的智库化要"化"到什么程度?所谓这化那化,包含有达到一个社会普遍认同的标签化特征这一程度的过程。情报机构的智库化不是说情报机构要彻底改头换面、转型为彻头彻尾的传统智库,情报机构智库化的目标和方向不是机构性质的彻底转型,不是破旧立新,不是寻找全新的生存形式,而是要将曾经一度被忽视、被弱化的决策咨询功能提高到一个更加凸显的位置,直到成为情报机构的社会性标签,让人们一提到情报机构就能自然而然地联想到情报机构社会"参谋""智囊"的身份。

(3)智库化丰富了情报机构表达思想和声音的形式和渠道

情报工作的"间谍"形象,使得情报的神秘色彩被进一步强化,这与情报工作的实际情况不符。在当今时代,我们的情报工作数据源大多来自公开信息,大多情报成果也是完全可以公开的,之所以被长期冠以"间谍""神秘"标签,是因为情报界自身的宣传及情报产品向社会公开和推广方面的工作远远不够,情报工作社会影响力、舆论影响力的打造,还远远不够。而对智库来说,"出声音"与"出思想"同等重要。布鲁金斯学会认为自己的工作主要集中在3个领域,即协助设置议程、引导辩论和设计政策[①]。很多著名智库之所以能够参与设置政治议程、成为政策博弈的预演场,既有政治上的考量(以智库的非官方身份针对敏感问题进行试探),也与智库自身注重思想产品的宣传营销有关。

(4)科学咨询的平衡性需要多元化的咨询力量参与

政策研究者通过多种渠道(如科学家、管理者、从业者、政治家、规划者、记者、用户、兴趣团体、助手、朋友)获取信息,科学家只是众多政策研究者中的一员,他们本身一般并没有直接、明确的解决政策问题的结论,也没有针对结论的收敛性证明,他们所能做的就是进行多方咨询,来逐步接近答案。在决策过程中,政策研究者不是万能的,不同角色的人发挥着不同的作用,每个人在自己擅长的领域是内行,但对整体事件的认知是有限的,通常他们从中学到的知识比他们所付出的要多得多。

在决策咨询的众多角色中,科学家看似往往掌握有更多的话语权,但也存在左右为难的困局。在咨询中科学家主要发挥着提供技术性建议的角色,但公共决策并不是围绕着解决一个科学问题或技术问题而存在的,由于涉及多方利益,它要复杂得多。从科学咨询的历史来看,科学与政策的结合过程经历了一场纠结:一方面科学家希望与政治保持距离从而保证自己的独立性;另一方面为了获得更多话语权,又会表现出对政客向其

---

① JAMES G M, ANNA V, JILLIAN R. How think tanks shape social development policies [M]. Philadelphia:University of Pennsylvania Press,2014:13.

伸出的橄榄枝无法抗拒的一面。布鲁斯·斯密斯将专家在咨询过程中所面临的困局即科学咨询悖论描述为"咨询者会滥用其接触到的信息和政府内部的想法而推进其自身的特殊利益或小团体利益，即使科技专家力图表现出无私利性，但他们也是有着自身利益和弱点的人"。

专家在咨询过程中面临的困局，对咨询者而言具有普遍性，情报机构虽然也难以免俗，但为什么我们仍然将其看作情报机构介入咨询界的一个机会呢？原因有二：一是具备多学科背景的情报专家更易于具有综合性视野和前瞻眼光；二是既然在咨询游戏中存在无法避免的陷阱，那么增加咨询群体的多样性则成为在这场游戏中彼此制衡的利器，而情报机构从机构性质、机构职责与传统等方面来说，何尝不是平衡各方关系的最佳人选呢！从机构性质来看，我国情报机构主要为科技厅或科学院下属的事业单位，与科研机关、官方既有一定的亲缘关系，但彼此间仍然留有距离。此外，作为公益型服务机构，情报机构具有长期与大众保持密切联系的传统。从机构职责与传统来看，情报机构自身的战略情报服务经验丰富。

（5）情报机构为避免边缘化必须办好智库

在我国古代，情报更多的是指为军事谋略服务的谍报，情报的谋略思维自古有之，最早可以追溯到距今5000余年的炎黄时期。据记载，"轩辕和炎帝共伐蚩尤，围于涿鹿，十一世炎帝弟祝融献计"，这种战前的计谋中，不乏对情况的分析、对敌方的评估。1941年8月，中共中央做出两个著名的决定：《关于增强党性的决定》《关于成立调查研究局的决定》，决定成立中央调查研究局，这是中央一级领导和管理情报保卫工作的专门机构，下设调查局、党务研究室、政治研究室，负责情报搜集与调查和政策研究工作，第一次将情报工作上升到为党的整体战略服务的高度，情报服务于决策的功能显露无遗。1990年9月发布的《国家科委、国防科工委关于加强情报研究工作的意见》明确提出：情报研究是科技情报工作的重要组成部分，是科学决策的一个重要环节。1991年2月，国家科委发布《国家科学技术情报发展政策》指出"情报研究是对情报的深度加工，属思想库范畴"，"加强情报研究，为决策科学化提供可靠依据，推动科学技术进步与经济发展，是这一工作的基本方针"，明确了情报工作的性质和任务。可以看出，情报机构历来就是国家智囊中的一分子，但是随着20世纪90年代后信息革命浪潮的来袭，我国情报机构走了一段弯路，情报工作更多地处在信息采集、加工整理的浅层，情报机构的智囊形象被大大淡化、弱化。

而自中央全面深化改革领导小组第六次会议审议了《关于加强中国特色新型智库建

设的意见》，被观察家视为中国智库迎来发展"春天"的开端，我国一批新型智库犹如雨后春笋，中国智库"入眼率"大为增长，中国社会科学院及其下属机构、地方社科院及其下属机构，高校大大小小的"研究中心""研究所"，企业自办的"研究院""基金会"，各级政府部门创办的或附属的官方、半官方"中心""研究室"等标榜为智库的机构层出不穷、鱼龙混杂。在国家政策驱动下，智库的喷涌难免带有几分"虚热"的成分，但是这也真实反映了我国当前社会决策需求旺盛和宏观政策环境向好的客观现实，同时也反映了在我国思想市场上即将迎来智库激烈的竞争和角逐，优胜劣汰是历史必然。在这种情况下，原本就置身于智库丛林、属于智库一个独立类别的情报机构，只有抓住这一历史发展机遇，重塑并凸显自身的智囊形象，增强自身的谋略意识和能力，方能稳固和提升自身在思想市场上的地位。

将情报机构打造成为国家重要智库，从宏观上来说需要从国家决策咨询制度环境、思想市场培育、资金与人才保障等各方面营造良好的外部环境，还需要情报机构要有参与竞争意识，发挥自身的优势积极参与到我国智库建设中来，同时也要清楚地认识到当前面临的挑战和自身的不足，从信息资源、服务平台、智库评价、专深情报分析能力与战略研判能力进一步提升、多方协同合作等多方面下功夫。详细内容将在第 5 章展开分析和阐述。

4.3.2　情报工作立足点：挑起国家安全与发展履职重担

情报并非狭义的信息搜集，而是与物质对抗、组织对抗相对应的人类认知对抗活动形式[1]。情报的一个基本属性就是对抗性，战斗力不完全来自军事武装力量，情报本身也可以发挥对抗效用，形成无可取代的战斗力。高级情报战甚至可以通过军事力量、政治力量、经济集团、社会团队、文化团体等，以争取、致盲、瓦解等多种手段，通过在对方认知系统中"赢得民心"来实现对抗的目的[2]。因此，情报活动绝不仅仅是信息搜集和分析，更是一种对抗，是服务战争和竞争的对抗手段。在国家安全和国家发展中，情报活动遍布军事、政治、经济、外交等领域，具有深刻的战略价值和社会意义，是服务国家安全与发展战略的重要参谋和智囊。

我国传统的军事情报、公安情报、国防情报等情报工作分支，向来直接以服务国家安全为己任，而我国发展类情报工作，国家安全、科技安全等意识比较薄弱，主要体现

---

① 赵冰峰.情报论[M].北京：兵器工业出版社，2011：27.
② 赵冰峰.论国家情报与国家安全及国家发展的互动关系[J].情报杂志，2015，34（1）：1-13.

在以下两个方面。

一方面科技安全政策法律不健全。我国科技领域相关法律法规主要有科技进步法、科技成果转化法、专利法等，这些政策法规与人大立法相比稳定性和权威性不足，在部门管理规章、科技财税、金融等方面着墨多，而涉及科技安全与发展方面的内容明显单薄。美国在这方面有很多值得我们借鉴的地方，在《美国法典》的50个大专题中，有10个专题涉及科技领域，其他专题中也有涉及科技的个别内容[1]。1947年美国发布国家安全法，规定了国防部与国家安全委员会的设立，有关中央情报局的规定被隐藏在相关条文中，后几经修改，已经成为美国情报工作的基本宪章。美国还会根据实际需要，出台一些短期法律来限制和防范他国，甚至直接干预科技公司的兼并和国家间科技合作与交流，如利用《2013年合并与进一步持续拨款法案》的附加条款来限制中美高科技领域的技术、产品和人员交流[2]。在我国，科技安全方面的法律法规不健全，一是反映了人们科技安全意识薄弱；二是直接制约了科技安全的宣传和发展，也使得科技安全情报工作缺乏国家层面的宏观指引和规范。

另一方面科技安全情报理论研究与实践工作薄弱。2014年4月，习近平总书记在中央国家安全委员会第一次会议上首次提出了"总体国家安全观"，明确指出"科技安全"是国家安全体系中的重要领域之一。科技安全已经上升为国家安全战略的重要组成部分，科技安全与经济安全、国防安全和其他安全彼此支撑，国家总体安全才有全面的保障。但是在实践中，我们存在两个不合理的倾向：一是从整体上来看，我们有明显的重国防、军事、反恐而轻科技安全倾向；二是从局部来看，在科技领域，我们又有明显的重发展轻安全倾向。因此，有关科技安全方面的情报研究和实践止步不前，国家及地方重点科研基地、实验室、核心技术生产基地等重大科研设施和科研项目核心技术保密、防卫和反情报等安全保护措施不足，从而因为核心科技人员流失、核心技术泄密、核心生产工艺流程遭窃取等导致的科技安全问题时有发生。

《国家安全法》第四章"国家安全制度"所包含的"情报信息""风险预防、评估和预警""危机管控"等3项工作内容属于典型的情报工作范畴，表明了立法者对情报工作的高度重视。情报工作应贯穿于国家安全决策与行动中，从以下几个方面着手提升、优化面向国家安全的情报思维和情报工作能力。

---

[1] 孙孟新.美国科技领域法律政策框架概览［J］.科技与法律，2004（4）：15-21.
[2] 陈璐.机电商会称美拨款法案滥用"国家安全"措施［N］.中国青年报，2013-04-22（10）.

(1) 增强安全情报意识和安全情报理论研究

增强安全防范意识，对服务领域的安全问题保持高度的敏感性、警惕性和洞察力，既要提高安全问题情报响应速度和分析能力，又要及时主动地识别用户潜在的安全情报需求，从而带动用户安全意识的提升。在安全情报工作实践中总结经验教训，加强安全科学基础理论学习和研究，将安全科学与情报学相结合，丰富安全情报理论研究成果。安全情报意识的培养和安全情报理论研究，有助于发挥组织在安全事件上先知先觉的预警作用，对于指导安全情报工作的开展具有制胜意义，如对突发事件、敏感事件、社会热点问题等的关注度和追踪强度，将直接关系到组织安全战略和安全目标的实现。

(2) 构建面向国家安全与发展的情报体系

所谓情报体系，就是由一切与情报认识活动和情报实践活动相关的事物所组成的整体。20世纪80年代至今，国内情报学界对情报工作体系或情报学学科体系的研究从未间断，产生了多种体系分类，但它们大多是从"Intelligence"或"Information"视角出发，形成了两个阵营——"Info-Intel混合派"和"Intelligence派"，而以国家安全和发展为立足点的情报体系研究直到2014年我国总体国家安全观提出后才被提及。其中，赵冰峰基于当代国家安全体系图谱构建的面向国家安全与发展的情报体系具有代表性，他将现代情报体系划分为情报逻辑、情报问题、情报中介、情报过程、情报方法、情报部门及情报保障七大部分[1]，并对每一部分所包含的主要内容做了系统分解，这对人们从整体上认识现代情报研究和工作全貌具有现实意义。

(3) 加强战略预警工作

安全情报工作一个最基本的职能就是预警。具体来说，就是面临各领域的安全威胁，进行早期研判和预测预警，帮助决策者及时制定预案，从而起到风险防范的作用。美国国家情报总监内格罗蓬特指出，美国国家情报的首要任务是向总统、内阁成员、国会、参谋长联席会议和战场指挥官、心脏地区的国内执法部门和国土安全部门，以及国际盟友提供信息和预警[2]。美国中央情报局前局长老布什（George H. W. Bush）也曾说"情报是预测危险的基本工具"。加强情报预警与反情报工作，情报机构需要回答一系列问题，如"我们面临的危险、威胁、危机是什么？""危机发生的概率有多大？""危机可能

---

[1] 赵冰峰. 论面向国家安全与发展的中国现代情报体系与情报学科[J]. 情报杂志, 2016, 13(10): 7-12.

[2] Office of the Director of National Intelligence. National intelligencestrategy 2005 [EB/OL]. [2018-10-09]. https://www.odni.gov/files/documents/Newsroom/Reports%20and%20Pubs/NISOctober2005.pdf/.

发生在什么时候、什么地方，最有可能由谁发起？""如何应对？""如何避免？"……对这些问题的研究就是情报预警工作。

（4）加强反情报工作

情报工作与反情报工作是现代情报工作对立统一的两个方面。前者是以获取对方实力和意图为目标的进攻性的对外情报工作，后者是防止对方获知我方实力和意图、以防御为特征的安全工作和反情报工作[1]。从古至今，以维护国家安全为使命的反情报工作，始终是国家情报工作不可或缺的重要职能。《孙子兵法》"五间"中的"反间"，就是典型的反情报，且是"五间"的钥匙，"五间之事，主必知之，知之必在于反间"。反情报工作不局限于传统的反间谍工作，信息安全、人事安全、物理安全等都是反情报工作内容。美国凤凰公司的反情报模型（也称商业秘密保护模型）由定义需求（保护对象和需求）、评估对手（意图和情报能力）、分析弱点（敏感部门和薄弱环节）、开发对策、实施对策、分析效果、发布结果7个环节组成。美国国家安全局开发的安全保障策略（也称公开信息保护法），由确定关键信息、威胁分析、弱点分析、风险评估和策略运用五大环节构成[2]。反情报的基本原则是迷惑和掩蔽，需要针对组织的反情报需求，制定一整套反情报准则，如防止泄密、窃密及堵漏等准则和具体措施。

4.3.3 情报工作制度统领：制定国家情报发展战略

国家战略是战略体系中最高层次的战略，国家情报发展战略是为了适应国家安全与发展需要而制定的大规模、全方位、长期的情报发展计划，对全国情报事业发展起着直接统领作用。

美国是世界上第一个出台国家情报战略的国家，已经形成了完备的国家情报战略体系。2005年，美国国家情报工作的最高领导机构——国家情报总监办公室发布了首版《美国国家情报战略》。当前，该战略已经出台了2005年版、2009年版、2014年版和2019年版共4版。《美国国家情报战略》是美国国家情报工作的顶层设计，国家情报活动在该框架下开展工作。美国17个国家情报部门已经形成了自上而下、逐级推进的情报发展战略，包括起到统领作用的《美国国家安全战略》和紧随其后的《美国国家情报战略》。在《美国国家情报战略》下还有一系列配套的过程性和专题性计划、规划及阶段性评估报告，如《情报界规划指导》《展望2015：一个全球网络化一体化的情报

---

[1] 高金虎.论国家安全情报工作，兼论国家安全情报学的研究对象[J].情报杂志，2019，38（1）：1-7.
[2] 贺德方，蔡镭.中国情报学百科全书[M].北京：中国大百科全书出版社，2010：45.

业界》《情报界信息共享战略》《美国情报界信息共享战略意图2011—2015》《美国情报界整合与合作的100天计划的跟进报告》等文件，从而形成了一个高低搭配的国家情报战略体系。

我国于1949年11月发布《中共中央关于情报工作的决定》，它是应当时动荡不安、百废待兴的国际国内环境需要而出台的我国第一份国家情报工作战略。自1956年国防科技情报机构和中国科学院情报研究所相继成立以来，从部委到地方情报机构逐步建立，我国情报活动由零散个体的形式转变为有组织的正规模式，中国现代情报事业开始形成，但发展至今一直缺乏国家层面的最高战略计划出台。1956年以来，我国最高层次的情报工作会议和政府文件止步于国家部委层面，1958年国务院批准了科学规划委员会和技术委员会提出的《关于开展科学技术情报工作的方案》，对我国开展科技情报工作进行了总体部署。1990年7月，国家科委、国防科工委牵头组织召开首届全国情报研究工作会议，发布了《国家科学技术委员会、国防科学技术工业委员会关于加强情报研究工作的意见》，提出"情报研究是科技情报工作重要组成部分，是科学决策的一个重要环节。它在四化建设中主要起耳目、尖兵、参谋作用"的科学指示。自此之后，情报经历了改名风波，情报研究工作步入日益混乱的局面，情报事业发展的最高战略——国家情报发展战略始终没有出台。

我国国家情报发展战略应包括：以中央政治局2015年审议通过的《国家安全战略纲要》为基本最高指导，树立以坚决拥护国家安全和社会发展为核心的情报价值观；确定国家情报工作的中长期目标和短期目标，从而使国家情报工作方向明确、有的放矢；以国家情报工作系统为依托，以《国家安全战略》为蓝本，面向军事、国家安全、公安、科技、经济、社会、外交等国家重大领域的安全发展问题，逐级出台国家情报发展战略规划及其配套文件，完善国家情报工作体制机制，提高情报机构快速情报响应与协作能力，从而提高国家整体情报战斗力。

4.3.4 情报主体组织管理：协同整合战斗力

协同可以理解为各个子系统或各部分之间相互配合、相互协作、相互支持而形成的一种良性循环态势[①]。情报工作主体的协同，就是以协同思想为指导，综合运用系统方法促进各类情报服务主体按照协同方式进行整合，形成合力，从而使我国情报服务大系

---

① HAKEN H, WUNDER LIN A, YIGITBASI S. An introduction to synergetics [J]. Kluwer Academic Publishers, 1995, 3 (1): 97-130.

统在决策参谋过程中发挥更大的作用。我们认为，情报的协同"作战"需要从以下方面下功夫。

（1）机构协同，实行一体化的国家情报体制

国家情报体制是国家情报工作的组织形式和基本制度，涉及行业和部门的权力制衡和利益分配，是我国情报事业良性有序发展的根本保障。我国现代情报事业的发展已经走过了60多个春秋，风风雨雨，发展并不平坦。在我国，不缺少情报工作实践，也不缺少情报思想和理论，但长期以来，各条阵线上的情报工作条块分割、彼此孤立，缺乏沟通和交流，导致我国情报工作难以"拧成一股绳"。尤其是基层情报研究机构力量薄弱、处境艰难，而由事业单位代行政府功能，在管理体制上存在一些根本性的缺陷。随着社会一体化发展的加速，军事、科技、经济、外交、文化、法律、安全等多领域融合，决策者面临的问题更加复杂、环境更加多变，在这种情况下，条块分割的情报工作格局将难以主动协调、快速出击，难以发挥情报预知、预警、预防的先导作用，中国情报工作急需一个"总指挥部"，以便形成面向国家安全和社会发展整体需求的统一、高效的国家情报工作体制。

作为情报强国，美国国家情报工作体制历经变革，已经形成了比较完善的体系，美国情报工作"总指挥部"为国家情报总监办公室，统领来自中央情报局、国防部、能源部、国务院、财政部、国土安全部、司法部等七大部委共16个国家情报机构。这一庞大的情报工作体系是针对"9·11"事件中的重大情报失误而在国家情报工作体制上进行重大改革的结果，目的是加强不同情报部门之间的协作及信息共享。"9·11"事件再次告诉我们，没有一个统一、高效的国家情报工作体系，当面临事关国家安全和社会发展重大事件时，其后果难以想象。

（2）工作协同，形成情报研究"共同体"

一项复杂的战略情报研究，具有外缘性、系统性、科学性及内容的广泛性等特征[1]。这决定了传统个体式的情报工作模式向分布式协同模式转变[2]。情报研究的协同融合模式通俗来说，就是来自不同机构、不同领域、不同学科的多元研究"共同体"，相互配合，形成一个协同工作网络。根据角色划分，这个情报协同研究"共同体"主要包括情报专家、领域专家、数据专家、战略专家及决策需求者等，他们在情报协同网络

---

[1] 符福峘. 论为宏观管理决策服务的战略情报研究[J]. 情报理论与实践，2003（2）：97-101.
[2] 刘细文，虞惠达. 分布式科技战略情报研究与服务之工作模式研究[J]. 情报学报，2007（3）：430-434.

中分别发挥着不同的作用。情报专家主要借助情报思维和情报方法来进行信息的整合、分析与形势预判等工作；领域专家主要发挥学科和领域专长，在专业技术问题上展开论证，发挥专家咨询的作用；数据专家主要采用先进的信息技术手段和工具，专职于数据搜集、挖掘、清洗、筛选等信息加工处理工作；战略专家主要结合自身的科技管理与判断经验，从宏观方向和整体发展态势上进行把关；决策需求者主要是情报用户，他们结合自身的工作需要提出需求，并在情报工作开展过程中及时向情报研究主体反馈意见，评估情报工作成效。不同的角色在情报协同网络中各司其职，发挥不同的作用，有时不同的角色是交叉重合的，如战略情报的决策需求者往往是政府机关或企业的管理者，他们有着丰富的判断和管理经验，可以对情报预测预警结论提出直观的意见，为情报研判提供有益参考。

（3）资源协同，建设国家情报数据共建共享平台

以数据和信息为工作原材料的情报研究机构，向来重视数据建设工作。但一是个体机构力量有限，在数据建设上不可能做到富富有余，二是由于缺乏统一协调的国家情报体制和相应的工作机制，不同领域之间、领域内部机构之间在数据资源方面缺乏互通有无、协同共享的机制和平台，信息资源重复浪费、数据标准不统一、情报系统不对接等一系列顽疾长期存在，既不利于个体情报机构的发展，也不利于我国情报机构整体作战能力的培养与提升，更不符合大数据时代的情报服务新需求。

当前，信息社会正在向数字化、网络化、智能化方向发展，主要表现为以云计算作为计算和存储的资源平台和以大数据技术作为知识共享、价值挖掘的认知方法等方面。国家情报数据共享平台应充分运用云计算、大数据、人工智能等现代信息技术，实现全国情报数据的对接、共享，充分挖掘来自政府、企业、社会等渠道的大数据资源的情报价值，提升情报分析的广度、深度和响应速度，更好地为国家重大问题的决策提供高质量的参谋服务。

4.3.5 情报生产模式变革：构建新型情报生产组织模式

随着信息技术、网络技术、大数据及人工智能技术的快速发展，情报生产对信息技术的依赖程度与日俱增。信息社会，人们掌握的信息越来越多，而信息更迭的速度也越来越快，人们接收到的信息远远超过了人的处理能力，甚至也远远超过了人们的实际需求，信息爆炸、信息过载、信息焦虑等问题由此而生。信息过载问题严重考验着情报机构的情报生产力。在大数据环境下，信息搜集与检索能力等情报机构的传统竞争优势逐

渐减弱。为了适应新的时代变革，对情报生产模式必须展开新的探索，借助大数据、人工智能等现代信息技术手段，加强数据动态监测、挖掘、分析和研究，提高情报生产效率，建立标准化的快速情报生产线，推动情报生产的智能化水平，提高情报生产的整体服务水平。

伴随着情报活动主要要素的发展，生产力水平实现了智能化升级。在大数据时代，情报数据、情报方法、情报工具、情报服务等情报活动要素呈现出与以往不同的鲜明特征，包括数据全息化、方法集成化、技术智能化、服务全纳化等特征[1]。情报生产方式升级，主要体现为情报生产线与人工智能相结合，形成智能化、动态非线性交互的科技情报服务体系。该体系由服务组织、服务管理、服务流程、服务模式4个层次组成，由资源创新、资源优化、能力建设、能力执行、能力评估5个环节相连，由技术人员、情报分析人员、行业专家、客户4种主体参加[2]。

情报生产线既是情报服务体系中资源优化的一个重要部分，同时情报服务体系中的人、资源、技术等要素借由情报生产线实现互联，从而形成了一个有机的情报生态系统。与事物产品的生产线不同，情报生产线生产加工的对象主要是数据，输出的是情报产品。所谓情报生产线，就是"为了完成某一个情报产品的生产而将生产过程所需的元素组织在一起的一种加工组织形式"。情报生产线既是流程，又是流程管理，是一种基于流程管理思想的情报系统，融合人工智能的情报生产线建设主要包括大数据和人工智能下的情报搜集分析技术框架搭建、情报生产流程、情报生产模板标准化设计、生产线服务人员匹配、生产线多任务项目工作管理等任务。

（1）大数据和人工智能下的情报搜集分析技术框架

情报工作离不开信息、技术和人这3个基本元素。情报工作的两个核心环节是信息采集与信息分析，数据库、搜索引擎等成熟的IT技术，使得海量信息的快速采集成为现实，但情报工作价值更多地体现在信息分析上。信息分析过程实际上是一种趋于感性的活动，信息分析尤其是信息预测，主要依靠研究人员的经验和对潜在价值的敏感度。在过去，这项工作机器无法完成，人工智能的出现，这种状况将可能发生改变。相对于简单的程式，人工智能的进步在于有了逻辑推理，A与B的关系不是通过预设的相连关

---

[1] 吴晨生，陈雪飞，李辉，等.情报生产力突破及其对社会发展的影响[J].情报理论与实践，2018，41（2）：1-6.
[2] 刘如，许明金，吴晨生，等.基于科技情报服务体系创新的情报快速生产线建设研究[J].情报理论与实践，2017，40（9）：55-60.

系获得，而是通过自主推理取得[①]，这使得情报生产的核心环节——情报分析的智能化成为可能，进而使得情报生产线全线智能化成为可能。

(2) 情报生产流程

融合了大数据与人工智能技术的情报生产线，其物理构成包括3个子系统：一是专家体系，二是机器体系，三是信息资源体系。"互联网+"时代，情报生产线的三大实体体系和情报生产线流程相结合，带来了情报工作模式的革命性改变。

基于信息转化原则，情报生产线流程第一步是选题，并通过预调研评估选题的意义与可行性，同时在专家库中查找领域对口的专家作为研究外援，通过多种渠道搜集和累积数据，这一系列工作主要由情报人员完成。之后，由情报专家、领域专家、数据分析人员等对采集到的数据进行筛选、挖掘，并对数据描述进行可视化展示，将大数据变成可分析的小数据。完成这一步后，情报人员与行业专家负责对数据进行判读和分析，最终完成情报任务。

(3) 情报生产模板标准化设计

生产模板的标准化，是提高情报生产效率、推进情报生产管理规范化和制度化的重要手段。

① 报告模板与撰写向导。针对不同的情报产品类型，在情报工作平台上，设计报告模板和撰写向导，并与各类情报分析软件和工具兼容，方便情报人员将系统分析出来的成果快速嵌入报告模板中，从而提高情报工作效率。此外，情报机构报告模板的规范统一，也给情报机构工作文档的保存和成果累积创造了条件，在以后相关工作开展过程中，可以直接调用和参考以往的研究成果，再加上新增的数据和线索，能够快速生成新的情报产品。

② 情报分析方法模型参数模板。将情报分析预测方法、模型，如战争游戏、波士顿矩阵、波特五力模型、定标比超、SWOT分析、优劣势评估、竞争对手分析、成本收益分析等以模板的形式集成到情报工作平台上，辅助情报人员开展情报分析工作。情报分析方法模板一是以方法框架的形式规范了情报研究工作，二是对于新入职的情报人员来说，可以借助向导快速掌握这些方法工具。

③ 数据分析参数模板。数据分析参数模板主要是对题名、时间、地点、人物、摘要、分类等信息进行标注。系统根据这些参数，从数据库中提取相关数据，基于参数所

---

① 刘行.人工智能发展及其在情报领域中的应用趋势研究［C］//北京科学技术情报学会.科技情报发展助力科技创新中心建设论文集.北京：北京邮电大学出版社，2017：21-24.

给定的维度进行数据处理和数据分析，数据处理结果自动生成可视化图表，便于专家和情报分析人员进行情报判断。数据分析参数模板一是便于数据的可视化处理，二是便于专业数据累积及情报历史信息的统一管理。

(4) 情报生产线多元化人才匹配

根据情报工作的需要，在情报生产线上，越来越多环节需要专业人员的介入，主要包括专业的数据专家及行业专家，他们与情报人员各司其职，形成一个多元化的情报工作团队。其中，情报人员主要负责制定情报业务目标、情报需求规划、协调团队合作、情报判读分析等；行业专家则在数据分析和情报判读上提供专业知识和经验支持；数据专家则主要借助计算机技术，在数据抓取、数据挖掘和知识发现等方面提供辅助技术支持。

配置一支高效的情报工作团队，招揽多种专业人才仅仅是第一步，更为重要的是围绕情报生产线，建立一套团队交流配合机制，包括明确规定哪些内容必须交流，并设计标准化的交流模板，在情报业务人员和技术人员中各指定一名交流代表，记录他们在数据需求、数据解释、系统使用等方面的交流内容，形成交流文档并备案。

(5) 情报生产线多任务项目工作管理

情报产品与物质产品的根本性区别在于，情报生产属于一项带有研究性质的知识服务，每次情报生产形成的知识产品截然不同，无法量化生产。在这种情况下，为了保证情报产品质量，就需要做好多任务情报项目的管理工作，包括项目群管理、项目组合管理、多项目管理。项目群管理，就是根据行业、领域、用户等进行分群管理，将研究方向、研究范围相同或相关的不同项目组成一个群，实行统一管理，如智能交通项目群，可以将涉及交通管理的物联网情报、电动汽车情报、绿色智能交通情报等组成一个项目群，在数据资源、信息分析和情报研判等方面统一管理，加强项目组之间的交流合作；项目组合管理，就是围绕科技战略问题和任务，将不同项目、项目群集结起来，支撑统一的战略目标[1]；多项目管理是将单个情报任务作为一个基本元素，同时对多个情报任务进行科学管理，包括情报团队人员的调配分工、任务的优先级和权重分配等。

---

① PELLEGRINELLI S, BOWMAN C. Implementing strategy though projects [J]. Long range planning, 1994, 27 (4): 125-132.

4.4 本章小结

情报工作的任务变迁过程是一个不断求索的过程，情报工作任务的变迁史体现了情报人紧跟时代大潮、紧贴用户需求、勇于尝试勇于创新的开拓精神。任何事业的发展变革都不可能一帆风顺、一蹴而就。新中国成立以来，情报工作经历了曲折的探索：新中国成立到改革开放前，迫于西方国家的封锁及国内发展的需要，我国情报工作由传统的军事、国防等安全情报领域向科技情报领域拓展，科技情报工作在我国得以迅速发展，成为我国情报家族中一支举足轻重的力量。1978年以后，党的基本路线"一个中心、两个基本点"催生了情报工作新思维——竞争情报，竞争情报既是一种情报服务于经济、服务于竞争的思维，同时也是情报工作在领域上的新开拓。随着20世纪90年代信息革命的兴起和迅速发展，信息化成为我国情报工作的一把双刃剑，先进的信息技术既武装了情报工作、推进了情报工作的现代化，同时也给情报工作带来了极大冲击，我国情报工作尤其是科技情报工作在这种冲击下走向泛化，情报概念的各种分歧、争议不断。2014年，习近平总书记"总体国家安全观"的提出，以及中央"建设中国特色新型智库"的最高指示发出后，情报工作服务于国家安全与发展在情报界达成共识，各级情报机构积极尝试从信息服务向决策服务回归，积极参与智库建设。在情报功能回归的同时，情报工作观念思维，如大情报观、大数据思维、工程思维、系统思维、平行思维等也逐步凸显出来，在立足于国家安全与发展需要、立志于成为国家重要智库的战略导向下，情报工作将在制度的不断完善、情报机构的协同合作、情报生产模式的不断创新中走上新征程，开启新篇章。

第 5 章
情报工作发展的智库转型

"知情相报助决策，国盛安邦百世纪。""转型"和"融合"是当前我国情报工作变革发展的两大核心任务。情报机构的智库转型是我国情报事业可持续发展及面对国家安全与发展战略决策需求的必然选择。我们认为，情报机构的智库转型不是情报机构性质彻底转型为彻头彻尾的传统智库，也不是寻找全新的生存形式，而是要将曾经一度被忽视、被弱化的决策咨询功能提高到一个更加凸显的位置，从而提升情报机构的战略和政策研究能力，直到成为情报机构的社会性标签，并形成智库体系中一个独立且独特的类别——情报智库。情报机构的智库转型既肩负着自身发展的使命，同时肩负着推动我国智库事业向前发展的历史使命。本章重点阐释情报服务与智库服务的契合关系，总结国内外智库发展的经验与启示，提出我国情报机构智库转型的制度保障。

5.1 情报服务与智库服务的契合关系

情报界对智库的高度关注，主要原因在于情报与智库二者之间有着天然的契合关系。所谓契合，是指二者间在关键特征、功能、方向上有一致的地方，但并不是完全一样的事物，仍然是独立的个体。

5.1.1 情报服务的增值性

情报工作是组织为获取和分析情报的一项系统化工作，是一项超越军事、政治、经济、科技等单一领域的，通过有意识、有目的、有控制地搜集、序化和转化数据和信息来为不同层次科学决策服务的科学劳动。情报工作的主要任务是信息序化与转化，以实现情报工作价值的增值性。情报活动历史悠远，经历了一个由以个人为中心发展到以组织、以集体为中心的转变过程，组织性是情报工作形成的标志，也是情报事业发展的开端。《孙子兵法》的"用间篇"将获取情报的人分为"五间"，提出"三军之事，莫亲于间，赏莫厚于间"的信任与赏罚制度。这是我国将情报活动上升为一种工作、一种职业的最早记载。情报工作虽然最早源于军事领域，但随着社会的发展，早已从军事领域向科技、经济等领域扩展和转移。第二次世界大战后，科学技术快速发展，科技文献急剧增长，产生了所谓的情报"爆炸"和情报"污染局面"，因而就产生了分析、评价和综合原始文献，对有关情报进行定向浓集和科学抽象的社会要求。从情报工作的性质来说，情报工作是一项组织面临环境威胁和应对策略的软科学活动，它的基本任务是将信息转化为情报和谋略，为组织的科学决策提供基础和导向。

情报服务的增值性主要体现在为用户解决特定问题时的"信息不对称并为其出谋划策"。从这个意义上来说，情报服务的本质就是面向特定问题的信息输入与信息分析，既有对信息的时效性要求，又有深度分析的知识性特征，时效性和知识性是情报工作的核心特征，决定着情报工作的价值。情报工作的价值概括起来主要有两点：一是信息采集与信息序化服务，主要解决用户信息不对称问题，为解决用户特定问题进行信息定向浓缩；二是"出谋划策"，将浓缩信息转化为情报和谋略，为用户特定问题的解决"出点子""出主意"。前者处于信息组织工作的浅层，而后者则是实现情报价值增值的关键。

5.1.2 智库的定义与功能

(1) 智库定义

对智库的定义不统一，再加上近年中国智库忽然出现"虚热"，各种性质的机构都开始标榜自己是智库，其结果必然带来智库的"泛化""异化"，使智库一词变得更加难以捉摸。

对于近两年智库"虚热"现象，我们要抱着辩证的态度，其负面影响主要在于"虚热"容易带来智库的"泛化""异化"，使智库鱼龙混杂，用户无从判断和选择；其积极的一面在于，我国智库尚处于起步和快速发展时期，"智库热"对于推动智库发展、提高智库声誉具有积极意义。因此，从这个角度来说，智库"虚热"并不一定是坏事，但在推动智库走向规范、成熟的道路上，我们需要遵从理性与灵活性相结合的原则来界定智库、认识智库。在智库发展初期，过多的纠结和争论到底什么才算是智库并无益处。对于智库的界定，分歧始终存在，且国内外学者的定义有很大差异，如表5-1所示。

表 5-1 国内外代表性的"智库"界定

学者	定义
迪克逊（Dickson）	智库是一种稳定的相对独立的政策研究机构
韦弗（Weaver）	智库是指非营利性的公共政策研究机构
瑞奇（Rich）	智库是独立的、不以利益为基础的非营利性研究组织，主要依靠专家思想来影响政策制定过程
詹姆斯·麦甘恩（James McGann）	智库是公共政策研究机构，可以是政党、大学、政治的附属机构或独立的常设机构，但并不是临时委员会
Hames 和 Feasey	智库是稳定的组织自治的非营利性公共政策研究机构
GGTTI	智库是公共政策研究及参与组织，通过对国家内政外交问题进行研究和分析，提出政策建议，从而帮助政策制定者做出更理智的决策和选择
袁鹏	智库是以政策研究为核心、以直接或间接服务政府为目的、非营利性的独立研究机构
朱旭峰	智库是一种相对稳定且独立运作的政策研究和咨询机构

虽然几乎每位学者在研究智库之前，为了便于研究的开展，都会给智库下一个定义，这又进一步加剧了智库界定的混乱不堪。但是，众多的理解，也逐步起到了收敛的效果。我们发现，智库的各种界定中，有一点是不变的，那就是"智库是政策研究机构"，其核心目标是"影响政策"，也就是说，人们对智库核心功能的认识早已达成共识。

从智库的实际发展情况来看，智库的存在也许根本就没有一个统一的模式，就像麦克格恩在竭力定义智库时说的，"我看到后就知道它是不是"。而由于制度及法律不健全等原因，"独立性""非营利性"对我国智库来说很难两全。因此，我们主要从机构的核心职能来界定智库，智库就是有稳定经济来源、长期致力于政策研究与咨询的组织。从该定义可以看出，那些临时接受政府委托开展政策调查和研究的高校、研究所、研究中心等，并不是真正意义上的智库。

（2）智库的三大基本功能

对智库功能的概括有多个版本，如郝旭洁认为合格的智库应该具备 4 种基本功能：提供思想产品、搭建交流平台、培养公共人才、引导社会舆论[1]；李建军等将智库的作用归纳为生产思想、设计政策、引导社会舆论[2]；谷贤林等对美国教育智库的功能界定

---

[1] 郝旭洁. 中国智库成果转化机制研究[D]. 呼和浩特：内蒙古大学，2015：47-51.
[2] 李建军，崔树义. 世界各国智库研究[M]. 北京：人民出版社，2010：6-8.

为：提出或确立政策议题与方案、提供政策交流平台、引导公共舆论[①]；王莉丽从公共外交视角将智库的主要作用归纳为：开展"二轨"外交、提供政策建议和智力支持、构建政策理念与价值观传播网络[②]；王延飞等则将智库的功能简洁概括地界定为"出对策""出思想""出声音"[③]；布鲁金斯学会认为自己的工作主要集中在3个领域：协助设置议程、引导辩论及设计政策[④]。

综上所述，我们将智库的主要功能概括为"政策研究与咨询""舆论引导""搭建多方对话平台"。

① 智库功能之"政策研究与咨询"。政治家在大多数情况下无法发明新思想，即便有新思想，也需要政策专家对它们进行论证、包装，以便新思想合法化。在社会转型和民主政治发展的时代，借助于专门从事政策研究与决策咨询的智库，是政治家们获得新思想并使新思想合法化的一条重要途径。这也是智库为决策者所重视的重要原因。

智库最重要的工作是围绕社会重大问题出谋划策，以中立的第三方身份为决策者提供最新的想法和建议，帮助决策者解决在社会治理过程中遇到的问题。

通过随机调查国内外几家不同类型智库的介绍，智库的这一功能显而易见。例如，兰德公司宣称其使命是基于最可靠的数据、最强有力的方法和最具洞察力的思想来帮助政策制定者做出决策[⑤]；布鲁金斯学会宣扬其使命是为地区、国家及国际重大社会问题的解决进行深度分析并构思新的决策思想[⑥]；美国国际战略研究中心（Center for Strategic and International Studies）50年来一直致力于面向全球最具挑战性的问题提出自己的战略思想和政策方案[⑦]；我国国务院发展研究中心以"开展对重大政策的独立评估和客观解读，为党中央、国务院提供政策建议和咨询意见"为职责；我国民间智库盘古智库宣扬"秉持客观、开放、包容的宗旨，以建设性态度参与中国现代化进程"。

政策研究与咨询包括两个方面：产生思想与设计政策。前者主要是指通过研究和分析形成自己的思想、观点和主张。之所以智库又被称作智囊、外脑，主要是因为其有自己

---

① 谷贤林，邢欢. 美国教育智库的类型、特点与功能[J]. 比较教育研究，2014，36（12）：1-6.
② 王莉丽. 美国公共外交中智库的功能与角色[J]. 现代国际关系，2012（1）：39-41.
③ 王延飞，闫志开，何芳. 从智库功能看情报研究机构转型[J]. 情报理论与实践，2015，38（5）：1-4，11.
④ JAMES G M, ANNA V, JILLIAN R. How think tanks shape social development policies [M]. Philadelphia: University of Pennsylvania Press, 2014：13.
⑤ About RAND [EB/OL]. [2018-05-13]. http://www.rand.org/about/vision.html.
⑥ About Brookings [EB/OL]. [2018-05-13]. http://www.brookings.edu/about#research-programs/.
⑦ About us [EB/OL]. [2018-05-13]. http://csis.org/about-us.

的见解和主张，智库智库，重点在于"智"，拥有自己的智慧和智力成果。后者则是指直接为决策者出谋划策，提出一套具体的治理方案。美国总统选举或新总统上任前，是智库发布自己成果的活跃时期，其原因在于智库力求引起新政府的关注，从而影响新政府的决策。产生思想和设计政策，二者是一个功能的两个环节，它们之前是原材料与成品的关系，难以分割，基于深刻的认知和见解，才能提出特征鲜明的行动方案和建议。

② 智库功能之"舆论引导"。公共政策与公共利益直接相关，任何政策的出台、调整都与公众的利益息息相关，因此必然易于引起公众尤其是利益相关者的高度关注。在公共政策领域，一项议题如果没有得到公众的支持和理解，很难转化为政策，即使强行转化为政策也难以顺利落地。所以，通过大众媒体来塑造公共舆论，从而影响公共政策，是绝大多数智库的普遍做法。以美国教育智库美国教育政策中心为例，截至 2010 年 6 月，在它发布的 63 份研究报告中，有 38 份发布了新闻稿件或媒体通告，约占总数的 60.3%[①]。其他智库也是如此，如生态研究所、兰德公司、国内的中国人民大学重阳金融研究院（以下简称"人大重阳"）等智库，都会积极地在媒体上发布自己的成果、宣传自己的思想。正是抓住了这一点，近几年我国一些媒体也在积极布局智库发展战略，如《南方都市报》与奥一网发起成立了南方民间智库，湖北日报传媒集团成立了长江智库等。2018 年 3 月，国家新闻出版广电总局印发了《关于加快新闻出版行业智库建设的指导意见》，将媒体智库视为新闻出版行业发展的新方向。媒体之于智库的重要性在于，智库需要通过媒体将自己的思想和成果发布出去，扩大自身的社会影响力，大众的理解和支持又会给政策形成压力，从而达到影响政策的目的。引导舆论是智库社会影响力的实现途径，社会影响力代表了智库在公众心目中的受欢迎程度。

一个国家智库发展越活跃，智库的媒体活动就越活跃。在西方，智库通过大众媒体公开发表自己的观点来影响普通大众对某个政策的看法，是常有的事，尤其在国家领导人选举期间更是如此。在我国，随着建设中国特色新型智库的最高指示发布，智库事业得到了快速推动，智库的身影也频繁出现于各种大众媒体上。

智库与媒体之间是一种互取所需的关系，一方面智库社会影响力的打造离不开媒体；另一方面媒体对智库的研究成果有着越来越强的依赖性。这是因为媒体自身对重大政策的独立分析能力是有限的，因而新闻报道和评论中选择与智库合作不失为一种好办法。二者间的合作，一方面成全了智库乐于传播自己声音、发表自己观点从而引导社会思潮的意愿；另一方面媒体借助智库引导社会舆论的同时也扩大了自身的社会影响力，

---

① 谷贤林，邢欢. 美国教育智库的类型、特点与功能［J］. 比较教育研究，2014，36（12）：1-6.

两全其美。

智库引导舆论，不光要引导国内舆论，还应该将自己的思想和观点传递到外媒，影响国际舆论。西方顶级智库如胡佛研究所（Hoover Institution on War, Revolution and Peace）、美国对外委员会（Council on Foreign Relations）、兰德公司等，它们一方面重视在国内大众层面发表自己的思想和成果；另一方面也注重通过国际研讨会、论坛等方式，向其他国家传播自己的思想。人大重阳执行院长王文将西方智库的国际舆论传播战略称之为"伐谋"，并将其"伐谋"功能概括为4个方面：设置全球议程、影响国际舆论、广交各国朋友、影响他国政策[①]，进而争取更多的国际话语权。

③ 智库功能之"搭建多方对话平台"。在社会开放程度越来越高的信息化时代，一方面民主决策需要听取来自各方的声音和诉求；另一方面受政治因素限制，官方对话平台常常难以达到预期的效果，对于有些意见分歧大且较为敏感的问题讨论，官方不太方便为大家搭建一个畅所欲言的对话平台。在这种情况下，作为掌握有更多信息和专业知识并热心于公共事务的智库，将顺理成章地成为利益相关方进行政策对话的中间方。

智库的作用并不仅仅是构思思想，还包括通过对话平台，为政治领袖传递治理理念和思想，引导教育公众，或者测试利益相关方的反响，从而为政策的顺利出台和落地创造条件。

通过智库平台展开对话，是外交智库的一个重要职能。智库对话已经成为公共外交的一种常用手段。在国际上通过智库平台开展对话，既有利于提升本国在重大国际议题上的话语权，又有利于扩大本国智库的国际影响力。我国民间智库人大重阳就中国高层推出的"一带一路"倡议，组织和参与了多轮中美智库系列对话会，向美国社会传播中国政策与价值理念[②]。这是我国开展智库外交的一个典型案例。

智库对话平台，其实并不限于智库外交。任何类型、任何领域的智库都具备搭建各方对话平台的条件，前提是该智库在国内或国际上足够权威，享有较高的社会声誉。生态研究所为德国可再生能源发电企业和电网运营商提出的争议解决机制——"清算处"就是一个典型的成功案例。当可再生能源发电企业和电网运营商在理念甚至利益上争端突出，令当地政府左右为难时，"清算处"为利益相关方提供了一个充分讨论的平台。该平台同时还吸纳法律、经济、能源等专业人士参与进来，充分调查和讨论可再生能源

---

① 王文."伐谋"，智库必须有的对外功能[J].对外传播，2014（9）：36-37.
② 陈晨晨.善用智库平台推进智库外交：以2017年4月"习特会"前中美智库系列对话为例[J].对外传播，2017（5）：13-15.

相关政策给社会带来的整体后果，而不只是关注某件事的是非曲直。由此一来，形成的决策得到了各方的认可，结束了这种长期争端的局面。

5.1.3 情报服务与智库的契合点

（1）服务领域融合

情报工作发展至今，人们对其理解越来越趋向于多元化，大情报观就是其中的集大成者。基于"大情报观""大服务观"的情报工作领域范畴，包括科技、经济、社会、政治、军事、外交、教育、文化等社会生活的各个方面。从理论上，情报服务的领域范畴是没有边界的。这一方面是"大情报观""大服务观"的情报理想所追求的；另一方面更是由信息活动是人类基本活动、任何社会工作的开展和提升都离不开信息的支撑这一社会客观条件决定的。但是，从情报服务机构当前的现实情况来看，发展到目前，情报服务主要集中在科技、国防、经济、政治领域，举例如表5-2所示。

表5-2 我国情报机构服务产品及服务领域举例

情报机构名称	产品举例	领域	用户
中国科学技术信息研究所	《领域专利技术分类建设方法调研报告》	科技	科研管理者与科研人员
	《中国绿色经济展望：2010—2050》	经济、科技	联合国环境规划署
	《科学数据的国际共享：聚焦发展中国家》	科技（科学数据）	科技信息管理者及科技信息研究人员、科研管理者与科研人员
	《2013年国外风电装备制造标杆企业商业模式研究报告》	经济（风电装备企业）	企业、科研管理者与科研人员
中国国防科技信息中心	《国外国防科技文献资料快报》	国防科技	国防军工和军队系统读者
北京市科学技术情报研究所	《中关村改革创新40年研究》	科技	政府决策者、科研管理者与科研人员
	《北京市重点前沿领域发展研究》	科技	政府决策者、科研管理者与科研人员
	《北京城市副中心创新生态体系建设研究》	科技	政府决策者、科研管理者与科研人员

续表

情报机构名称	产品举例	领域	用户
湖北省科技信息研究院	《量子通信——革命式安全通讯方式》	科技	科研管理者与科研人员
	《湖北省生物产业发展"十三五"规划思路研究》	政治、科技、经济	科研管理者与科研人员
	《东湖高新区科技创新国际化发展路径政策研究》	政治、科技、经济	政府决策者
中国科学院文献情报中心	《G20国家科技竞争格局之辩》系列报告	科技	科研管理者与科研人员
	《食品安全快速检测产业技术报告》	科技	科研管理者与科研人员
	《国际空间站物理科学研究发展态势分析》	科技	科研管理者与科研人员
	《肺癌治疗新药研发竞争力分析》	医疗科技	科研管理者与科研人员

智库的定义虽然众说纷纭,但是智库的服务领域也可以说是领地,却是非常明确的。有关智库服务领域,以下两段话比较具有代表性。

20世纪60年代,美国总统约翰逊这样形容布鲁金斯学会的工作:"布鲁金斯学会50年来不断为政府出谋划策。"[1] 90年代,美国众议院议长金里奇在评价美国传统基金会(Heritage Foundation)时说:"传统基金会是在国家的治国思想论战中影响最为深远的保守派组织。"

无论是"为政府出谋划策"还是"治国思想论战",无不说明智库研究的核心业务范畴为公共政策,其关注的视角聚焦于社会公共问题,而社会公共问题可能是政治、军事、科技、经济、民生、教育、文化、外交、金融等社会各个方面的治理问题,举例如表5-3所示。

---

[1] ROBERT S H. Public papers of the president of the United States [J]. The journal of higher education,1971,34(5):294-295.

表 5-3 智库服务产品及服务领域举例

智库机构名称	产品举例	领域	用户
兰德公司	《实验性环球太空船的初步设计》（Preliminary Design of a World-Circling Spaceship，1946）①	科技（开启了美国外太空研究时代的大门）	决策者、科研人员、大众
	《全球技术革命——中国深度分析：天津滨海新区（TBNA）与天津经济技术开发区（TEDA）面临的新兴技术机遇》	科技	决策者、大众
	《2025年的中国和印度：比较评估》	人口、经济、科技、军事	决策者、大众
日本科技政策研究所	《科学技术预见》	科技	科研管理者与科研人员
	《科学地图》	科技	科研管理者与科研人员
	《民营企业研究活动调查》	经济	企业
	SciREX 计划	科技	科研管理者与科研人员
	US, China most active in AI research report finds	科技	科研管理者与科研人员
德国开发研究中心	Development Economics and Policy 系列报告	经济、政治	决策者、科研人员、大众
	ZEF Development Studies 系列报告	科技、经济、社会、政治	决策者、科研人员、大众
人大重阳	《人大重阳研究报告》	外交、经济	决策者、同行、大众
	"一带一路"智库对话	智库外交、经济	决策者、同行、大众
	《人大重阳论坛实录》	智库外交、经济	决策者、同行、大众
重庆智库	《决策建议》	综合	决策者
	《领导决策参考》	综合	决策者
	《从法律、监管、产业三方面打造完整生态体系促进重庆跨境电商持续发展》	经济、社会	决策者、同行、大众

---

① 张扬. 冷战美国外层空间政策[D]. 长春：东北师范大学，2005：11.

基于以上分析可以看出，情报服务与智库服务的业务领域及工作性质方面虽然存在差异，但是也有明显交叉融合，如表 5-4 所示。

表 5-4 情报机构与智库在服务领域上的差异点与契合点

对比指标	情报机构	智库
服务领域	社会活动各方面，尤其是科技、军事、经济等领域	社会活动各方面，尤其是政治、外交、社会等领域
服务性质	面向用户特定问题（可能是用户个体战术或战略问题，也可能是社会公共问题）的决策咨询和信息服务；面向领域具体问题的信息服务与决策咨询	社会公共问题研究与决策咨询

具体来说，情报机构与智库二者都涉及公共决策咨询类软科学服务，二者服务的领域都可以扩展到社会活动各方面，只是情报服务目前主要偏重于社会活动各方面中的科技、军事、经济等领域的信息服务，主要解决用户信息不对称问题，即信息序化服务（包括信息收集、筛选、组织等服务），并在此基础上提供信息深度加工，从而为决策者决策提供建议参考。情报机构所面临的决策问题，除了部分问题具有公共事务决策性质外，还包括以面向某一科研机构、国防组织、企业等具体机构的具体问题，为某一机构或某类机构的战术或战略问题提供情报支撑和方案建议；智库服务偏重于围绕政治、外交、经济、社会、教育、文化等方方面面的社会公共问题，提出自己的治理思想和建议，并力图将建言传达到决策者案头，从而影响公共政策的制定，也就是说公共政策决策咨询是智库的全部，而情报服务不仅包括公共政策决策咨询，还包括信息服务、面向组织个体的战术与战略决策咨询。

（2）服务对象重合

情报机构的信息服务性质决定其直接服务对象较智库要宽泛得多，这是由信息是人类开展各项社会活动的基础决定的，特别是在信息爆炸、信息泛滥的今天，情报研究和服务无论是对个人还是对一个组织来说，都是必需的，有时用户会在个人能力和精力范围内实现自给自足，有时则需要借助专门机构为其提供信息采集和加工服务，这种服务的外包需求造就和成就了情报机构。但是，作为有"粮"在手的情报机构，绝不会满足于仅为用户解决信息不对称问题。在手中已掌握的数据和信息基础上，对信息内容本身所蕴含的知识点及知识点之间的关联性进行分析和揭示，获得新发现，从而为用户决策提供参谋，这是情报机构在信息累积工作基础上，必然会走出的一步。而正是这一步，

使其走向智库行列成为可能。总之,基于信息服务工作和决策咨询工作,情报机构的服务对象归纳起来主要有以下几类:

- 企业类用户,包括战术层面的信息服务和战略层面的咨询服务;
- 科研机构类用户,包括战术层面的信息服务和战略层面的咨询服务;
- 政府部门用户,包括战术层面的信息服务和战略层面的咨询服务;
- 读者,有些情报机构本身也是图书馆,如上海图书馆、中国科学院国家科学图书馆。

由于智库的核心业务领域为公共政策,这决定了其直接用户一般是政府部门决策者。但是作为身处权力系统之外的独立智囊,其思想的输送渠道可能是直接的单向传达,但更多时候,可能需要借助各种间接渠道或传达或影响政府政策的制定,这决定了智库的用户有直接用户和间接用户两类,他们分别是:

- 政府部门决策者;
- 利益集团;
- 领域精英;
- 意见领袖;
- 媒体;
- 选民。

从服务对象上来说,情报机构的服务对象比智库要宽泛得多,情报服务对象中囊括了智库用户。

(3) 服务功能契合

如前所述,情报机构的两大基本功能是信息服务、决策咨询。将这两大功能进一步分解和具体化,可以概括为信息基础条件保障、战术情报服务、战略情报服务,从研究深度和增值性上来说,它们逐层深化。情报与"竞争"是分不开的,传统意义上甚至将情报定义为战争(推而广之就是"竞争")环境下的信息活动,而公共决策服务于公共利益,从理性上来说不存在敌我之分。我们的情报服务更多地奉行着情报是"耳目、尖兵、参谋"这一观念,在实际的情报工作中,技术决策咨询、企业决策咨询等都是情报服务范畴,因此情报服务与公共政策决策咨询不能完全等同。

智库的核心功能是政策研究与咨询、舆论引导、搭建多方对话平台,这三大功能是为决策咨询服务的,智库服务对象主要是政策制定者,因此智库服务与公共政策决策咨询是完全对应的,二者是一种事情的两个不同提法(图5-1和图5-2)。

第 5 章
情报工作发展的智库转型

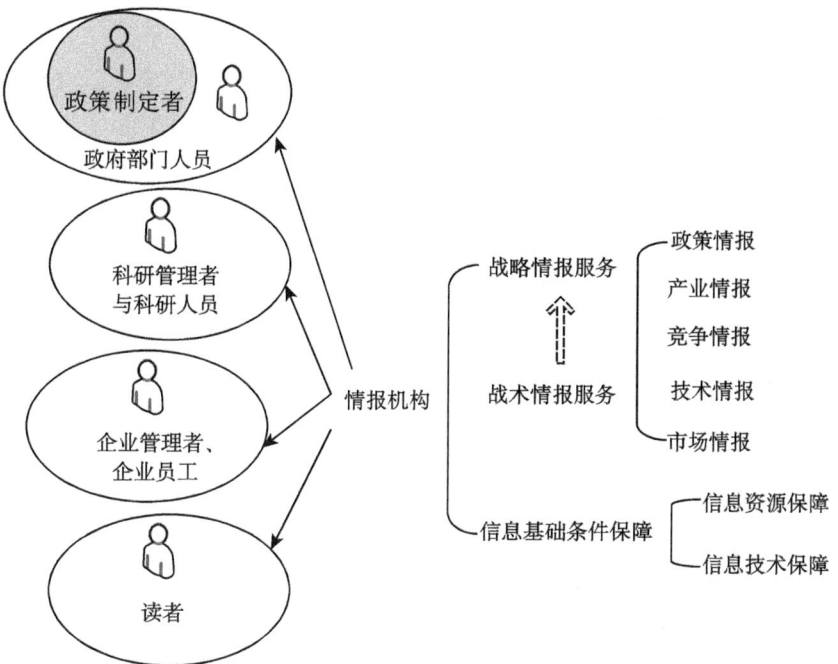

图 5-1　情报机构服务对象与基本功能

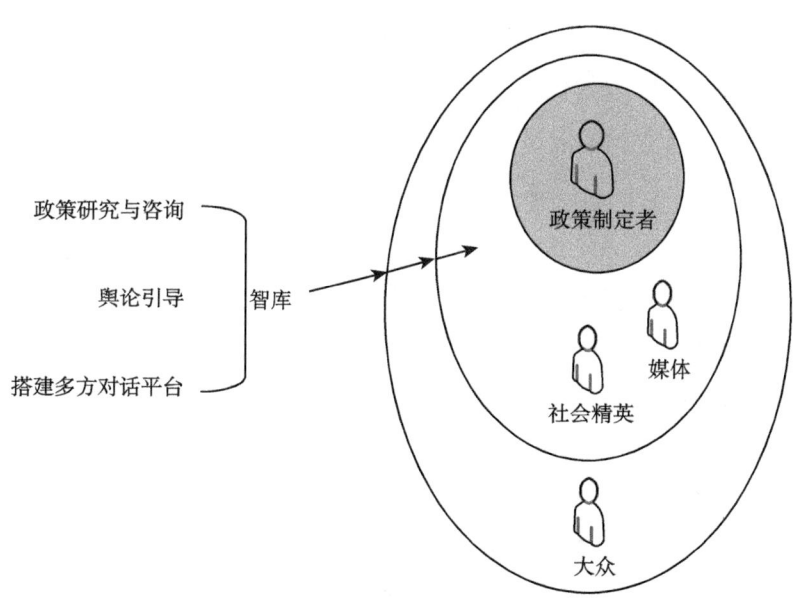

图 5-2　智库服务对象与基本功能

（4）工作流程吻合

基于信息序化与转化原则，情报工作流程包括选题、数据收集、处理、分析、产品出品、评价与反馈等阶段。智库工作也离不开信息、计划与定向、信息收集、问题解读与综合研判、方案出炉与产品交付、用户反馈与评价等这些工作环节，对于智库来说同样必不可少。无论是情报工作还是智库工作，说到底都是人类基本信息活动的组成部分。因此，二者的基本工作流程是完全吻合的，只是具体到一项工作任务，根据需求不同，这种基本流程可能在某些环节有所偏重，甚至出现跳跃和省略，如情报工作中的快报服务，主要以信息实时跟踪与快速采集报道为首要任务，深度加工与分析环节基本省略。

（5）信息资源储备需求吻合

情报服务和智库服务都需要以丰富的信息和数据为支撑，数据和信息资源的丰富程度对于情报研究和决策咨询服务是非常重要的。数据库、知识库、人员库等资源是二者开展服务工作的基础性资源，是开展工作的原材料，因此，二者在信息资源建设上的需求是一致的。

（6）对专家集体智慧的依赖性吻合

智库的另一个通俗称呼为"智囊团"，智囊团生动直观地体现出了智库对众多专家的依赖。面对复杂的决策环境，我们提倡大情报观，提倡情报工作网络和情报研究"共同体"，在情报工作团队中将领域专家、战略专家、管理专家等角色吸纳其中，是情报工作实现向决策参谋功能回归的关键所在。由此可见，无论是智库还是情报机构，对专家知识的需求和对人才的向往是相通的，人的因素最终决定了二者服务的水平和高度。

（7）成果产出趋同

在长期实践中，情报机构与智库在成果产出上，既各有特色，又存在内容和形式上的趋同性，特别是随着情报机构与智库的一体化发展，二者成果产出的趋同化趋势进一步加强。快速报道和客观研判是情报工作的重要特征，但随着情报研究的不断深入，仅仅提供事实型的客观判断已经难以满足决策需求[1]，这就要求情报工作在原有的基础上，加强决策咨询研究，为用户提供建议和方案选择。对于智库来说，进行政策研究并提出自己的政策观点和政策建议，当然是第一要务，但是出于研究的需要，全面及时掌握信息是前提条件，因此，智库也在向快速信息捕捉与报道、专题信息累积与加工、数

---

[1] 徐峰. 科技情报与科技智库的融合发展探析[J]. 情报工程，2017，3（5）：4-11.

据库建设等方面的情报工作延伸。事实上,国外知名智库都十分重视特色数据库建设,如美国兰德公司与美国自然科学基金会开发有 RaDiUS、欧盟联合研究中心(JRC)未来技术研究所(IPTS)与欧盟委员会研究理事会联合开发有 ERAWATCH、日本科技振兴机构(JST)开发有 Read 等特色数据库[①]。二者在工作内容上的纵向延伸和重合,直接导致其研究产出形式上的趋同,快报、简报、研究报告是情报机构与智库主要的产品类型。

5.1.4 情报机构与智库的协同发展需求

从情报机构与智库二者之间的基本功能分析可以看出,情报机构与智库之间在机构功能上既有差异性又有重叠的地方,从服务决策的角度来说,二者之间有着密切的联系,彼此需要,完全可以相互配合、协同发展。

(1)情报服务的政策影响、社会影响诉求

我国现代情报事业在发展之初,就将情报工作明确定位于"耳目、尖兵、参谋"。"耳目""尖兵"是基础,"参谋"是目标。曾经一度,情报机构与"出主意""出点子"的谋略角色渐行渐远。但近几年,随着中央提出"建设中国特色新型智库"的最高指示,各级情报机构开始重新思考其"耳目、尖兵、参谋"的定位,积极尝试从信息服务向决策服务回归,积极参与智库建设。情报服务"出谋划策"的功能定位被再次提升到了一个战略高度。总之,"信息服务"与"出谋划策"是情报服务的两大战略功能定位,二者不可偏废。信息服务主要是进行信息的有序组织,为决策者出谋划策则是实现情报价值增值的关键。

情报工作最初来源于军事领域,保密性强,神秘色彩浓厚,但随着工作领域的不断拓展,以及信息化、大数据时代的推动,科技、经济等领域情报源往往更多地来自公开领域,情报源、情报研究过程、最终研究成果的公开,更有助于接受社会各方的监督和检验,从而获得更高的可信度,与此同时进一步扩大社会影响力。既然服务决策是情报工作的基本功能和主要方向,那么政策影响力、社会影响力等将是衡量情报机构服务水平和社会地位不可或缺的指标,因此,情报机构必将一改往日低调、内敛、神秘的形象,其政策影响、社会影响诉求只会越来越强烈。

(2)智库服务的信息资源、信息能力诉求

在我国,大力发展智库是近几年才出现的局面。站在历史角度来说,我国智库总

---

① 万劲波,王桂侠.科技智库影响力的提升路径[N].科技日报,2014-11-30(2).

体来说还非常年轻，智库整体实力不强，高水平智库比较欠缺。其中，信息渠道、信息资源、信息能力等要素是制约智库发展的一个重要方面。智库高质量研究成果的产出，一方面依赖于专业知识和人的智慧；另一方面也依赖于信息资源的支撑。詹姆斯曾经用"黑洞"来形容我国智库在信息工作方面的缺失，很多智库运营犹如一个"黑洞"[①]，既无从获知机构本身的详细运营信息，也无从获知支撑它们开展研究的信息资源有哪些。在信息时代，政府决策需要更广泛的信息和知识支撑，而智库在信息储备上的不足，将直接限制智库咨询能力的发挥和提升。

国外著名智库一般都有自己的信息资源，如兰德公司的数据图书馆，但这其中的典型代表还属胡佛研究所。胡佛研究所本身就是从图书馆发展而来的，胡佛研究所以其特有的馆藏资源著称，此外，胡佛研究所依托斯坦福大学，一方面吸取大学专业人才资源；另一方面利用斯坦福大学丰富的信息资源开展研究工作。这给智库在信息资源建设方面提供了启发，即智库可以通过与大学图书馆、情报机构、科研院所等合作，来弥补自己在信息资源、信息能力方面的短板和不足。

通过分析可以看出，情报机构与智库二者之间在服务领域、用户对象、基本功能、工作流程等方面有着天然的契合关系，从它们在决策咨询中发挥的作用和价值来说，二者之间只是分工不同，没有高低之分，且二者之间完全可以彼此依赖、相互转化，实现协同发展，共同推进我国决策咨询事业向前迈进。

5.2 国内外智库发展经验与启示

服务决策虽然是情报机构的重要职能，但是决策咨询不能完全等同于资政，后者与权力系统的关系更为紧密，累积丰富的资政经验，分析和学习典型智库如何在政策制定过程中发挥作用，这对情报机构的智库转型具有直接和重要的参考价值。

5.2.1 生态研究所：政策影响力发挥的技巧

有关生态研究所的简介主要从机构成立背景、当前发展规模、组织运营与管理等方面予以调研和总结。

（1）成立背景及当前发展规模

生态研究所于1995年在德国柏林成立，是一家私营、非营利性、独立的民间智库。

---

① 柯白玮. "黑洞"运营 中国智库困局待破[J]. 中国智库，2013（2）：141-149.

生态研究所成立于德国积极淘汰核电的大背景下，成立的初衷是为了扩大德国生态研究力量和网络，以便持续开展有关核辐射危害和核电替代方案等方面的研究[①]。目前，它是一家专注于环境与生态领域研究的科技型智库，除柏林之外，在比利时布鲁塞尔、美国华盛顿等地也设有办事处。该智库目前有100多名员工在国际和跨学科的项目团队中从事研究，他们来自全球25个国家，使用多种语言[②]。

（2）资金与用户来源

生态研究所的重要资金来源于项目，项目资助者包括欧盟、德国联邦环境部、德国联邦科教部、德国联邦环境局等部门。生态研究所的合作对象遍布全球，包括中国，但它的主要用户还是欧盟和德国政府机关[③]。

（3）柔性研究组织

复杂的环境治理问题，需要"全能型"智库，而全能型智库需要多学科背景的研究人员来支撑。生态研究所研究人员学科背景非常丰富，几乎覆盖了自然、技术、社会科学等多个学科，其中地理学家、律师必不可少。因此，在学科和专业类型上，生态研究所已经做到了"足够数量"，为其柔性组织管理模式创造了条件。此外，为了缔造足够强的灵活性和适应力，生态研究所在人员工作编排上也做到了"足够柔性"，即启用"流动矩阵组织"的管理方式。

生态研究所主要依赖"软"项目资助来维持开支，政策关注的方向及优先资助的项目不可能长期不变，政策的摆动很容易造成智库在资金上的脆弱性。敏锐的关注政策需求并能灵活应对，这考验着智库的韧性与灵活性。多学科背景、快速组建项目团队并部署工作，需要一个灵活的组织管理机制。生态研究所的做法是组建流动矩阵，当政策需求来临，研究所会在内部公开征集研究人员，感兴趣的研究者都可以自愿响应和参与，并组成临时性的项目团队。项目任务完成后，项目团队也随之解散。不论身份、地位，只要符合条件，研究所任何人都可以主持项目，且鼓励初级研究员参与到复杂度和重要性适度的项目中去。项目负责人对项目的成败负全责，大型项目还会配备一名项目经理，项目经理主要负责项目管理等日常事务。

---

① 以德国生态研究所为例，浅析环境智库所面临的挑战及其运行管理［EB/OL］. ［2018-12-06］. http://www.ghub.org/?p=6500.
② 社会生态研究所机构手册中文版［EB/OL］. ［2018-12-06］. https://www.ecologic.eu/8268.pdf.
③ Who we are-Ecologic Institute EU［EB/OL］. ［2018-11-30］. https://www.ecologic.eu/who-we-are-ecologic-institute-eu.

(4) 环境领域的独特性及其应对经验

生态研究所致力于环境问题与环境政策研究，环境与生态领域治理问题有自身的独特性。

第一，环境问题具有复杂而敏感的特性及生态研究所的应对策略。众所周知，环境生态问题往往不是一个简单的环境问题，它与经济、民生甚至政治等问题息息相关，涉及的利益面广。因此说环境问题往往也是公共治理问题，需要面对错综复杂的利益关系，处理不好可能会引发尖锐的社会矛盾。

面对这种复杂而敏感的领域，除了一些"全能型"组织之外，其他组织很难全面覆盖。生态研究所是这一领域难得的"全能型"智库，无论是在人员数量、人员学科背景，还是在人员国别构成等方面，生态研究所都做到"足够全面"。但尽管如此，在应对环境政策复杂性挑战上，"全能型"生态研究所也并不是总那么得心应手，要做到环境政策及其他相关政策全面覆盖很难。生态研究所弥补这一短板的办法无外乎是借助外力，即通过广泛的外部合作以扩展所涉及的领域和服务范围。因此，与同行、科研院所、高校保持活跃的关系是生态研究所的重要工作内容之一。

第二，环境问题常处于低政治地位的现实及生态研究所的应对策略。环境和生态问题看似非常紧迫，但在政治上可能常常处于较低地位，很多议题并不会上升到高层那里，或者很难成为新闻头条。因此，环境智库常常是以引起社会关注的环境事件（自然或人为灾害）为契机，来刺激政策周期的启动[①]。

第三，环境变化周期长的特点给生态研究所带来的挑战。相比经济、技术、社会变化，环境变化要缓慢得多，这就决定了环境政策更注重长期效果。环境变化的缓慢性和长周期性考验着环境智库前瞻性研究能力，而前瞻性、预测性研究又不得不经常用到预测预估等方法，这类方法不确定性色彩明显，因此很容易让环境智库陷入"不科学"的质疑当中。为了树立"可靠性"形象，制定一套被认可的标准或不断尝试新的更先进的方法不失为一种手段。生态研究所的做法是，在德国与同行一起成立了生态研究网络"Ecornet"，通过该网络与同行一起建立行业标准并推动新方法、新技术的利用以应对更具挑战性的问题研究。

由于环境变化更为缓慢和有更长的周期，从而使得环境问题常常不得不让位于经济或政治等方面的短期利益，这使得环境智库常常成为媒体攻击的对象，这种攻击可能使

---

① 詹姆斯·麦根，安娜·威登，吉莉恩·拉弗蒂.智库的力量[M].王晓毅，李艳波，郑少雄，译.北京：社会科学文献出版社，2016：151-172.

环境智库在政策影响力、筹集资金甚至声望等方面受损，而要想建立良好的媒体形象和公众形象，对于资金来源并不充裕的非营利性组织来说，形象宣传成本实在太高。

（5）政治环境独特性及其应对经验

生态研究所的服务范围主要在德国和欧盟。多年来的努力经营并始终坚守"中立""独立""客观"等形象，生态研究所在德国和欧盟享有较高声誉。在这样的多政治中心的环境下，生态研究所能取得成功，有如下的经验可供人们借鉴。

我们来看看德国的政治环境及生态研究所的运营策略。

第一，德国联邦政府环境部门没有设立内部或下属政策研究机构，因此，联邦政府自身在制度研究上较弱，需要寻求外部政策研究组织的支援，来拓展其科学知识并征集政策建议。这给外部政策研究组织带来了机会，同时，多家"内容提供者"形成了观点角逐和竞争的局面，从而避免独断思维损害科学决策现象的出现。

第二，从国家治理结构上来看，德国是一个联邦制国家，多层级政府之间在沟通上难免存在误差，从而影响共识的达成。生态研究所为了在这其中发挥作用，其做法是深入各级政府的政策制定和立法当中去，而不仅仅只围绕在"中央政府"周围。这种做法一是便于政策影响、渗透和深入决策层，二是便于在各级政府观点传达和沟通中发挥中间人的作用。

第三，虽然德国政府呈现多层级化，但是在环境问题上态度比较一致，在这种已经形成共识的决策环境下，环境智库需要在与主流框架保持一致的前提下，来提出自己的新观点。因此，分析评估现有政策的优缺点是主要的，标新立异较难。但在已经形成的范式下，一旦新观点被采纳，它就很容易嵌入现在的政策体系下，并被稳定地维持下去。

第四，德国主要采用项目资助的方式来寻找政策研究的合作组织，这种委托合作的方式，最终研究成果和新观点归资助方支配，因此，智库要舍得"捐赠"观点和建议而不居功，这必然导致智库的社会关注度降低。

生态研究所的另一个大客户是欧盟，其与德国又有很大不同。欧盟是一个多中心体系，由多种语言、多种文化背景的国家组成，共识的达成要艰难得多，这恰好给智库提供了更多空间和机会。但是要想在欧盟成员国中建立信任，智库必须要"足够欧洲"，而不能带有鲜明的国别烙印和形象，"从欧洲整体思考的建议"更易于被欧盟接受和采纳。生态研究所在这点上做到了，因此其在欧盟享有较高的声誉。此外，将欧盟的政策"转化"为地方性行动指南，确保欧盟的政策能得到最佳实践，这也是生态研究所的强项之一。以中立者的身份斡旋于欧盟和欧盟各国之间,是生态研究所赢得广泛声誉的成功经验。

(6) 生态研究所的政策影响力发挥策略

环境问题是典型的公众治理问题,因此,资金也主要来源于政府,德国和欧盟倾向于以课题资助的方式与智库合作。环境智库的资金主要来自这些软课题研究,但是这种生存方式存在很大弊端,一是资金上靠不住,缺乏长期稳定的资金保障;二是这类研究成果受制于委托方,常常是不能公开的。因此,智库的新思想、新观点、新洞见很难向公众传播。另外,德国政府软课题资助偏向于支持年轻研究人员,这也是生态研究所为什么年轻研究人员偏多的一个重要原因。但这种情况也直接给生态研究所带来了负面影响,那就是依靠软课题生存的生态研究所,在留住有资历的研究人员方面长期面临很大压力。

有人将智库称为"没有学生的大学",这反映了智库工作本身带有很强的研究性,没有高质量的研究成果,何谈政策影响力呢?生态研究所专注于环境、资源、气候和可持续发展领域,具备非常专业的科学背景,是一家典型的科技智库。

智库,尤其是科技智库会面临一个共性的难题:选择政治学高调还是科学高调?政治与学术二者如何平衡?前者追求政策影响力、社会关注度,后者追求学术成就。面对这一问题,往往有两种选择,或者选择政治学高调科学低调之路,或者反之,选择走科学高调政治学低调路线。既然是智库,就无法放弃对政策影响力的追求,第一种选择不失为一种更为便捷的路径,因此多数智库会选择第一条路线。但是生态研究所却选择了后者,这正是其独特之处,也是其在欧盟和德国享有较高信誉(不是知名度)的重要原因。

智库在权衡政治与学术上的不同策略,直接决定着智库发挥政策影响力的途径。一般来说,智库发挥影响力的途径有两种:一种是先提出观点,并尽可能地将观点传播扩散出去,引起公众和决策者的关注,通过舆论给决策者施加一定外部压力,从而迫使决策层开启一扇政策窗口;另一种做法是,提出观点后,并不急于将其公之于众,而是传递给技术层面而非政治层面的执行官员,有望获得技术官员的认同,进而影响政策评估和变化,并最终扩展到政策共同体层面,在政策话语层面赢得关注。

多数智库一般选择第一条路径,生态研究所则不然。生态研究所非常注重学术影响力,保持在学界的活跃度,与很多高校、科研组织积极建立伙伴关系,广泛参与到科学共同体的活动中。但智库注重学术影响力与高校、科研机构追求的学术影响力存在质的差异。后者以学术影响力作为机构使命和命脉，而前者主要是为了塑造一个学术形象，一是积极参与学科共同体活动来为政策和管理累积科学知识，而并非专注于理论研究本身，二是学术形象的树立服务于其"值得信赖"的社会形象的缔造。

追求学术上的严谨和高质量，并不等于放弃非学术影响力，在平衡政治与学术二者之间，生态研究所的做法比较积极，值得参考。生态研究所通过选择与两种类型机构的合作，来尽量保持在二者之间的平衡。一是与将工作重点放在政策影响上的其他机构建立合作，包括资助方、客户，从而将自身的政策影响力以迂回路线传递出去；二是与将学术成就作为工作重点的高校、科研院所合作，来维持自身的学术影响力。

2011年，生态研究所加入德国公益型环境及可持续发展研究机构组建的合作交流网络——"生态研究网络"（Ecological Research Network，Ecornet），以抱团的形式在该领域扩大影响力和话语权创造了条件。

除了开展专项课题研究与咨询外，生态研究所还会定期给欧盟委员会递交实证简报和专家意见，以供决策参考。生态研究所不干预决策者的政策选择，而是负责提供基于证据的信息和评估，为充分的政策讨论和选择提供一个中立的平台。通过给决策者提交简报或直接参与到政策网络中发挥作用，是生态研究所发挥直接政策影响力的另一个重要途径。

5.2.2 美国进步中心：新想法的引入与推广

近年来，美国进步中心在美国的社会影响力和政策影响力节节攀升，其机构运作的一些思想和经验非常值得我们学习。

（1）机构简介

美国进步中心由美国进步政策研究所发展而来，后者成立于1989年，是美国民主党领导委员会的政策研究机构，2003年在华盛顿特区正式改名为美国进步中心。2000年，共和党候选人小布什在美国总统选举中获胜，民主党分析认为，共和党的成功在很大程度上要归功于其优越的智囊机构。因此，在美国金融巨头乔治·索罗斯（George Soros）的呼吁和资金支持下，美国进步政策研究所更名为美国进步中心，以新的智囊组织形象开展政策研究与咨询工作。美国进步中心宣称自己是一个独立的智库，但基于其成立背景及与民主党的亲密关系，常被外界称为"民主党智库"。

作为一家社会政策智库，美国进步中心涉及的领域非常广泛，包括能源、教育、外交、移民、国家安全等领域，对中国及亚裔移民的研究也是美国进步中心比较关注的研究方向，下设有中国政策研究中心，发表了多份关于中国问题的研究报告，内容涉及中美关系、"一带一路"、节能减排等方面。作为一家综合型智库，美国进步中心针对不同主题设立了22个研究中心，同时还以项目的形式成立了11个专门的项目，如美洲项目、中东进步项目、可持续安全项目等。

美国进步中心的资金来源主要有两个方面：一是募捐，包括个人、基金会、企业及其他社会组织的资助；二是经营性收入，包括出版书籍、举办会议等获得的收益。前者是其主要资金来源，不接受政府的直接资助。

（2）新想法的引入与推广经验

就政策问题开展原创性研究当然是智库的第一要务，但无论是一个机构还是一个社会，追求新思想、新理念的涌泉冒出也不现实，善于判断、选择、学习、引入别人提出的先进思想也是一种能力。以"社会影响力债券"（Social Impact Bonds）为例，美国进步中心在这方面为我们树立了典范。社会影响力债券概括之就是"为成功付费"，通俗来说，就是投资方（政府部门、社会企业、中介机构、私人投资者）根据服务项目实际发挥的绩效情况来支付给承担方报酬，在分析了这种创新的社会管理模式的潜力后，美国进步中心决定在推广这种先进的管理思想上做一些事情。

2010年，美国进步中心启动了"做有效果的事"（Doing What Works）项目，倡导政府采纳社会影响力债券这样一种创新型的有关社会计划的新金融工具，奥巴马政府及美国几个州、市政府就尝试采纳了这一工具，力图改善政府管理成本和压力，通过"做有效果的事"提高政府的公信力，这里不无美国进步中心的功劳。

"处处都有好主意。最好的机构懂得如何抓住这些提议，改造它们以适应当地条件"①。美国白宫社会创新与公民参与办公室（White House Office of Social Innovation and Civic Participation）前主任索纳尔·沙哈（Sonal Shah）这句话很好地揭示了美国进步中心对待先进思想时的策略。美国进步中心将一国先进思想引入另一国时所采取的做法总结来说有以下3点：

① 识别环境。社会影响力债券最先兴起于英国，世上没有两片相同的叶子，更何况是两个国家。英美两国有自身的政治、法律和文化环境，在决定引入新思想之前，必须论证美国是否具备推行社会影响力债券的土壤，也就是新思想有没有扎根美国的客观条件和可能性。当你面对的对象是一个国家时，要改变一国环境来适应新的思想，有如天

---

① 詹姆斯·麦根，安娜·威登，吉莉恩·拉弗蒂.智库的力量[M].王晓毅，李艳波，郑少雄，译.北京：社会科学文献出版社，2016：351-371.

方夜谭。既然环境无法改变，那就改变自己（新思想本身）。也就是说，为了适应当地环境，智库需要清楚自己的新主张、新思想需要做出哪些调整和改变，在政策制定者和公众固有的"语境"下呈现你的思想，简言之就是用合适的方式将新思想注入"旧脑袋"，以对方能够接受和理解的方式接纳之、影响之，甚至改造之。

② 识别新提议的支持方与反对方。充分识别新提议与已有提议的差别，提前预见新提议可能的支持方和反对方，要客观分析新提议的优缺点，从而有利于避开反对方的锋芒，以保护新提议不被削弱。可能感兴趣的利益相关方即支持者是推行新提议的群众基础，在美国进步中心的影响和推动下，美国几个州政府优先尝试在犯罪和无家可归等社会问题研究上引入社会影响力债券工具，从侧面体现出美国进步中心在识别优先用户、识别优先领域上的能力和努力。

其实不光是美国进步中心，美国的很多社会组织也接受了社会影响力债券的概念，它们也构成了社会影响力债券的支持者。与它们保持沟通、合作，无疑是推广社会影响力债券的一条最佳途径。美国重要的慈善组织洛克菲勒基金会（Rockefeller Foundation）坚信社会影响力债券是处理社会问题的有效工具，这样的机构还包括美国社会金融（Social Finance US）、第三部门资金（Third Sector Capital Partners）、非营利金融基金（Nonprofit Finance Fund）、麦肯锡咨询公司等，美国进步中心与这些组织在社会影响力债券问题上保持积极的沟通，积极寻求与它们的合作，从而在社会影响力债券概念上形成了一个思想共同体，一起推动该提议在美国的应用。

③ 识别新概念与已有做法的差别，并正视新想法的缺陷。社会影响力债券与绩效合约是两个容易混淆的概念，但二者有着本质差别。前者是根据效果付费，没有效果可以分文不出，后者则是根据合同已经支付基本费用的前提下，根据项目绩效再给予资金奖励。美国进步中心通过多种方式来解释社会影响力债券，包括以书面或口头讲解的形式来解释和宣传它。其中值得一提的是，美国进步中心在发表长篇文章的同时，常常会附上一个简短的介绍，并以可供下载和打印的 PDF 版和在线交互网站版两种形式发表。

对智库来说，在提出一项新提议后，反对者觉得自己的方法受到威胁而必然持悲观和阻挠的态度。支持者反之，但也有可能因一时头脑发热而"帮倒忙"。因此，对待正反方受众，需要采取不同的策略。面对反对者，要尽量保护新想法不被削弱；面对支持者，也并不是一味的"洗脑式"灌输，要防止过分夸大新想法的作用，客观陈述其缺陷，美国进步中心所发表的有关社会影响力债券的文章中，都会提到该想法尚处于萌芽阶段，该方法在不断尝试和推行中，新的问题和挑战在所难免。此外，美国进步中心强调就目前来看，社会影响力债券服务于犯罪和无家可归者等领域潜力巨大，但是对于一般教育或公共安全服务领域，并不提倡。

5.2.3 人大重阳：中国智库的快速成长之路

在西方，有人将智库称为立法、行政、司法、媒体后的"第五种权力"。在中国，智库行业的整体发展则要落后得多。在我国古代，"军师""谋士""门客""幕僚"等职业与今天的智库非常相似，但是我国智库作为一种稳定、有组织性的事业和行业，还是改革开放之后的事情。1977年和1981年中国社会科学院、国务院发展研究中心相继成立，开启了中国现代智库事业的序幕。20世纪90年代初，随着中国社会的"下海潮"，中国智库出现过短暂的繁荣景象，当时智库机构一度达到2500多家[①]。但是发展至今，我国官方智库占绝对多数，"官方"痕迹重是我国智库的一个主要特征，"谋"与"断"不能分离，使得中国智库在独立性上遭遇普遍的诟病和质疑，影响了智库的可靠性形象。但民间智库因力量薄弱、渠道有限等因素，又难以施展拳脚，而人大重阳则是其中一个特例，其成功经验值得我们学习和借鉴。

（1）机构成立的背景

2008年北京奥运会后，我国行政体制改革加快。2012年年底，党的十八大结束，在中国成为全球第二大经济体的背景下，中国新一届领导集体开始重视智库建设，2013年4月习近平总书记首次对建设中国特色智库做出重要批示，中国智库建设迎来了"春天"。在此背景下中国人民大学与上海重阳投资管理公司（以下简称"重阳投资"）在2013年年初联合创办了人大重阳，它是由中国人民大学校友、重阳投资董事长裘国根捐资设立教育基金运营的主要资助项目。作为中国一支年轻的民间"新锐"智库，人大重阳目前聘请了全球数十位前政要、银行家、知名学者为高级研究员。人大重阳主要致力于金融、全球治理、大国关系等金融与外交领域，在清华大学公共管理学院发布的《2017年中国智库大数据报告》中，通过大数据评价方法，从微信公众号影响力、微博专家影响力、微信引用指数3个维度，推出了2017年中国智库大数据影响力排行榜，最终人大重阳在综合影响力排名中位居第九。在国际认可度最高的《全球智库报告》评出的"全球智库150强"中，人大重阳也多次上榜。人大重阳是中国官方认定的G20智库峰会（T20）共同牵头智库、"一带一路"中国智库合作联盟常务理事、中国—伊朗官

---

① 王文. 对中国特色新型智库几个重大问题的思考[J]. 智库理论与实践，2016，1（1）：24-30.

学共建"一带一路"中方牵头智库。

人大重阳以资政、启民、孕才、伐谋为己任，取得了较为亮眼的成绩：资政方面，每年都会得到大量高层决策者的批示与反馈；启民方面，平均每天都在公开媒体发表3~5篇评论，每年出版20本著作；孕才方面，推荐年轻人借调到政府部门工作，为国家与社会培养可用之才；伐谋方面，在国际社会广交朋友，开展人文外交[①]。

(2) 人大重阳快速成长背后的内部因素

大背景难以复制，因此我们暂且抛开中国智库在近年快速崛起的大背景不谈，分析人大重阳作为一家民间智库在国内乃至国际上发展抢眼的内部因素。

① 依托知名高校资源。我们发现，无论是国内还是国外，智库尤其是民间智库最初的发展，一般会依托前政要、知名高校等资源，人大重阳也不例外。人大重阳依托中国人民大学，有些重要活动以中国人民大学的名义牵头开展，如以中国人民大学的名义与伊朗政治与国际问题研究院一同主办中伊智库"一带一路"对话。

② 资金丰沛。人大重阳与传统高校的研究中心不同，它由中国人民大学与重阳投资联合创办，重阳投资为人大重阳研究院背后的"金主"，采用基金运营的方式为其提供资金保障。人大重阳的起步资金为重阳投资董事长裘国根捐资的2亿元，通过重阳投资的金融运作进行保值、增值，从而使得人大重阳拥有了"金融蓄水池"，解决了人大重阳的机构运作资金问题。人大重阳执行院长王文曾表示，研究院的财务支撑非常充沛，能长期持续[②]。

③ 媒体渠道优势。人大重阳的渠道优势主要体现在媒体渠道方面，这又可以分为以下两个方面：一方面是领导层的媒体经验和媒体资源。在我国，智库的影响力渠道是各显神通。官方智库通过内部材料或送阅件等渠道将研究成果递送到决策层，这是民间智库无法比拟的渠道优势。高校智库除了通过教育部这一条组织渠道外，不少高校学者还有自己的资源和渠道。人大重阳则在媒体渠道上有着自身的优势。人大重阳执行院长王文，曾任《环球时报》编委，主管评论，采访过上百位各国政要名流，在《求是》《人民日报》等报刊发表各类文章300余篇[③]，这为人大重阳累积了丰富的媒体经验和名流资源。领导层的媒体经验和媒体资源为人大重阳广泛地与知名媒体建立合作创造了

---

① 王文.思想不"伐谋"，崛起无后劲：中国智库如何影响世界[J].对外传播，2016 (11)：41-42.
② 罗娟，高红霞.中国民间智库特点揭秘：核心成员官方背景突出[EB/OL].[2014-02-11]/[2018-12-13].http://sc.people.com.cn/n/2014/0211/c345167-20545231-2.html.
③ 王文个人简介[EB/OL].[2018-12-13].http://rdcy-sf.ruc.edu.cn/index.php?s=/Index/leader_cont/cid/386.html.

条件。人大重阳多次在央视、《人民日报》、《参考消息》、《环球时报》等权威媒体及刊物上发文,与大型知名网络媒体如人民网、新浪网、腾讯网、凤凰网、环球网等建立合作关系。另一方面是充分利用新媒体渠道。从清华大学公共管理学院 2016 年发布《中国智库大数据报告》以来,屡次用数据证明了智库通过新媒体来传播自己的声音和思想已经成为衡量智库综合影响力、竞争力的重要指标。新媒体给智库及时发布自己的研究成果提供了便捷性,同时也为智库提供了与大众交互的平台,加快了智库成果传播的效率,增强了智库品牌的网络影响力。人大重阳在新媒体运用方面主要是通过微信、微博两种方式来展示自己的成果、引导社会热点、与公众交流互动。在微信客户端关注"@rdcy2013"公众号即可对其研究动态、观点及成果等进行订阅。人大重阳通过微博平台收获了超过 97 万名粉丝,日常关注点击量突破百万[①]。

④ 招揽外籍政要加入。人大重阳不同于国内其他智库的一大特点就是邀请了一众外籍政要加入他们的团队,利用其资深的治理经验、国际视野及全球影响力为人大重阳的研究增砖添瓦[②]。人大重阳近年来招揽的外籍政要如表 5-5 所示。外籍人士为人大重阳的国际化发挥了重要作用,王文认为,人大重阳引进外籍知识精英的模式是成功的[③]。

表 5-5 人大重阳外籍高级研究员团队[④]

姓名	简历
尼洛·图尔克	斯洛文尼亚前总统、联合国前助理秘书长及联合国前安全理事会主席
卓奥玛尔特·奥托尔巴耶夫	吉尔吉斯斯坦前总理、吉尔吉斯斯坦前第一副总理
伊萨姆·沙拉夫	埃及前总理、埃及前交通部长、沙特阿拉伯前交通和航空部门高级顾问
保罗·波塔斯	葡萄牙前副总理、葡萄牙前外交部长、葡萄牙前国防部长
卡洛斯·马格里诺斯	全球中小企业联盟全球主席、联合国工业发展组织前总干事
西夏姆·宰迈提	埃及前外交部部长助理、埃及外交委员会董事会成员
马伟宁	美国海军学院语言和文化系副主任、美国海军陆战队中校
约翰·科顿	加拿大多伦多大学 G8 & G20 研究项目主任

---

① 李昇.推动媒体与智库融合发展[J].现代国企研究.2015(15):44-51.
② 钱晶晶.论新型智库对外传播特性的具体表征:以春秋、CCG 和重阳金融三大智库为例[J].全球传媒学刊,2016,3(1):80-89.
③ 王文.让更多外籍精英参与中国智库建设[J].对外传播,2014(4):41-42.
④ 外籍高级研究员团队[EB/OL].[2018-12-13].http://www.rdcy.org/Index/news/cid/350.html.

⑤ 注重海外发声。作为一家金融和外交型智库，仅满足于在国内的舆论影响力和政策影响力是远远不够的，人大重阳反复强调"伐谋"是智库必需的对外功能。所谓的"伐谋"概括来说就是以"谋略取胜"，作为外交智库，"伐谋"和竞争的对象自然是他国同行及他国决策者。一方面不断从他国决策层搜集情报，评估对方的意图和心理状态，形成研究报告；另一方面又要将本国的意图和主张用对方能够接受的方式传播出去，从而减少彼此之间的猜忌与防范。王文总结了智库的四大"伐谋"功能，包括设置全球议程、影响国际舆论、广交各国朋友、影响他国政策①。人大重阳在这方面有着突出的成绩，其在国际发声的手段主要包括：抓住机遇，在重要外交事件中积极搭建智库对话平台，如作为"中伊智库'一带一路'对话"承办机构，参与中伊一些重要双边协议的商谈；通过国外媒体发声，人大重阳多次在英国的《金融时报》（*Financial Times*）上发表文章；人大重阳招募的外籍高级研究员也为其在国外发声提供了直接支持，外籍高级研究员在语言、文化背景上有优势，为智库在国外讲好"中国故事"提供了便捷条件。人大重阳在国际发声的方式还包括在国际知名论坛和会议上发声、在他国办会、与国外智库合作开展跨国研究等。

⑥ 善于抓住历史机遇，在研究与议题设置上的专业能力强。我国在 2013 年提出了"一带一路"倡议构想，于 2014 年宣布主办 2016 年 G20 峰会。"一带一路"、大国关系恰恰是人大重阳的两大核心领域，这是创办之初的人大重阳进入我国高层决策咨询系统的敲门砖。另外，人大重阳为中伊高访提供对话平台，这也并非偶然事件，王文本人曾经的伊朗访问经验，以及发文《伊朗十记》，引起了伊朗官方和社会的关注，这为人大重阳当选中伊智库外交的牵头人累积了先期基础。在议题设置上，人大重阳与数十个国家智库合作，在 G20、"一带一路"等主题上在他国办会数十次，宣讲"中国故事"上百场②，以中国智库身份来传达和解释中国改革发展的逻辑。

5.3　情报机构的智库转型

情报机构的智库转型和情报机构的智库化是一种意思的两种表达。情报机构的智库转型要"转型"到什么程度？情报机构的智库化要"化"到什么程度？所谓"化"，包含有达到一个社会普遍认同的标签化特征这一程度的过程。

---

① 王文."伐谋"，智库必须有的对外功能［J］.对外传播，2014（9）：36-37.
② 王文.中国特色新型智库的国际影响力评估与构建［J］.新闻与写作，2018（6）：21-23.

情报机构的智库转型不是说情报机构要彻头彻尾改头换面，转型为彻头彻尾的传统智库，情报机构智库化的目标和方向不是机构性质的彻底转型，不是破旧立新，不是寻找全新的生存形式，而是要将曾经一度被忽视、被弱化的决策咨询功能提高到一个更加凸显的位置，从而提升情报机构的战略和政策研究能力。概括来说，情报机构的智库转型包含两个含义：一是突出提升情报机构服务决策的能力，情报机构的决策咨询功能要凸显再凸显，直到成为情报机构的社会性标签，人们一提到情报机构就能自然而然地联想到情报机构的社会"参谋""智囊"的身份；二是情报机构智库转型的最终目标在于：情报机构在智库化发展过程中形成智库体系中一个独立且独特的类别——情报智库。从这两点来说，情报机构的智库转型既肩负着自身发展的使命，同时还肩负着推动我国智库事业向前发展的历史使命。情报机构的智库转型，应基于情报视角、运用情报思维，开展带有显著情报特征的智库服务实践。

5.3.1 情报机构智库转型具备的基础

情报机构与智库存在着天然的契合关系，情报机构参与智库建设有其自身的优越性，情报机构智库转型所具备的先期基础主要体现在以下方面。

（1）具备资政服务属性和先期服务经验

战略情报工作的重要性在我国科技情报工作机构中早已形成共识[①]。战略情报中的"战略"一词源于军事，通常指将帅指挥军队的谋略，其本质特点是"高瞻远瞩"，正所谓不谋全部者不足以谋一域，不谋长久者不足以谋一时。随着时代的发展，战略研究的领域不断拓展，大至一个国家或地区经济、科技谋篇布局，小至一个机构、一个企业、一个集团的战略规划，都需要战略情报予以保障，可以说，战略情报是领导者变革的工具，带有天然的政策咨询色彩。

（2）信息资源优势

我国发展类情报机构有两种典型：一种是图情不分家，这类机构本身就有丰富的印本馆藏资源和电子数据资源，如中国科学院文献情报中心、上海科学技术情报研究所。另一种是隶属于地方科技厅的科学技术情报研究所，如广东省科学技术情报研究所、湖北省科技信息研究院、黑龙江省科学技术情报研究院等，我国大多数情报机构都属于这一类，承担着地方科技信息资源建设与服务的职责，信息资源优势是其机构性质和机构

---

① 陈峰.竞争情报与战略情报关系辨析［J］.情报理论与实践，2012，35（8）：125-128.

使命所决定的。此外，像国家部委或中央科技型企业直属的情报信息机构或部门，如中国科学技术信息研究所、中国化工信息中心、北京航天情报与信息研究所、中国机械工业信息研究院等，无一例外，都有自己独特的科技信息资源，包括馆藏图书、会议资料、特种文献、特色数据库等。

（3）信息采集、处理优势

与丰富的信息资源储备相配套，在信息采集、处理方面存在两个优势：一是先进的信息采集、处理技术和设备；二是具备经验丰富、技能熟练的信息采集加工人员。在大数据背景下，支撑智库研究开展的数据资源，包括正式渠道信息资源数据集，如期刊、专利、标准、商业数据库等，还有很大部分是互联网信息资源和社交媒体交互数据等，数据来源广泛、形式多样、异构分散、真伪难辨，整合多源数据需要扎实的信息采集、处理经验，作为专业性信息服务机构，相对于智库来说，情报机构的信息检索、多维度数据整理与分类、信息存储等业务优势凸显。

（4）信息管理与"大数据"知识服务平台建设优势

智库研究需要数据和信息资源支撑，而随着智库的数据资源储备越来越丰富、体量越来越大，必然会产生数据管理和知识服务需求，建立知识服务平台是满足这一需求的最有效途径。通过平台所具备的信息采集技术、信息检索与存储技术、数据库技术、智能机技术及从定性到定量的综合集成技术等，为智库决策提供数据挖掘、知识发现、自主服务、互动共享等功能。而知识服务平台建设既是情报机构传统而熟练的业务单元，也是情报机构未来发展方向之一，正因为如此，情报机构也常常被称为"公共文献查阅中心""公共信息服务中心""公共知识服务中心""公共智慧服务平台"[1]。在大数据背景下，情报机构对智库所发挥的信息和平台支撑作用将会得到极大体现和提升，如通过知识服务平台实现对智库原始数据、中间过程数据及研究成果的收集、分类、整理、存储，并在此基础上，采用情报分析方法，对这些信息进行激活，从而为智库开展咨询研究提供事实依据和隐藏在原始信息背后的情报信息[2]。

---

[1] 郭华，史健勇，曹如中，等. 情报机构向智库转型发展的契合关系研究 [J]. 图书馆理论与实践，2017（7）：84-88.

[2] 袁建霞，董瑜，张薇. 论情报研究在我国智库建设中的作用 [J]. 情报杂志，2015，34（4）：4-7，12.

(5) 情报分析优势

情报分析也叫情报研究，是情报服务增值的关键环节。情报研究是指借用一定的方法和技术，在原始信息基础上进行信息的再加工，从而形成新的增值的情报产品，这种产品可能是一种思想或建议，抑或若干方案或报告，情报的"智囊"功能主要通过情报分析来实现。情报分析技能优势也体现在两个方面：完备的情报分析方法体系（图5-3）和现代化的情报分析技术与工具；熟练掌握情报分析方法与工具的情报分析人员。

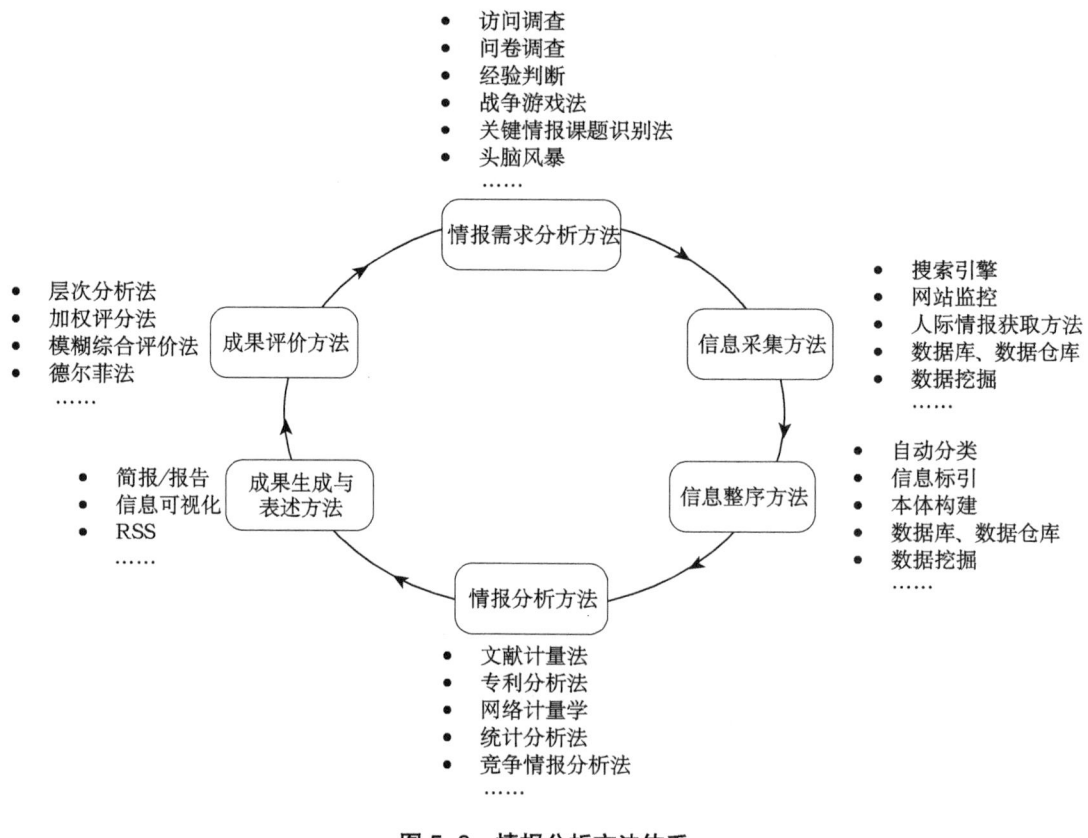

图 5-3　情报分析方法体系

(6) 完善的评价反馈机制

科学计量与科技评价是情报研究和情报工作的重要组成部分，情报机构在这方面取得了很多成就，包括相关定律、方法、工具及实践，如布拉德福定律、齐夫定律、文献增长和老化率、文献计量、网络计量等。而智库影响力评价是衡量智库工作绩效和机构声誉的核心指标，但是如何准确衡量智库的作用和影响是一个长期难题。国内外有关智库评价的项目屡见不鲜，如美国宾夕法尼亚大学"智库和公民社会项目"自2007年以来每年定期发布的《全球智库报告》，如国内近年陆续推出的《中国大学智库发展报告》（中国社会科学出版社出版）、"中国智库索引"（南京大学中国智库研究与评价中心和光明日报智库研究与发布中心联合发布）等。智库排行或评比工作的不断涌现，说明了智库评价工作的迫切性，另外，这些评价机构由于在评价范围、评价过程、评价方法、评价指标等方面存在某些缺陷，使得智库排行备受社会质疑。智库评价工作的难度和紧迫性，以及当前评价排行的混乱不堪，这对情报机构研究和开展智库评价工作来说，既是机遇又是挑战。情报机构可以凭借其在定性评价和定量评价上的扎实专业基础和丰富的实践经验，如开展科研人员评价、科研机构评价、科技期刊评价、企业竞争力评价、态势预测与评估等累积的经验和方法，在智库评价中有一番作为。

5.3.2 情报机构智库转型面临的压力与挑战

（1）情报机构智库能力建设存在的不足

情报机构智库转型虽然有其天然优势，但是也有自身的不足，主要体现为：

① 认知观念上的偏差，理论准备不足。我国情报机构主要从事科技领域的信息服务，将服务于决策的战略情报局限在科技领域[1]，提供的战略情报产品主要是科技前沿跟踪、科技发展态势分析、技术预见等，偏重于技术性的整体扫描跟踪与分析。但技术咨询与政策建议不是一回事，技术性建议主要是站在专业技术的角度，从专业人员的视角对技术发展趋势进行预判。但政策要复杂得多，政治是一门妥协的艺术，需要实践理性、政治妥协、法治等核心价值一道维持着民主的均衡[2]。因此，政策研究与咨询过程中，要想具备综合性视野和相对理性的判断，光有某学科专业背景或情报学背景是不够的，还需要加强公共管理学、政治学、社会学、经济学等相关理论的认知，将新的理论引入情报学，同时也要将情报思维带入到思想库研究，从理论高度实现彼此交融互补。

---

[1] 王海燕，冷伏海. 支持科技规划优先领域选择的战略情报与服务框架研究[J]. 图书情报工作，2013，57（7）：70-74.
[2] 布鲁斯·史密斯. 科学顾问：政策过程中的科学家[M]. 温珂，李乐旋，周华东，译. 上海：上海交通大学出版社，2018：14.

② 专深数据资源不足。我们说情报机构具有一定的信息资源优势，但这种优势并不是绝对的，主要体现在两个方面：一方面从情报机构自身信息的资源建设情况来看，情报机构的信息资源主要以学术型资源为主，资源面宽而不精。以上海科学技术情报研究所为例，其信息资源建设号称在国内名列前茅，包括上海研发公共服务平台、上图数字资源服务平台、专业数据库、产业网络资源。不难看出，其资源建设沿用了传统图书馆的做法，按学科体系来设置资源，且主要通过付费方式直接从外部购买获得，并没有自己的特色资源积累。这种情况在我国情报机构普遍存在。另一方面从智库信息资源建设来看，智库虽然不是专门的信息服务机构，但享有世界声誉的智库，基本上都有自己独有的数据，许多西方专业智库原本就是为解决某一特定问题而生的，因而其信息资源建设多以研究项目为导向。英国皇家三军联合研究所（Royal United Services Institute，RUSI）的军史图书馆收藏着从18世纪到21世纪、从克里米亚战争到冷战时代不同时期的军史典藏，使得RUSI图书馆在业内一向享有名气①。这种以项目和任务为导向的数据资源建设模式，成就了某些智库在权威资源上的独一无二地位。

③ 公共媒体、大众宣传经验匮乏，媒体渠道资源不足。人们经常用"资政""启民"来简要概括智库的使命和功能，这就要求智库必须充当"政府决策与社会思想的连接器、翻译器，以及各阶层诉求与相应反馈的催化剂、调和剂"②，但如何在人声嘈杂的舆论场中争取话语权，甚至成为意见领袖，这显然是我国情报机构的短板。我国情报机构自成立以来，多以公益型科研信息服务机构的姿态为政府和科技创新主体提供综合性的情报研究和文献服务工作③④⑤，其机构性质、服务范畴、服务对象等决定了情报机构对外公关经验缺乏，参与社会舆论争辩、制造舆论、引领舆论等增加曝光度和舆论影响力的活动几乎空白，而社会影响力，或者说舆论影响力是智库的核心能力之一。

④ 缺乏市场竞争意识和市场经验。在经济学家看来，市场经济是建立在各种要素市场和产品市场基础上的，生产要素包括土地、资本、劳动力和知识。与知识相对应的要素市场就是思想市场，为了民主制度有效运作，就必须有一个不受政府管制的思想市

---

① 记者走进英国顶级军事智库，英美防务互动深度惊人［EB/OL］.［2018-06-30］. http://news.xinhuanet.com/world/2012-02/03/c_122653148.htm.
② 戴丽丽，毅鸥. 朱克力：为智库立言，做思想市场拓荒者［EB/OL］.［2018-06-30］. http://www.china.com.cn/opinion/think/2015-09/08/content_36532567.htm.
③ 关于我们［EB/OL］.［2018-06-30］. http://www.hyqb.sh.cn/publish/portal0/tab40/info2064.htm.
④ 关于我们［EB/OL］.［2018-06-30］. http://www.bjstinfo.com.cn/Html/List/list23.html.
⑤ 单位简介［EB/OL］.［2018-06-30］. http://www.jssti.net/articlelist.aspx?cid=dwjj.

场[1]。思想市场与商品市场差异显著，但有一个共性是无疑的，即有市场的地方就有竞争。智库作为思想市场中的一种业态存在，需要智库企业家和职业经理人。而身居体制之中的科技情报机构，竞争意识和市场经验的缺失是必然的。2009年之前如此[2]，尤其是2014年左右企事业单位改革之后更是如此，绝大多数科技情报机构被划归为公益一类，主要靠国家或地方财政给养，竞争意识淡薄。

⑤ 公共决策咨询经验不足。咨询有多种类别之分，如决策咨询、管理咨询、工程咨询、技术咨询等。决策咨询简单来说就是决策者就决策问题向内（如内部特设机构、顾问）、外部力量（外部专家、学者、业界人士甚至大众）征询意见的过程，带有战略性和综合性。公共决策咨询在政策过程中发挥着"政策设计"和"公益表达"的双重作用，而科技情报服务侧重于"有针对性地对科技文献中和通过其他途径获得的情报信息进行对比、分析、判断、浓缩、综合，在此基础上提出综述或述评形式的研究报告"[3]，一直围着"科学问题"或"技术问题"打转，科学咨询悖论告诉我们"尽管几乎没有一个重大的国家问题缺少某种技术的成分或维度，但实际上却又没有哪个问题完全或主要是由科学或技术上的考虑而单独决定的"[4]，从这个意义上来说，情报机构出品的"国际态势分析""科技前沿扫描""技术评估预警"等，仅仅是站在科学技术人员的角度对科技发展趋势进行跟踪预测，"公共利益诉求表达"是缺失的，这不是真正意义上的政策咨询报告。

（2）情报机构智库转型面临的挑战

最近几年我国智库发展迅速，各类智库层出不穷，我国思想市场已经兴起但是并不完善，情报机构智库转型必然面临种种外部挑战，主要包括：

① 思想市场竞争激烈。随着国家政策的出台，智库在我国迅速"热"了起来，官方智库、半官方智库、高校智库、民间智库、媒体型智库犹如雨后春笋，积极吸引着决策者和公众的眼球。为了尽快培育中国智库品牌，中央推出了"国家高端智库建设试点"工作，并遴选了首批25家试点单位，形成了第一拨"智库国家队"，相信"智库省队""智

---

[1] 罗纳德·哈里·科斯.商品市场和思想市场［EB/OL］.［2018-06-30］.http://www.aisixiang.com/data/67603.html.
[2] 郑彦宁，杨阳，赵筱媛.我国科技情报机构研究业务发展现状调查［J］.情报理论与实践，2010，33（7）：63-66.
[3] 孙学琛.情报研究工作的回顾与展望［J］.情报学报，1986（5）：3-4.
[4] 布鲁斯·史密斯.科学顾问：政策过程中的科学家［M］.温珂，李乐旋，周华东，译.上海：上海交通大学出版社，2018：59.

库地方队"的出现也将为期不远了。这种现象是好是坏不是本书争论的范围,但这一做法足以将智库竞争快速推向高潮。

② 信息垄断问题。我国公共服务职能部门的信息垄断、对信息公开的讳莫如深早已是公开的秘密,而公共政策具有公共利益属性,从事政策研究与咨询需要数据尤其是公共数据的支持,面对信息公开困境,对官方渠道不畅的大多数智库而言,数据资源不足问题是常态,这将极大地制约智库的发展。

③ 咨询管理制度建设问题。政策咨询是存在风险的,如咨询主体有意或无意地带有利己倾向,就需要从法律法规、制度及伦理道德上加强管理和规范。咨询管理制度建设是一个既棘手又难以把握分寸的问题,这可以从美国对咨询制度进行第一次立法的艰难尝试看出。美国的咨询制度兴起于《联邦顾问委员会法》,但该法案从提案、生效到最后不了了之,有力地说明了这一点[①]。我国智库发展还处在起步阶段,还远远没有发展到对这一业态进行法律法规规范和引导的成熟阶段,这对智库行业的健康发展具有一定的制约性。

5.3.3 情报机构智库转型的策略与途径

(1) 情报机构智库转型的可行策略

情报机构参与智库建设,要根据自身的实际情况及外部环境和条件,综合权衡利弊,做出适当的选择。我们从情报机构参与智库建设的程度,从保守到激进,将可供情报机构选择的智库参与策略总结为4种:防御策略、拓展策略、多元发展策略、转型策略。

防御策略。这种策略侧重于对外部威胁的规避和防御,这种对策当下对情报机构来说是不成立的,这是因为智库竞争不可避免,信息垄断问题的解决及咨询管理制度的完善是一个长期工程,无法回避,也不可能坐等问题改善再行智库建设。

拓展策略。对于情报机构来说,就是将战术情报、战略情报服务在纵深两方面提升:纵向突破技术分析层面,增加技术对社会、经济、政治等诸多方面影响的考量;深度上突破信息收集、加工、扫描后期成果整理等这种前端、善后的辅助性服务层次,将服务深入到政策过程,加强在出思想、出对策、出建议、出方案、出声音等方面的能力建设。

---

① 布鲁斯·史密斯. 科学顾问:政策过程中的科学家[M]. 温珂,李乐旋,周华东,译. 上海:上海交通大学出版社,2018:28-60.

多元发展策略。在发挥内部优势的同时，尽量规避或减轻外部威胁造成的影响，情报机构开展传统服务的同时，根据自身条件，有选择地开展智库服务。

转型策略。情报机构充分利用当下的时机，同时加强自身"内功"建设，保障情报机构的智库功能建设顺利进行。

不同情报机构自身客观条件和所处的微观环境不同，因此对以上4种策略的选择有所侧重。但总体来看，拓展策略、多元发展策略是当下我国智库刚刚起步阶段，情报机构介入智库建设体系的最佳策略，其理由有以下4个方面。

① 情报机构自身有为决策者发挥"智囊"作用的前期认知、理论和经验基础，同时具备情报分析专业技能优势，因此，情报机构开展智库服务具有先天优势。

② 从外部机会和情报机构自身的性质来看，当下宏观环境为情报机构切入智库建设保留了独有的空间。在我国官方智库占据大半边天、智库独立性难以保障的情况下，情报机构与政府部门之间似远非远的关系，加之情报机构作为服务科研的信息服务部门的特殊身份，本身并不直接从事科学技术研究，保障了在现有体制环境下，情报机构能够成为相对客观独立的政策"第三方"的可能性。

③ 从内部劣势来说，情报机构在理论、媒体经验、公共决策咨询经验等方面的不足，并不是其进入智库无法逾越的门槛。

④ 从当前时机来看，我国智库发展还处在起步期，整体上都处在一种摸索状态，保持谨慎理所当然。而在信息资源建设、信息平台搭建、情报快速响应、技术评估等方面的服务是情报机构的老本行，这些服务与智库建设相得益彰，为情报机构开展智库服务积累了条件和经验，任何一家情报机构不可能抛弃已有的"家当"，实现彻底转型。

（2）情报机构智库转型的途径

综合以上分析，情报机构进军思想市场的最佳选择是拓展策略与多元发展策略，二者相结合，将有力提升情报机构的资政能力和社会影响力。情报机构的智库能力建设不可能一蹴而就，更不可能在原有的基础上推倒重来，而应是发挥已有优势，在已有优势基础上积极稳妥地部署面向决策的情报服务体系（图5-4）。基于情报流和情报价值链角度，无论情报服务范围和深度如何拓展延伸，它的基本流程和总体框架是稳定不变的，包括基础设施层、信息资源层、情报分析加工层、用户服务层，这4个基本层面是相互支撑、逐层推进的。

新时代我国情报工作的发展

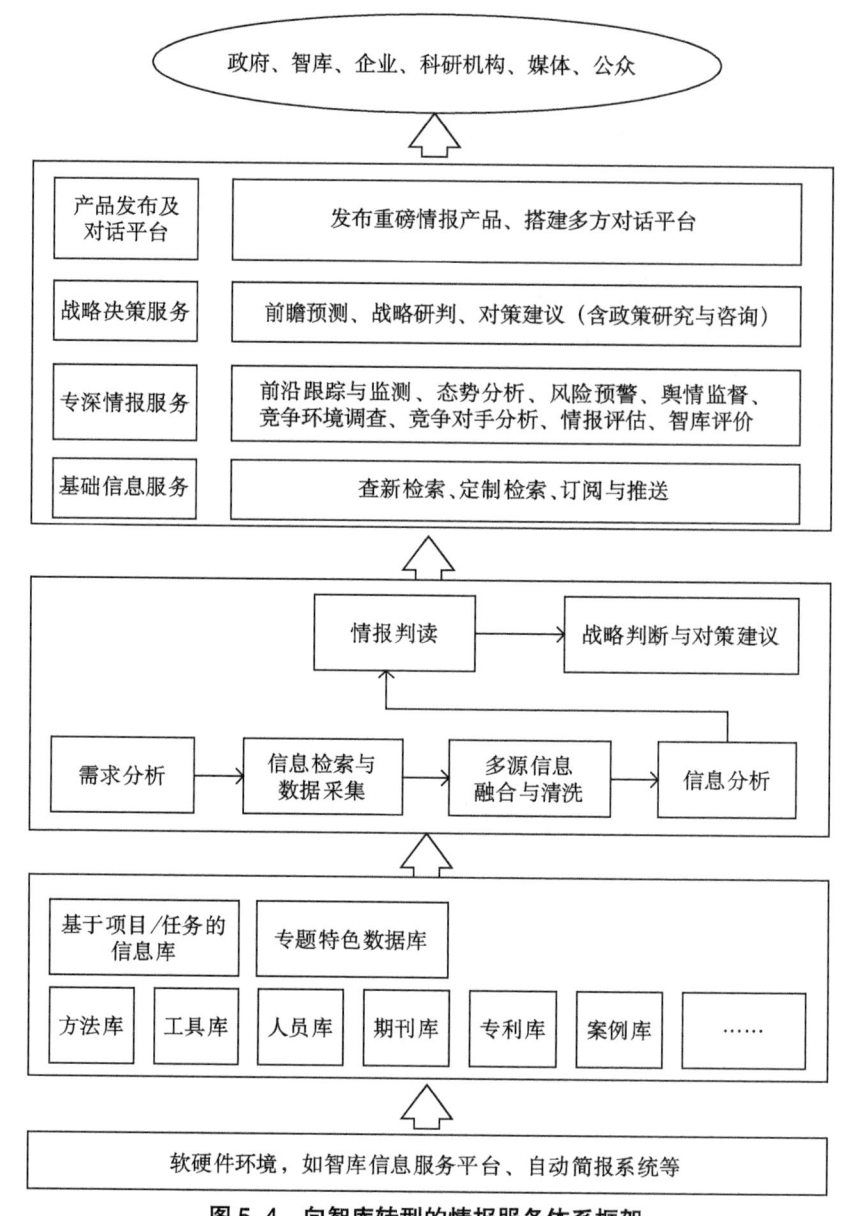

图 5-4 向智库转型的情报服务体系框架

围绕面向决策的情报服务体系，情报机构的智库能力提升可以从以下路径和模式切入：

① 搭建智库信息服务平台。2015年，中共中央办公厅、国务院办公厅印发的《关于加强中国特色新型智库建设的意见》指出，中国特色新型智库有8个标准，其中第六条标准要求智库应当建立"功能完备的信息采集分析系统"。美国智库的成功，有一部

分原因就在于其拥有强大的信息数据系统和平台，而这些平台和政府的数据库又是相通的，政府部门数据公开程度高。而我国智库一方面在专题数据长期积累方面做得不够；另一方面我国的信息垄断问题一直存在，这些都严重制约着我国智库行业的发展和整体水平的提升。数据建设和数据资源储备一直以来都是情报机构的基本职责，情报机构的信息资源建设既包括论文库、专利库、标准库、科学数据中心、机构知识库等信息资源储备和信息系统平台，也包括大数据背景下，信息采集技术、信息检索与存储技术、数据库技术、智能机技术及从定性到定量的综合集成技术等信息技术开发与应用。信息平台已经成为很多智库产品发布与思想宣传的窗口，卡内基国际和平基金会在中国项目研究中专门开设了"卡内基中文网"，传播对中国当前问题的思考和分析[①]。情报机构在网络信息平台服务方面有先期信息资源和基础条件优势，面向智库提供信息集成服务是情报机构理所当然的方向选择。情报机构的智库信息服务平台建设，既要以信息资源建设为保障，还要融合现代信息技术手段，将加工后的情报产品、智库产品进行再加工，提供一站式信息检索、产品订阅与推送等服务，并实现成果共享。

② 加强专题特色数据库建设。开展政策研究既要求配备高信息素养和信息掌控能力的专门人员，也需要强大的信息资源作为后盾。国外智库都十分重视信息资源尤其是特色信息资源建设，其建设途径包括两类：一是自建馆藏（表5-6）；二是与图书情报机构、知名研究机构等紧密联系，通过合作的方式获取外部信息资源支持。此外，无论是情报机构还是智库机构每年都会产出大量成果，包括研究报告、论文、著作等，这些都是宝贵的特色资料。情报机构特色数据库建设，一方面可以用于支撑自身情报研究和决策咨询工作的开展；另一方面可以为包括智库在内的用户提供特色数据库服务。

表 5-6　国外智库馆藏

智库名称	馆藏资源
美国胡佛研究所	胡佛图书馆，馆藏图书160多万册、超过6万个微型胶卷、2.5万多种期刊、4000万件珍贵档案，是全球最大的政治、经济及社会变化史料文献藏地之一
英国皇家联合军种国防研究所	常规馆藏及18世纪至21世纪的珍贵军事资料
新加坡东南亚研究所	馆藏19世纪以来东南亚社会科学方面的综合性研究资源50多万册，包括印刷品、微型胶卷、视听资料等
美国兰德公司	馆藏134 000份报告，有专门的数字图书馆

---

① 王世伟.试析情报工作在智库的前端作用：以上海社会科学院信息研究所为例[J].情报资料工作，2011（2）：92-96.

续表

智库名称	馆藏资源
美国对外关系委员会	馆藏近50年来全球影响力较大的外资杂志，经典外交图书文献资料丰富
美国卡内基国际和平基金会	收集全球外交经典案例和大量外交资料，与全球著名大学和研究机构合作，以便借助外部信息资源支撑其研究工作
美国战略与国际研究中心	建立有经典报告、案例、国际会议论文和各种珍贵的官方出版资料馆藏
英国国际战略研究所	除了馆藏优势外，还有《军事力量对比》《战略研究》《年会报告》等出版物

③ 基于情报生产线规范智库研究流程，提升决策响应速度。在大数据背景下，无论是智库研究还是情报研究，海量数据使得研究人员无法完全依靠人工方式进行数据采集、加工和判读。在这种情况下，北京市科学技术情报研究所提出并已经付诸实践的情报生产线思想，将情报研究业务流程进行了全面规范，并融合了人工智能及可视化等现代信息技术，实现对海量数据采集、挖掘、整理、统计分析和可视化描述，从而将大数据转化为小数据，帮助研究人员进行判读，以便提高决策响应速度。目前有关智库工作流程的介绍和研究非常少[①]，已有研究多是对智库运作中静态元素的描述和分析，如智库组织结构、管理政策、人员结构等。少量涉及流程的研究也主要是基于政策过程、政策周期等来探讨智库发挥政策影响力的切入点和时机把握问题，缺乏对智库产品生产流程的关注，包括需求分析、数据收集、信息分析、知识创新、产品发布与传播等智库服务环节。包昌火等认为，情报研究、信息分析和软科学研究都是以信息的采集、分析为基础，以现代信息技术和研究方法为手段，同属咨询业范畴[②]。依此，我们认为智库服务流程与情报服务流程是类似的甚至是相通的，因此，智库研究活动中，完全可以引入或借鉴情报业务流程和情报生产线，从而为智库工作的标准化、规范化及知识管理等做出贡献。

④ 继续加强专深情报服务，发挥决策先导作用。面向智库的信息服务在智库研究中起到的是"先知"的作用，而态势分析、风险预警、环境监测等专深情报服务在智库研究中起到的则是"先觉""先导"的作用。以丰富的信息资源为基础，透过对海量信息的扫描、跟踪，敏锐地感知外部形势、趋势甚至是威胁，识别重大事件和突发事件的临界点，从而为政府决策提供情报监测和预警服务，这是情报机构专深情报服务功能的主

---

① 张家年，卓翔芝.融合情报流程：我国智库组织结构和运行机制的研究［J］.情报杂志，2016，35（3）：42-48.
② 包昌火，李艳，王秀玲，等.竞争情报导论［M］.北京：清华大学出版社，2011：11-14.

要组成部分。而传统智库更多地关注政策本身,长期信息跟踪和情报预警是智库的薄弱环节,许多智库尤其是小型智库甚至根本没有开展这项服务的条件和精力,而这些专深情报工作是支撑领导决策的先导条件,也是情报机构开展智库服务的先导条件。

⑤ 开展智库评价服务,提升我国智库公信力。科学评价和科学计量是情报机构的老本行,包括采用科学出版物,如论文、期刊、专利、标准、数据库等评价,还包括科研机构、科研工作者、科研过程和科研产出等评价。我国当前还没有建立一套完备的、为大家普遍认可的智库评价指标体系,智库机构本身的成果质量控制机制尚不健全,缺乏规范和行业标准。因此,情报机构利用自身的科学计量和科学评价所长,在智库评价方面大有可为。情报机构的智库评价工作可以分为以下两种类型。

第一种类型是智库机构评价,主要评价智库机构影响力和竞争力。中国智库发展面临多而快、多而不强的现状,智库公信力和国际影响力不足。情报机构可以开展智库评价工作,可以借鉴科研机构评价、科技团队评价、科技计划评价、科研绩效评价等指标和方法,从政策影响力、学术影响力、舆论影响力、渠道资源、思想创新与营销能力、国际影响力等诸多维度来全面评价我国智库的机构实力及其发展潜力。智库评价有利于评选出优秀智库作为行业标杆,有利于规范和确立行业标准,淘汰能力不足的智库,避免公共资源的浪费[①]。

第二种类型是智库成果评价,主要评价智库产品的质量。如何衡量智库的作用和影响,对情报机构来说既是挑战又是机遇。情报机构可以利用自身的优势,在长期开展态势分析、竞争力比较评价等工作中积累经验和方法,针对不同智库成果形式,探索出多样化的、定性与定量指标相结合的智库成果评价指标体系。定量方面,可以尝试借鉴、引入和改进期刊、论文、专利等评价指标,如发文量、被引频次、点击率等来衡量智库成果质量和影响;定性方面,可以使用调研智库参加决策活动的情况、承担政府委托项目的数量和级别、承担社会重大公益项目情况、在国际会议论坛上发言的次数、自身组织宣传活动及其网络受关注情况、智库报告本身的数据和事实是否充分和客观、资深专家的参与程度等指标,来评价智库报告的科学性和可信度。

情报机构开展智库评价工作,对智库和智库研究成果发挥着后期监督评价的作用,这对进一步明确和优化智库的社会功能定位,建设公正、客观、合理的社会预期,推动智库向着专业化和客观中立的方向发展,建立起应有的社会信誉具有重要意义[②]。

---

① 党岗. 图书情报机构对国家智库建设的支持研究 [D]. 太原:山西财经大学,2016:27.
② 薛澜. 智库热的冷思考:破解中国特色智库发展之道 [J]. 中国行政管理,2014(5):6-10.

⑥ 着力提升战略研判与思想生产能力，承担智库项目。目前，我国智库发展尚处于起步阶段，与世界知名智库相比还存在诸多问题。从宏观上来说，中国特色新型智库组织管理体制机制的探索才刚刚起步，智库研究的独立性问题备受质疑，决策咨询相关法律法规缺位；从微观上来说，还存在人才团队失衡、信息资源保障不到位、缺乏思想市场竞争意识、评价体系不完善、国内外交流合作不足、推广渠道单一等问题。我国情报机构多数为事业单位性质，在独立性、领域专家资源、献言渠道等诸多方面虽然同样面临类似的问题，但情报机构在信息资源、信息搜集和情报分析等方面有着其他类型智库不可比拟的优势，这为我国情报机构的智库建设之路提供了先天条件。

从智库与情报服务的对比分析可以看出，智库与情报服务的最大差别在于"出思想"的能力上。情报机构长期致力于信息服务、情报跟踪与调查、专题情报分析等工作，处于决策工作的前端，而要置身智库行列，情报工作必须向决策靠近再靠近，直接承担智库项目，在信息服务和情报分析的基础上，针对既有决策盲点、难题或困境，抽丝剥茧，抓住核心，做出自己的战略判断，提出自己的思想见解，发出自己的声音①。

⑦ 技术专家、智库专家、情报专家联手，实现协同服务。"国内外智库发展经验与启示"一节提到，当下情报机构提供智库服务有自身的不足，与此同时，我国智库自身也存在诸多困境和问题，而当前决策环境更加复杂，因此很多公共问题研究需要跨领域、跨机构、跨学科的协同合作，单兵作战模式难以凝练出有深度、有价值的智库产品②。技术专家相对于政策专家、情报专家，在专业知识方面有着无可比拟的优势，但公共治理问题不等同于技术问题，它比技术问题要复杂得多。

信息是一切智库项目研究的源头，政策问题往往涉及技术、经济、社会、政治等多个方面，需要综合权衡。智库专家、技术专家在研究政策时，必须深入全面了解事件本身所含的全部信息，以及事件与外界诸多因素之间的信息互动。因此，他们在开展政策问题研究时，需要全方位的信息掌控能力。而当今海量的信息资源和花样翻新的信息形态，难免使人眼花缭乱，从而对政策研究工作的开展造成一定困扰和干扰。面对复杂政策问题，需要专门和专业的情报人员来搜集、整理和加工这些信息，将政策专家、技术专家从琳琅满目、混乱不堪的信息困局中解救出来，使其在最短的时间内从浩如烟海的信息世界中找到有效的信息资源。此外，情报专家高度的信息敏感性和专业的情报预测能力，也有助于提升决策咨询团队的态势预测和战略判断能力。因此，技术专家、智库

---

① 张家年.情报视角下我国智库能力体系建设的研究［J］.情报资料工作，2016（1）：92-98.
② 李纲，李阳.面向决策的智库协同创新情报服务［J］.图书与情报，2016（1）：36-43.

专家与情报专家联手,是提高决策咨询工作快速响应速度和响应能力的有力途径。

⑧ 定期或不定期对外发布重磅情报产品,搭建多方对话平台,提升情报机构社会影响力与政策影响力。"情报"最先兴起于军事领域,带有浓重的神秘色彩,尽管情报工作早已从军事领域逐渐向科技、经济等领域拓展,但低调、强调保密性等行事风格早已深入情报工作人员的思维习惯中,这种思想观念无可厚非,但随着情报工作领域的转移,情报工作机密、神秘、低调的工作色彩有必要做出调整,其原因有二:一是公开情报源已经成为情报工作的重要渠道,开源情报已经成为情报工作的主要抓手,情报工作在思想观念上需要更加开放;二是在思想市场上,"出声音"和"出成果"同等重要。"出声音"是取得社会关注、决策者关注的必然路径,情报机构的智库转型之路,必然需要通过对外发布重磅情报产品的方式来宣扬自己的工作成果及思想主张,同时也接受社会各方的评鉴和检验,这对建立情报机构的社会信誉并扩大其社会影响力至关重要。同时,正如上文所提到的,我国智库的官方色彩浓厚,独立性备受质疑。而我国情报机构与政府部门之间似近似远的关系,加之作为信息服务机构,情报机构本身并不直接从事科学研究,这为情报机构作为独立的"中间人"为利益各方搭建对话平台创造了条件。情报机构或以重磅情报产品发布为契机,或专门开辟议题等灵活多样的形式搭建多方对话平台,促成各利益相关方的充分讨论、凝聚共识,真正做到充当政府与公众思想"翻译器""连接器"的功能。

5.4 情报机构智库转型的制度保障

情报与智库有着天然的契合关系,它们同处于决策咨询价值链的各个环节。从当前二者的服务实践情况来看,情报更多地偏重于决策咨询链的前端,即在信息采集序化上倾注了更多的精力并积攒了更多的经验财富,而智库更注重决策咨询链的后端,即如何靠近决策者并影响之。总之,情报与智库作为处在同一条价值链上的两个不同"工种",它们之间完全可以彼此依赖、相互转化。本节主要从情报的视角,探索情报工作更好地服务决策咨询的制度保障。

5.4.1 体制保障

我们从两个视角来总结情报机构智库能力提升的制度和体制保障:一是从整个智库行业大环境上说,需要从决策咨询制度、思想市场、资金渠道保障等方面的不断完善来营造智库行业发展的良好外部环境;二是单就我国情报机构加强智库能力建设角度来说,我国情报界在整体上需要从三方面发力,包括将智库建设提升到国家情报战略的高度、建立国家情报智库和建立国家情报数据平台。

(1) 加强和完善我国咨询制度建设

我们发现,智库发达的国家如美国,其咨询制度都是相当完善的。美国法律虽然并没有对智库进行明确的界定,但美国智库是严格依法建立、依法运营的组织实体,适用于美国智库的法律框架主要是面向非营利性的非政府组织的相关规定。在美国的法律条文里,虽然很难找到"智库"一词的踪影,但是美国法律对智库作为法人从事公共政策咨询服务这一非营利性组织,有着严格的定义。一般认为,美国适用于智库的相关法律条款主要有4项,分别为《联邦政策咨询委员会法》(1972年)、《美国联邦所得税法》(1954年)第501条款的(c)(3)、美国税法中170(b)(a)(A)(vi)[①]。这些法律条款对智库的法律身份、属性和任务、权利和义务等进行了全面明确和规范,从而保障了智库政治行为的合法地位。各国智库的法律环境虽然有很大差异,但是遵纪守法是保障我国智库良序发展的最有效手段。中国特色新型智库建设必须有法可依、有案可循,必须与国家利益保持高度一致。

(2) 培育和完善思想市场

由于智库有其独特的产品内容、市场对象和社会责任,同时结合我国当前智库尚处于起步和发展阶段,市场化手段和行政化手段并存、互为补充是我国智库行业发展的"两双手"。作为以公共物品(政策知识和成果)为其核心资源的智库,产品本身具有双重属性,即具有公共物品属性的精神产品和具有经济属性的物化商品。这种看似矛盾的双重属性决定了人们对其期望和情感的两面性:一方面,出于市场竞争压力下更有利于防止和克服智库机构的养尊处优姿态、促进智库市场优胜劣汰的考虑,人们希望看到智库的经营管理走向市场,承担起市场风险和考验;另一方面,从知识共享、促进人类知识不断增长的角度来看,人们对其政策思想内容的品质期望不曾减少,甚至随着决策问题的复杂化,这种需求日益加剧。智库竞争力的这种市场性与非市场性特征并存,主要表现如下:

① 在智库竞争力构成要素如资源、信息、人才等的获取途径中,市场手段(市场竞争与交换)与非市场手段(计划与行政分配等)并存,至于哪种手段更为普遍,国与国之间有差别,同一国家智库发展的不同时期也有差别,它取决于一个国家智库事业发展

---

① 沈进建.美国智库的法律责任与法律约束初探[J].智库理论与实践,2016,1(1):75-80.

的市场化程度。但从促进资源更加公平、合理分配的市场化发展趋势来看,市场化手段将占据越来越重要的地位。

② 在智库竞争力的兑现上同样存在市场与非市场两种途径,但前者是检验竞争力的最终途径。社会价值的实现是智库竞争力兑现的最终体现,这个过程就是智库竞争力要素转化为智库现实竞争力的过程。这种转化既可以通过市场手段来实现,如通过公平竞争来占领更多的市场份额,获取高额或超额利润,也可以通过分配、行政指令、地方保护、行业垄断等非市场化途径来实现。我国当前智库发展尚处于起步阶段,由于领域的专业化,导致用户面较窄,这就决定了其市场覆盖面的狭小且难以通过一味地抬高价格来获取劳动报酬。因此,通过行政手段支持智库发展在一定程度上来说,是不可避免的,也是必需的。为了保障智库机构在付出相同劳动下获得相应的报酬,从而维持智库的积极性,有时非市场途径的补偿也是必要的。但从根本上来说,单纯靠人为力量强迫性地维持智库市场竞争力的格局,这与市场经济发展规律是相违背的,必然无法长久地在市场环境下存在,只有经得起市场和受众检验才有说服力,这样的智库才真正算得上是生命力强大的智库。

(3) 完善资金保障制度

资金来源在很大程度上决定了研究氛围的自由与否。我国官方、半官方智库包括情报机构一般是行政事业单位,资金主要来源于政府财政,研究方向和研究结论一般需要与官方保持一致,这种过于紧密的依存关系,在一定程度上影响了情报研究的独立性。充足的资金是营造宽松研究氛围的保障,这方面不仅要通过修改财政税收类法律法规,引导形成国家资助与企业、个人捐助相结合,长期资金与项目资金互补的资金保障制度,还要通过法律对智库包括情报机构的财务公开做出规范,让外界认识到它们的研究及其观点与其资金来源不具有相关性,从而增强研究成果的公信力。

(4) 将参与智库建设提升到国家情报战略的高度,建立国家情报智库

我国情报工作向来就有服务决策的职能,其中的决策主体主要是组织决策者,包括企业管理者、科技管理者及政府决策者,而为政府决策者提供决策参谋的服务功能与智库的机构职能是完全相吻合的。所谓智库,主要是从事公共政策研究与咨询的组织,而公共政策的制定者主要是政府,因此智库的核心功能也是为政府决策者提供决策咨询服务。由此看出,情报机构与智库同属于为管理者提供决策参谋服务的软科学研究机构。如果将智库看作一个行业的话,情报机构是智库的一个类别,即情报智库,它与高校院所智库、媒体智库、外交智库等同属于智库大家族。

在我国，虽然已经形成了一套含政府部门、高校、企业、行业协会在内的情报机构系统，但很多科技情报机构主要以科技文献收集、整理，国外科技动态翻译报道为主要工作，深度挖掘、直击要害的富有真正情报意味的情报工作芳踪难觅，尤其是经历20世纪90年代的"情报"改名"信息"事件后，很多情报机构更是以情报机构之名从事着信息工作之实，情报机构与"出主意""出点子"的谋略角色渐行渐远。近几年，随着中央"建设中国特色新型智库"的最高指示发出后，各级情报机构开始重新思考其"耳目、尖兵、参谋"的定位，积极尝试从信息服务向决策服务回归，积极参与智库建设。但是由于力量分散、条件薄弱，情报机构的智库建设之路注定不会一帆风顺。在这种情况下，倡议成立中国情报研究院，有利于以国家智库的身份引领我国情报智库发展，统筹情报资源，发挥情报机构的信息资源、信息能力与环境敏感性等工作优势，引领我国情报事业发展。此外，还可以依托实力较为雄厚的高校院所、企业，以单独建或合作共建的方式成立一批高规格情报智库，以高层次人才团队为旗杆，走国家高端情报智库路线，引领我国情报智库走向更高舞台，为国家安全和社会发展贡献力量。

5.4.2 机制保障

体制保障主要是基于国家和行业宏观层面，而机制探索主要从情报机构自身角度来谈如何为情报机构的智库发展之路创造更好的条件。

（1）建立成果质量控制机制

成果质量控制机制包括：一是引入流程管理，建立并规范情报生产线管理规则，加强对情报产品的过程管理；二是人才结构多元化，不同研究方向，既需要专业对口人才，也需要适度引进经济、政治、社会、法律等专门人才，政策研究不是技术研发，需要综合权衡技术、经济、社会、政治、法律等各方面的因素，因此综合性的人才结构必不可少；三是引入国际常用的同行评价机制，构建开放的思想市场，对于不涉密的研究项目，可以按程序向社会公布从选题到成果出版整个过程中的审核标准，并将研究成果公之于众，既能接受公众的质询和监督，又能扩大成果的社会影响。

（2）专深信息资源保障机制

目前，我国情报机构的信息资源储备多以信息资源基本属性浅层面的标注为主，如机构名称、性质、地址、人员规模等基本信息采集，同时购置的学术型资源也占了相当大的比例，资源面宽而不精。享有世界声誉的智库，基本上都积累和建立了自己"独一份"的数据库资源。兰德公司基于项目，建立有自己的数字图书馆；胡佛研究所由战争图书馆发展而来，作为大学智库，胡佛研究所除了拥有斯坦福大学一流的数据资源以外，还拥有属于自己的图书档案馆，拥有庞大的珍稀史料。专深的数据资源优势成就了某些智库在同行中享有的独一无二的地位。

专深信息资源保障机制包括两个方面：一方面，围绕某一方向、某一问题甚至某一项目积累资源，情报机构要有意识地构建自己的知识库，掌握第一手资料，形成自己的专业优势；另一方面，情报机构基于知识管理意识和思想，将自身长年积攒下来的课题成果积少成多，形成自己独特的成果数据库，既便于机构知识存档和知识管理，又便于机构知识运用，为后续智库产品开发和咨询提供经验支持。

（3）交流合作与充分的思想传播机制

成果生产与成果传播同等重要，而情报机构对后者的重视向来不够。构建充分的思想传播机制包括：一是加强同行交流合作，形成思想共同体，集结彼此的力量为一项新思想、新理念的推广提供动力；二是加强与科学共同体（大学、科研院所）的交流合作，为自己的研究积累科学知识；加强与能影响政策的其他机构的合作，为自身的政策影响力传播开拓更多渠道；三是积极参与并搭建多方对话平台。世界著名智库常常也是国际会议中心，各类国际论坛几乎都是由它们牵头主导，为它们掌握国际问题话语权创造了条件。我国智库特别是传统的情报研究机构，很多成果都处于保守封闭状态，国际交往既不充分也不深入，传播力、影响力与世界一流智库差距较大，需要勇于革新交流传播模式，依法强化信息披露、引进政府人员适当参与等制度，保障咨询研究项目的独立性，提高智库的活力，推动研究的创新思维。

（4）成果激励机制

激发情报人员的政策研究热情和活力，需要配套成果激励机制，保障研究人员的合法权益。情报机构的政策研究类产品主要包括研究报告、调研报告、政府内参、政策提案等形式，对于质量高、引起较大的社会反响、在政府政策中被引用和采纳等的成果，需要予以相应的奖励，充分肯定研究人员的工作价值和社会贡献。

5.4.3 人才保障

人才是智库和情报机构的核心财富，正因为人才如此重要，本章虽然在体制机制论述方面完全可以囊括人才的内容，但我们仍然坚持将其作为一个独立的小节来进一步强调。在战略研判和思想创新上，对情报智库人员广阔的视野、敏锐的洞察力和前瞻性的思维等方面都有较高的要求。目前我国情报机构，在人才建设方面普遍存在知识面狭窄、能力参差不齐、过于依赖机构少数资深专家、情报学教育偏"信息科学"轻"政策科学"等问题。因此，情报机构的智库建设，从宏观政策与教育环境及情报机构自身的微观环境两个视角来看，主要包括以下4个方面。

(1) 建立健全人才流动机制

发达国家的"旋转门"机制，保障了人才的流动性，而智库行业中的人才"旋转"则更为普遍。美国每届"掌门人"的更迭，都意味着大批官员的变动。每4年，从政府卸任的官员中，部分人加入到智库行业专职从事政策研究，而作为新总统竞选"智囊团"，部分智库专家则随着新一届领导班子进入政府部门担任要职。随着每4年一次的大选，美国智库最具特色的"旋转门"机制得以生生不息地流转着，智库在与权力部门之间的穿梭和流动中，逐渐成为"第五种权力"，拓展了多元力量参与决策的渠道，进一步促进了决策的科学化、民主化。当然，健全的人才流动机制，不仅仅指政府与智库之间的人员流动，还包括智库与专业机构、学术组织等其他机构的人才流动。通过人才流动机制，搭起知识与政策、知识与权力之间的桥梁，不断把有实践经验或有专业特长的人吸纳到智库队伍中来，防止决策建议过于空泛或不切实际。

(2) 建立以"谋略"为核心的服务决策的情报学教育培训体系

情报事业发达的国家，必然也是一个重视情报人才培养的国家。情报学（Intelligence Studies）、情报管理（Intelligence Management）、情报分析（Intelligence Analysis）、战略情报（Strategic Intelligence）、反情报（CounterIntelligence）等是美国传统情报专业教育的基础内容。而我国当前的情报人才培养任务，主要由"信息系""信息管理系""信息产业学系"等专业来承担，与中国情报工作实践错位严重。它们要么由传统的图书馆学换名而来，或者是为了迎合信息科学的强势兴起潮流而开设的信息类学科，且情报学作为一门独立的学科长期藏匿于图书情报档案学科之下，进行着缺乏"情报"元素的教育教学。因此，我国情报人才的培养亟待从学科定位设置、教学内容设置上拨乱反正，进行大刀阔斧的变革，建立以"谋略"为核心的服务决策的情报学教育培训体系。

(3) 情报机构的复合型人才结构队伍建设

从外部吸纳人才，通过外聘专家顾问等，来充实情报智库的专家智慧，这只是情报智库人才策略的一个次要方面。《关于加强中国特色新型智库建设的意见》明确指出，中国特色新型智库的第三条标准就是"具有一定影响的专业代表性人物和专职研究人员"，所以说，高水平的人才储备和合理的人才结构才是智库取胜的关键。公共治理问题往往涉及政治、经济、社会、民生等多个方面，需要多学科背景复合型人才队伍的支撑，既包括领域专门人才，也包括政治、法律、经济等学科人才。以德国生态研究所为例，其研究人员学科背景非常丰富，几乎覆盖了自然、技术、社会科学等多个学科，其中地理学家、律师是必不可少的。

(4) 健全情报机构的人才评价与激励机制

情报事业的智库能力提升，一方面要从人才培养开始；另一方面还需要建立合理的用人制度，包括激励与约束机制、考评机制、人才上升渠道机制等。我国情报机构主要是科研事业单位性质，从事学术研究和政策咨询服务构成了情报业务的"一体两翼"。因此，情报机构的人才评价与激励，也要从学术和服务工作实践两方面予以考评，顺应我国当前科研体制改革和职称评审制度改革的呼声和潮流，打破唯学历、唯论文、唯职称等传统的职称评审局限，结合学术水平和实际贡献，来引导情报人才发展方向和情报能力提升。

5.5 本章小结

向智库转型、成为国家重要智库是我国情报工作发展的新的战略目标。情报与智库在功能上有着天然的交叉性和互补性，无论是服务领域、服务对象，还是机构功能、工作流程和成果产出形式，情报机构与智库有着天然的契合关系，同时，对信息资源的依赖、对专家智慧的仰仗都是情报机构与智库的共同特征，情报向智库转型顺理成章，也是必然趋势。情报机构向智库转型并不是情报机构的跨界发展，而是情报机构在功能上向"参谋"的回归。但是，我们也应清晰地看到，虽然情报工作在多个方面与智库有着共性特征，但是智库致力于政策研究与咨询的历史悠久，积累了丰富的经验，而情报机构服务决策仍然处于摸索期，无论是知识积累还是成功经验上都相对匮乏。本章选取生态研究所、进步中心、人大重阳3家国内外典型智库作为案例，对智库的成功经验进行了一定的剖析，受资料获取渠道及篇幅限制，世界知名智库的成功经验无法全面呈现，在情报机构的智库转型道路上有待情报人的不断学习和探索。情报机构的智库转型固然具备了一定基础，如先期资政服务经验，丰富的信息资源储备，在信息采集、信息处理、信息管理、情报分析等方面的专长及完善的评价反馈机制等，但情报机构与智库在服务决策上还存在差距，包括理论准备不足、公共媒体和大众宣传经验匮乏、市场经验不足而思想市场竞争又异常激烈等。此外，信息垄断问题、咨询管理制度建设不健全问题，都是摆在我们面前的难题和挑战，需要加强内外部环境和能力建设。外部环境建设

新时代我国情报工作的发展

包括加强和完善我国咨询制度建设、培育和完善思想市场、完善资金保障制度等；内部环境建设包括建立成果质量控制机制、专深信息资源保障机制、交流合作与充分的思想传播机制、成果激励机制、健全的人才流动机制、人才评价激励机制等，从而推动情报机构的智库转型，为我国智库事业的发展贡献力量。

第 6 章 情报工作发展的体制承载

欲成事而随其体制，则万事之功形矣。长期以来，我国各个领域的情报工作各自为战，尚未形成满足国家安全和社会发展需求的一体化的国家情报体制和国家情报力量。新形势下，研究情报工作的总体部署和顶层治理，增强情报凝聚力和整体战斗力，是契合总体国家安全观与大情报观的必然要求。国家情报体制复杂、综合而庞大，其构建需要立足全局进行总体描绘。本章从国家情报体制包含的基础要素和框架入手，立足我国情报工作内外部环境与现实需求，借鉴国外情报体制的构建经验，探讨了具有中国特色的国家情报体制构建思路，希望能以此逐步推进我国情报工作的融合与深化。

6.1 国家情报体制的概念与重要意义

情报体制是情报工作发展到一定阶段的产物，反映了一个国家对情报工作的认识水平，同一个国家的情报实践相适应。第二次世界大战以后，美国于 1947 年成立了中央情报局，苏联于 1954 年成立了克格勃，英国于 1964 年成立了国防情报局，各国为战略决策服务的国家情报机构和国防情报机构开始形成，相继发展到了国家情报体制这一高级阶段。

6.1.1 国家情报体制的概念

根据《辞海》的解释，体制指"国家机关、企业事业单位在机构设置、领导隶属关系和管理权限划分等方面的体系、制度、方法形式等的总称"。体制既是一种组织形式的制度，也是工作方式的宏观表现；既包含了机构的组成情况（机构设置），又包含了机构的管理情况（领导隶属关系和管理权限划分）。

情报体制，即情报工作系统的组织形式，包括情报机构的组成情况和情报机构的管理情况两个方面的内容，它研究情报工作的组织系统、机构设置、建制和领导关系，以及情报机构的职能分工等。情报体制是情报工作发展到一定阶段的产物，反映了一个国家对情报工作的认识水平，同一个国家的情报实践相适应。历史上的情报体制历经了从简单到复杂，从低级到高级的过程，先后经历了临时性情报体制阶段、常设性军事情报体制阶段和国家情报体制阶段3个阶段[①]。

国家情报最早是基于军事含义的情报工作。在我国情报工作变革发展的新时期，国家情报除了军事含义外，还同时囊括了国家安全和国家发展含义。在国家安全与发展新形势下，结合现有国家情报体制定义相关研究，我们认为国家情报体制不仅仅是"由国家安全和军队行动提供情报保障的相关单位组成的系统"，而是一个国家在全国范围内统一组织、管理和协调的情报工作体制，该体制囊括了国家所有的安全情报机构、社会（民间）情报机构、情报资源机构（包括情报资源平台、文献库、图书馆、档案馆等），并通过一个中心组织统一协调管理上述机构，以最大限度地开发和利用整个国家的情报资源，不仅保障国家的安全，为国家安全、社会安全和对外战略服务，还服务于促进国家科学发展、技术发展、经济发展、文化发展、社会发展、生态环境维护等；国家情报体制不仅向国家安全保障提供情报，还向各地区各部门的政府机关、基层科研机构、生产单位提供所需情报。国家情报体制与国家情报机构的地位、情报工作运转是否科学、情报任务分工是否协调息息相关，不仅包含着体制内各机构之间的竞争，也包含着各机构之间的合作交流。

国家情报体制是情报体制发展到了最高级阶段的组织形式，它是整个国家体制的组成部分[②]，是与国家情报工作相关的单位组成的情报系统的体制，是一个宏观概念。"国家情报体制"这一概念并非"情报体制"在空间维度或范围上的延伸，而是临时性、常设性的"情报体制"在时间维度上发展到一定阶段转变为"国家情报体制"。当今世界上多数国家的情报体制都已经发展为国家情报体制，因此，有些研究直接将"情报体制"解释为"国家情报体制"，如屈健等认为情报体制"是指国家情报机构，及其内部和分工不同的各情报机构的相关隶属关系和权利划分、职能划分的表现形式、组织形式和情

---

① 高金虎.军事情报学［M］.南京：江苏人民出版社，2017：129.
② 王万，张伟伟.浅论美国现代情报体制及其发展历程［J］.新丝路，2017（12）：92-93.

报工作方式"①。王万等认为情报体制是"一个比情报机构更为宏观的国家安全概念"。

6.1.2 国家情报体制构建的重要意义

国家情报体制的构建既有利于从整体视角上把握国家情报工作,又有利于不同情报领域、不同情报部门间明确边界、消除认知差异,更有利于国家集中统一地研究决定与统筹分配情报工作任务,评估情报结果。国家情报体制的构建是为了实现国家安全和社会发展的战略目标,为了保障国家和平与发展的安全状态及社会发展的稳定状态,使情报工作在国家安全与治理方面发挥提纲挈领的作用。从战略角度来看,国家情报体制的构建有以下意义。

(1) 践行《国家情报法》的基本要求

《国家情报法》明确指出:"国家建立健全集中统一、分工协作、科学高效的国家情报体制。"②构建国家情报体制是《国家情报法》对情报工作的基本要求,是国家情报工作听从中央国家安全领导机构的统一领导,集聚国家安全力量,规划情报工作的未来发展,融合各领域情报工作的基本要求。

(2) 深化情报工作的关键环节

一方面,总体国家安全观的提出为我国情报工作向"Intelligence"方向变革提供了契机,情报工作要致力于在总体国家安全管理体系建设中发挥重要作用,在安全治理的全面性、合作性和可持续发展等方面发挥情报支持功能③。《国家情报法》进一步明确指出:"国家情报工作坚持总体国家安全观,为国家重大决策提供情报参考,为防范和化解危害国家安全的风险提供情报支持,维护国家政权、主权、统一和领土完整、人民福祉、经济社会可持续发展和国家其他重大利益。"④

总体国家安全观和《国家情报法》对国家情报工作进行了要求和定位,既凸显了当前我国的情报工作还难以满足要求的现实问题,又为我国情报工作的情报功能回归和情报工作深化提供了机遇。以总体国家安全观为指导建立国家情报体制的过程,是对国家情报工作重新认识和革新的过程;是情报工作的战略定位与历史使命在总体国家安全观

---

① 屈健,李琦.我国情报机构的变革与情报体制演变历程研究[J].情报杂志,2011,30(S1):4-7,16.

② 中华人民共和国国家情报法[N].人民日报,2017-07-14(12).

③ 杨国立,李品.总体国家安全观背景下情报工作的深化[J].情报杂志,2018,37(5):52-58,122.

④ 同②.

下重新认识和价值深化的过程；是情报工作领域从传统国家安全情报向政治情报、科技情报、社会情报、经济情报等领域拓展的过程；是更新情报工作理念，塑造新型情报文化，推动情报工作不断向专业化、工程化、智能化、系统化方向发展的关键环节。

另一方面，总体国家安全观既强调部分又强调整体。例如，习近平在中共中央政治局第十四次集体学习时强调"面对新形势新挑战，维护国家安全和社会安定，对全面深化改革、实现'两个一百年'奋斗目标、实现中华民族伟大复兴的中国梦都十分紧要。各地区各部门要各司其职、各负其责，密切配合、通力合作，勇于负责、敢于担当，形成维护国家安全和社会安定的强大合力"[①]，在中央国家安全委员会第一次会议中强调"国家安全委员会，是推进国家治理体系和治理能力现代化、实现国家长治久安的迫切要求，是全面建成小康社会、实现中华民族伟大复兴中国梦的重要保障，目的就是更好适应我国国家安全面临的新形势新任务，建立集中统一、高效权威的国家安全体制，加强对国家安全工作的领导"[②]。总体国家安全观下的情报工作活动也应将各要素关联起来形成整体。事实上，在国内外政治形势、经济形势、社会发展日益复杂的今天，情报工作所面临的挑战往往并非某一领域的个别因素起作用，很可能是多个领域多个因素共同作用的结果。这要求情报工作者在情报工作或情报研究中，既要从整体视角思考问题，提出具有全局性和战略性的解决方案，又要将相关的部门、领域、方法、问题都考虑进来。国家情报体制将为实现国家情报工作的整体把握与局部关联提供整体性、关联化的体制框架。

（3）维护国家安全的重要手段

国家情报体制是维护国家安全、保护国家利益的"一把利剑"[③]。情报是组织的认知对抗活动[④]，国内外冲突是国家情报活动的主因，在根本上决定着国家情报活动的特征、属性和强度。国家安全是一个广泛、综合的概念，所面临的威胁和挑战不仅包括暴力极端团体、跨国犯罪组织等明显对抗冲突，随着经济全球化和社会信息化的发展，还面临着经济危机、气候变化、能源竞争、科技变革、流行疾病、内部泄密等新兴安全威

---

① 习近平．坚持总体国家安全观走中国特色国家安全道路［N］．人民日报，2014-04-16（1）．
② 习近平．切实维护国家安全和社会安定［N］．人民日报，2014-04-27（1）．
③ 由鲜举．国家安全保护之利器：浅析美、俄、英情报体系和情报机构建设［J］．保密科学技术，2017（8）：14-17．
④ 赵冰峰，赵永廷．论情报的认知对抗本质［J］．情报杂志，2010，29（4）：19-21，71．

胁①。因而，国家情报工作不能只是聚焦于某一领域或只依赖单个情报机构完成，而要通过体制构建，由多个情报机构共同对各领域、各行业进行综合考虑②。国家情报体制的构建是充分了解国内外环境、敌对势力、潜在对手和威胁的前提，它不仅是维护国家安全和社会发展、展示国家力量，对抗、遏制和挫败敌对势力的保障和基石，还主导着国家的软实力。一些发达国家拥有庞大而复杂的情报体制承担国家情报工作，而我国的情报体制建设还不成熟，国家情报体制建设作为国家安全保障中具有重要支撑功能的组成部分是不可或缺的。

（4）形成共同奋斗的精神推力

"情报事务是政府活动中唯一的、高度复杂的、极为需要跨越部门与机构界限进行总体管理的领域。"③国家情报工作是一种集体行为，构建国家情报体制有利于统筹国家安全和社会发展的各行业情报工作，整体提升国家情报实践与治理的能力；有利于塑造以情报体制整体为中心的观念，为增强情报凝聚力和整体战斗力赋予了更深远的意义和更丰富的价值。

传统情报工作以情报机构为中心，军事、安全、公安、科技、外交等各行业情报工作各自为营、各为其主，不可避免地存在着地方主义、利益制约、部门林立、重复建设、资源浪费、标准化缺失、共享不畅、信息孤岛等难以克服的瓶颈问题④。单个领域、机构或部门难以满足国家安全和社会发展的现实需求，需要将各领域、各机构情报工作整合起来，以国家情报工作一体化为主体架构，以服务于国家安全治理和国家社会经济发展为总体战略目标，以中央国家安全领导机构为国家情报工作实行的统一领导，超越政治、军事、外交、安全、执法、经济、科技等单一领域情报活动的基本范畴，构建国家情报体制。

（5）促进国家情报工作的一体化、全局性、适应性发展

① 对国家情报工作的总体部署推动情报工作的一体化发展。传统的情报工作模式缺

---

① 马德辉，黄紫斐.美国《国家情报战略》的演进与国家情报工作的新变化、新特点与新趋势[J].情报杂志，2015，34（6）：1-4，11.
② 张家年，马费成.美国国家安全情报体系结构及运作的研究[J].情报理论与实践，2015，38（7）：7-14.
③ 陈奇伟，代科学，计宏亮，等.关于联合情报体系建设的几点认识[J].中国电子科学研究院学报，2015，10（1）：1-5.
④ 包昌火，马德辉，李艳.Intelligence视域下的中国情报学研究[J].情报杂志，2015，34（12）：1-6，47.

少跨界协同、合作与共享，政出多门、权力分散、机构重叠、职能交叉甚至冲突，制约了情报体制功能的发挥[①]。国家情报工作一体化是情报工作与情报部门的无缝衔接，是各领域情报工作规划、目标定位与价值建构的一致性和聚焦化，是情报工作过程的标准化、规范化，以及情报工作步调的一致性。一体化的国家情报体制建构将使情报工作从"以机构为中心"的工作模式转向"聚焦于任务"的工作模式，将情报活动从传统的部门或机构层面提升到整个国家情报工作层面，有利于使各自为政、各为其主的情报生产方式转向在情报任务、情报获取、情报处理等全过程紧密联合的生产方式；有利于整合整个国家情报的集体力量，实现多元主体协调，以及情报资源的优化布局和协同运用；有利于不同领域、不同机构间的情报合作，以及跨机构、跨领域协同意识及能力的增强。

② 对国家情报工作的顶层设计推动情报工作的全局性发展。国家情报工作跨越了军事、政治、科技、经济等涉及国家安全和社会发展的多个部门，具有层次高、范围广、形式多样等特点，需要从战略层面进行统筹规划及宏观部署，才能由分散趋于统一、有序。国家情报体制架构不完善，可能会导致权责分配不明，管理、控制和决策无依据，方案难以评估等问题，阻碍情报工作的有效运行。此外，国内外形势日益复杂的今日，影响国家安全与发展的各领域、各要素相互影响、互相关联的作用于具体的问题中，需要在国家情报体制的整体框架支撑下，从国家战略目标和使命出发，从全局角度进行指导、协调、监督、管理、控制和动态博弈。国家情报工作的顶层设计是从全局视角考虑，对国家情报工作进行整体设计、全面规划和部署，强调整体战略和规划，强调俯瞰和总揽全局。国家情报体制的构建有利于从高层次和全局视野准确识别情报体制构成要素，清楚梳理情报主体、情报资源、情报技术、情报方法等要素的相互关系，进而指导和解决情报问题，保证国家情报任务的顺利实施[②]。

③ 国家情报工作既需要相对稳定的组织结构，又需要应对复杂多变的环境挑战。例如，在非战争与冲突时期，国家之间处于和平状态，各自的情报活动虽有发生，但强度比战争与冲突时期小，而一旦国家之间对抗性增强，情报活动则协同战争与冲突形成强力补充。国家情报体制的构建有利于推动国家情报工作模式由线性向网状关联的系列动态模式转变，提高情报工作的精确性、及时性和灵活性。

---

① 江焕辉，舒洪水. 美国反恐情报变革研究：应对新问题与新挑战[J]. 情报杂志，2018，37（11）：16-22.

② 袁莉，姚乐野. 基于EA的快速响应情报体系顶层设计研究[J]. 图书情报工作，2016，60（23）：16-22.

(6) 强化情报工作的共识与融合

国家情报体制构建有利于情报工作共同体在一定时期内对情报概念、方法和技术的认知逐渐达成一种共识。目前我国情报界在情报定义、情报研究、情报工作流程、情报产品标准等方面尚未达成广泛共识，如对情报的内涵理解不一，情报研究与工作中存在较大分歧等。不仅国家情报工作一体化发展下的跨部门情报合作对情报工作共识与融合提出了更高要求，国家情报力量走向国际化、实现网络化变革、推进一体化治理、有效连接宏观战略目标与情报方法论体制，都有赖于将国家情报的项目建设、力量部署、资源调度、组织变革、系统升级、情报方法、情报工具、情报研究和教育培训、情报流程、评估管控、产品标准等统合在一个标准化的、系统化的、现代化的国家情报体制中[①]。

6.2 国外国家情报体制构建

他山之石，可以攻玉。一些国家尽管情报工作涉及范围广，情报机构间关系错综复杂，但经过多年的发展和完善，国家情报体制较为成熟稳健。这些国家情报体制的机构设置、管理模式及为适应时代和环境变化对国家情报体制进行改革和完善的经验，对我国建立国家情报体制具有借鉴意义。

美国《时代》杂志曾将世界各国情报机构以一星到四星4个等级进行评价，其中美国、苏联、以色列、英国的情报机构为四星，德国、法国、日本、中国、波兰的情报机构被评定为三星，韩国情报机构为一星。本章选取了美国、英国、俄罗斯、德国、日本5个国家情报体制作为借鉴。考虑到世界各国建立国家情报体制普遍是在第二次世界大战以后，本章对各国国家情报体制发展历程的介绍从第二次世界大战后开始。

6.2.1 美国国家情报体制

(1) 发展历程

20世纪40年代，美国建立起了现代国家情报体制，对美国维护本国安全利益及争夺和维护世界霸权发挥了重要作用。美国国家情报体制一方面跟随时代背景、国际环境和美国国内外冲突变化；另一方面针对重大安全事件所暴露出的原有情报体制弊病，经历了多次完善甚至重大改革，包括情报机构的新建、重组、精简，以及有关情报业务权限、任务等管理体制的重新调整等。

---

① 赵冰峰. 论国家情报体系的基本属性、系统运筹与对外政策 [J]. 情报杂志，2018，37（2）：1-7.

"珍珠港事件"发生后，针对美国陆军和海军情报部门彼此分离所引起的情报失误，1947年，杜鲁门总统签署颁布了《美国国家安全法》，并依照该法设立了统领各大军种的国防部、协调所有军政情报外交的最高协调机构国家安全委员会（National Security Council，NSC）[1]，并在国家安全委员会下设统筹情报工作的中央情报局。《美国国家安全法》规定中央情报局负有解答国家安全委员会情报咨询、协调美国情报界及生产国家级情报等职责[2]。该法案是世界上第一部涉及情报活动的公开立法，确定了情报活动在国家治理体系中的位置。法案的颁布及相关情报机构的设立，标志着符合美国现代政治体制和社会价值观的现代情报体制的建立。

该时期依据《美国国家安全法》建立的美国国家情报体制中，总统是最高统帅，掌握情报工作的行政管理权，指挥各级情报机构，动用各种情报资源来贯彻总统的意图，维护国家安全。国会是主要监管者，负责确保情报机构在正确履行职能、维护国家安全基础上，符合美国宪法、现行法律、行政命令及规章制度，防止情报机构权力过大、侵犯公民权利、践踏社会道德。基于三权分立，最高法院负责与情报界相关法律的解释，但由于情报工作具有较强的对外性特征，最高法院介入情报工作情况不多。总统领导的国家安全委员会，负责协助总统制定、审查和协调情报政策，对情报工作进行宏观指导，确定情报搜集的优先次序，但不负责日常情报事务。情报首长是情报工作的主要具体负责人，他是总统的首席情报顾问，负责日常情报事务，协调管理各级情报部门运作，生产国家情报，以供总统和国家安全委员会决策使用，监督指导美国情报计划的贯彻执行[3]。

美国现代国家情报体制建立初期，将苏联视为国家安全的最大威胁，国家安全规划相对简单，机构使命明确。1947—1974年，尽管国会是美国国家情报体制的主要监管者，但由于强调情报效率优先，国会对情报工作的监督缺位。"水门事件"和美国中央情报局"家庭珍宝"丑闻引发了民众对美国情报界非法活动的持续怀疑，促使国会成立特别调查委员会审查情报界非法活动，由此，美国国家情报体制内才建立起了永久性的负责情报监督的情报监督委员会。

1979年，里根以"重建中央情报局和其他安全情报机构"作为重要口号赢得总统选

---

[1] 郭烽. 影响美国情报体制改革的几个因素 [J]. 情报杂志，2005（2）：111-113.
[2] 余凯，胡小伟. 浅析美国战略决策与情报体制的优劣性 [J]. 情报杂志，2009，28（增刊1）：40-41，24.
[3] 王万，张伟伟. 浅论美国现代情报体制及其发展历程 [J]. 新丝路，2017（12）：92-93.

举,并增加情报开支,颁布总统 12333 号行政命令,支援与苏联进行新一轮冷战,美国国家情报体制得以扩大发展。

1947—1991 年的冷战时期,美国情报活动以政治情报、军事情报为主,冷战结束后,美国情报活动的目标、任务和环境有了新变化。

① 安全环境更加复杂,所面临的威胁由相对单一的来自敌对国家的安全威胁转变为来源未知的、复杂的、潜在的、多元化的安全威胁,为适应新时期新格局下的多元化情报需求,美国情报机构的主要任务由政治情报和军事情报扩展为政治情报、军事情报、经济情报、科技情报等多情报领域并重。

② 信息革命极大地改变了情报环境,成为美国情报体制改革的推动因素。随着信息技术发展,公开信息资源"爆炸式"增长,普通大众都可以获得的具有潜在情报价值的公开来源情报地位上升。据乔治·凯南透露,即便是在冷战时期,美国决策者所需要的大部分信息都可以通过分析人员利用诸如国家图书馆、档案和媒体资料而获得。有些情报专家认为,在冷战时期,情报中约有 85% 来自政府部门。如今,由于世界各国政策进一步开放,这个数字为 90%～95%。信息革命推动了美国情报体制有关公开情报研究方面的改革,如中央情报局设立了专门的搜集和分析、研究公开情报资料的情报处。

从冷战结束到"9·11"事件发生前后(1992—2001 年),面临新的环境格局,美国对于情报活动的认识产生了一些相悖的观点和争论,美国国家情报体制在曲折与矛盾中探索发展。

多元威胁 VS 谋取"和平红利"。早在 1991 年,美国中央情报局前局长科尔比就提出"苏联虽已解体,但它的继承者仍拥有大量核武器和导弹,对此必须严密监视。此外,在世界其他一些地区,我们还有很多敌人,包括恐怖主义分子、毒品贩子等。同时,我们还不得不密切注视那些秘密发展大规模杀伤性武器的国家和组织。这些都是未来情报工作的重点,都需要依靠传统的间谍活动进行。"与之相对的是,美国新兴起的孤立主义要求政府紧缩军事和情报开支,减少国际义务,谋取"和平红利"。这一诉求使该时期美国情报预算一再被削减,削减幅度高达 22%,工作岗位被裁减 23 000 多个,对此,美国情报界未能做出适应性变革[①]。而事与愿违,美国所面临的国内外恐怖主义活动越来越猖獗:1993 年美国纽约世贸中心、1995 年俄克拉荷马联邦政府大楼、1996 年沙特空军基地及 1998 年美国驻肯尼亚和坦桑尼亚大使馆爆炸案,这些"瞬间威胁"问题迫使美国情报机构扩大了工作范围。1999 年 10 月初,中央情报局局长特尼特指出,

---

① 王万,张伟伟. 浅论美国现代情报体制及其发展历程[J]. 新丝路,2017(12):92-93.

现实世界呈现出的威胁多样化，要求中央情报局必须同时面对多种挑战。特尼特认为美国情报界的任务包括：利用一切手段获取最佳情报，政治的、军事的、经济的，尤其要突出有关经济和跨国威胁方面的情报搜集和分析，打击各类外国间谍活动，广泛开展针对"硬目标"的隐蔽行动[1]。

公开情报 VS 人力情报。信息革命下，1990 年 1 月美国国务院、国防部和中央情报局联席会议做出决定：在新形势下要充分利用公开资料，利用计算机进行简化和分析。1992 年 3 月，盖茨的"情报改革计划"提出建立"公开情报协调员"，要求充分利用公开资料，从外国出版物上取材和进行分析，并指导情报人员如何利用公开情报资料，通过协调使政府部门的研究机构相互通气，形成一个整体。与之相对，美国情报机构在 1998 年印度核试验前没有发出任何预警。情报失误的主要原因是美国情报机构对公开情报和技术手段依赖过多，忽视了人力情报，导致情报优势减弱。同年 5 月，特尼特在向中央情报局高层官员的讲话中，提出改造中央情报局的突破口是秘密情报行动部[2]。

2001 年，"9·11"事件严重削弱了美国民众的政治安全感，恐怖主义威胁带给美国的钻心之痛，彻底改变了美国的安全观。反恐怖主义成为美国国家安全的首要任务。美国针对未能及时预警恐怖主义活动背后的情报失误进行了充分而深刻的反思，并对原有情报体制进行了改革。

① 从使命任务上，反恐怖主义成为美国情报机构的首要任务，如联邦调查局的工作重点由逮捕和定罪行动转向防止恐怖主义。

② 从立法支持和战略规划上，通过《爱国者法案》《情报改革与恐怖主义防止法》《国家情报战略》《国家反情报战略》等法案和战略的相继出台和实施，扩大美国情报活动和执法搜集活动的范围，推动美国情报部门的改革进程。

③ 机构组成上，2003 年成立了国土安全部协调美国的安全和情报工作，该部门是美国联邦政府规模最大的部门，融合了特勤局、海岸警卫队、海关总署、移民归化局、交通安全局等 22 个联邦机构的职责；2004 年依据《情报改革与恐怖主义防止法》在国家安全委员会中新增了国家情报总监职位，总体负责和协调各情报机关的情报工作，目标是阻止恐怖主义袭击、大规模杀伤性武器扩散、化学武器运用、毒品走私、信息基础

---

[1] 郭烽. 影响美国情报体制改革的几个因素 [J]. 情报杂志，2005（2）：111-113.
[2] 同①。

设施攻击等与国家安全相关的危险和威胁[①]。

④ 组织管理和协调上，促进情报部门联合和国家情报体制一体化，如中央情报局与联邦调查局间的跨机构合作收集和分析情报，中央情报局内部情报分析部门与情报收集部门间的合作。

1947年，美国国家情报体制内的情报工作机构仅包括中央情报局、海军情报处、陆军情报机构、联邦调查局及国务院情报机构。"9·11"事件推动了美国自1947年以来最大力度的国家情报体制改革，现今的美国情报界已经成为拥有包括国家情报总监办公室、中央情报局、8家军事情报机构及其他7家部门情报机构在内的多达17家情报机构的情报共同体。而美国国家情报体制的调整和完善并没有止步于"9·11"事件之后，当前恐怖主义、跨国犯罪、环境、毒品、走私、食品安全、移民、网络安全等非传统安全问题已经成为不同社会制度国家都必须面临的国际问题。2010年5月，美国成立网络司令部应对敌对国家和黑客的网络攻击，部署网络防御，将信息和网络安全视为国家安全的重要组成部分。2013年，斯诺登披露的"棱镜计划"揭露了美国国家安全局和联邦调查局执行大规模非法情报收集和非法监听活动，美国现代情报体制开始了新一轮改革……

(2) 美国现行国家情报体制

1) 情报机构设置及管理协调体制

经过几十年的发展演变，美国逐渐形成了由国家安全委员会统领的，由国家情报总监办公室、中央情报局2家独立情报机构，以及负责情报搜集、评估、反情报、反恐等事务的15家专业情报机构组成的情报共同体。专业情报机构中有8家军事情报机构，分别为国家地理空间情报局、国家侦查局、国家安全局、国防情报局、陆军情报机构、海军情报机构、空军情报机构、海军陆战队情报机构；7家部门情报机构分别为国土安全部及其下设的海岸警卫队情报机构、隶属于司法部的联邦调查局及侦毒局、国务院情报及研究局、隶属于能源署的情报及反情报办公室、隶属于财政部的恐怖主义及金融情报办公室。主要的情报机构如图6-1所示。

美国情报工作中具体领域的任务由相应各专业情报组织负责实施和执行，国家安全委员会、国家情报总监及其下设的国家情报副总监、国家反恐中心、国家情报委员会、中央情报局等独立情报机构对情报体制内的其他情报机构起到管理、指导或协调作用。

美国情报工作中具体领域的任务由相应各专业情报组织负责实施和执行，国家安全委员会、国家情报总监办公室、中央情报局对情报体制内的其他情报机构起到管理、指

---

① 张家年，马费成. 美国国家安全情报体系结构及运作的研究[J]. 情报理论与实践，2015，38(7): 7-14.

新时代我国情报工作的发展

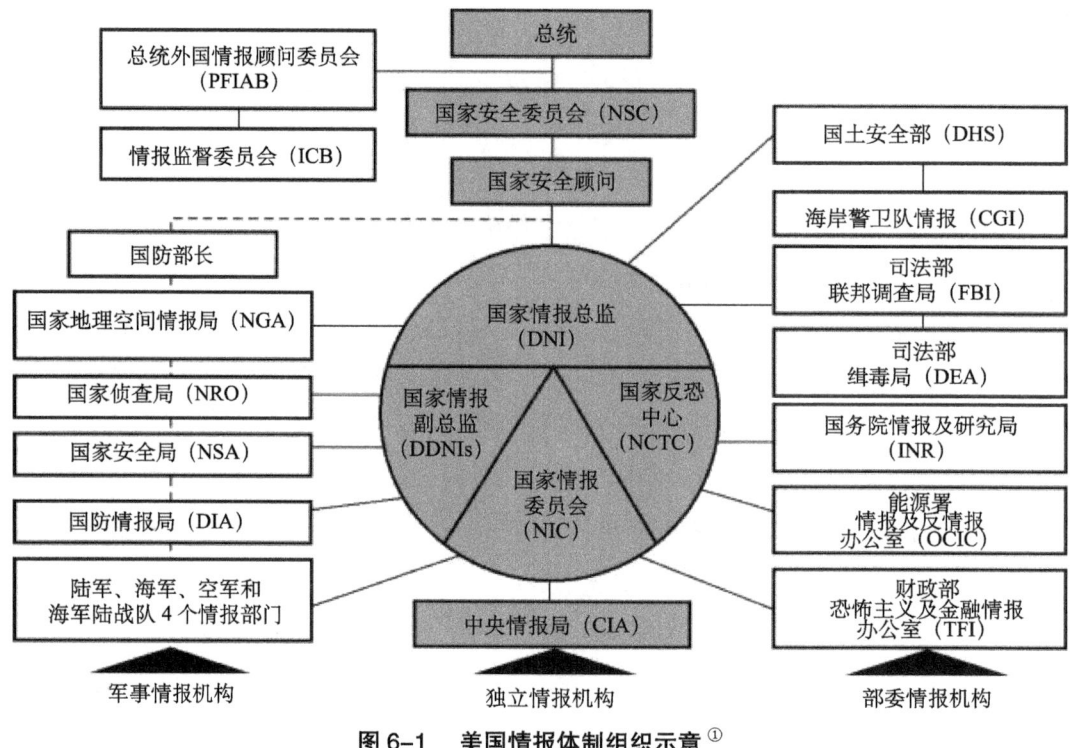

图 6-1　美国情报体制组织示意①

导或协调作用。其中，国家情报总监办公室协助国家情报总监工作，下设国家反恐怖主义中心、国家情报委员会，2007年以后新增国家情报副总监职位。相关组织、机构及个人职责和关系如下：

美国总统通过发布行政命令和指令指挥美国的情报活动。指令在不同总统任期叫法有所不同，如里根的国家安全决策指令（National Security Decision Directives）和国家安全研究指令（National Security Study Directives）、乔治 H.W. 布什的国家安全指令（National Security Directives）和国家安全评审（National Security Reviews）、克林顿的总统决策指令（Presidential Decision Directives）和总统评审指令（Presidential Review Directives）、乔治 W. 布什（小布什）的国家安全总统指令（National Security Presidential Directives）、奥巴马的总统政策指令（Presidential Policy Directives）和总统研究指令（Presidential Research Directives）②。尽管这些指令仅仅是某一届政府的产物，但只要不

---

① 张家年，马费成. 美国国家安全情报体系结构及运作的研究[J]. 情报理论与实践，2015, 38(7)：7-14.
② ［美］杰弗瑞·理查尔森. 美国情报界上、下卷（第7版）[M]. 石莉，译. 北京：金城出版社，2018：587-623.

被取消或被下一届政府的新指令所代替，都会一直具有效力。

国家安全委员会（National Security Council，NSC）负责协助总统做出有关国家内政、外交和军事重大问题的决策，以及审查、评价、指导其各项情报活动及其成果。除基本责任和义务外，还要处理包括各部门公开行动的相互协调、情报搜集工作的协调配合、变节叛国者事务、美国在海外的间谍活动和反间谍活动、信号情报、重要情报通信、图像解读相关事务。

国家情报总监（Director of National Intelligence，DNI）为整个情报系统设立主要目标和任务，与外国政府共同制定情报活动和反间谍活动的相关政策，并防止在未经授权的情况下泄露情报来源和情报活动方式。国家情报总监的权利包括：在预算方面，具有分配、拨款、机构间经费转让等权利；对重要的采购活动拥有绝对权威；在人事方面，有权单方面进行人事调动，且各情报机构及部门负责人任命需征求国家情报总监同意才有效；有权对情报机构及个人进行责任审查。

国家情报委员会（National Intelligence Council，NIC）代表国家情报总监完成预测工作。国家情报委员会下设15名国家情报官，其中9人负责包括非洲、东非、欧洲、伊朗、近东、朝鲜、俄罗斯－欧亚大陆地区、南亚及西半球9个具体国家或地区；6人负责包括网络安全、经济问题、军事问题、科学技术问题、跨国威胁及大规模杀伤性武器的扩散6个具体领域。

国家反恐中心（National Counterterrorism Center，NCTC）负责分析和整合国内外反恐信息，并将反恐信息与其他部门共享，为政府制定反恐行动战略——动用国家的一切力量抗击恐怖主义威胁，确保国家反恐目标的实现。此外，国家反恐中心还与国土安全部和联邦调查局共同参与联合反恐评估小组。

中央情报局（Central Intelligence Agency，CIA）在国家情报总监的指导下开展工作，并按要求做好美国情报系统与外国政府或国际组织的情报安全部门之间的情报与反间谍活动的实施与协调工作。

2）法律法规、行政命令及战略规划

美国的国家情报体制注重通过法律法规、行政命令与战略规划对情报工作、情报机构及个人加以指导、管理和约束。

美国的法律法规全面覆盖了国家情报工作体制的管理需要，使美国情报体制在组织架构、情报机构的设立和运行、情报机构业务、情报机构行为监管方面都有法可依。例如，美国1947年颁布了《国家安全法》，并依该法建立了美国现代国家情报体制，成立了国家安全委员会、中央情报局等情报机构；"9·11"事件后，美国颁布《情报改革与恐怖主义防止法》，并依该法在国家安全委员会中新增国家情报总监职位促进情报部门联合；《中央情报局法》《国家安全局法》《外国情报监视法》《爱国者法案》《国内侦查工作新准则》《保护美国法》等为美国国家情报机构的反情报、隐蔽行动赋予了法律上的依据和权限；《情报监督法》《情报授权法》等对情报机构及个人的情报活动进行授权的同时，对情报机构与个人的权力进行法律约束和限制。

情报界指令为美国情报界提供广泛的政策性指导，包括《情报界指令》《情报界政策备忘录》《情报界政策指南》。其中《情报界政策备忘录》在《情报界指令》之前发布，旨在为情报系统提供在统一问题上的政策导向。《情报界政策指南》是《情报界指令》的附带内容，提供了更详尽的执行信息。例如，里根总统1981年签署的第12333号指令对国家情报工作范畴进行了描述，是对美国情报界的组织机构、构成、责任进行的最权威的声明。

战略规划文件为美国情报部门未来一段时期的发展方向、发展路径、困难、挑战给出了回答。例如，在维护美国世界霸权这一总战略目标下，不同时期发布的《美国国家安全战略》给出了差异性的具体任务和策略，《国家情报战略》和《国家反情报战略》是各个阶段美国情报界的最高战略规划，旨在指导、协调美国情报界的整体运行。

3）情报教育和情报人才的培养

美国情报界对情报教育的构建不仅包含与情报机构相对应建立的情报培训大学，如美国中央情报局大学，而且在普通大学里也开展了情报学教育，如西弗吉尼亚大学等。张家年等对目前美国国家安全情报教育的框架体系进行了梳理，由图6-2可以看出，美国的情报人才培养既能满足国家战略决策对情报人才的需求，也能覆盖国家在军事、安全、外交、科技、经济等专业情报领域的人才需求，并且专业情报机构参与到人才培养中，有助于人才培养与现实工作需求相结合。

4）企业和智库力量

企业和智库也是美国国家情报体制中的重要力量。

企业参与方面，中央情报局通过下属的国家风险投资公司大规模对所需关键技术的相关企业进行投资，进而占领技术制高点。例如，其对硅谷相关企业持续10年的投资使中央情报局等国家情报机构成功掌握了与国家情报融合发展有关的人工智能技术领域一系列技术，覆盖情报产品上游的信息智能监测、中游的信息智能处理、下游的信息智能应用与决策，AI技术云平台等。此外，中央情报局还通过购买亚马逊的计算机云端系统，使用该系统分析情报、处理和分析大数据。

第6章 情报工作发展的体制承载

智库参与方面，随着公开情报分析研究的任务日益繁重，美国情报机构提出把一部分工作委托给民间研究机构来做，美国情报界以中央情报局为主逐渐扩大与民间机构的合作。美国有许多研究机构、智库在从事范围广泛的公开情报研究活动，它们一方面受委托于政府的某些部门；另一方面也受各情报机构的委托，带有某种半官方性质，如著名的兰德公司、赫德森研究所、海军分析研究中心、全国战略情报中心等。他们以专业、精准、全面的情报产品左右着美国政治、经济、社会、军事、外交、科技等方面的重大决策，被一些学者视为继立法、行政和司法之后的"第四部门"①。

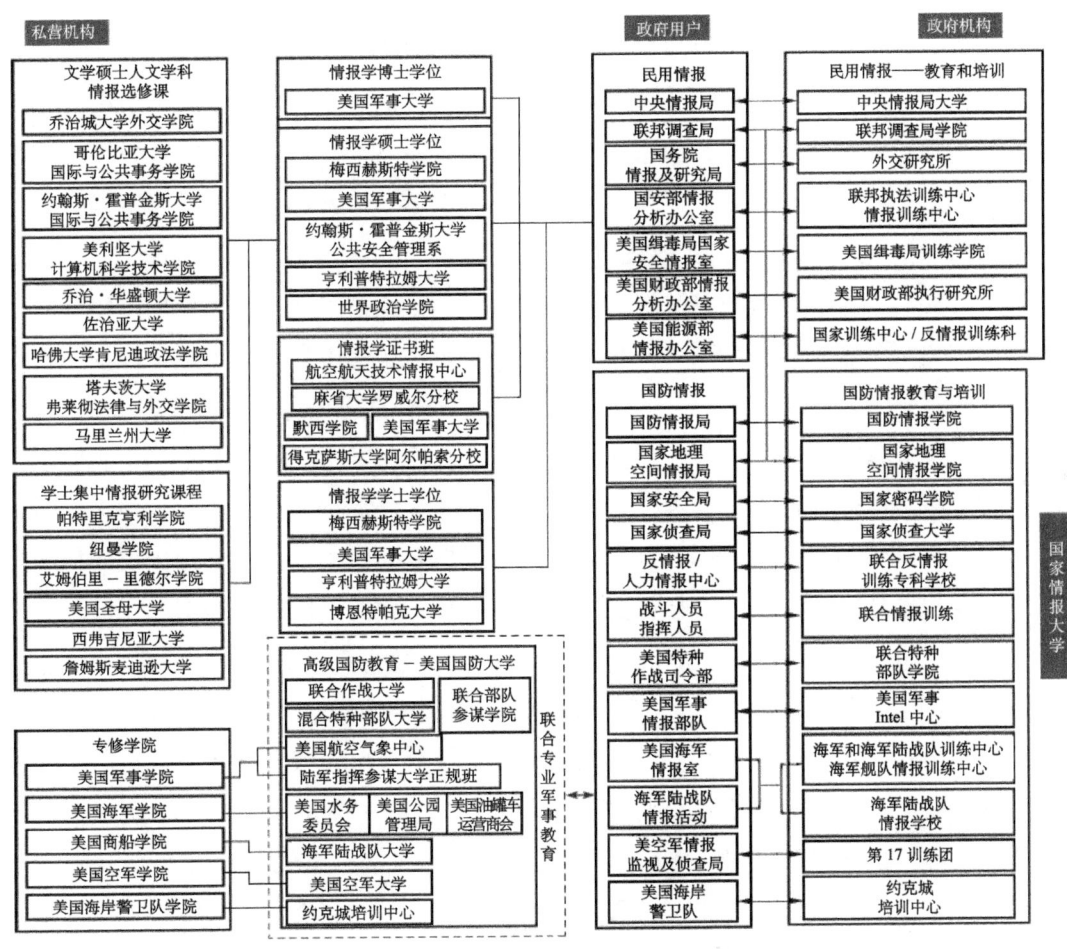

图6-2 美国情报教育和人才培养机构示意②

---

① 郭烽.影响美国情报体制改革的几个因素[J].情报杂志，2005（2）：111-113.
② 张家年，马费成.美国国家安全情报体系结构及运作的研究[J].情报理论与实践，2015,38(7)：7-14.

6.2.2 英国国家情报体制

(1) 发展历程

第二次世界大战之后，英国国家情报工作曾面临经费及规模缩减的不利局面。英国情报史学家理查德·迪肯（Richard Deacon）曾指出在当时"在某些人中有一种错误的倾向，他们认为英国不再是个大国，因此不太需要情报机构甚至反间谍机构了"。[①]

秘密情报局（军情六处）从战时转入和平时期后管理混乱，将隐蔽行动当作自己的主要武器[②]，并与美国中央情报局联合展开了多次行动，如意图推翻阿尔巴尼亚政府、伊朗政府的政变，对驻维也纳和柏林的苏军通信进行监听等。和平时期，情报机构的隐蔽行动一旦泄露会引发政治风波。1956年，秘密情报局在苏联领导人赫鲁晓夫访问英国期间派遣水下破坏专家执行秘密任务，引起了强烈的政治风暴。压力之下，英国政府命令对情报机构进行大改组。秘密情报局新的情报局长迪克·怀特上任后，规定秘密情报局任务并非破坏和暗杀。1964年，为创立统一的国防部，分散在各军中的军事情报机构与联合情报局被改组为国防情报参谋部。

冷战开始后，英国政府一改以往对情报机构的不信任情绪，开始重用情报机构。但英国情报界内部的不和状况影响了情报工作的开展，如秘密情报局多次阻碍保安局到自己的地盘寻找线索，保安局指出其工作经常受到外交部和秘密情报局的阻挠。

此外，英国情报文化中保守、重视保密的特点也给英国情报工作带来了不利影响。保守机密被视为英国情报工作的第一要务，历届英国政府都全力维护这一情报传统，认为公开讨论情报事物对国家不利，且不允许公开情报界的战绩。这一文化传统使得政府独揽国家情报工作的主导权，议会和公众只能相信政府和情报机构。但第二次世界大战后英国发生了一系列间谍叛逃、争议和情报失误事件，如"剑桥五人圈"的暴露与叛逃、"挖鼹鼠"运动、马岛战争的爆发，严重地挑战了英国的保密传统。上述事件引发了议会和公众对情报工作的持续关注，迫使政府出台了《情报机构法》《保安局法》《调查权力规则法》《通信监听法》《数据保护法》《信息自由法》等一系列法律，从法律上对情报机构的隶属关系、职责范围、情报工作权限等进行了规范。1991年，英国首次公开宣布了情报机构首脑的任命；1992年，英国首相约翰·梅杰在议会发言时首次公开承认了秘密情报局，并公开了秘密情报局局长的名字；1993年，英国政府出版《公开政府》白

---

① 理查德·迪肯. 英国谍报史 [M]. 乐爱妹, 陈轶, 等译. 北京：世界知识出版社，1983：449-450.
② 王谦. 英国情报组织揭秘 [M]. 北京：时事出版社，2016：71-72.

皮书，保证增加情报机构的透明度，并于同年 11 月首次公开了部分情报机构的预算[①]。经过一系列情报体制改革举措，情报机构的职能、建设、行动得到了法律的规定和约束，英国情报体制的法制化建设跨上了新台阶。

冷战结束后，英国情报工作环境发生了变化，英国情报体制发展也从以下 3 个方面发生了变化。

① 国际形势缓下，来自其他国家的传统安全威胁下降，恐怖主义、大规模杀伤性武器扩散、传染病、网络攻击、非法贸易、贩毒、洗钱、非法移民等非传统安全威胁上升。英国情报体制针对机构设置和人员编制进行了优化，将部分机构合并改组，对原有的冗余人员进行了裁减，并新增了能够满足情报需求多元化发展的新部门，如冷战后建立的互联网侦查中心。

② 以信息技术为先导的高新技术的应用极大地改变了情报工作条件，情报工作的手段、流程、精度优化，为英国情报体制转型提供了机遇。

③ 交通部安全司、民用核安全办公室、卫生防护站等专业情报机构利用各自在专业领域的优势，在国家情报工作中也发挥了重要作用。

2003 年的"情报门"事件暴露出了英国情报体制的"政治化"特点和情报体制管理和流程上的漏洞——当时的英国联合情报委员会已经不是一个客观、公正、中立的情报分析机构，而沦为为政府制定政策进行辩护的工具。情报产品没有经过专业的评估和审查，情报体制不能提供客观的情报产品和建议。

2017 年英国本土发生多起恐怖主义袭击。3 月 22 日，英国伦敦议会大厦外发生恐怖主义袭击事件，导致 5 人死亡，约 40 人受伤；5 月 22 日，英国曼彻斯特体育场发生"自杀式"爆炸恐怖主义事件，至少 22 人死亡，60 多人受伤；6 月 3 日，伦敦泰晤士河上的伦敦桥及附近发生恐怖主义袭击事件，造成 7 人死亡，40 多人受伤；6 月 19 日伦敦北区一座清真寺附近发生恐怖主义袭击事件，造成 1 人死亡，10 人受伤；9 月 15 日，伦敦穿越城区的地铁帕森·格林站（Parsons Green）内车厢内发生爆炸，造成 29 人受伤。肖军在分析原因时指出：一是英国的情报政治化抬头是对情报体系平衡的破坏；二是英国目前在处理情报与个人隐私关系方面的做法尚存欠缺，导致了反恐进程受阻，给情报体制工作流程中的收集环节带来了挑战；三是英国情报体制中的协调关系和合作进程受阻，警察机构和情报机构之间的关注点不同，合作存在障碍，也缺乏相互信赖……[②] 这

---

① 王谦. 英国情报组织揭秘［M］. 北京：时事出版社，2016：79-80.
② 肖军. 英国国家情报体系构建及反恐应用启示［J］. 中国刑警学院学报，2019（1）：36-44.

些既是英国情报工作未能有效遏制恐怖主义袭击事件的原因,也是英国情报体制建设的不足与所面临的挑战。

(2)英国现行国家情报体制

1)情报机构设置

当前,英国国家情报体制中最为核心的情报机构是保安局、秘密情报局和政府通信总部,三者号称英国情报机构的"三驾马车"[①],此外还有国防情报参谋部、都市警察局、高级研究机构与工业情报中心等。

保安局(Security Service,S.S)是英国政府负责对内情报的龙头,由于第一次世界大战时期为陆军部第五军事情报局,又称军情五局(Military Intelligence Section 5,MI5)。保安局由内政部领导,是一个以国内安全为主要任务的反情报与反间谍机构,《英国保安局法》第1条规定,保安局的职责是"维护国家安全,特别是要对付间谍活动、恐怖主义和破坏活动构成的威胁;外国代理人的活动;通过政治、经济或暴力手段阴谋推翻或破坏议会民主制的活动"[②]。保安局内设联合恐怖分析中心(Joint Terrorism Analysis Centre)负责分析和评估国内外与国际恐怖主义相关的情报。它设定威胁级别,为政府部门和机构提供威胁和其他与恐怖主义相关方面的预警、恐怖主义发展趋势、恐怖网络和能力的深度报道。

秘密情报局(Secret Intelligence Service,SIS),是英国政府负责对外情报的主导者,如在国外进行情报间谍活动,打入敌对国的组织内部进行策反、招募等。第一次世界大战时期为陆军部第六军事情报组织C处,第二次世界大战时期为方便与军情五局在组织上联络,被称为军情六局(Military Intelligence Section 6,MI6)并广泛流传至今。秘密情报局由外交与联邦事务部领导,并受国会、内阁大臣和法律的监督,《英国情报机构法》第1条规定秘密情报局"负责在海外搜集秘密情报的主要范围为:与英国的国家安全相关(尤其是各国的国防和外交政策);与英国的经济利益相关;预防和侦测重大犯罪"。秘密情报局是英国唯一可以在海外使用非常规手段搜集情报的机构。近年来,英国一些大公司也可以根据需要申请收到与其事务有关的秘密情报局的情报产品。

政府通信总部(Government Communications Head Quarters)专门负责英国的信号情

---

① 刘诚. 英国情报部门有哪些[EB/OL].[2019-08-01].https://baike.baidu.com/reference/2976415/9524Htul77lFCrShZ3BWqj1CcetmtOJ0TtdQJYU7whN4SfTlhUKimgnzMcTQGqxXcWvWDMIOiRXLB19NjPyIo2goUF3sGl_qjskgK_i6t3UElAI.

② 王谦. 英国情报组织揭秘[M]. 北京:时事出版社,2016:102-144.

报工作。政府通信总部由外交与联邦事务部领导,通过电子装置对其他国家的秘密活动进行远距离的监视和监听,《英国情报机构法》第 3 条规定,政府通信总部的主要职责是对电磁、声学和其他发射信号进行监听或截收,并提供从这些信号及密码材料中分析出的情报;为技术性术语、密码系统和其他信息保护事务提供建议和支援。政府通信总部下设的"电信维修服务队"实际上是个反情报机构,负责对内阁各办公室、各情报分站、英国驻外使馆,以及其他可能被敌方安装窃听器的敌方进行反窃听检查,还负责监听、破译外国外交和军事方面的密码。政府通信总部认为其在情报工作上获得的成功依赖于具有技术上的优势并保持,大多数情况下,政府通信总部绝不会公开其运转方式与工作方法。

国防情报参谋部(Defense Intelligence Staff)相当于英国军队的中央情报机构,与陆、海、空三军参谋部并列直属于国防部。国防情报参谋部由国防部领导,负责"为国防部、军队和其他政府机构提供及时的情报产品、评估和建议,以及与军事相关的政治和经济情报;为北约和欧盟提供情报评估;与盟国相关机构进行合作并对其他国际组织进行情报支援"。国防情报参谋部的情报分析产品主要包括地区型、主题型、功能型、科学与技术型 4 种形式。国防情报参谋长对军方包括支援军事行动在内的所有情报机构进行战略指导。除了情报生产以外,国防情报参谋部还通过其下设的国防情报学院向情报人员提供国防安全、情报、语言和影像等方面的情报训练。

都市警察局又被称为苏格兰场(Scotland Yard),并非严格意义上的情报机构,因为它不仅行使情报职能,还具有执法权,但它的情报支援在维护英国稳定和反恐等方面发挥了重要作用。2000 年的《英国反恐法》规定了警察在反恐过程中的权力,2002 年的《英国警察改革法》将"国家情报模式"列入英国国家警务计划,代表都市警察局早已朝着情报趋向型机构发展。都市警察局由内政部领导,其主要任务是担任王室成员、政府重要人物、来访贵宾及外国使领馆的安全保卫工作,并负责监视港口、机场及进入英国的外来人员,审查申请加入英国国籍的人员,侦察颠覆性组织,进行反恐等。"9·11"事件后,都市警察局特勤处与保安局展开密切合作,充当保安局的反恐情报提供者和执行者。

工业情报中心是专门搜集外国工业情报的机构。它与秘密情报局共同工作,但享有很大的自主权,可以直接向首相报告。工业情报中心负责监视潜在敌人的工业能力和发展情况,利用诸如贸易统计表、进出口统计数字、公司介绍等公开资料,以及秘密情报局的分析材料判断情况[1]。

英国还拥有提供战略情报分析的高级研究机构,其中较有代表性的研究机构包括

---

① 杜彬. 浅谈英国的情报体制[J]. 中国科技投资,2012(24):213.

伦敦国际战略研究所（International Institute for Strategic Studies）、皇家国际事务研究所（Royal Institute of International Affairs）、皇家三军联合防务研究所（Royal United Services Institute for Defense Studies）、中东欧军民关系互联网资源中心（Civil-Military Relations in Central and Eastern Europe Internet Resource Center，CMR）、简式信息集团（Jane's Information Group，JIG）等。

2）管理协调体制

英国的情报常设委员会作为情报管理与协调机构，向各情报机构发布需求任务、评估情报产品、对各机构的情报工作和行为进行监督与审查，通过委员会的管理协调体制促进各情报机构之间的资源共享、情报生产合作、情报产品竞争等（图6-3）。

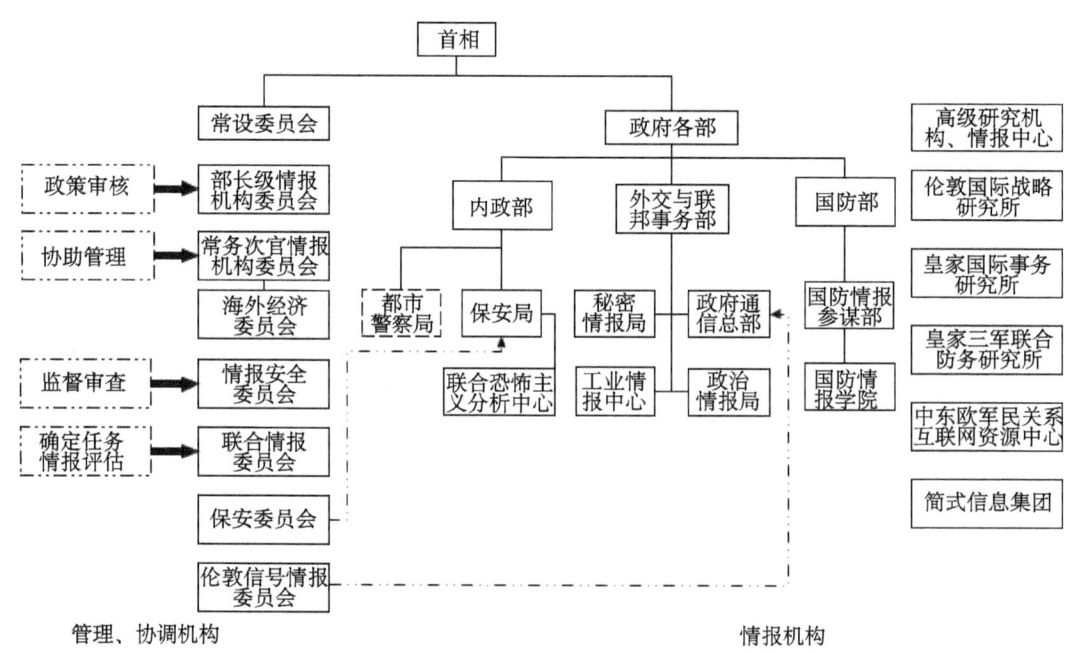

图6-3 英国情报体制组织示意

主要的情报管理与协调机构包括部长级情报机构委员会、常务次官情报机构委员会、情报安全委员会、联合情报委员会。主要的与情报体制协调管理有关的委员会及职责如下：

部长级情报机构委员会（Ministerial Committee on the Intelligence Services，MCIS）的主要职责是审核有关情报机构的政策。该委员会的主席由首相担任，成员包括副首相、内政大臣、国防大臣、外交与联邦事务大臣、财政大臣。其中首相负总责，内政大臣负责保安局，外交与联邦事务大臣负责秘密情报局和政府通信总部，国防大臣负责国防情报局。

常务次官情报机构委员会（Permanent Secretaries' Committee on the Intelligence Services，PSCIS）的主要职责是协助各部门的主官管理各个情报机构，包括监督情报机构的年度经费预案，确定情报需求，制订情报管理计划，定期就情报机构活动方案及搜集要求提出建议等。该委员会主席由内阁秘书长担任，成员有外交与联邦事务部、国防部、财政部、内政部等各部主管情报的常务次官。各情报机构的计划和常务次官情报机构委员会的建议将呈送部长级情报机构委员会，由部长级情报机构委员会通过投票达成一致意见。

情报安全委员会（Intelligence Security Committee，ISC）成立于1994年，由首相领导。权利在2003年《司法与安全法案》颁布后得到了加强。情报安全委员会主要负责监督情报机构的政策、经费支出、业务管理及运行情况，保安局、秘密情报局、政府通信总部是情报安全委员会的主要监督对象。此外，根据2018年度该委员会向首相呈报的年报显示，该委员会还审查了同为内阁办公室的联合情报委员会、国防部的国防情报参谋部、内政部的联合恐怖主义分析中心[1]。委员会还定期向首相提交年度报告或临时性调查报告，如近期《催促政府尽快允许华为参与5G建设》的报告就来自情报安全委员会。

联合情报委员会（Joint Intelligence Committee，JIC）是英国情报管理与协调体制中确定情报搜集任务、进行情报评估、发展英国情报体制分析能力的主导机构。联合情报委员会的评估人员包括从各个专业部门借调的专业人员。该机构评估和分析内容主要有：起草英国当前关注问题的评估，包括有关国家安全、国防和对外事务等方面的近期和远期的跨部门评估；召集各情报机构及其用户对情报需求优先次序进行确定，如对英国利益威胁的警告及需要监测的存在不稳定风险的国家，包括对恐怖主义、大规模杀伤性武器扩散，以及其他对英国领土完整造成损害的海外威胁进行优先次序的确定。此外，联合情报委员会还定期对各情报机构是否满足情报需求进行审查[2]。

海外经济委员会是最高的经济情报分析组织，成员包括保安局、秘密情报局、国防

---

[1] The Rt Hon.Dominic Grieve qc mp.Intelligence and security committee of parliament annual report 2017–2018 [EB/OL]. [2019-08-02]. https://assets.publishing.service.gov.uk/government/uploads/system/uploads/attachment_data/file/772726/HC1692_ISC_Annual_Report_2017_18.pdf.

[2] Joint intelligence organisation [EB/OL]. [2019-08-02]. https://www.gov.uk/government/groups/joint-intelligence-organisation.

情报参谋部、政府通信总部、外贸工业部和能源部的领导及高级官员。其任务是根据英国和北约各情报机构提供的情报，参照报刊公开资料，做出经济情报分析，向常务次官情报委员会提供①。

除上述协调跨机构关系的主要协调机构外，还有伦敦信号情报委员会负责指导政府通信总部；保安委员会负责指导保安局的反间谍活动，并掌握对所有接触机密的文职官员进行全面审查的政策；秘密情报局与保安局还就反情报行动方面联手建立了联合委员会，调查国外情报机构对英国的渗透情况。

3）法律规范与监督体制

在法律规范方面，英国认为国家情报工作需要在政治上保持中立，情报机构不偏袒任何政治党派，政府也不得出于政治党派原因指示情报机构采取任何行动，与情报体制相关的法律往往有确保情报机构不能有党派倾向的内容。由于历史、文化、制度等一系列原因，20世纪80年代后英国议会才通过一系列法律对情报机构的活动进行规范。《保安局法》《情报机构法》《调查权力规则法》为保安局、秘密情报局、政府通信总部的设立奠定了法律基础，为这些机构规定了任务、责任、限制与受监督情况。例如，《情报机构法》规定秘密情报局受外交与联邦事务大臣的限制，并受到国会、内阁大臣和法律的监督；再如，政府通信总部只能出于保卫国家安全、维护国家经济利益、预防和侦测重大犯罪原因履行职责才是合法的，只有在有助于刑事工作展开的情况下才能公开情报。此外，秘密情报局是英国唯一依据法律可以在海外使用非常规手段搜集情报的机构。

议会和司法依据法律对情报机构活动进行规范，如政府通信总部受英国国会和高级司法官员的严格监督，其工作在欧洲人权公约的框架范围内进行。但由于情报活动通常的秘密性及司法判决的被动型、事后性，英国议会和司法对情报机构活动的监督并非直接的、通常的监督。英国议会需要通过情报安全委员会对情报机构进行间接监察，司法也很少发挥事前防范性监督的作用，而是派遣专员对情报机构进行监督。

在行政监督方面，情报机构不仅接受首相和上级部门的监督和管理，还接受委员会的监督和协调管理。例如，情报安全委员会主要负责监督情报机构的政策、经费支出、业务管理及运行情况，2018年度该委员会审查了保安局、秘密情报局、政府通信总部、国防情报参谋部、联合恐怖主义分析中心，以及同为内阁办公室的联合情报委员会。联合情报委员会在计划与执行结果评估方面既行使管理与协调权利，也行使监督权利，如

---

① 杜彬.浅谈英国的情报体制[J].中国科技投资，2012（24）：213.

国防情报参谋部接受两个渠道的情报指挥及监督，一个渠道是军方的总参谋长和国防部常务次官；另一个渠道是内阁办公室确定情报要求、搜集内容，并制定计划的联合情报委员会。再如，联合恐怖主义分析中心，它的上级单位是保安局，该中心主任对保安局局长负责，保安局局长要向联合情报委员会汇报联合恐怖主义分析中心的活动情况。

在社会监督方面。英国的社会监督主要依靠大众传媒和公众舆论两种方式。虽然由于保密和技术限制等原因，社会监督难以对情报机构施加影响，但在"剑桥五人圈"事件、情报门事件暴露出情报失误时，英国媒体和公众针对情报体制中的弊端发出了改革呼声，舆论压力对英国情报体制改革和相关法案的通过或修改完善起到了推动作用。

6.2.3 德国国家情报体制

（1）发展历程

第二次世界大战结束后不久，德国在东西方阵营对抗下分裂为德意志联邦共和国（简称"联邦德国"）和德意志民主共和国（简称"民主德国"）。民主德国的国家安全部和联邦德国的联保情报局分别接受苏联和美国情报机构的业务指导，以间谍与反间谍工作为重要职能。

冷战结束后，民主德国和联邦德国统一。德国情报体制基本上沿用了联邦德国的情报体制架构，并在新的国内外形势和环境下对原有体制进行了调整。统一后的德国将国家战略目标转变为凭借经济实力主宰欧洲，为谋求政治上的大国地位做准备。德国国家情报顺应国家战略目标的转变，增加了针对非传统安全领域的情报工作[①]。

随着国内外形势的发展变化，德国的情报工作理念也发生了转变，对原有国家情报工作的调整与改革也接踵而至，在情报体制方面的改革主要有以下3个方面：

① 任务方面。反恐成为21世纪德国情报工作的重要任务。由于在"9·11"事件中驾机撞击世贸中心北楼的阿塔伊被怀疑曾是某极端组织在德国的创建者，19名劫机者中有3人曾在德国留学，部分行动经费也是从德国汇出的，因此"9·11"事件对德国产生了很大的冲击和影响，而能否确保德国本土免遭恐怖袭击，成为衡量德国情报工作成败的重要标准。在此情况下，德国情报机构加强了针对西亚、北非等地区第三世界国家的情报工作，并根据反恐行动的需要，有针对性地招募专业人才，包括外语、金融、信息技术等方面的人才，以加强情报搜集和分析力量[②]。

---

① 綦甲福，赵彦，朱宇博，等. 德国情报组织揭秘[M]. 北京：时事出版社，2013：45-66.
② 王涛. 解读德国情报工作建设[J]. 现代军事，2016（6）：50-54.

②职责和权利方面。为促进情报机构更有效地开展工作，德国拓宽了情报的搜集范围，并通过对《联邦情报局法》《军事反间谍法》《联邦宪法保护法》等涉及情报工作的法律进行了适当修改和调整，赋予了情报机构更大的职权。

③组织协调方面。德国加强了情报机构间的合作及情报的统一管理，进行了一系列有助于提高情报工作中交流共享与协作统一的调整和尝试。例如，德国放宽了各情报机构之间信息交流的限制，将大部分情报信息资源进行联网，并就共同应对国际恐怖主义和跨国犯罪等安全威胁问题，加强了德国情报机构同欧盟、美国、俄罗斯、英国等情报机构的合作与交流。再如，德国内务部效仿美国国家安全局和英国政府通信总部的做法，建立了中枢性的信号情报监控机构，专门进行信号情报的搜集和管理；联邦情报局于2008年以优化情报获取和情报处理两个领域的合作为目的进行了机构改革和编制调整。

（2）德国国家情报体制

1）情报机构设置

当前德国国家情报体制中，"集中控制"的统领机构是联邦安全委员会，"分散实施"的国家级情报机构主要是联邦情报局、联邦宪法保卫局、军事反间谍局、联邦刑事警察局及国防部情报系统下的各机构[①]，联邦情报局、联邦宪法保卫局、军事反间谍局是德国情报机构的核心成员，联邦刑事警察局、国防部情报系统下的各机构承担一定的情报任务，如图6-4所示，其中虚线表示协调关系。除了上述国家情报机构外，德国还拥有一些情报研究机构为德国的外交、安全、科技及经济提供情报和政策建议。例如，德国国际政治与安全研究所为德国的外交和安全政策提供建议，卡尔斯鲁厄专业情报中心（FI-ZKarlsruhe，又称第4号专业情报中心）是德国能源、数学、物理、航空航天等领域的专业情报中心。

联邦安全委员会全面协调德国各情报机构，是德国情报机构的统领机构，它不仅是德国安全政策的最高机关，还是最重要的联邦内阁委员会，不受任何监督（包括议会监督）。该委员会主席由总理担任，负责研讨和确定德国国家情报工作的重点、研究德国情报机构提交的报告、处理关系国家安全的重大问题。委员会会议议题涉及与国家安全有关的各个领域问题，委员会正式成员覆盖与之相关的各领域政府部门，包括国务部长、外交部长、国防部长、内政部长、财政部长、经济部长、司法部长、经济合作与发展部长，甚至还可根据议题需要吸收其他部长参加会议。

---

① 綦甲福，赵彦，朱宇博，等. 德国情报组织揭秘［M］. 北京：时事出版社，2013：45-66.

第6章 情报工作发展的体制承载

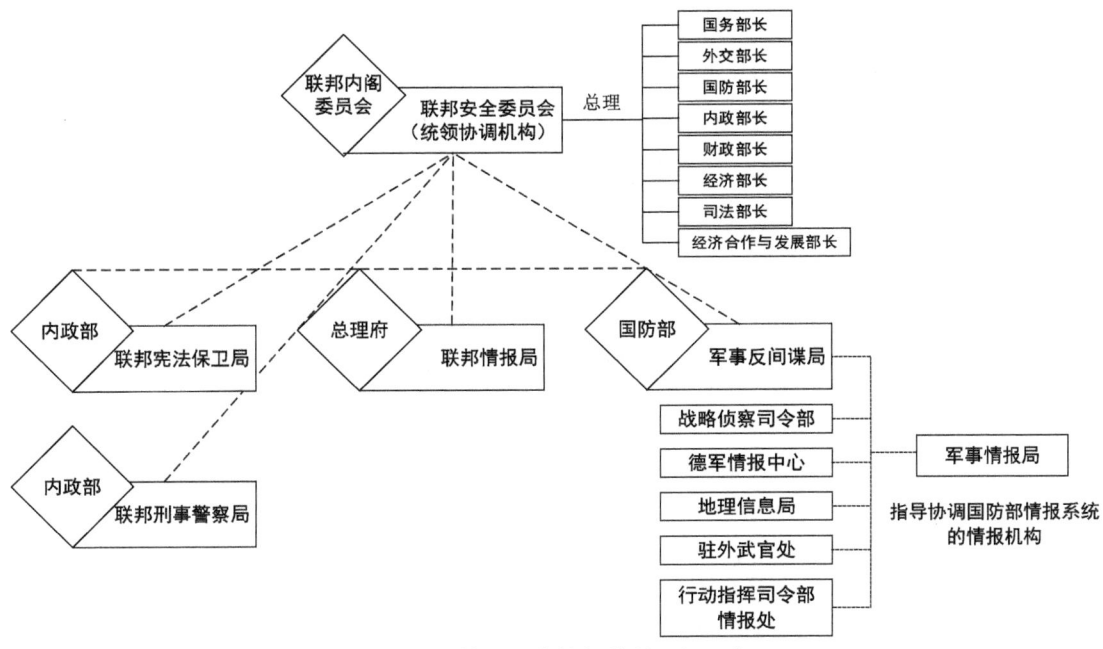

图 6-4 德国国家情报体制组织示意

联邦情报局（Bundes Nachrichten Dienst，BND）建立于1956年，是当时的联邦德国按照美国中央情报局的意图和模式建立的。联邦情报局由联邦总理府领导，直接对总理负责，主要任务是在全球范围内搜集、评估涉及德国安全利益的情报，包括政治、军事、科技和经济等情报，情报产品向总理、外交部、国防部、经济部及内政部等政府部门和议员提供，被称为德国"政府的预警系统"。联邦情报局不仅同军事情报机构、联邦宪法保卫局建立密切联系，而且还同美国中央情报局和北约国家的情报机构建立业务联系和进行情报交流。

联邦宪法保卫局（Bundesamt fur Verfassungsschutz，BfV）隶属于内政部，是根据联邦宪法设置的国内情报机构，主要负责国内的反恐、防颠覆活动和反间谍活动等。职能包括：搜集、分析和评估有关违宪活动、极端主义的消息，以及其他反民主或威胁到联邦德国声望、安全及存在的政治活动；针对政治、经济、科学技术、军事等进行反间谍活动；保护国家的秘密、机密材料，使其免受不友好的间谍机构、利益集团及个人侵扰。联邦宪法保卫局在获取情报时拥有以下权利：权力机关和其他联邦机关有义务向其提供所有与保护国家安全和宪法有关的材料；该局有权向任何部门索要有关具体人和事情的情况资料，并可查看各部门资料库而无须说明理由；有权使用现有人力情报。

军事反间谍局（Militarischer Abschirmdienst，MAD）隶属于国防部，是德国最高军事情报和反间谍机关，任务是在联邦国防部业务范围内履行宪法保卫机关的职责，保卫军事安全，保证联邦国防军的作战状态。根据《军事反间谍局法》，其核心职责是为防止极端分子和恐怖分子的间谍活动和破坏活动，对情报进行搜集及分析；依据《安全检查法》进行安全检查。此外，为保护设施目标安全，从事技术安全防护顾问工作；基于联邦国防军的任务扩展，参与国外作战任务，其驻外反间谍工作包括一切威胁部队安全的活动。联邦宪法保护培训学校的军事部分隶属于军事反间谍局，负责相关人员的培训和进修。

国防部情报系统的基本任务是为军事和政治决策提供情报保障，由国防部副总检察长作为行政主管，下设军事情报局负责对全军各情报部门进行业务指导，战略侦察司令部、德军情报中心、地理信息局、行动指挥司令部情报处、驻外武官处和军事反间谍局是侦查工作的具体实施单位。

2）管理协调体制

随着国际形势和国内外安全政策的发展变化，德国情报界秉持"互联安全观念"，采取"集中控制—分散实施—议会监督"的情报体制模式，各部门共同行动，兼顾各方观点，力求达到全面、整体甚至是全球性的安全认知。联邦安全委员会是"集中控制"的统领机构，联邦情报局、联邦宪法保卫局、军事反间谍局、联邦刑事警察局，以及国防部情报系统下的各机构"分散实施"，既有竞争关系，又相互合作。

联邦安全委员会研究讨论、确定国家情报工作的重点和总体方向，并责成联邦总理府国务秘书协调各安全机构的工作。联邦总理府协调联邦情报机构间的合作，以及协调其他部门机关开展跨职权范围的合作（图6-5）。联邦情报局、联邦宪法保卫局、国防部系统的情报机构作为国家情报体制的三大主体，互不隶属、独立运行，根据自身的职责划分履行各自的情报任务，三者分散实施但相互之间进行着多层次多种类的合作。例如，联邦情报局和国防部情报系统根据联邦总理府与联邦国防部签署的《联邦情报局与联邦国防军合作的框架协议》分工合作，情报共享，国防部情报系统向联邦情报局提供军事及战术情报，联邦情报局有义务应国防部和国防军要求承担归口形势判断任务，联邦情报局的业务人员与国防军不同军种间进行定期轮换和双向选择；军事反间谍局与联邦宪法保卫局相互提供线索；当国外恐怖主义组织成员进入德国境内，联邦情报局（对外）将搜集到的情报转交给联邦宪法保卫局（对内）或军事反间谍局进行后续评估并采取措施，双方也可以共同对目标进行监控。

第 6 章
情报工作发展的体制承载

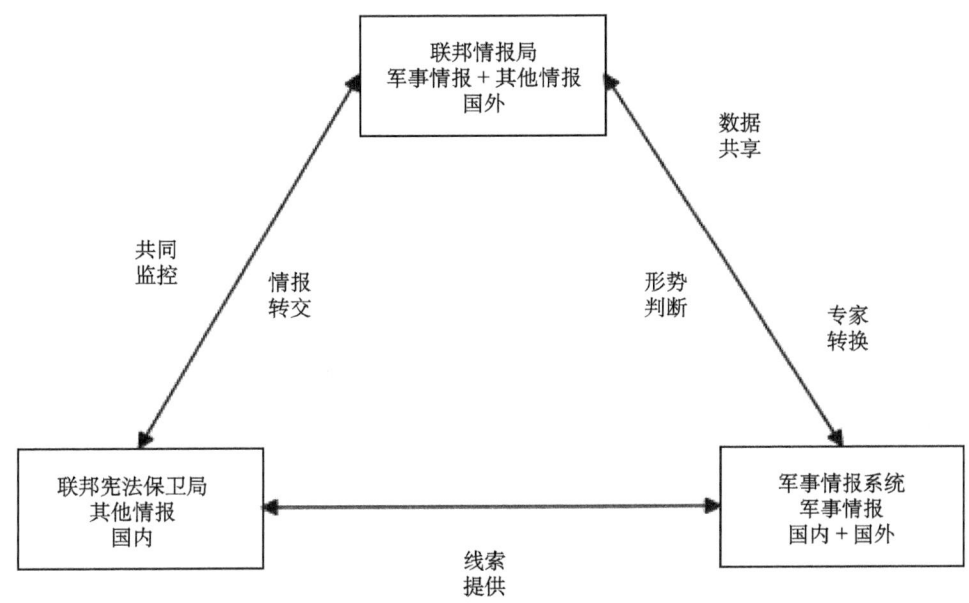

图 6-5　德国情报机构协调合作示意

德国三大核心情报机构相互之间没有隶属关系，职能不同、情报搜集范围不同、侦查手段及侦查权限也有所差异，如果没有组织协调、部门间合作，情报工作受到职责边界限制将很难开展。德国的情报工作之所以卓有成效，正是因为情报机构间统分结合、联系合作、互为补充，促进了德国情报体制这一有机整体的有效运行。

在情报评估方面，德国并没有像其他国家那样建立专门的国家分析中心来对各情报机构的信息或情报产品进行综合分析和评估。德国当前的情报综合评估体制通过每周在联邦总理府召开的会议讨论完成。

除了根据形势发展和任务需求调整编制、注重各层次部门间的协作与交流、高度的数据共享和资源融合外，德国的国家情报体制还重视对高素质综合情报人才的选拔和充分利用。例如，联邦情报局实行高门槛政策，进入该局工作的人员必须懂两门以上外语，对国际政治、外国文化和外国语言有浓厚兴趣，并且具有信息技术、化学、物理、工程等方面的知识。此外，联邦情报局的业务人员与国防军不同军种间进行定期轮换和双向选择，从而使情报人员中包括很多各方面的专家，如气象专家、飞机专家、舰船专家、火炮专家、装甲专家等。由于情报人员知识领域的全面性和人员素质的综合性，联邦情报局在情报收集尤其是情报分析及研判上具有很大优势，从而保证了其产出情报的准确性和高利用率。

3）法律基础与监督体制

在世界各国中，德国是对情报机构及其活动监督最严格、最广泛的国家之一。德国的情报监管体制包含由情报机构上级主管部门实施的行政监管；由联邦议会情报机构监督委员会、国务秘书情报委员会（G10委员会）、联邦议会预算委员会秘密拨款项目小组（信任委员会）实施的议会监督；新闻媒体、利益集团、正当委员会和专家调研组织等，以及社会公众广泛参与的公众监督；完备立法支撑下的司法监督。

德国拥有世界上最完备的规范情报机构及其活动的法律体系。《联邦情报局法》《联邦宪法保卫法》《军事反间谍法》分别是德国联邦情报局、联邦宪法保卫局、军事反间谍局工作的法律基础和依据，明确了对应情报机构在德国国家情报体制内的管辖范围、职能和权利界限，同时也是联邦政府为保障公民隐私免遭情报机构侵犯，而从法律上规范联邦情报局的情报活动。除上述法律外，德国的情报机构还受到《信件、邮件、通信秘密限制法》（也称《G10法案》）、《联邦议会情报事务监督法》、《联邦数据保护法》、《联邦档案安全及保护法》、《安全监察法》等一系列法律法规的约束和规范。

以联邦情报局为例。行政监管方面，联邦情报局接受联邦总理府第6司的工作管控和专业监管。司法监管方面，联邦情报局受到《联邦情报局法》《信件、邮件、通信秘密限制法》《联邦议会情报事务监督法》《联邦数据保护法》等一系列法律法规的约束和规范，如果联邦情报局的相关工作或工作人员违反上述法律，违法行为即会受到相关起诉。议会监督方面，联邦议会情报机构监督委员会负责监管联邦范围内的情报机构，其中重点监督联邦情报局、军事反间谍局和联邦宪法保卫局。根据《联邦议会情报事务监督法》，联邦政府有责任全面告知联邦议会情报机构监督委员会情报机构的一般性行动和有特殊意义的事件过程。《联邦数据保护法》《信息自由法》规定了联邦数据保护和信息自由专员的法律地位。联邦数据保护和信息自由专员在联邦情报局内部进行监督，确保数据保护规定得到遵守。公共监督方面，德国有很多独立组织监督宪法保护相关活动，如《公民权利及警察》杂志，此外，联邦宪法保卫局官网也会向公民公布年度宪法保护报告。

6.2.4 日本国家情报体制

（1）发展历程

第二次世界大战结束初期，日本"和平国家"思想风行，1947年生效的"和平宪法"使日本主动放弃了作为国家主权的战争权。但随后，分别以美国、苏联为首的东、西方两大阵营形成，日本的军事力量在美国的庇护下得以发展，日本情报机构随着日本自卫队同步重建起来。从20世纪50年代开始，日本开始小心翼翼地进行对外情报活动，20世纪六七十年代，日本的情报工作取得迅速发展。根据西方情报专家统计，战后重建的日本将情报工作的重点集中在了经济、科技情报上。冷战后，随着国内外形势变化，日本开始对自身国际政治地位进行重新思考，根据谋求"政治大国"的新战略目标调整国家战略。在"大国野心"与"小国情报"矛盾下，为了实现"情报大国"，日本开始通过情报改革构筑与大国地位相适应的情报力量，建设更为合理、高效、精干的情报体制。其国家情报工作的对象和范围随之大幅扩张[①]。

第二次世界大战结束以来，日本搜集的情报中85%甚至90%用于促进日本的繁荣，战后日本经济的腾飞可以说与搜集、分析西方发达国家经济、科技情报是密不可分的。日本的情报体制改革共涉及以下3个方面：一是完善情报政策法规，加强情报能力，强化以内阁情报调查室（中央情报机构）为中心的国家情报体制，如提升情报机构在国家政治生活中的地位，发挥情报机构在国家战略中的作用；强化首相对情报机构的直接控制，实现对情报机构的一元化领导。二是通过对情报搜集和分析体制的整改，新设情报协调机构，完善情报保密体制，完善日美情报合作体制，提高情报生产效率，理顺情报机构间的组织系统和指挥关系。三是提高情报装备的科技水平，构建快速、高效的一体化情报通信系统，提高一体化联合作战的能力[②]。

（2）日本现行国家情报体制

1）情报机构设置

日本根据自身的国际地位调整国家战略，构筑与其国家战略相适应的情报力量，历经了多次情报改革，力求建设合理、高效、精干的国家情报体制。政府、军方、民间三位一体是日本国家情报体制的特色[③]。日本国家情报体制拥有政府、军方、民间3套组织，3套组织的情报机构间相互协作、互为依托，形成了三位一体的情报机构设置。其中，政府情报机构主要包括有日本"中央情报局"之称的内阁情报调查室，有日本"外国情报的大本营"之称的外务省国际情报统括官组织，有日本"联邦调查局"之称的公安调查厅，以及警察系统治安反间谍机构；日本情报本部是统一的军事情报机构；日本的民间情报组织主要包括综合商社和智库两类，如图6-6所示。

---

① 梁陶．日本情报组织揭秘[M]．北京：时事出版社，2016：150-163．
② 肖传国．冷战后日本情报体制改革探析[J]．日本学刊，2012（4）：95-108，159．
③ 同①．

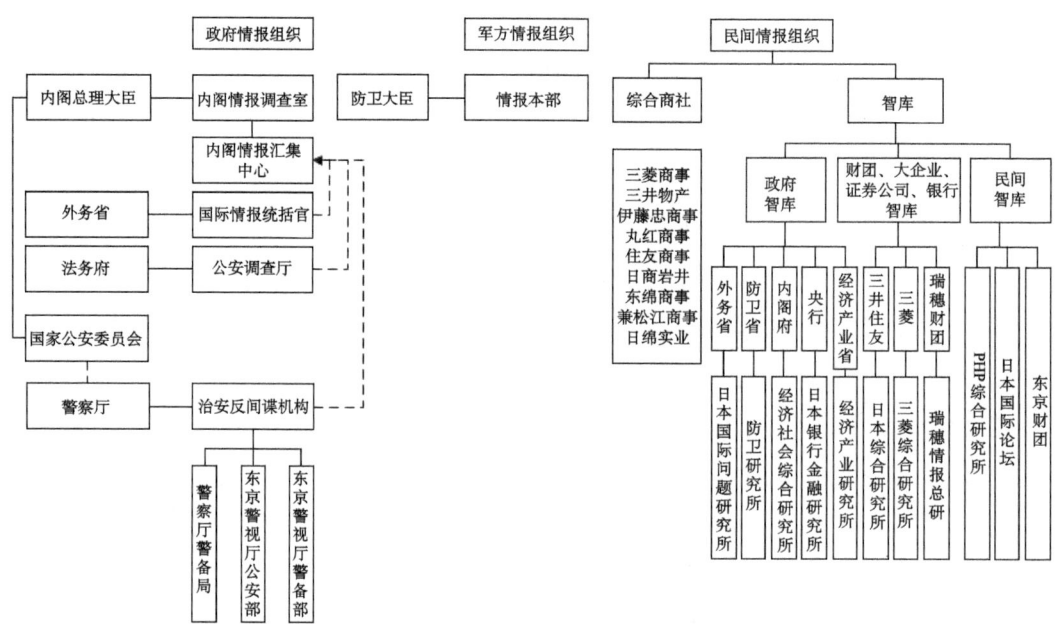

图 6-6　日本情报体制组织示意

日本政府的主要情报组织包括内阁情报调查室、国际情报统括官、公安调查厅、治安反间谍机构。

日本内阁情报调查室简称"内调",是日本的最高情报机构。该机构以美国中央情报局为模板,由于在组织结构、工作任务、职责范围等方面效仿美国,素有日本的"中央情报局"之称。其主要任务是搜集、综合、分析、整理国内外政治、经济、文化及治安情报,并每周一次就日本政府重大决策的国内外反映、国际重要动态、国内形势、舆论导向等重要情报向内阁官房长官进行工作汇报,再由官房长官向首相汇报。内阁情报调查室是日本情报机构中唯——个每周向首相直接汇报情报的责任机关。日本其他行政官员都没有特权和殊荣像内阁情报官一般每周以固定时间与首相交流,内阁情报官还可以随时直接向首相汇报重大情报,其给出的意见和建议往往能够对首相的决策产生重要影响。

日本外务省的情报工作由国际情报统括官组织,是日本搜集国外政治、经济、军事和外交情报的责任机构。其前身是外务省国际情报局,一是依靠日本派驻世界的 170 多个大使馆、总领事馆的外交官和各种国际机构政府代表团的代表们通过合法手段进行情报活动;二是依靠各省厅派遣的专家和驻外人员搜集经济、科技等有关领域情报;三是与日本各大商社、公司驻外机构互通情报。2005 年外务省决定在日本驻外大使馆设立专门的情报机构"对外情报课",并派出情报担当官,主要搜集各类军事、反恐情报。

日本公安调查厅简称"公调",被誉为日本的"联邦调查局",其表面上是依据《破坏活动防止法》"调查应受到限制的某些群体"名义成立的,实质上是法务府下属的反间谍侦查机构。该机构于每年年终就国际形势及国内安全动向提出报告,主要任务是对内进行侦查、控制,对外负责搜集反间谍情报。

日本国家警察机关在国家公安委员会的管理下设立警察厅,应对大范围、有组织的犯罪活动,在关于警察现状、犯罪鉴识、犯罪统计等事务方面,对各都道府县的警察履行指挥监督职能,同时也负有反间谍工作的职责。警察系统的3个主要的治安反间谍机构分别是警察厅警备局、东京警视厅公安部、东京警视厅警备部。

日本军方的情报组织是情报本部,1996年情报本部根据《日本防卫厅设置法》部分相关法令的修正案授权成立,对日本军方情报工作进行统一管理,该机构由原本分散的日本军方情报机构合编而成,使日本军方情报机构有了一个明确统一的领导体制,完善了日本军方情报系统的组织体制。情报本部的主要任务是搜集、整理国际新军事形势下日本防卫所必需的情报,并加以综合分析,提供给有关机构。具体包括搜集、研究有关军事、政治、社会、经济、科技等战略性情报;研究各国安全及国防政策;分析周边国家动态,了解世界其他国家情况。日本情报本部是冷战后日本为实现其"政治大国""军事大国"战略的重要举措,也是西方情报界认为的日本跻身世界谍报强国之列的契机。

日本民间情报系统的主要任务是搜集和研究国外经济、政治等情报,主要分为综合商社和智库两种。

日本共有九大综合商社,分别是三菱商事、三井物产、伊藤忠商事、丸红商事、住友商事、日商岩井、东绵商事、兼松江商事、日绵实业,这些商社均设有情报组织,不仅有专职的情报人员,而且注重营造一种人人搜集情报、分析情报的氛围,让每个职员都成为企业的情报员。这些综合商社的经济、科技情报工作堪称世界一流,在不计其数的"拿来主义"行动中扮演了主力军的角色,为日本经济的腾飞立下了汗马功劳。而除了经济、科技情报外,综合商社还重视搜集国际政治、外交、军事、科技等方面的情报,并拥有卓越的情报分析和战略性研究能力。

日本智库大多是以政府为主导设立的,虽然是民间的公益法人,但是从设立到营业都带有很强的行政束缚,难以提出违反主管政府部门意图的意见,具有半官半民的性质。日本智库数量众多、门类齐全,涵盖外交、军事、行政体制、经济、社会政策等领域,其中情报搜集和分析能力及其强大的企业智库是日本获取情报的"超级耳目"。

外务省的日本国际问题研究所、防卫省的防卫研究所、内阁府的经济社会综合研究所、央行的日本银行金融研究所、经济产业省的经济产业研究所等政府智库的资金主要来自政府补助金，研究成果多为政府决策服务。同时，日本的几大财团、大企业、证券公司和地方银行也均有自己的智库，如日本综合研究所、野村综合研究所、三菱综合研究所、富士通总研。此外，由大企业赞助或从事对外咨询业务的日本民间智库也很发达，如PHP综合研究所、日本国际论坛、东京财团等。

2）管理协调体制

冷战结束后，日本对情报工作实施"一元化"管理，强化日本政府与军方情报系统之间的横向联系及组织协调关系。日本政府和军方情报系统通过互换情报人员的方式加强沟通与协调。但日本国家情报体制尚没有国家层面的统筹协调机构协调所有情报机构。

就政府情报系统内部的统一协调而言，内阁情报调查室担负着统筹政府各情报机构情报搜集的职责。防卫省情报系统、警察情报系统及外务省情报系统将获得的情报汇总到内阁情报调查室，再由后者综合后由日本内阁作为决策依据。但是内阁情报调查室的权限并没有经过法定明确，也没有人事主导权。防卫省情报系统、警察情报系统及外务省情报系统常常为了维护各自的利益在情报提供上有所保留，导致日本政府情报机构条块分割、各自为政，情报交流不够充分。近年来，日本内阁情报调查室正在强化政府内部的情报协调职能，旨在建立统一管理和使用情报的机制。

日本军方情报系统内经情报本部统一后，通过一体化的组织及一元化领导，军方情报机构向统一指挥、各有所专的局面发展。该体制突破了部门封锁，避免了组织间互不通气的弊端，畅通了情报传递渠道，加快了情报传递速度，既提高了情报共享的力度，减少了情报资源的浪费，还提升了应急反应能力，最终为情报分析的准确性与及时性提供了坚实的保证。

在政府、军方情报系统与民间情报系统间的协调方面，日本曾被称为是一个全民情报的国家，公民具有强烈的情报意识，政府也十分善于利用社会力量做情报工作，日本政府经常自叹不如，认为综合商社的情报能力在"中央情报局之上"。"委托调查"这一官民结合的情报形式几乎动员了日本各行各业国民从事情报搜集、整理、分析，具有极强的全民性和平民性，由于接受任务的民间团体数量众多、人员覆盖面广泛，使其在搜集情报时隐蔽性极强，搜集成本较低，风险系数小，可以说是日本战后独一无二的创举。内阁情报调查室通过"委托调查"的形式依靠新闻机构、综合商社、民间情报和智库进行搜集情报，用于"委托调查"的经费占其全部经费的70%左右。外务省情报机构经常与三菱商事、丸红商事、松下公司、丰田公司等商社或企业驻外机构互通情报，外务省情报机构为商社和公司的情报活动提供指导与帮助，商社和公司利用其遍布全球的分支机构、雄厚资金、先进设备、专业人员为外务省情报机构工作提供有力支持，是日本外务省情报活动的强大支柱。

3）人才保障

日本政府、军方和各大企业始终重视情报人才的培养教育。日本情报界对情报人才的培训主要通过两种方法：一是设立专门的培训机构来培养专业的情报人才，如日本防卫省、自卫队设有专门的培训机构，自卫队调查学校负责培训军事情报人才；防卫研究所下设教育部的重要任务是培训中高级军官、文职官员和内阁其他省厅的官员；培养高级指挥官及高级幕僚的自卫队干部学校以培养高级情报人才为目标设置情报教育课程。二是委托大学以委托培养或出国留学的方式来训练情报人员，如日本政府情报机构以委托培养等方式，委托日本许多大学开设专门的课程以培养适应海外情报工作的情报人员。此外，日本政府还以派遣留学的方式来培养情报人员，如日本在与美国的情报合作中，充分利用机会派遣留学人员赴美进行情报学习和研究。

6.2.5 俄罗斯国家情报体制

（1）发展历程

第二次世界大战结束后，共产主义和资本主义两种不同意识形态的对立，冷战拉开了序幕。苏联调整和扩大了其国家情报系统，克格勃和格鲁乌世界闻名。

苏联国家安全委员会自1954年成立至1991年最终解体，是苏联唯一的国家情报机构，权职范围十分广泛，不仅担负对外情报搜集职能，还担负国内安全保卫方面的职能。该委员会下设4个总局单位、10余个局级单位、多个独立处，全盛时期规模达几十万人，形成了庞大的组织体系和人员编制。20世纪80年代末到90年代初，在苏联共产党和国家政治体制改革的大潮中，苏联国家安全委员会面对社会上越来越尖锐的批评浪潮，采取了一系列改革措施，包括建立情报监督制度、改革情报工作领导体制、调整编制体制及职能范围、制定《国家安全机关法》等。苏联情报系统随着苏联的解体土崩瓦解，叶利钦同苏联总统戈尔巴乔夫签订了《关于协调苏联国家安全委员会与俄罗斯联邦国家安全机关之间关系的协议》，规定俄罗斯联邦共和国境内的苏联国家安全委员会各级机构移交给即将组建的俄罗斯联邦国家安全委员会，苏联国家安全委员会最终于

1991年10月被撤销。

20世纪90年代，俄罗斯成立初期，国家战略发生变化，俄罗斯国家情报工作抛弃了全球主义，转为仅仅关注关系到俄罗斯真正而非假想利益的地区，俄罗斯情报机构减少了30%～40%，且经历了一段时间的动荡与变革。而这一时期俄罗斯的民族分裂势力与宗教极端势力有所抬头并开始合流，这种现象尤以北高加索地区为甚，该地区的分裂主义和民族极端主义逐步演化为威胁俄罗斯国家、社会与个人安全的恐怖主义。1994年12月爆发的第一次车臣战争使俄罗斯安全战略发生变化。1996年2月，叶利钦在国情咨文中将民族主义和恐怖主义视为国家安全重大威胁，并表示将着手构建国家反恐体系[①]。

为满足国家安全需要，俄罗斯开始构建国家安全与情报法律体系，包括《俄联邦宪法》《俄联邦安全法》《俄联邦国家安全构想》《反恐法》等国家安全法律，以及《对外情报法》《俄联邦国家安全机关法》《俄联邦安全局机构法》《俄联邦业务侦察法》《国家秘密法》等情报工作法律，并依据法律对俄罗斯对外情报机构、国内安全机构及边防机构、国家警卫机构、政府通信部门、国家反恐协调机构、军事情报机构进行了改组和调整。

2004年，"别斯兰事件"的发生暴露出俄罗斯原有情报体制缺少统一领导、情报共享不畅等弊病。该事件发生后，俄罗斯基于对原有国家情报体制缺陷的深刻反思，开展了对原有情报体制的全面改革，成立了以联邦安全局为主导的国家反恐委员会，其下设立了负责多源情报融合的情报分析局，并将联邦安全局、内务部、对外情报局、总参情报局、侦察委员会、联邦金融监管局、通信与传媒监督局、外交部危机管理中心及联邦警卫局全部纳入俄罗斯反恐情报体制内。

（2）俄罗斯现行国家情报体制

1）情报机构设置

俄罗斯情报工作由总统直接领导。管理协调机构包括负责决策协调的安全会议，负责执行协调的联邦政府，以及负责立法和监督的联邦会议。主要情报实施机构包括联邦安全总局、对外情报总局和总参谋情报总局[②]。其中联邦安全总局是世界四大情报组织之一，对外情报总局是世界上训练最有素、最有工作效率的情报机构之一，总参谋情报总局是俄国防部对外情报机构和俄武装力量中央情报机构[③]（图6-7）。

---

① 毛楚众.俄罗斯反恐情报体系的历史演进[J].黑河学刊，2017（5）：84-86.
② 艾红，王君.俄罗斯情报组织揭秘[M].北京：时事出版社，2016：52-100.
③ 贺延辉.俄罗斯国家情报工作制度研究[J].图书与情报，2018（6）：16-24.

第6章 情报工作发展的体制承载

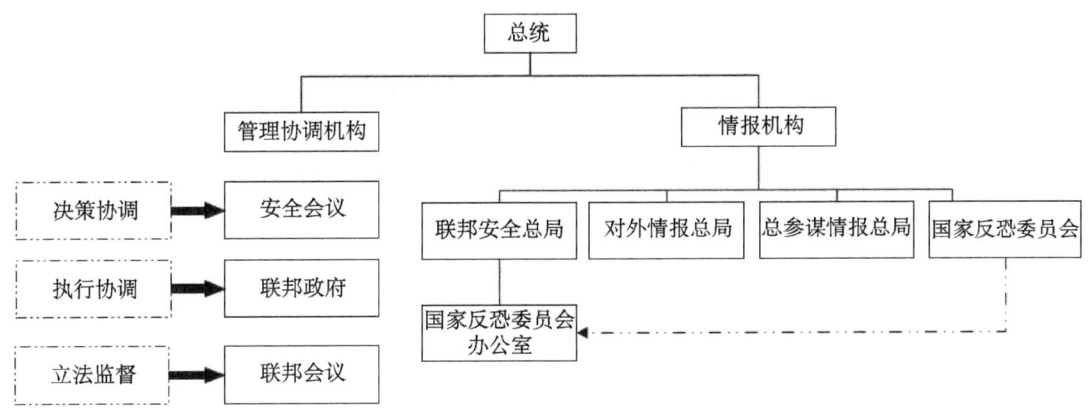

图 6-7 俄罗斯情报体制组织示意

联邦安全总局是克格勃的主要继承者，主要负责国内安全，该机构依法组织俄联邦国家安全系统，承担着一定的情报管理与协调职能，体现在制定符合联邦安全所需的法规和规划，指导联邦各级国家安全部门履行职责，指挥联邦边防部队。下属机构包括总局下设的司局（管理局）、地区安全机关、军队中的安全机关、边防机关，以及大量的直属单位，分支机构和分队，科学研究、教育培训、军事医学机构，专家团队和法律团队等。联邦安全总局工作领域广泛，主要任务包括组织、实施并协调联邦有关部门开展旨在调查、预防和阻止外国特种机构针对俄罗斯的间谍活动；组织开展反恐怖主义活动；组织开展有关犯罪的调查和打击犯罪，维护俄联邦的法律秩序；保护和守卫俄罗斯边境、领海及其自然资源；保护俄联邦的信息安全和国家秘密安全等。

对外情报总局是直接隶属总统的联邦权力执行机构，主要是通过发展秘密关系、利用掩护身份等谍报手段和无线电侦察等技术手段，搜集世界主要国家，包括与俄联邦有关的国家的政治、经济、军事、科技情报和生态领域，为总统、联邦会议和联邦政府提供侦查情报保障和决策支撑，进而保障俄联邦公民、社会和国家免受外来威胁；肩负着保护驻外机构国家秘密安全的责任；为顺利落实俄联邦在安全领域的政策创造有利条件；促进俄联邦经济发展、科技进步及军事技术安全保障能力提升。此外，对外情报总局还于2003年接管了对外无线电电子侦察任务，接管了无线电电子监视侦察卫星，从而在人力情报之外又担负起了搜集信号情报的任务。对外情报机构所获情报将提供给总统、联邦会议两院、联邦政府，总统指定的联邦执行权力机关、联邦司法权力机关，以及有关企业、机构和组织。

总参谋情报总局，简称"格鲁乌"，是俄罗斯武装力量情报系统的主要职能部门，统管俄罗斯各军兵种及各军区的情报部门，是一个高度集中的军事情报机构。其主要任务是在军事、军事政治、军事技术、军事经济，以及与军事有关可能用于军事的生态、农业、工业潜力、能源及战略储备等领域开展对外情报侦察，为总统、联邦会议、联邦政府、国防部、总参谋部提供各领域的侦察情报，供决策参考；组织军事间谍渗透和谍报侦察、前线侦察、无线电技术侦察、航天侦察和敌后破坏与游击行动，指导和监督驻外使馆武官、各军兵种、各军区及其下属作战部队情报部门的工作。此外，还要为俄联邦国家安全和国防领域国家政策的顺利实施创造条件，促进国家经济的发展和科技进步，并提供军事技术保障。

国家反恐委员会是俄罗斯最高国家反恐协调机构，它是一个跨部门委员会，成员包括 21 名联邦部门领导人，并不是真正的情报实施机构。为保证国家反恐委员会活动，在联邦安全总局内成立了国家反恐委员会办公室。该委员会是协调联邦执行权力机关、联邦主体执行权力机关和地方自治机关在打击恐怖主义方面的行动，同时向总统提供相关建议的国家机关。

2）管理协调体制

俄罗斯国家情报体制形成了以总统为总领导，联邦安全会议（又称联邦安全委员会）制定战略决策部署，情报实施机构负责开展具体情报工作的管理协调体制[①]。总统直接领导联邦安全委员会（任主席），对国家情报工作行使总管理权。联邦安全会议是决策协调机构，联邦安全总局局长、对外情报总局局长和国防部长等都是该委员会常任委员。情报机构及其地方和海外分支机构、俄罗斯政府机构下设的情报部门等情报实施机构负责具体的情报工作。

总统是俄罗斯情报体制的最高领导，拥有广泛的权利。当前俄罗斯最重要的 3 个情报机构中，联邦安全总局和对外情报总局由总统直接领导，总参谋情报总局既接受总统领导，又接受国防部和总参谋部的领导。总统主要通过 5 种方式行使其对情报系统的领导权：一是确定情报工作领域基本战略方针；二是对情报体系和情报机构的结构和功能进行直接管理；三是任命情报机关领导人；四是评价情报机关的工作绩效；五是批准各情报机关的国际合作事项。

俄罗斯情报传统中的一个重要方面就是各情报机构之间平行运行，彼此保持相互竞争关系，所要完成的任务虽时有交叉，但是执行任务的过程绝对不会交叉。俄罗斯情报工作的协调机制分为决策协调和执行协调两种，其中决策协调由俄联邦安全会议执行，

---

① 王亮. 俄罗斯联邦情报管理体制分析［J］. 情报杂志，2015，34（9）：17-20，60.

执行协调由联邦政府负责。俄联邦安全会议的一项重要职能就是在战略层次上为俄罗斯最重要情报机关的首长进行交流提供一个平台，同时也就承担起了协调各情报机关立场的作用，从而引领情报工作向前发展。而联邦政府只有依据总统命令和批示进行协调的权力，故将联邦政府称为俄罗斯情报体制中的执行协调机构。

3）法律基础与监督体制

俄罗斯情报体制还有完备的法律体系，规定了情报机构工作应遵循合法性，尊重和保障人权与自由，明确了集中与分权、公开与秘密方式结合、协同合作、接受监督检察等基本原则。其中，《俄联邦宪法》是俄罗斯情报体制法律体系的核心基础；有关情报安全工作的联邦法律是俄罗斯情报体制法律体系的主要支柱，如《俄联邦安全法》《侦查活动法》《俄联邦国家安全构想》《俄联邦信息安全学说》《俄联邦反恐怖主义法》；有关情报机构的组织条例是俄罗斯情报体制法律体系的基本内容，如《俄联邦对外情报法》《俄联邦安全局机构法》。

依据俄罗斯《俄联邦安全法》《俄联邦对外情报法》《俄联邦安全局机构法》等法律规定，总统、联邦议会、联邦总检察长监督检察情报机构工作。联邦会议是俄联邦立法机关，其对情报体系实施立法与监督职能，主要表现在情报机关监督权、议会质询权、议会听证权、情报经费审议监督权、情报安全立法权及对总统的制约权。联邦总检察长及其授权的检察官监督情报机构执行联邦法律情况。由于情报活动的特殊性，联邦法律对监督检察有所限定，如检察机关的检察对象不包括涉密人员的资料、情报活动的组织管理、情报方法手段；监督工作要通过联邦议会下设委员会获取情报机构信息。

6.2.6　各国国家情报体制的经验启示

研究发现，世界主要的情报大国普遍重视情报工作的高效性和正当性，往往通过情报体制的管理协调机制和监督机制实现，不仅需要依靠法律、组织制度设计和监督机制保障，还需要依靠高素质人才、资源集中与融合共享，以及文化层面的内在影响和转化。

（1）构建一体化国家情报体制

管理与协调体制是不同情报机构间竞争与合作的支撑点，情报机构与用户需求间连接的支撑点。管理是为了达到目的，有效地决策、计划、组织、控制、创新和领导；协调则是调整系统内部要素之间的关系，解决矛盾和冲突。设立情报管理与协调体制的目的是对分属不同部门的情报机构进行统一管理与协调,主要有以下两个方面的原因:一是情报工作涉及范围极广且错综复杂,各情报机构的工作或多或少关联或重叠;二是各情报机构隶属于不同的政府部门,存在隔阂和竞争关系,情报机构的交流与合作存在障碍。因而需要权威的协调机构来调整情报系统内部要素间的关系,对系统各组成部分的任务进行分工,对资源分配进行协调,对情报产品进行统一评估,对工作情况进行检查,以防政出多门、相互冲突造成情报界工作效率的下降。

当前各国普遍采取集中统筹与分散实施相结合的管理协调体制,在国家情报体制有关情报机构建立、权责分配、隶属关系设置方面的普遍做法如下:

根据国内外环境及形势确定国家情报工作的目标和领域划分,在若干目标领域对口的政府部门内下设专业的情报机构,这类情报机构是活跃于情报工作一线的具体实施机构,之间互不隶属、独立运行,根据自身职责划分履行各自的情报任务,接受管理协调机构分配的情报任务,也服务于各自所属的政府部门的固定或临时情报需求。这样的机构设置有利于高效分类工作。如果工作需要,跨部门情报机构间可以围绕某一任务开展多种形式的具体合作,甚至建立长期合作关系。例如,德国联邦情报局、联邦宪法保卫局、国防部系统的情报机构分别负责对外、对内、军方的情报工作,三者分散实施任务但相互之间进行着多层次多种类的合作,联邦情报局和国防部情报系统还签署了具有长期效用的《联邦情报局与联邦国防军合作的框架协议》。

建立综合性的统领、协调机构管理或指导活跃于一线的专业情报机构,由统领机构统一向决策者确定情报需求和情报搜集的优先事项,对情报任务进行任务分配;并在情报工作开展过程中对专业情报机构的工作进行监督、审查和管理;在必要情况下对跨部门活动进行协调,促进各专业情报间的协调与合作;对搜集到的情报进行综合分析,或者对专业情报机构的工作成果进行综合评估,经研讨、审议、投票等方式的研判,整合后报送给最高决策者或决策机构。可能是建立多层次的统领机构加若干协调机构,如美国的国家安全委员会、国家情报总监、国家情报副总监、国家情报委员会、国家反恐中心;还可能是若干协调机构分别负责不同的管理和协调任务,如英国的部长级情报机构委员会负责政策审核,常务次官情报机构委员会负责协助管理,情报安全委员会负责监督审查,联合情报委员会负责确定任务及成果评估;还可能是单个综合性机构进行管理和协调,如德国的联邦安全委员会。

为实现情报体制的一体化,在管理与协调机制基础之上,进一步使国家情报体制形成国家情报用户、国家情报任务、国家情报体系建设、国家情报价值观的逻辑统一体[①]。围绕国家情报工作的总体需求，自上而下铺展开来，实现各领域情报信息资源的融合汇集，使各情报机构的信息资源能够得到更充分的开发和利用；通过建立统一的国家情报数据平台，推动不同部门、不同领域的情报机构进行资源全面共享、情报交流、协作生产。此外，还通过建立情报标准化规范，促进不同情报主体间的融合与共识。

各国情报体制建设普遍包含管理协调体制，但仍存在着机构间不良竞争、合作不畅、关键情报绕过统筹机构向首脑上报等问题，有些国家还在根据现实问题和对情报失误的反思来对情报体制进行调整和完善。

(2) 建立健全法律规范

成熟的国家情报体制往往通过一系列法律对情报机构和情报机构工作予以规范和确定。例如，美国通过《情报改革与反恐法案》赋予国家情报总监最高的情报统筹权力，确定了国家情报总监在美国情报体系中的法律地位，从而实现了美国情报体制从分散管理到协调推进的改变。而英国的《情报机构法》以法律授权的形式，赋予秘密情报局可使用非常规手段进行对外情报搜集的权力，明确情报机构的特殊执法地位及与其他情报机构间的关系，是确保情报体制稳定及情报活动顺利开展的必要保障。美国、德国拥有完备的法律体系规范情报机构及其工作。尽管英国和德国由于历史原因或保密文化原因情报立法进程较晚，也都在20世纪80年代后开始通过一系列有关情报机构和情报工作的法律规范。苏联解体后，俄罗斯也把国家情报立法作为情报系统改革、生存和发展的基石，颁布了多部有关法律，并根据情况的不断变化及时进行修订和补充。情报体制成熟的国家不仅为情报机构的设立赋予了法律依据，还约束了情报机构的业务范围、隶属关系和权利界限。这些法律不仅为情报机构依法开展工作、行使侦查权利、要求其他机构和个人配合提供条件和保障，也是公民隐私免遭情报机构侵犯的保障，还能够保障国家情报工作在政治上保持中立，避免情报机构偏袒任何政治党派或出于政治斗争原因进行情报行动。

(3) 建立行之有效的监督体制

情报机构是政府职能部门的组成部分，为建立统筹有序、管理科学、民主监督的国家情报体制，除了通过公开情报立法规范情报运行外，还应将情报活动纳入政府常规治理体系的监管下。国家情报体制必须有一套行之有效的情报监督系统，通过一定的机制对情报机构进行控制和监督，以防止情报机构发生权力滥用、腐败、违反法律、侵害人

[①] 马德辉，黄紫斐. 美国《国家情报战略》的演进与国家情报工作的新变化、新特点与新趋势[J]. 情报杂志, 2015, 34 (6): 1-4, 11.

民权利等现象，使情报机构能够遵守相关法律法规并正常运作、有效发挥被赋予的情报功能。

从其他国家经验来看，情报监督体制包括行政监督、司法监督，以及非正式的社会监督，各国情报体制对情报机构的监督力度不同，如德国对情报机构及其活动监督较为严格全面，英国则相对宽松。有研究认为，情报体制存在民主与效率的内在悖论，严格的情报监管一方面会影响情报搜集效率；另一方面需要将情报活动披露给第三方监管单位，不利于保密。而缺乏监管又可能使情报机构凌驾于法律之上，成为侵害公民自由权利的工具。较为完善的情报体制需要构建起"效率与民主之间的有机结合和动态平衡"，这一平衡需要基于外部威胁，随着国家安全外部威胁环境变化，在国家安全情报需求作用下，情报工作在保障民主和追求效率之间呈钟摆式周期左右运转，并随之做适应性调整。在外部威胁强烈的时期，情报体制侧重于情报工作效率，尝试创设新组织、开发新技术、开创新活动。在外部环境较为缓和的时期侧重于对上一阶段情报工作进行反思，强调对情报界的监督，控制情报界的非法行为[①]（图6-8）。

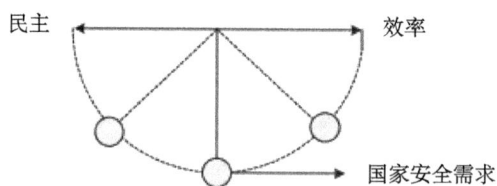

图6-8　情报民主、效率与国家安全需求示意

（4）塑造开放共享的情报文化

情报文化内嵌于国家情报体制内，在情报体制调整与完善的漫长时期中潜移默化地发挥着最持久、最稳定、最隐蔽的影响。作为一种观念性的因素，其影响很容易为人们所忽视，但最终会通过情报工作反映出来。

自第二次世界大战起英国情报管理与协调的核心就是建立各级的管理与协调机构，但是各个情报单位有着浓厚的保密文化，并实行单位保护主义，以"零和"观念来看待相互间关系，导致机构间不良竞争、互不信任、难以开展合作。在漫长的情报管理与协调历史中，英国逐渐认识到光靠组织和制度改革难以解决管理与协调问题，因为情报管理与协调问题存在的最根本原因在文化层面，必须打破"零和"观念和单位保护主义，

---

① 王万，张伟伟. 浅论美国现代情报体制及其发展历程［J］. 新丝路，2017（12）：92-93.

积极倡导和促进情报单位间的合作，建立协作共赢的新文化。

纠错文化是美国情报机构改革的推进器。第二次世界大战后，美国的战略决策与情报体制经历了一个较长的不断自我完善和发展的阶段。在珍珠港事件、9·11事件等对美国有重大影响的事件后，往往针对情报失误反思所暴露出的情报体制弊端。通过对历次情报失误原因的调查，美国对原有情报体制提出了一系列改革建议，通过情报机构的精简、重组，成立新的情报机构，或者对原有情报机构赋予新的情报任务实现情报体制的完善和发展。正是通过上述一系列制度和组织形式的不断完善发展，美国终于建成了较为现代、稳定、高效，并置于有效监督下的战略决策与情报体制。

(5) 建立高素质人才选拔及培养体制

人是情报工作的主体，人才队伍建设是推动国家安全情报工作不断向前发展的重要基石。高金虎认为高素质的国家安全人员必须具备的素质包括政治过硬、协作精神、语言能力、分析技能和科学思维[①]。为在情报收集和情报分析及研判上确保优势，保证产出情报的准确性和高利用率，各国普遍重视对高素质人才的选拔及培养。例如，美国建立了专业的情报培训大学，人才培养覆盖了国家在军事、安全、外交、科技、经济等专业情报领域的人才需求。此外，专业情报机构也参与到人才培养中，有助于人才培养与现实工作需求相结合。英国通过向专业部门借调专业人员从事情报分析来确保分析人员的专业素养和能力，同时在国防情报参谋部下设的国防情报学院向情报人员提供国防安全、情报、语言和影像等方面的情报训练。德国重视对高素质综合情报人才的选拔和充分利用，一方面实行高门槛政策选拔人才；另一方面通过不同部门情报业务人员进行定向轮换和双向选择，促进情报人员知识领域的全面性和人员素质的综合性。

(6) 发挥研究机构及智库的力量

研究机构和智库拥有独立的情报收集、处理和分析系统，为决策者在处理社会、经济、科技、军事、外交等各方面问题出谋划策，提供专业性的理论、策略、方法、思想，是影响政府决策和推动社会发展的一支重要力量[②]。这些机构是情报理论研究和实践相连接的桥梁，通过精准全面的分析研判、与政界广泛深入的联系，以及在社会公众中的影响力，左右着国家的政治、经济、社会、军事、外交、科技等方面的重大决策。例如，美国的兰德公司、赫德森研究所、海军分析研究中心、全国战略情报中心等；英国的伦敦国际战略研究所、伦敦皇家国际事务研究所、皇家三军联合防务研究所、中东

---

① 高金虎. 试论国家安全情报体制的改革路径 [J]. 公安学研究, 2019, 2 (2): 1-26, 123.
② 张家年, 马费成. 美国国家安全情报体系结构及运作的研究 [J]. 情报理论与实践, 2015, 38 (7): 7-14.

欧军民关系互联网资源中心、简式信息集团等；德国的国际政治与安全研究所、卡尔斯鲁厄专业情报中心等。

6.3 国家情报体制构建顶层设计

国家情报体制复杂、综合而庞大，其构建需要立足全局进行总体描绘。本章对国家情报体制构建的基本思路是根据国家情报体制包含的基础要素，立足我国情报工作内外部环境和现实需求，借鉴国外情报工作体制的构建经验，形成具有中国特色的国家情报体制。

6.3.1 国家情报体制构建的基础要素

国家情报体制具有综合性和整体性，应包含情报机构的组成情况和情报机构的管理与协调体制情况两个方面。

情报机构的组成情况体现了国家情报体制静态职能的分配和情报机构地位。根据总体国家安全观的要求，国家情报工作的视野从传统的国家安全视野扩展到国家安全与发展视野，情报工作的范围由国家安全情报工作扩展为与国家安全与发展有关的全部领域的情报工作，包括政治情报工作、国土安全情报工作、军事情报工作、经济情报工作、文化情报工作、社会情报工作、科技情报工作、信息安全情报工作、生态安全情报工作、资源安全情报工作、核安全情报工作等。国家情报体制的情报机构组成也应由传统的国家安全机关、公安情报机构、军队情报机构扩展到由外交部、国家安全部、国防部、公安部、发展改革委、财政部、商务部、文化部、科技部、工业和信息化部、环境保护部、国土资源部、国家核安全局、卫生部等多个部门下设的不同领域的情报机构。

管理与协调体制是情报体制的组成部分，它确定了情报工作领导关系，规定了情报机构的职能及分工，反映了国家对情报工作的总体部署和认识[①]。例如，国家情报活动的领导者、监督者和生产者各自的隶属关系、职能划分、权利划分、国家情报立法、协调与监督机制方面的内容都属于情报管理体制范畴。合理、完善的情报管理体制能够优化情报力量的配置，促进国家情报工作科学运转、协调分工，合理确定情报需求，情报工作与国家决策紧密联系，协调情报体制内各个机构间的竞争与合作关系，有助于对重大的情报问题形成共同意见。

---

① 高金虎.军事情报学[M].南京：江苏人民出版社，2017：135.

6.3.2 国家情报体制构建

国家情报体制与国家情报工作不可分割。情报体制中的情报机构设置和管理分别构成了国家情报工作的硬环境和软环境，其中情报机构的设置体现了国家情报工作的实现主体，情报机构的管理体现了国家情报工作的手段和方法等意识形态内容。国家情报工作是国家情报机构的日常任务，是国家情报体制在具体工作中的体现。研究国家情报体制的构建既应该从情报机构的组织和管理入手，同时也应该符合国家情报工作的实际要求。

（1）国家情报体制构建的相关政策、法规

国家安全与发展政策目标的实现必须以法律为依托。《中华人民共和国反恐怖主义法》《国家情报法》《国家安全法》《中华人民共和国反间谍法》《中华人民共和国保守国家秘密法》《反分裂国家法》为各情报机构执行、实施国家政策与计划提供了指导、依据和判断标准，是国家情报体制构建的法律基础。

《国家安全法》指出"国家安全是国家政权、主权、统一和领土完整，人民福祉，经济社会可持续发展和国家其他重大利益相对处于没有危险和不受内外威胁的状态，以及保障持续安全状态的能力"，为国家安全情报工作的使命和服务对象提供了指引。

依据《国家情报法》，中央国家安全领导机构在国家情报体制的组织机构中处于核心位置，对国家情报工作实行统一领导，制定国家情报工作方针政策，规划国家情报工作整体发展，建立健全国家情报工作协调机制，统筹协调各领域国家情报工作，研究决定国家情报工作中的重大事项，实现对国家情报工作的统一管理。

《国家情报法》和总体国家安全观的提出，一方面为我国国家安全工作的整体规划、统一协调行动提供了坚实的保障；另一方面也对国家情报体制的构建提出了兼顾各安全领域的战略要求。我国国家安全委员会的设置从宏观上解决了国家安全战略架构和决策机制，但国家安全委员会不能兼顾各个领域安全的具体事宜，仍需分门别类地构建工作在各情报领域最前线的、具体承担国家情报任务的情报实施机构。

（2）国家情报体制的构建要与国家情报工作的目标、任务及国内外环境相适应

从国际情报大环境来看，国家情报工作所面临的挑战已经不仅仅局限于来自敌对国家的传统安全问题，恐怖主义、跨国犯罪、网络安全、环境、毒品、走私、食品安全、移民、传染疾病等非传统安全问题已经成为不同社会制度国家都必须面临的国际问题。此外，除了安全问题外，科技、经济等国家发展问题也成为国家情报工作的重点关切。在信息技术、互联网技术及人工智能技术的快速发展下，社交媒体大数据情报、情报的智能监测与分析处理、云平台、反 AI 技术进攻与防御等使传统国家情报工作的信息环

境和工作手段也发生了变化。

国家情报体制构建除了应符合国际情报工作的大环境外,还应与国家在当前阶段的阶段性特征和规律相适应,与每个国家的特殊规律相适应。国家情报工作具有目的性和使命性,国家情报体制应服务于国家治理目标。例如,美国是个典型的资本主义国家,其国家治理目标不是生存与发展,而是巩固资本垄断地位、扩张与稳固其世界霸权地位,美国国家情报工作服务于国家治理目标,当代美国的国家情报体制具有攻击性、世界性与系统性。而根据专家的普遍观点,我国国家情报体制的战略目标并非霸权性、攻击性的,而维护国家安全和促进国家和平与发展,其主要任务是对外维护国家安全和对内保障社会稳定,与美国国家情报体制的战略目标有着本质性的区别。因而,尽管美国是国家情报体制最为完善与发达的国家,其国家情报体制建设的成功经验可以作为我国情报体制构建的参考,但是我国情报体制构建应与我国国情相适应,不能直接照搬他国成功经验。

6.3.3 国家情报体制宏观架构

《国家情报法》明确要求:"国家建立健全集中统一、分工协作、科学高效的国家情报体制。中央国家安全领导机构对国家情报工作实行统一领导,制定国家情报工作方针政策,规划国家情报工作整体发展,建立健全国家情报工作协调机制,统筹协调各领域国家情报工作,研究决定国家情报工作中的重大事项。中央军事委员会统一领导和组织军队情报工作。国家安全机关和公安机关情报机构、军队情报机构按照职责分工,相互配合,做好情报工作,开展情报行动。各有关国家机关应当根据各自职能和任务分工,与国家情报工作机构密切配合。"根据上述要求,我国情报体制应建立"集中统一、分工协作"的管理协调机制,在该管理协调机制下,国家安全委员会对国家情报工作实行"统一领导";各领域情报机构在国家安全委员会的"统筹协调下",按各自"职责分工","相互配合"开展国家情报工作;其他政府机关根据需要与国家情报工作机构密切配合。

本部分将根据情报体制定义及其他各国情报体制建设要素,从国家情报机构设置(包括国家情报机构和智库力量)、管理协调体制、法律规范体系、人才培养与选拔体制、监督体制5个角度展开讨论。

（1）情报机构设置

对国家情报工作进行统一管理是各国情报机构设置方面的普遍做法,借鉴美俄英德日等国家情报体制模式,我国应加强情报工作的宏观治理,对参与情报活动的主体进行适度归口或统一管理,建立一体化的国家情报体制并创新运行机制。国家情报体制所囊括的主要机构共涉及 4 类：一是国家安全委员会作为统筹协调机构，统筹领导国家情报工作；二是面向国家安全的各领域国家情报机构；三是面向发展的社会或民间情报机构；四是国家情报数据平台发挥资源整合和技术支撑作用，为国家情报工作建立资源共享环境。具体如图 6-9 所示。

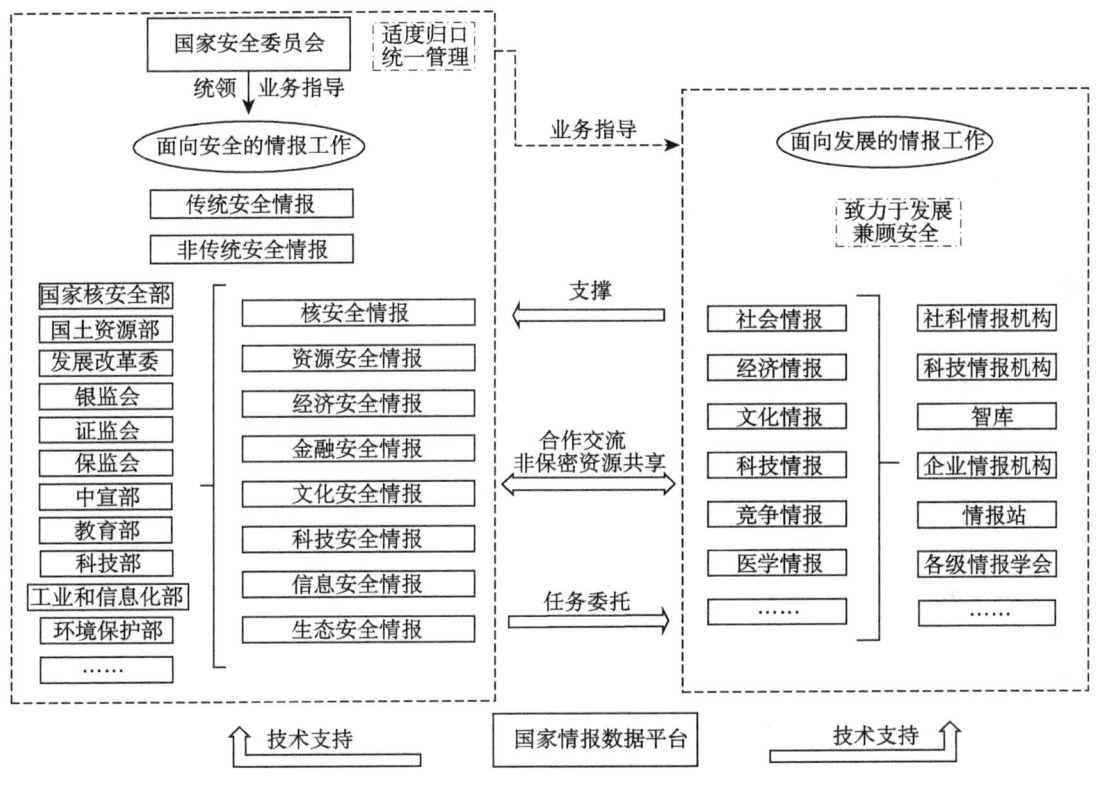

图 6-9　我国国家情报工作的体制框架

1）统筹协调机构

国家安全委员会是整个国家情报工作的领导机构，它以实现国家安全和社会发展为战略目标，从整体视角上把握国家情报工作，规划情报工作的未来发展，集中统一地研究决定与统筹分配情报工作任务，审查、评价、指导情报活动及成果，融合各领域情报工作，集聚国家情报力量，使情报工作在国家安全与治理方面发挥提纲挈领的作用。

同时，国家安全委员会是一个独立组织，与各专业领域情报机构间的管理协调关系是指导性的，各专业领域的实体情报机构并不直接隶属于国家安全委员会，不在国家安全委员会机构框架内。

归总本章前面所述的他国情报体制建设经验：统筹协调委员会的最高领导一般由国家主席担任，或者由国家主席直接任命并向国家主席负责，领导关系上有所差异。委员会一般下设实体机构作为管理协调的执行机构（各国叫法不同，本书暂将其称作国家情报主任，便于读者理解），统筹整个情报系统工作。国家情报主任由国家安全委员会首脑领导，成员一般包括各专业情报领域归口部门的领导。例如，美国国家情报总监的最高首脑由总统任命；英国的部长级情报机构委员会主席直接由首相担任，成员包括副首相及各部门大臣。国家情报主任统筹国家情报工作"大政方针类"事务，包括制定国家情报工作方针政策、规划国家情报工作整体发展、建立健全国家情报工作协调机制，同时对下属的其他协调机构具有管理职责和权利，如前面提到的美国国家情报总监、英国部长级情报机构委员会、德国联邦安全委员会、日本内阁情报调查室，都有类似的职责和权利。

结合主要大国实践经验，国家情报主任一般下设实体机构和任务主管，如国家情报副主任、国家反恐怖主义委员会、国家联合情报委员会等。国家情报主任通过上述机构来协调全国情报工作的不同方面，如通过国家反恐怖主义委员会协调反恐情报工作，通过国家情报副主任统筹协调各领域国家情报机构的具体工作和业务，通过国家联合情报委员会统筹情报整合和分析。下文将结合各国例子对国家情报主任下设的几类实体机构进行介绍。为便于读者理解，图6-10展示了一种国家情报工作统筹协调机构的简单示意。

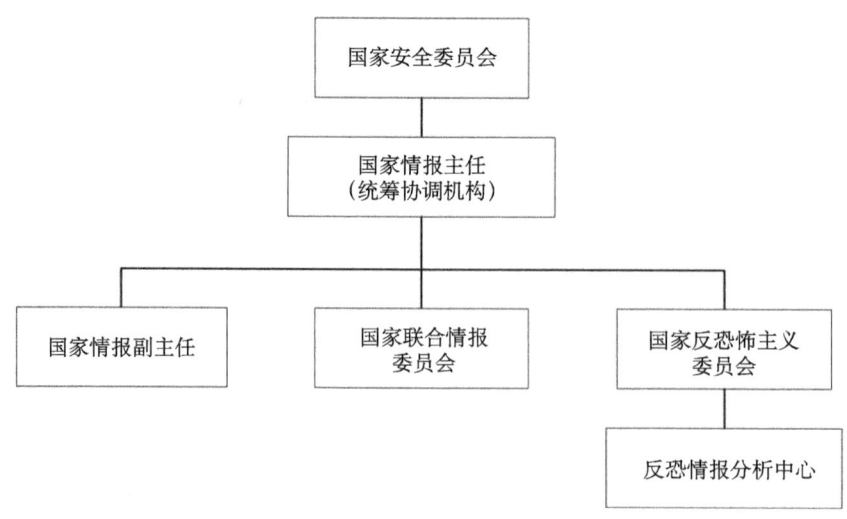

图6-10 国家情报工作统筹协调机构示意

国家情报副主任一般负责统筹协调各领域国家情报机构的具体工作和业务，一方面研讨决定国家情报工作中的重大事项，向国家情报主任汇报，协助国家情报主任全面高效地统筹国家情报工作；另一方面统筹协调和监督专业领域情报机构，包括确定情报需求、制定经费预算和情报管理计划，为专业领域情报机构协调工作任务分工，协调各专业领域情报机构间的合作，定期就情报机构活动方案及搜集要求提出建议等。将涉及与国家安全和利益有重大影响的情报事务上报给国家情报主任，由国家情报主任组织各领域政府部门领导召开会议研判讨论，形成意见上报给国家主席。美国的国家情报副总监，英国的常务次官情报机构委员会，德国的联邦安全委员会均有类似职能。例如，英国的常务次官情报机构委员会协助各部门的主官管理各个情报机构，包括监督情报机构的年度经费预案，确定情报需求，制订情报管理计划，定期就情报机构活动方案及搜集要求提出建议等，各情报机构的计划和常务次官情报机构委员会的建议将呈送部长级情报机构委员会，由部长级情报机构委员会通过投票达成一致意见。德国联邦安全委员会研究讨论、确定国家情报工作的重点和总体方向，并责成总理府国务秘书协调各安全机构的工作。联邦总理府协调联邦情报机构间的合作，以及协调其他部门机关开展跨职权范围的合作。

国家反恐怖主义中心（或称国家反恐怖主义委员会）多为最高国家反恐协调机构，各国的一般做法是将各类国家安全威胁及相关情报机构纳入反恐体制内，防范全部领域的恐怖主义威胁。国家反恐怖主义委员会可以下设多源情报融合的情报分析中心，借助国家情报数据平台开展全源恐怖主义情报分析。各情报大国中，美国的国家反恐中心负责分析和整合国内外反恐信息，并将反恐信息与其他部门共享，为政府制定反恐行动战略——动用国家的一切力量抗击恐怖主义威胁，确保国家反恐目标的实现，还与国土安全部和联邦调查局共同参与联合反恐评估小组。俄罗斯国家反恐委员会是俄罗斯最高国家反恐协调机构，它是一个跨部门委员会，成员包括21名联邦部门领导人，但不是真正的情报实施机构。为保证国家反恐委员会活动，俄罗斯在联邦安全总局内成立了国家反恐委员会办公室。该委员会是协调联邦执行权力机关、联邦主体执行权力机关和地方自治机关在打击恐怖主义方面的行动，同时向联邦总统提供相关建议的国家机关。

国家联合情报委员会是专门的情报整合和分析机构，全面收集和汇总各领域专业情报机构所搜集的情报资源，并进行全源、深入的情报分析和评估，形成有关本国利益威胁的警告或有利于国家安全与发展的决策建议。其他国家也有类似机构，如美国的国家情报委员会代表国家情报总监完成预测工作，下设针对具体国家或地区的情报分析官，以及针对网络安全、经济问题、军事问题、科学技术问题、跨国威胁及大规模杀伤性武器扩散等具体领域的情报分析官。英国的联合情报委员会负责指导情报界的情报搜集、分析与评估活动，确定每年情报工作的优先次序，评估情报界成员机构的表现[①]。

2) 各领域国家情报机构

保障国家安全与社会平稳发展的前提是对国内和国外环境的把握和了解，包括对潜在危险和威胁的知悉和掌控。由于国家情报工作具有涉及种类多、层次宽、范围广、来源复杂等特点，我们建议在国家情报体制中规划各负其责的，能够全面覆盖国家安全需求、国家情报目标及任务需要的各专业领域情报机构。各领域国家情报机构在相关政府部门下设立实体机构，有利于不同情报领域、不同情报部门间明确边界、消除认知差异，更有利于国家统筹分配情报工作任务。根据总体情报观提到的我国安全工作的11个领域，将我国国家安全情报工作划分为政治安全、军事安全、国土安全、社会安全、经济安全、文化安全、科技安全、核安全、资源安全、信息安全、生态安全11个领域。其中政治安全情报、军事安全情报、国土安全情报、社会安全情报属于传统安全情报，经济安全情报、文化安全情报、科技安全情报、核安全情报、资源安全情报、信息安全情报、生态安全情报属于非传统安全情报。此外，金融方面的安全威胁属于经济安全威胁的一种，来自公共卫生方面的安全威胁属于社会安全威胁的一种，应对这些安全威胁的情报工作也在国家情报体制内。考虑到某些情报安全领域的情报工作可能涉及多个政府部门，图6-9所示的我国国家情报工作体制框架中并没有标明情报领域与政府部门的一一对应关系。例如，经济安全中包含金融安全内容，与发展改革委、银监会、证监会、保监会的工作都有关系，科技安全中还包含与军事科技安全有关的内容，因而不仅与科技部有关。

各专业领域情报工作的划分体现了对我国国家情报工作面临的内外部环境的重新认识和革新。当前恐怖主义、跨国犯罪、环境、毒品、走私、食品安全、移民、网络安全等非传统安全问题已经成为不同社会制度国家都必须面临的国际问题，国家安全情报工作不再仅局限于军事情报、政治情报和公安情报。以美国应对网络安全为例，早在2010年5月，美国就成立了网络司令部应对敌对国家和黑客的网络攻击，部署网络防御，将信息和网络安全视为国家安全的重要组成部分。此外，和平时期，很少有国家派出军队与其他国家进行对抗性竞争，政治实力、科技实力、经济实力、文化输出、网络舆论等也成为国家之间竞争对抗的元素。例如，俄罗斯联邦委员会国际事务委员会副主席安德

---

① 高金虎. 试论国家安全情报体制的改革路径[J]. 公安学研究, 2019, 2 (2): 1-26, 123.

烈·克利莫夫在 2019 年 8 月 11 日表示，在 8 月 10 日莫斯科萨哈罗夫大街发生的游行示威活动中，有外国势力通过网站操纵俄罗斯公民，煽动他们违反法律。国家情报机构也不应仅仅局限于保障国家安全，也要服务于国家发展。例如，俄罗斯对外情报总局和总参谋情报总局不仅关注科技、军事技术、军事经济，还关注与军事有关的可能用于军事的生态、农业、工业潜力、能源及战略储备等多个领域。日本搜集的情报中 85% 甚至 90% 用于促进日本的繁荣，日本经济的腾飞可以说与搜集、分析西方发达国家经济、科技情报是密不可分的。英国的工业情报中心利用贸易统计表、进出口统计数字、公司介绍等公开资料及秘密情报局的分析材料判断其他国家的工业能力和发展情况，此外，交通部安全司、民用核安全办公室、卫生防护站等非传统安全情报机构利用各自在专业领域的优势，在国家情报工作中也发挥了重要作用。近年来，英国的一些大公司甚至也成为英国国家情报机构秘密情报局的"服务对象"。

11 个专业领域情报机构独立运行，彼此保持相互竞争关系，分别针对各自领域开展情报工作。

对军事情报系统集中统一管理也是各国的普遍做法。由于军队情报涉及不同军种，各有所专，为了避免不同军种间的情报机构间信息保密、互不通气的弊端，畅通情报传递渠道，加快情报传递速度，提高情报共享力度，减少情报资源浪费，提升应急反应能力，应对军队情报系统进行统一管理与集中组织，为情报分析的准确性与及时性提供坚实的保证。其他国家一般建立统一的军事情报机构，或者通过建立统一的军事委员会对各军队情报机构进行统一领导和组织。例如，日本的情报本部由原本分散的日本军方情报机构合编而成，对日本军方的情报工作进行统一管理。俄罗斯的总参谋情报总局也是一个高度集中的军事情报机构，统管俄罗斯各军兵种及各军区的情报部门。德国军事情报局对战略侦察司令部、德军情报中心、地理信息局、行动指挥司令部情报处、驻外武官处和军事反间谍局的侦查工作进行统一组织和指导。

此外，为应对非军事传统安全威胁，各国对外情报机构一般负责在全球范围内搜集情报，以各国的军事、政治及可能给本国带来利益威胁的情报为主。对内情报机构主要搜集和分析威胁本国的安全情报，对本土安全领域存在的威胁和安全漏洞采取预警或预防性、防卫性措施。公安情报机构的主要职责是维护国内稳定，遏制犯罪、非法移民，侦查颠覆性组织。

非传统安全方面，核安全情报工作围绕核查能源技术和外国核武器计划开展情报工作。资源安全情报工作围绕有关能源安全和利益的情报工作，如能源安全威胁防范、能源储备、能源可持续利用等。科技情报工作围绕科技安全与发展开展情报活动，包括国家利益免受国外科技优势威胁和敌对势力、破坏势力以技术手段相威胁的能力，国家利益免受科技发展自身的负面影响的能力，国家以科技手段维护国家安全的能力，国家在所面临的国际国内环境中保障科学技术健康发展及依靠科学技术提高综合国力的能力。经济情报工作围绕国民经济发展和经济实力不受根本威胁开展情报活动，为国家在经济全球化时代保持其经济存在和发展所需资源有效供给、经济体系独立稳定运行、整体经济福利不受恶意侵害和非可抗力损害的状态和能力等方面提供情报支持。文化情报工作围绕文化安全和社会文化、聚焦国家观念形态的文化（如民族精神、政治价值理念、信仰追求等）生存和发展不受威胁开展情报工作。信息安全情报工作聚焦来自网络的一切威胁开展情报工作，如来自敌对国家和黑客的网络攻击威胁，通过网络舆论传播恐怖主义信息、煽动违法行为等。生态安全情报工作围绕有关生态破坏与环境污染等方面开展情报工作，维护国家生态系统的健康和完整，包括饮用水与食物安全、空气质量与绿色环境等。

3）面向发展的情报机构

国家安全与发展涉及领域广、专业性强、决策影响大，有赖于来自社会及民间的理论成果、方法和智慧为国家安全与发展提供决策参考。我国社会情报力量主要包括社科情报机构、科技情报机构、智库、企业情报机构、情报站及各级情报学会等。这些情报机构主要致力于社会发展，同时也兼顾国家安全开展情报工作。社会及民间情报机构可以接受国家情报机构的任务委托，与国家情报机构围绕情报工作开展合作交流，交换共享非保密情报资源，对国家情报机构工作形成有力支撑。社会及民间情报机构在各国国家治理中承担着日益重要的作用，逐渐成为国家情报体制中不可或缺的组成部分，是国家治理能力的重要体现。国外的社会及民间情报机构中，有一些是由政府设立的或具有半公半民性质的研究机构，如美国的兰德公司、赫德森研究所、海军分析研究中心和全国战略情报中心，英国的伦敦国际战略研究所、伦敦皇家国际事务研究所、皇家三军联合防务研究所、中东欧军民关系互联网资源中心，德国的国际政治与安全研究所、卡尔斯鲁厄专业情报中心，日本外务省的日本国际问题研究所、防卫省的防卫研究所、内阁的经济社会综合研究所、央行的日本银行金融研究所、经济产业省的经济产业研究所；有一些是专业从事对外咨询业务的情报研究机构，如日本的PHP综合研究所、日本国际论坛等；还有一些是大企业、集团公司、银行、证券公司的企业情报机构，如英国的简式信息集团，日本三井住友财团的日本综合研究所、野村综合研究所、三菱综合研究所、富士通总研。

关于我国智库的管理，包昌火先生建议成立国家情报研究院，整合国家情报机构、高等院校、科研院所丰富的情报资源，从情报视角就国家安全和社会发展的重大问题进行深入研究，发展具有中国特色的情报理论和情报战略，使国家情报研究院成为具有中国特色的情报智库和中枢神经，发挥情报服务于国家安全和社会发展重大决策的关键作用[①]。国家情报研究院的情报资源和分析力量可以为面向社会发展类的情报整合和分析提供有力支撑。

4) 国家情报数据平台

国家情报数据平台为国家情报体制构建情报共享环境和服务平台，推动不同部门、不同领域的情报机构进行资源全面共享、情报交流与协作生产，推进国家情报体系的一体化能力提升，对于维护国家安全，增强情报体制情报能力均具有重要意义。特别指出的是，国家情报数据平台一般情况下又需设置技术总部支撑平台建设，推动情报工作不断向专业化、工程化、智能化、系统化方向发展。在技术支撑方面，英国以信息技术为先导的高新技术的应用极大地改变了情报工作条件，情报工作的手段、流程、精度优化，为其情报体制转型提供了机遇。美国成功掌握了与国家情报融合发展有关的人工智能技术领域一系列技术，实现了情报生产全产业链智能化，包括上游信息智能监测、中游信息智能处理、下游信息智能应用与决策。

(2) 管理协调体制

依据《国家情报法》，国家安全委员会应是我国国家情报体制的统筹协调机构，对各领域国家情报机构及情报工作实行统一领导。国家安全委员会对国家情报工作的统一领导包括制定国家情报工作方针政策、规划国家情报工作整体发展、建立健全国家情报工作协调机制、统筹协调各领域国家情报工作、研究决定国家情报工作中的重大事项共5个方面。

11 个领域国家情报机构及社会情报机构的情报工作全面覆盖了维护国家安全所需的传统安全情报需求、非传统安全情报需求及社会发展所需的情报需求。这些情报机构是国家情报工作目标和情报工作任务的具体实施机构，情报机构之间互不隶属、独立运行，彼此保持相互竞争关系。国家安全与发展是广泛、综合的范畴，国家情报工作要分析的威胁或利益冲突不能只是聚焦于某一领域，如果没有统筹协调机制，互相割裂的各领域情报机构很难及时做出正确判断。

---

① 包昌火，马德辉，李艳. Intelligence 视域下的中国情报学研究 [J]. 情报杂志，2015，34 (12): 1-6, 47.

许多国家的情报机构间都曾囿于不良竞争，沟通合作不畅，有些还导致了严重的情报失误。例如，20世纪40年代的"珍珠港事件"中，美国陆军和海军情报部门彼此分离引起的情报失误，2001年"9·11"事件中美国对外情报部门与对内情报部门间沟通不畅引起的情报失误。英国情报界内部的不和状况也影响了情报工作的开展，秘密情报局多次阻碍保安局到自己的地盘寻找线索，保安局认为其工作经常受到外交部和秘密情报局的阻挠。2004年，"别斯兰事件"的发生暴露出俄罗斯原有情报体制缺少统一领导、情报共享不畅等弊病。

当前，几个情报体制较为成熟的国家均已建立了情报管理与协调体制，其运作机制与上述我国国家安全委员会的5个统一管理方面基本一致。美国在"珍珠港事件"发生后，设立了统领各大军种的国防部、协调所有军政情报外交的最高协调机构国家安全委员会。"9·11"事件后依据《情报改革与恐怖主义防止法》在国家安全委员会中新增了国家情报总监职位，总体负责和协调各情报机关的情报工作，促进情报部门联合和国家情报体制一体化。当前英国的情报体制内有常设委员会作为情报管理与协调机构，负责制订情报管理计划，审核有关情报机构的政策，向各情报机构发布需求任务、评估情报产品、对各机构的情报工作和行为进行监督与审查等，与我国不同的是，英国分4个委员会分别发挥某一个方面的管理协调作用。德国情报体制由德国联邦安全委员会统筹协调，秉持"互联安全观念"，采取"集中控制—分散实施—议会监督"的管理协调体制，力求达到全面、整体甚至是全球性的安全认知。2004年"别斯兰事件"后，俄罗斯开展了对原有情报体制的改革，成立了以联邦安全局为主导的国家反恐委员会统筹反恐工作。

与另外4个国家不同的是，日本情报体制内拥有政府、军方、民间3套情报系统，日本虽然有管理协调机制，三大情报系统相互协作、互为依托，但是尚没有国家层面的统筹协调机构协调日本的所有情报机构。日本内阁情报调查室担负着统筹政府各情报机构情报搜集的职责，但是内阁情报调查室的权限并没有经过法定明确，也没有人事主导权。防卫省情报系统、警察情报系统及外务省情报系统常常为了维护各自的利益在情报提供上有所保留，导致日本政府情报机构条块分割、各自为政，情报交流不够充分。对比来看，拥有法律认可的管理协调机构更有利于国家情报体制的运行。

在机构间协调方面，体制成熟国家的不同情报机构间开展着多种形式的合作，有些甚至还签订了长期协议。专业情报机构应接受统筹协调委员会的统筹指导，如果情报任务需要，各专业情报机构在委员会的协调下相互配合，围绕工作任务开展多种形式的具体合作,做好情报工作、开展情报行动。例如,美国中央情报局与联邦调查局间的跨机构合作收集和分析情报。德国联邦情报局和国防部情报系统签署了长期的合作协议,由国防部情报系统向联邦情报局提供军事及战术情报,联邦情报局有应国防部和国防军要求承担归口形势判断任务,联邦情报局的业务人员与国防军不同军种间进行定期轮换和双向选择。德国的军事反间谍局与联邦宪法保卫局相互提供线索,当国外恐怖组织成员进入德国境内,联邦情报局(对外)将搜集到的情报转交给联邦宪法保卫局(对内)进行后续评估并采取措施,双方也可以共同对目标进行监控。日本政府和军方情报系统通过互换情报人员的方式加强沟通与协调,日本政府情报机构与民间智库的合作更是日本战后独一无二的创举,日本内阁情报调查室委托民间新闻机构、综合商社、民间情报和智库搜集情报的经费高达其全部经费的70%左右。

(3) 法律规范

成熟的国家情报体制往往通过一系列法律对情报机构和情报机构工作予以规范和确定。从其他国家经验来看,成熟的情报体制应包含以下3个方面的法律规范,形成完备的法律体系。一是国家情报体制法律体系的核心基础;二是有关国家情报安全工作的法律,这是国家情报体制法律体系的主要支柱;三是有关情报机构的组织条例,这是国家情报体制法律体系的基本内容。

我国现有相关法律包括《国家情报法》《中华人民共和国反恐怖主义法》《中华人民共和国反间谍法》《国家安全法》《中华人民共和国保守国家秘密法》《反分裂国家法》,涉及上述第一、第二个方面的法律规范,相较其他国家,我国有关情报机构的组织条例还相对空白,表6-1归纳了美、俄、英、德有关第三个方面,即与情报机构组织条例相关的法律法规,这类法律为情报机构的设立赋予了法律依据,还约束了情报机构的业务范围、隶属关系和权利界限,不仅为情报机构开展活动的权利范畴给予法定明确,也对情报机构活动进行了限制和约束,从而为公民隐私免受情报机构侵犯提供了法律保障。

表6-1 美、俄、英、德有关情报机构组织条例的法律法规

国家	法定明确内容	法律法规
美国	法律地位	《情报改革与反恐法案》《中央情报局法》《外国情报监视法》《国内侦查工作新准则》
	特定情报机构活动范畴的授权和权利限制	《情报监督法》、《情报授权法》、"情报界指令"

续表

国家	法定明确内容	法律法规
俄罗斯	特定情报机构的法律地位及与其他情报机构的关系	《俄联邦对外情报法》《俄联邦国家安全机关法》《俄联邦安全局机构法》《俄联邦业务侦察法》《国家秘密法》
英国	特定情报机构设立基础及活动范畴的授权和权利限制	《保安局法》《情报机构法》《调查权力规则法》
德国	特定情报机构设立基础及活动范畴的授权和权利限制	《联邦情报局法》《联邦宪法保护法》《军事反间谍法》
	对情报机构普适性的约束	《信件、邮件、通信秘密限制法》（也称《G10法案》）、《联邦议会情报事务监督法》、《联邦数据保护法》、《联邦档案安全及保护法》、《安全监察法》

（4）人才培养与选拔体制

人是情报工作的主体，人才队伍建设是推动国家情报工作不断向前发展的重要基石。为在情报收集和情报分析及研判上确保优势，保证产出情报的准确性和高利用率，应注重对高素质人才的选拔及培养。综合各国情报人才方面的经验做法，主要有5种：

① 设立专门的培训机构来培养专业的情报人才。美国通过建立专业的情报培训大学，如中央情报局大学，使人才培养覆盖国家在军事、安全、外交、科技、经济等专业情报领域的人才需求。日本自卫队调查学校负责培训军事情报人才；日本防卫研究所下设的教育部的重要任务是培训中高级军官、文职官员和内阁其他省厅的官员。

② 委托大学增设相关专业，以委托培养方式来训练情报人员。例如，日本政府情报机构以委托培养等方式，委托日本许多大学开设专门的课程以培养适应海外情报工作的情报人员。

③ 以派遣留学、派遣工作、在职培训等方式提高人才素养。例如，英国国防情报参谋部通过其下设的国防情报学院向情报人员提供国防安全、情报、语言和影像等方面的情报训练。德国联邦宪法保护培训学校的军事部分隶属于军事反间谍局，负责相关人员的培训和进修。日本防卫厅、自卫队设有专门的培训机构，同时在与美国的情报合作中，充分利用机会派遣留学人员赴美进行情报学习和研究。

④ 提高选拔人才的门槛。德国联邦情报局重视对高素质综合情报人才的选拔，实行高门槛政策，进入该局工作的人员必须懂两门以上外语，对国际政治、外国文化和外国

语言有浓厚兴趣，并且具有信息技术、化学、物理、工程等方面的知识。

⑤ 跨部门专家借调。例如，英国联合情报委员会的评估人员包括从各个专业部门借调的专业人员；德国联邦情报局的业务人员与国防军不同军种间进行定期轮换和双向选择，从而使情报人员中包括很多各方面的专家，如气象专家、飞机专家、舰船专家、火炮专家、装甲专家等。

（5）监督体制

为建立统筹有序、管理科学、民主监督的国家情报体制，各国普遍建立起一套行之有效的情报监督系统，通过一定的机制对情报机构进行控制和监督，以防止情报机构发生权力滥用、腐败、违反法律、侵害人民权利等现象，使情报机构能够遵守相关法律法规并正常运作，有效发挥被赋予的情报功能。

从其他国家经验来看，情报监督体制包括行政监督、司法监督，以及非正式的社会监督。其中行政监督是较为主要的监督形式，一方面来自情报机构的归口政府部门和负责统领或监管的情报协调机构，行政监督侧重的是情报机构的效率，即情报机构是否有效运转并完成指定任务，另一方面来自政府监督部门，如一些西方国家的国会、议会，侧重的是情报活动的效率和正当性。例如，英国国防情报参谋部接受两个渠道的情报指挥及监督，一个渠道是军方的总参谋长和国防部常务次官；另一个渠道是内阁办公室确定情报要求、搜集内容，并制定计划的联合情报委员会。德国的情报监管体制更为严格，包含由情报机构上级主管部门实施的行政监管；由联邦议会情报机构监督委员会、国务秘书情报委员会（G10委员会）、联邦议会预算委员会秘密拨款项目小组（信任委员会）实施的议会监督。俄罗斯联邦议会是俄联邦立法机关，其对情报机构实施立法与监督职能，主要体现在情报机关监督权、议会质询权、议会听证权、情报经费审议监督权、情报安全立法权及对总统的制约权。依据我国《国家情报法》的表述，国家安全委员会有可能是专业领域情报机构的行政监督方，但"各有关国家机关应当根据各自职能和任务分工，与国家情报工作机构密切配合"。未体现出归口政府部门应对下设情报机构行使监督职责，这样相对来说有利于保护情报秘密。相较于其他国家，我国情报体制的行政监督与俄罗斯较为接近。

此外，司法监督的主体是法院，主要是通过诉讼由司法机关介入调查、经司法程序形成判例或解释，达到对情报机构监督的目的，司法监督侧重情报活动的合法性问题。社会监督主要是由大众传播媒体和公众舆论执行，主要关心的是情报机构和情报活动的正当性问题。由于情报工作的保密性，这两种监督方式一般是事后监督。当发生了情报失误造成了不利影响后,社会监督往往会给政府带来改革情报体制的舆论压力。英国"剑桥五人圈"、"挖鼹鼠"运动、马岛战争等事件就引发了议会和公众对情报工作的持续关注,迫使政府出台了《情报机构法》《保安局法》《调查权力规则法》《通信监听法》《数据保护法》《信息自由法》等一系列法律,从法律上对情报机构的隶属关系、职责范围、情报工作权限等进行了规范。

6.4 国家情报数据平台构建

在对外维护国家主权、安全、发展利益,对内维护政治安全和社会稳定的双重压力下,党中央在《关于〈中共中央关于全面深化改革若干重大问题的决定〉的说明》中明确指出,要"搭建一个强有力的平台统筹国家安全工作",本书将其称为国家情报数据平台。国家情报数据平台通过构建情报共享环境和服务平台,发挥资源整合和技术支撑作用,为国家情报工作建立资源共享环境,推动不同部门、不同领域的情报机构进行资源全面共享、情报交流与协作生产,推进国家情报体制的"一体化"发展和"大一统"融合,对增强国家情报体制整体实力均具有重要意义。

6.4.1 国家情报数据平台的内涵

国家情报数据平台的构建是新时期信息化、平台化、一体化的联合情报工作方式。联合情报的概念最早产生于美国,20世纪90年代海湾战争中,美国为支撑各军种联合作战,对各军种之间已有的情报系统进行改造和集成,联合情报在当时被界定为"由一个国家的两个及以上部门产生的情报即为联合情报"。陈奇伟等将联合情报定义为"某种组织以特定需求为驱动,在情报获取、情报处理、情报分发等环节开展一体化行动而获取的知识"①。蒋锴认为联合情报是"多种情报力量,在统一指挥机构的指挥协调下,根据任务协同开展情报的获取、传输、处理、融合、研判、生产和分发,从而满足指挥决策、目标打击等多层级战场情报保障需求"②。上述两个定义均体现出了联合情报系统并非仅针对最终情报产品应用上的联合,而是贯穿整个情报行动和情报过程的联合。

---

① 陈奇伟,代科学,计宏亮,等.关于联合情报体系建设的几点认识[J].中国电子科学研究院学报,2015,10(1):1-5.
② 蒋锴.美军联合情报体系架构研究[C]//中国指挥与控制学会.第四届中国指挥控制大会论文集.北京:电子工业出版社,2016:6.

国家情报数据平台的构建涉及 3 个方面的联合：一是情报机构的联合，通过平台的构建使各业务领域情报机构横向的联合及各级情报机构纵向的联合；二是情报系统的联合，通过平台的构建使各级各类情报系统具备互联互通互操作能力，能协同完成情报的搜集、处理、分发等各类活动；三是情报产品的联合，通过平台的构建使各情报产品简明精准，产品之间互为补充，能够满足各级各类情报用户和作战活动的需求[①]。

从其他国家经验来看，目前美国已构建形成了"国家—战区—任务部队"三级的联合情报架构，在系统建设上通过全球指挥控制系统、国防情报局"全源情报环境"、"分布式通用地面系统"、情报百科等信息系统建设，大幅提高网络中心环境下的情报共享能力和协同作战能力。同时，在体系运作方面，美国构建了一种任务聚焦，灵活、机动和高效的一体化工作模式来加强其国家情报体制的任务管理，促使国家情报体制从"以机构为中心"的工作模式转向"聚焦于任务"的工作模式，以便根据任务的需要，整合整个国家情报体制的力量。一体化管理模式将以任务为中心的行动从单位或机构层面提升到整个国家情报体制，工作模式由线性模式向系列动态模式转变，大幅提高情报工作的精确性、及时性和灵活性。

6.4.2 国家情报数据平台的作用和意义

党中央在《关于〈中共中央关于全面深化改革若干重大问题的决定〉的说明》中指出："当前，我国面临对外维护国家主权、安全、发展利益，对内维护政治安全和社会稳定的双重压力，各种可以预见和难以预见的风险因素明显增多。而我国的安全工作体制机制还不能适应维护国家安全的需要，需要搭建一个强有力的平台统筹国家安全工作。"[②] 这里所说的强有力的统筹国家安全工作的平台本书称之为国家情报数据平台。国家情报数据平台通过构建情报共享环境和服务平台，推进国家情报体系的"一体化"发展和"大一统"融合，对增强国家情报体制整体实力均具有重要意义。

国家情报数据平台的构建能够促进不同情报机构及部门间的协同合作，推动数据全面共享，有利于针对现有的信息"烟囱"问题将不同领域、不同部门、线上线下的情报资源整合起来对接到统一的数据平台。情报资源全面共享及情报工作协同是国家情报体

---

① 蒋锴. 美军联合情报体系架构研究 [C] // 中国指挥与控制学会. 第四届中国指挥控制大会论文集. 北京：电子工业出版社，2016：6.
② 关于《中共中央关于全面深化改革若干重大问题的决定》的说明 [M] // 十八大以来重要文献选编（上）. 北京：中央文献出版社，2014：506.

制有效运行的必然要求。"9·11"事件就是情报资源共享缺失和情报工作协同不足的前车之鉴。"'9·11'事件调查委员会"指出,美国情报体系在恐怖主义袭击事件之前已经收到了足以支持得出"将有袭击发生"这一结论的情报[1]。然而由于美国各个情报部门之间存在着利益和竞争关系,导致各情报部门在涣散的、缺乏合作的情报体系中信息流转不畅通,情报共享能力受到严重的影响,甚至在情报职责的交叉范围内出现阻碍。缺乏真正实现信息共享和协同合作的国家情报数据平台,是"9·11"事件中"基地"组织袭击行动成功、情报体系未能及时预警的深层原因。

国家情报数据平台是国家重大威胁预警防范与快速处置的有力保障。为强化国家情报体制在威胁识别、调查、打击恐怖主义、保护国家关键基础设施和国民安全方面的能力,国家情报工作需要跨越各个政府部门和情报机构,打造纵向连接各级政府,向外结合私人部门与国外盟友信息的国家情报数据平台,在国家安全和社会发展的重大事件和重大决策中发挥情报预警、预知、预防的作用。

国家情报数据平台的构建是促进情报工作融合的必然要求。以电子信息、云计算、大数据、人工智能等现代化先进理念、情报技术手段和方法武装国家情报数据平台,构建面向国家安全与发展的一体化国家情报数据资源中心,将多元化多样化的情报资源进行标准化整合,实现多维情报融合,进而实现资源充分共享和信息互联互通,为国家情报工作提供高度整合的关联性强的资源支持。

国家情报数据平台的构建将使传统的文字报告式的情报工作成果转变为实时变化的动态的多种载体或多种表现形式的情报。这一方面使得情报工作内容更加丰富;另一方面大大增强了情报的及时性和准确性,从而提升了情报工作的保障能力。在国家情报数据平台支撑下,国家情报工作可以适应天数级的重大情报、小时级的目标动向情报、分钟级的指挥协同情报、秒级的战术目标跟踪情报等各类情报保障要求。

国家情报数据平台的构建将使国家情报工作方式从传统的点对点方式向网络化方式转变。传统的情报工作的定位主要是"报于上官",以最高决策者作为主要的情报服务对象,而在当前需要快速反应的国家情报工作中,情报服务已经覆盖到一线情报机构。国家情报数据平台的构建将情报工作范围从定点服务拓展至网络状行动主体,充分促进信息资源优势向行动决策优势转化。

---

[1] 江焕辉,舒洪水.美国反恐情报变革研究:应对新问题与新挑战[J].情报杂志,2018,37(11):16-22.

6.4.3 国家情报数据平台的建设需求和建设重点

(1) 国家情报数据平台的建设需求

大数据环境下，国家情报机构拥有大量的情报收集、处理、分析与分发资源，为了实现这些资源的有序、合理流动，真正发挥其应有的情报支持作用，国家情报数据平台建设有以下3个方面的需求：

① 国家情报数据平台需要在支撑国家安全与发展决策中，根据决策需求实现快速反应和灵活调整。一方面，国家情报数据平台的构建要满足支撑国家治理和保障国家安全的任何时刻快速完成情报获取、情报传输、情报研判、情报分发等环节；另一方面，国家情报数据平台的构建要能够面向国家情报工作中的各种情形、各种差异化需求提供精准、灵活、多样的情报支撑服务。

② 国家情报数据平台需要情报机构及情报人员从工作理念和思维模式上形成共同奋进的精神推力，在不同领域、不同部门间构筑一体化的情报共享模式。国家情报数据平台要实现真正意义上的情报资源共享、情报工作协同，一方面需要树立以整个国家情报工作整体为中心的观念和意识，激发由下到上主动参与合作的意愿，明确情报资源共享的紧迫性和重要性，从价值理念和意愿上将传统对信息的"因为需要而保有""为了竞争而私享"转变为"基于责任而提供"；另一方面要在各领域各部门间建立相互信任的协作关系，从而提高情报治理能力。

③ 国家情报数据平台需要最前沿的技术支持。智能化可重构通信网络、电子信息、大数据、云计算、人工智能等前沿新兴技术的发展，能够推动国家情报数据平台在平台组织结构、情报生产模式、系统建设模式、情报服务方式等方面发生重要转变：智能化可重构网络技术可能实现任何时间、任何人、任何地点、任何物的无障碍通信，支撑情报业务融合和情报资源的智能动态整合，从而加速情报体制由点线状、树状结构向网络结构转变，推动国家情报体制的组织结构升级；通过运用大数据技术和人工智能技术能够对丰富多样的海量情报资源进行数据挖掘，从而转变传统的信息获取、信息处理、信息应用的线状式情报生产模式，形成基于情报资源积累、情报信息关联的网状式情报生产模式，推动情报生产模式发生改变；云计算技术的发展能够推动国家情报数据平台的情报资源和软件资源在各节点实现动态分配与共享，从而实现"以国家情报体制工作能力提升为目标，统筹情报资源和情报技术手段需求，开展基于情报任务的一体化建设"的平台建设模式；信息服务技术能够使传统的国家情报工作由主要面向指挥决策的点对点文字简报生产模式，上升为依托情报产品订阅分发、情报工作远程服务终端、情报

资源平台等新模式，并依靠情报技术手段直接使情报工作成果实现决策控制、威胁打击、效果评估的多样式转变，进而拓展国家情报工作的范围，推动国家情报工作方式的转变。

（2）国家情报数据平台的建设重点

情报资源共享不是一刀切式破坏或整合现有的情报资源结构，而是利用已有的分散式的情报资源，通过沟通协调现存的情报机构，将各情报领域、各情报部门现有的人力、信息等资源融合成一体，为国家情报工作提供所需的情报资源。国家情报数据平台的建设涉及方方面面，我们认为国家情报数据平台的建设重点主要包括以下5个方面：

① 贯彻习近平"坚持信息主导、体系建设"的指导思想，以国家级情报数据作为抓手，在一体化国家情报工作任务的驱动下，使人力、图像、信号等不同情报要素在建设过程中动态聚合、形成合力，最终基于国家情报数据平台增强整个国家情报体制的决策能力。

② 在各领域、各部门、各情报主体间建立起相互信任的情报资源共享环境，保障情报资源的安全、畅通交换。

③ 以多样化情报成果实现平台价值。国家情报数据平台所囊括的情报资源种类繁多，服务对象广泛，提供多样化的情报成果满足不同主体的情报需求，决定着国家情报数据平台的价值体现。

④ 建立一套目标、标准、程序、步骤统一的指导纲领，建立标准化的国家情报数据平台资源共享与合作模式。同时，国家情报数据平台的运作机制应遵循统一的架构和情报工作流程。

⑤ 在国家情报数据平台构建中加强前沿技术应用，尤其是人工智能技术与云计算技术。云计算技术是国家情报数据平台的重要载体，能够推动国家情报数据平台的情报资源和软件资源在各节点实现动态分配与共享，是国家情报体制实现一体化的基础。在针对人工智能技术对国家安全情报的影响方面，近年来美国试图将人工智能技术优势转变为国家战略情报优势，争取国家层面的最大利益。哈佛大学肯尼迪政治学院贝尔弗科学与国际事务中心就曾应美国情报高级研究计划局的要求，发布了《人工智能与国家安全》报告，将人工智能技术对美国国家安全的巨大影响列入当前影响美国国家安全的重要危险之一，分析了人工智能技术对于美国国家情报体系的重要影响。人工智能技术在快速情报生成与处理、自然语言处理识别、数据监测预警、数据智能分析等方面成为影响和制约国家情报数据平台建设的关键技术。

6.5 本章小结

本章所讨论的国家情报体制不是局限于早期基于军事含义的情报工作,而是同时囊括了国家安全和国家发展含义,带有新时期我国情报工作变革发展的时代烙印。随着我国国际地位的提升,大国崛起所面临的冲突、对抗与所承载的责任也极大地考验国家情报工作能力,现有的情报工作体制束缚已经不能满足新时期国家战略需要。从冷战时期及之后的国际经验来看,大国之间的冲突是政治上的、经济上的,也是意识形态上的、情报能力上的,虽表现为相互谴责、意识渗透,而非真枪实弹、剑拔弩张,但其中的对抗与冲突不一定比你死我活的实际交战少,需要国家情报机构在后方齐心聚力、全力以赴。长期以来,我国各领域情报机构处于离散状态,没有整合起来,没有形成全国性的甚至世界范围的、密切协作的情报系统。情报理念隔阂、领域情报隔阂、部门情报隔阂、情报技术隔阂是几大难题,情报职能交叉重叠、彼此协调难、信息共享难、情报资源分散等问题比较突出,这些都是我国迈向情报大国道路上必须逾越的障碍。

"大国地位"与"分散情报"间必然产生层出不穷的矛盾,需要我们超越特定机构的业务范畴或单一领域的特定需要,从国家战略需求高度统摄情报工作,加快构筑统一的国家情报体制,凝聚国家情报力量。我国国家情报体制的构建也如同世界上其他国家一样,需要在实践中摸索经验,不断完善与调整,而完善的国家情报体制必将使情报工作为国家安全稳定与发展繁荣发挥独特作用,取得显著成就,承载强国梦想。

第 7 章
情报工作发展的军民融合

"凡益之道，与时偕行。"新时代，国家安全与发展的内核发生深刻变革，总体国家安全观将国家安全问题置于一种更高级的形态，以强调发展与安全共存的国家安全才是真正的"战略级"安全。当安全诉求由单独的追求军事、国防等传统安全优势，上升为关乎全局性总体国家安全时，全域情报工作得到了全面彰显。同时，总体国家安全观客观上对维护国家安全与发展中发挥第一道防线作用的情报工作，特别是对游离于国家安全问题之外的非传统安全情报工作提出了更高要求，即军民情报工作共同履职国家安全威胁，系统全面地支撑国家安全战略。目前，我国军民两大情报体系组织间分离、平行发展，致使偌大的情报界情报张力受阻、情报合力缺失。单一情报难以综合洞察客体的全貌，分而治之的情报工作难以适应国家安全与发展战略决策中的攻防双重情报需求[①]。我国军民情报融合式发展是对总体国家安全观中安全与发展辩证统一关系的回应，是关涉我国情报事业可持续发展的前沿问题。在我国情报界，协调推进军民情报融合已成共识，并受到方方面面的关注。本章立足军民"情报工作"融合，而非"情报学"融合，在界定军民情报融合概念基础上，分析了我国军民情报融合的战略意义、制约问题，进而提出我国军民情报工作融合的发展策略。

7.1 军民情报融合的内涵与模式

近几年，我国情报界议融合、谋融合，但军民情报融合概念的界定及研究范畴一直不明确，相关研究比较鲜见。而界定和诠释军民情报融合的基本内涵，理解其基本特征

---

① 李辉，陈雪飞，刘如，等.国家安全与发展视阈下情报供给侧改革研究：基于供给侧五角模型解释框架[J].情报理论与实践，2019，42（10）：9-14.

及涉及范畴，是情报工作中顺利推进军民融合的前提。

7.1.1 军民融合的内涵

"军民融合"是军民情报融合的上位概念。1994年9月，美国国会技术评估局在《军民融合潜力评估》研究报告中最先提出了"军民融合"（Civil-Military Integration，CMI）概念，并将其定义为融合国防工业基础与民用科技工业基础，形成统一的国家科技工业基础的过程[①]。此定义侧重于技术的共享，没有考虑制度层面和其他领域上的融合。

军民融合概念在我国一直不断发展和延伸。20世纪50年代，全民皆兵、军民一体；60年代军民结合，平战结合以军为主；70年代军民结合；80年代军民结合，平战结合军品优先；90年代末，注重发挥高新技术在科技强军中的重要作用；21世纪初，军民结合寓军于民，发挥军民两用技术；2012年走中国特色军民融合发展之路；2013年推动军民融合深度发展（对外翻译为"integration between the military and civilian sectors"）；2015年，习近平总书记首次明确提出"把军民融合发展上升为国家战略"；2017年，设立中央军民融合发展委员会。

作为我国国家战略，军民融合是指把国防和军队现代化建设深深融入经济社会发展体系之中，全面推进经济、科技、教育、人才等各个领域的军民融合，在更广范围、更高层次、更深程度上把国防和军队现代化建设与经济社会发展结合起来，为实现国防和军队现代化提供丰厚的资源和可持续发展的后劲[②]。2017年，习近平总书记进一步提出了加快形成全要素、多领域、高效益的军民融合深度发展格局。军民融合的本质是实现军民两大体系中资源的最优配置。中国特色军民融合的内涵要比美国的CMI更具战略性、内容覆盖度更广。随着中央出台一系列战略措施，军民融合正在向经济、科技、教育、文化、情报等各个领域拓展。

7.1.2 军民情报融合的内涵

"军民情报融合"是军民融合的下位概念，是情报领域的军民融合，包括军民"情报学"融合与军民"情报工作"融合。从情报工作实践角度看，军民情报融合是指军、

---

① 杜人淮.美国国防工业发展的军民融合战略[J].中国军转民，2018（1）：17-24.
② 郭俊奎.军民融合发展国家战略强军兴军[EB/OL].[2015-03-13].http://opinion.people.com.cn/n/2015/0313/c1003-26686400.html.

民双方在情报资源管理、情报研究、情报利用与服务中全要素相互渗透、多领域相互交叉、各组织相互协调的过程。其本质是通过融合管理制度设计与运作,解决单一情报实践领域的情报支撑瓶颈问题,通过强化共通内核,形成统一战线并释放集成优势,进而提高情报工作引领国家安全与发展重大决策和行动的能力(图7-1)。

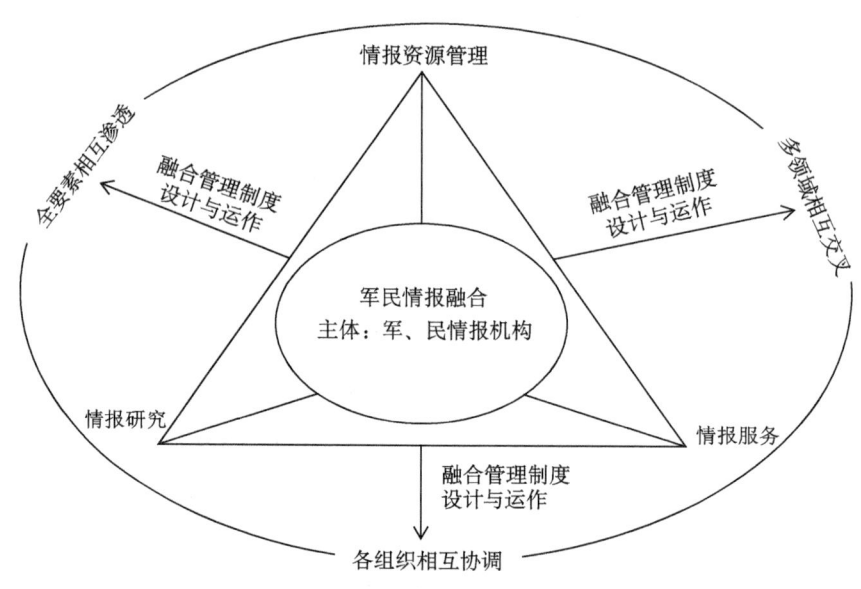

图7-1 军民情报融合概念框架

(1) 关于"军民"

这里的"军"不局限于军事,是指"军用",军用又可拓展到安全领域;"民"是指"民用",涉及经济社会、科技创新等发展领域。因此,军民情报融合实际上指向的是安全领域和发展领域的情报工作融合。安全领域的情报工作主要包括军事情报、国安情报、公安情报、反恐情报、应急情报等;发展领域的情报工作主要包括经济情报、社科情报、科技情报、竞争情报等。这也充分体现了军民情报融合是对国家安全与发展辩证统一关系的回应,它以国家安全与发展战略需求为牵引,并以全面系统支撑这种需求为归宿。

(2) 关于"融合"

首先,"军民情报融合"的融合之道是求同存异,承认共性融合,也尊重特性分离的存在。军用情报工作、民用情报工作既有共性又有特性,在辨别异同的基础上,要寻找情报本质与核心功能、情报研究范式、情报流程、情报分析方法技术手段、情报资源中共性要素的融通，并促进特性要素的交互影响。同时，控制两者分离中的不合理部分（最大的不合理就是资源没有最优化管理和利用），将游离在外的要素重新融入（图 7-2）。

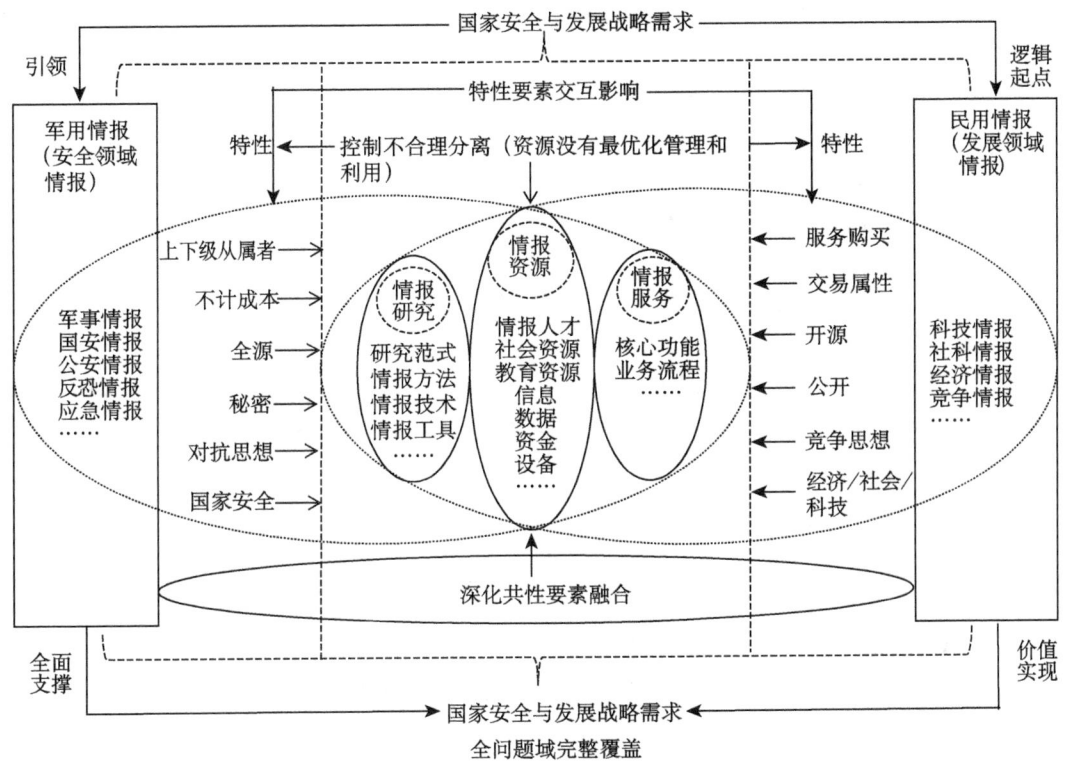

图 7-2 军民情报融合中"融合"与"分离"的平衡关系

其次，"军民情报融合"的核心内容是要素融合。从要素层次上看，情报要素分为基础要素、控制要素和思维要素。其中，基础要素主要包括情报的数据、信息、情报方法技术工具、情报人才等；控制要素主要包括情报活动的流程、标准、规范等；思维要素主要包括情报思想、理念观念等。基础要素融合关注发生融合的要素本身，不注重要素与要素间的关系，在融合体系中显得较为零散，但容易促成平行协调和专项协调；控制要素融合关注要素间的关系和秩序，能够促成常态机制的形成；思维要素融合是在关系与秩序的基础上进一步关注了整体的价值与目的，有且只有军民情报工作价值与目的趋同时，才能真正地实现军民情报融合（图 7-3）。

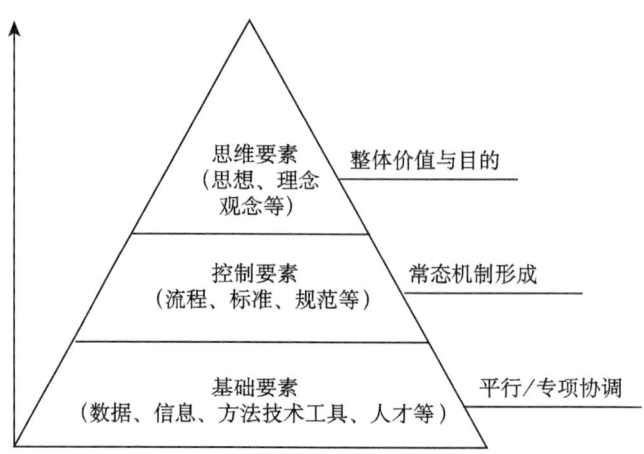

图 7-3 军民情报要素融合内容与层次

最后,"军民情报融合"强调融合的双向性,无论是"军为民用",还是"民为军用",其原则都在于国家利益的抉择,但总体来看,应以解决"军用情报需求"为首责。国家安全问题永远是影响情报工作发展的首要因素,服从并服务于国家安全需要是情报工作的生存之本。作为国家安全情报工作的主导和专门机构,军用情报机构有专门的人才队伍,紧贴国家安全需求,是维护国家安全的坚强柱石,而民用情报机构不具备这样的优势。基础和优势决定军、民角色。在面向国家安全战略需求时,应明确军民情报工作的核心作用,民用情报工作的补充作用,即民用情报作为补充力量为军用情报工作提供理论指导、业务支持、技术支撑、人才培养等。

7.1.3 军民情报融合的模式

坚持军民情报融合发展已成为许多国家的通行做法。第一次世界大战前的人力情报、第二次世界大战的信号情报和冷战时的图像情报等均存在军民融合的影子。日本官民情报结合为其对外侵略扩张做出了"突出贡献"。以色列从 1948 年建国开始就坚持走军民情报融合道路。20 世纪 90 年代末开始,以美国和俄罗斯为主要代表,军事情报研究力量逐渐向经济技术情报领域转移,将军事情报研究经验和方法应用到经济技术情报领域中。"9·11"事件后,美国在安全、反恐等领域开展了情报众包,如"See Something, Say Something"的反恐全民行动。通过归纳分析世界情报强国军民情报融合具体实践,其模式大致分成以下 4 种。

(1)"军转民"情报披露模式

"军转民"情报披露模式（图7-4）是通过设计评估、解密、披露、协议等程序，将军用所掌握的优势情报资源，向全社会披露或定向传输给特定企业或机构，以促进科技创新、提高经济竞争优势，从而发挥军用情报资源服务国家经济建设的功能。在"军转民"情报披露模式下，军用情报资源服务国家经济建设，是间接进行的，需要借助其他企业或机构情报部门，并且一项优质的军用情报资源，至少需要设计评估、解密、披露3项程序才能得以脱密，公开或半公开。对于不能作为完全公开的军用情报，同时附加了协议程序，来规范军用情报资源转为民用。例如，美国建立国防信息报告制度[①]，国防部各业务局及下属单位将本单位的国防科技信息及时上报给国防技术信息中心。国防部每年下拨专款，要求最大限度开发利用这些国防科技信息。为此，国防技术信息中心组建了400多名员工的队伍，定期对符合条件的密级报告进行降密和解密处理。中心还建立专业信息分析中心，使用户能迅速了解国防部技术信息和需要的报告，并开发和提供多种信息产品和服务，如建立和维护国防研究、发展、试验与鉴定联机系统（DROLS），定期出版《国防技术信息中心文摘》《资料降密、解除限制发行通报》，每两周发行一次《技术文摘通报》，公布文献的题目、摘要等，并向"技术匹配"（TechMatch）和"技术链接"（TechLink）等信息交流平台提供国防科技信息，有效推动了国防科技向民用领域转化。

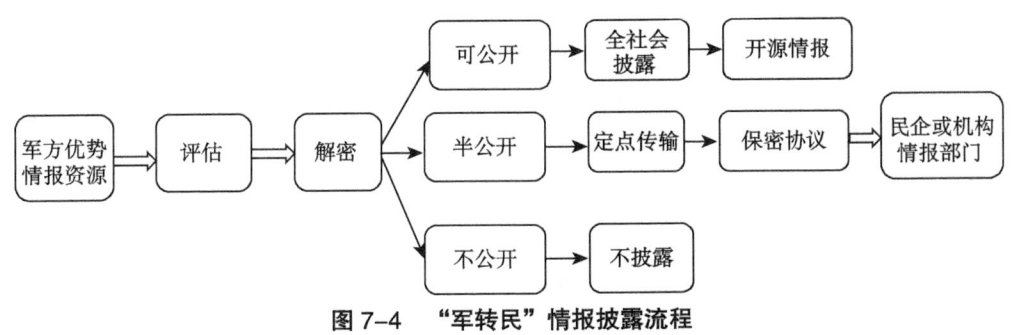

图7-4 "军转民"情报披露流程

(2)"民参军"情报交易模式

"民参军"情报交易模式（图7-5）是指通过情报市场及市场下的情报交易规则将

---

① 美国国防科技成果转化为民用的做法及经验［EB/OL］.［2016-10-28］.http://www.sohu.com/a/117457334_465915.

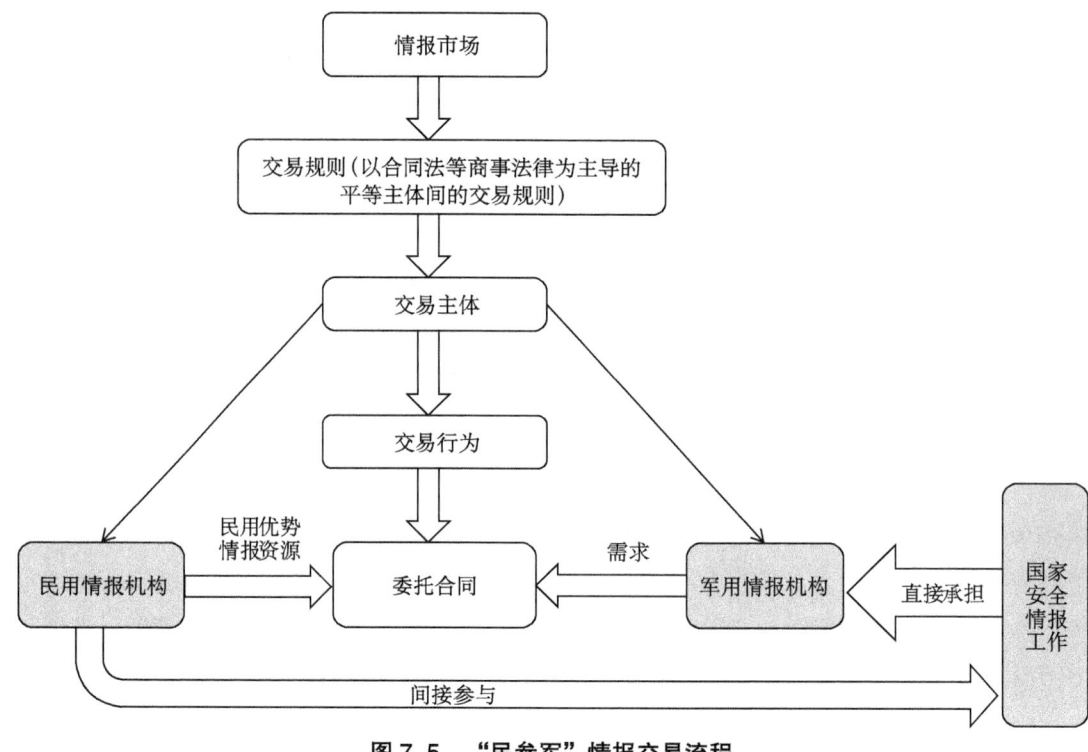

图 7-5 "民参军"情报交易流程

民用情报机构所掌握的优势情报资源纳入国防和国家安全工作，以扩大国家安全情报来源，进而提高情报准确性和效率。首先，在"民参军"情报交易模式下，民用情报资源服务国家安全是间接进行的，需要通过军用情报机构完成；其次，在"民参军"情报交易模式下，民用优势情报资源向军用情报机构流转是通过市场交易方式完成的，因此，构建起庞大的情报市场是促进"民参军"情报融合的先决条件；再次，对于情报交易市场而言，能够发挥管理效能的不再是评估、解密等强制性措施，取而代之的是以合同法为代表的商事交易规则，并适用于平等主体之间，因此，无论是军用情报机构还是民用情报机构，在情报市场中的法律地位均是相同的；最后，情报融合成效要通过能够外化的方式体现，即两类情报主体的交易行为成效要落在承载情报服务的委托合同之上。因此，在需求的导引下，军用情报机构通过签订服务合同将民用情报机构掌握的优势情报资源完成"民参军"的情报融合。例如，美国政府高度重视兰德智库所提供的情报。兰德智库是美国最重要的以军事为主的综合性战略研究机构，先以研究军事尖端科学技术和重大军事战略而著称于世，继而又扩展到内外政策各方面，逐渐发展成为一个研究政治、军事、经济、科技、社会等各方面的综合性思想库。兰德智库常影响和左右着美国

第 7 章
情报工作发展的军民融合

的政治、经济、军事、外交等一系列重大事务的决策，被誉为"美国的智库""白宫第一智囊""超级智库""大脑集中营"。但实际上，兰德智库是一个非营利的民办研究机构，独立地开展工作，与美国政府只有一种客户合同关系。20 世纪 90 年代以后，兰德智库 65% 的收入来源于美国的联邦政府，剩余 35% 的收入分布在许多不同的客户间。

（3）军民情报协同模式

军民情报协同模式是指在开展军用或民用情报活动时，将相关的民用或军用情报活动作为自身活动的一个环节，整体设计、一致行动，进而实现军民情报活动的高效协调（图 7-6）。首先，军民情报协同模式主要针对将要发生的军民情报工作，而无论是"军转民"模式还是"民参军"模式主要针对已有的优势情报资源；其次，与"民参军"情报交易模式不同的是，在协同模式下，每当承担一项具体的情报任务时（特别是关乎国家安全相关的情报任务），军用与民用情报工作是不可分离的一个整体。一项工作，以情报工作任务为驱动，民用与军用情报机构之间通过协同方式来构建工作关系，而非通过情报市场及市场下的交易规则。至于如何协同，则依赖于国家情报管理部门来设计工作规则并强力推行。例如，2001 年，美国联邦调查局发现美国一家药物试剂公司的通信系统被渗透，怀疑此举是以色列政府 Am-docs 公司和 Comverse 公司两家所为。在美国，大多数电话公司都使用 Am-docs 公司的生成计费数据系统，这种系统能够提供详细的通话日志，包括通话的双方是谁、通话时间、通话时长等；而 Comverse 公司的语音信息

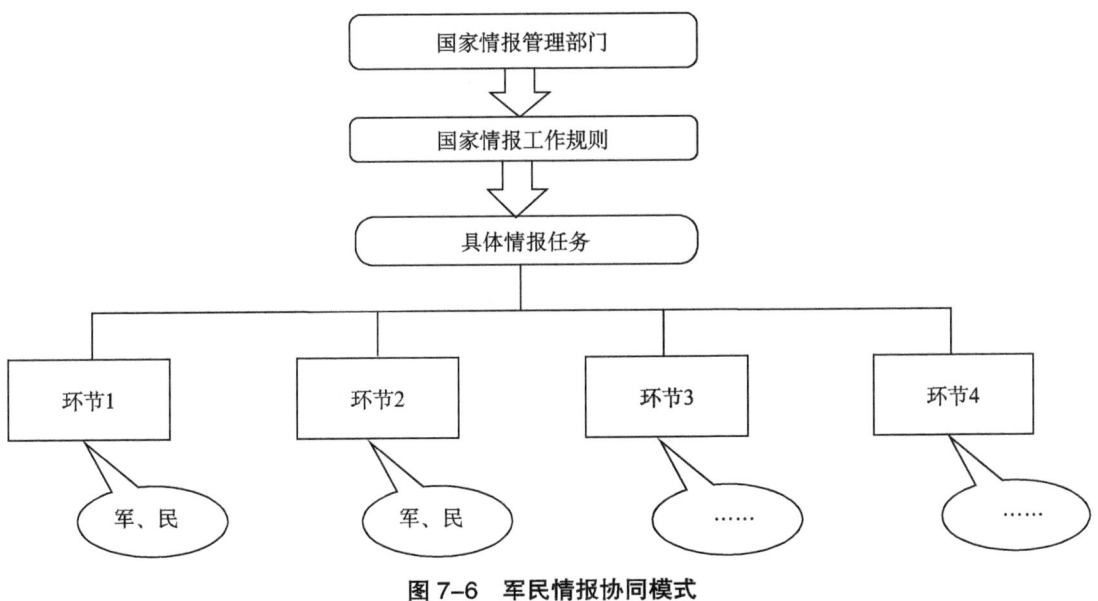

图 7-6　军民情报协同模式

软件系统则构建了一整套窃听设备,可以用来窃听客户所有的通话。这两个已建成的系统正在通过一个类似于后门的形式源源不断地向以色列情报部门提供大量的有关美国的资料[①]。在这个案例里,以色列政府为了刺探美国医药发展情报,在数据收集和数据清洗两个环节,将民用情报机构及其优势技术手段纳入到国家安全情报工作中。

(4) 军民情报基础设施共建共享模式

军民情报基础设施共建共享模式是指针对情报工作中的信息采集、信息分析等基础设施,由军民共建或单方建设,经过权属分离后,建成的情报基础设施的部分权益由军、民情报机构共享的模式(图7-7)。在该模式下,情报基础设施的所有权、管理权与使用权、运营权是相互分离的,情报基础设施的所有权、管理权归属于情报基础设施的建设者,情报基础设施的建设者当然也享有使用权和运营权,只是由于国家政策的介入及市场法规的推行,情报基础设施的建设者能够将全部或部分使用权和运营权进行转让,使之与原始的所有权相分离。例如,美国GPS系统,最初旨在为美军提供实时的、全天候的全球性侦查、信息传输和导航服务,系统的所有权、控制权、运营权均属于美

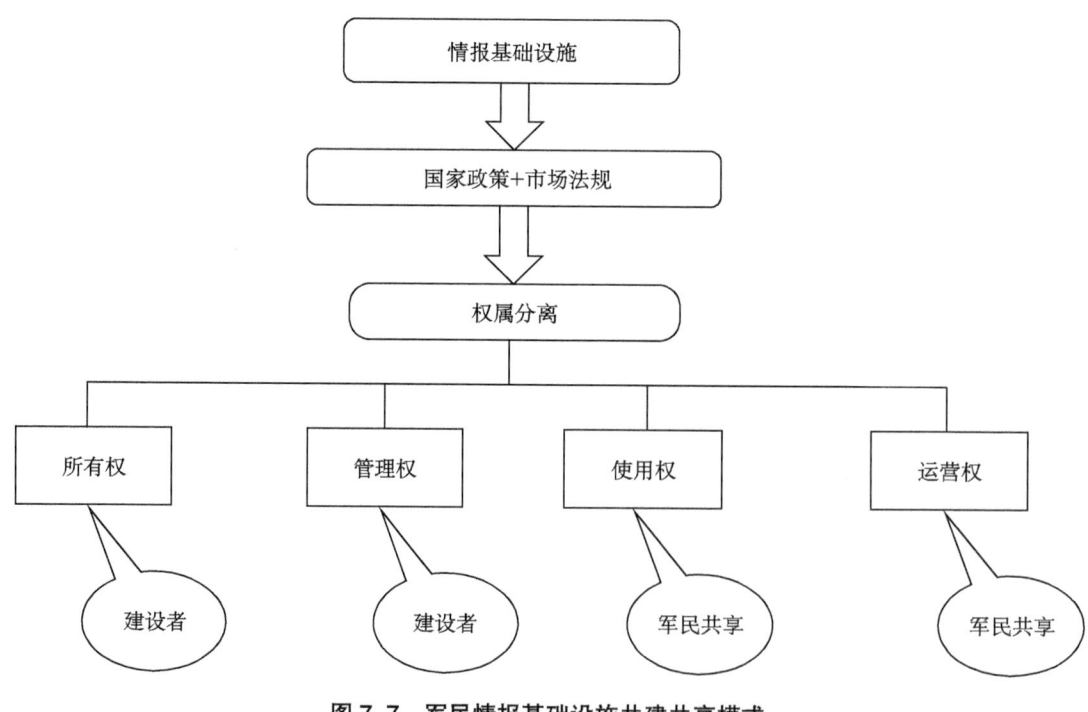

图7-7 军民情报基础设施共建共享模式

---

① 濮方圆. 以色列军事情报工作军民融合基本路径研究 [J]. 情报杂志, 2017, 36 (2): 8-11.

国国防部。限于当时的技术手段和卫星本身的容量，为了确保国家安全需求，美国政府在20世纪70—80年代的很长一段时间内，采取了确保军队使用、限制民用的措施。随着GPS应用的逐步扩大，GPS展现出广阔的军民两用前景，美国政府决定将GPS部分开放，从单纯的军用转为军民共用，并出台多项政策推动GPS的军民两用发展[①]。例如，承诺免费提供GPS服务、逐步取消"保军限民"措施、鼓励私营企业开发GPS产品等。同时，美国还鼓励民用卫星的发展，并将其作为军事情报通信的一部分。根据美国国防部的报告，在海湾战争中，超过90%的战区内通信是通过卫星通信实现的，其中24%的通信是通过商业卫星实现的；在"伊拉克自由"行动中，军用带宽需求比"沙漠风暴"行动高出42倍，在军用系统无法满足需求的情况下，美军大量使用了商业通信卫星资源，其中80%的卫星通信带宽由商用卫星提供。

7.2 我国军民情报融合的战略意义

军、民情报机构在资源管理、情报研究和情报服务中全要素相互贯通渗透、多领域相互交叉联结、各组织相互协调依赖所产生的综合性情报工作张力，对于提高国家竞争对抗能力，落实国家安全和发展各项战略部署，发展壮大我国情报事业具有重要的战略意义。

7.2.1 提高国家竞争对抗能力

谋求国家战略优势，是我国军民情报融合发展的深层战略动因。当前，国际发展环境的竞争与对抗性特征日益突出，世界秩序越来越多地受到世界大国之间的竞争态势所影响。从美国智库机构近两年来对国际局势的判断措辞即可窥豹一斑：An Era of Strategic Competition（战略竞争的时代）、An Era of Renewed Great Power Competition（重振大国竞争时代）、An Era of New Cold War（新冷战时代），这些措辞和相关报告源源不断地送到决策者手中，影响决策和舆论。

面对多领域、长时间的国际竞争对抗形势，迫切需要全域情报工作从对抗的后方走向前沿，冲在应对经济封锁、高科技遏制、文化渗透等"反遏制"的第一线，以更敏锐的洞察力积极关注美国以遏制中国发展为目的的各种竞争博弈、有意识的对抗性活动，消除环境认知的不确定性；跟踪国际上各项制度、举措的新动向和新变化，发现影响国

---
① 陈菲. 美国空间信息系统军民融合发展策略[J]. 中国航天，2015（2）：20-25.

家安全的威胁，包括潜在对手的战略意图、潜力和准备情况等；评估影响国家安全利益的因素，评估双方战略方案和措施，确定对手可能做出的反应和可能的战略选择；帮助决策者塑造有利的战略环境，通过情报思维与谋略，影响对手认知，掌握对抗与竞争中的主动权。军民情报融合是赢得国家战略优势的先手棋，更是适应这种国际对抗形态变化的必然选择，同时有助于形成应对"高维打击"的一体化情报工作体系。

7.2.2 回应总体国家安全期盼

总体国家安全观创设了新的"安全之境"，提出了11类国家安全工作，强调既要重视传统安全，又要重视非传统安全。国家安全内容的综合性必然带来情报保障内容的综合性，11类国家安全问题，也包含着11个方面的情报问题，军民情报被纳入了统一的国家安全体系中。总体国家安全观客观上对维护国家安全与发展中发挥第一道防线作用的情报工作，特别是对游离于国家安全问题之外的非传统安全情报工作提出了更高要求，即各领域情报工作需要从"总体"上关照国家安全。目前，部分安全领域情报工作由国家安全情报机构承担，还有众多非传统安全领域的情报工作尚缺少履职实体。新安全观是一种整合关系的场域[①]，为军民情报融合指明了方向并提供了组织线索。

此外，在各种因素叠加作用下，各领域安全存在着千丝万缕的联系，某一领域的安全问题会同时影响其他领域[②]。正如张秋波所指出，文化安全影响政治安全和社会安全，科技安全关系到信息安全和军事安全[③]。著名的"斯诺登事件"中，个体的信息披露行动，瞬间升级为国家间的信息较量与世界组织关于人权的抗争，全面影响了军事安全和社会安全。错综复杂的安全形势要求情报工作超越线性过程转向网状关联，跨界情报融合已成为必然趋势。

7.2.3 支持军民融合信息需求

第一，重点领域军民融合深度共享尚缺乏信息资源保障。从军民融合的发展阶段来看，一般要经历"信息共享—资源共用—合作共赢—荣辱与共"4个阶段（图7-8）。其中，信息共享是初始，也是关键的发展阶段。目前，我国军民融合总体上还处于促进信

---

① 陈明，王乔保.总体国家安全观视野下中国反恐战略及实现路径［J］.江南社会学院学报，2018，20（2）：25-30.
② 杨国立，李品.总体国家安全观背景下情报工作的深化［J］.情报杂志，2018，37（5）：52-58.
③ 张秋波，唐超.总体国家安全观指导下情报学发展研究［J］.情报杂志，2015，34（12）：7-10，20.

息共享的发展阶段，需要情报工作精准发力。2016年，《关于经济建设和国防建设融合发展的意见》明确提出从"基础领域、产业领域、科技领域、教育资源、社会服务、应急和公共安全、海洋开发和海洋维权、维护海外利益"8个方面加强统筹[①]。目前，这些领域的技术创新、产业发展等综合统筹、深度共享尚缺少相关数据、信息、知识等情报资源的保障。因此，情报工作的军民融合必将带动我国军民融合事业向更高阶段迈进。

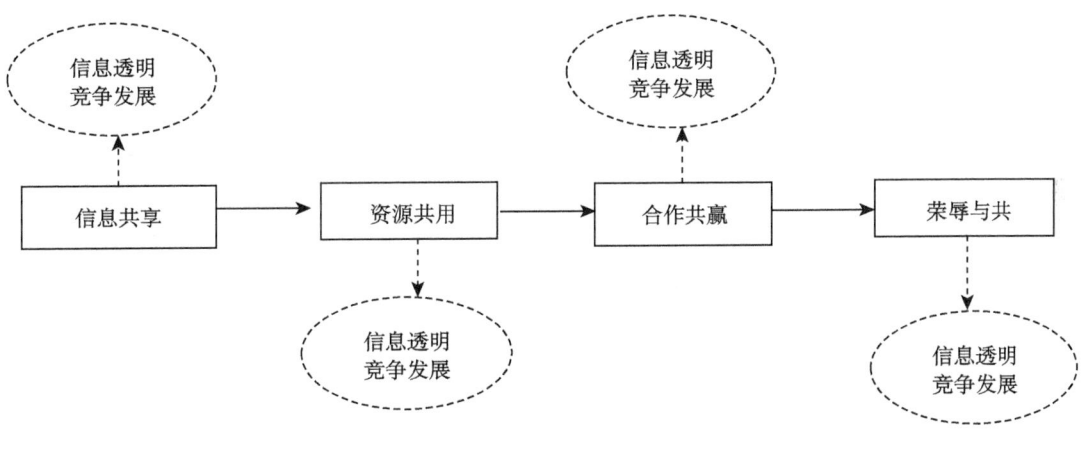

图7-8 军民融合发展的4个阶段

第二，军民融合缺乏相关基础性数据和信息。目前，各地现有军工企业中有多少军转民资源，有多少可以改制；各地民企有多少具有军工合作潜能，有多少民用技术可以转为军用；有多少企业有意向参军，这些企业信息数据库尚未建立，工作难有针对性。甚至，部分地方的支持性政策也都无法从相关政府部门网站上查到。这些基础性的情报工作缺失，必将带来军民深度融合的困境。军民融合中不断涌现的决策需求造就了情报事业新的增长点，需要军、民两支情报力量并肩协作，共同开拓情报事业的新天地。

7.2.4 增强情报工作整体实力

(1) 构建一体化情报界

军、民情报工作同宗同族、相生相依，两者各具特性，也存在共性。但是，我国长期分而治之的情报管理体制，分割了军民情报机构之间的联系，使情报界缺乏有效的交

---

① 中共中央、国务院、中央军委印发《关于经济建设和国防建设融合发展的意见》[EB/OL].[2016-07-21].http://www.gov.cn/xinwen/2016/07/21/content_5093488.htm.

流和融合，不能形成整体合力。这样的体制难以适应体系性、综合性、全域性的国家安全与发展战略重大决策需求。整合情报资源，推进一体化情报建设是历史的必然趋势，世界主要大国的做法也说明了这一点。例如，特朗普对美国情报工作提出要求：必须破除部门利益、推动情报融合，实现情报力量有效联动与整合。重塑"大情报观"，打破军、民情报工作的平行发展局面，使两者充分交叉、融合，将民用情报领域的信息及其加工优势与军用情报领域的对抗性情报优势相融合，对于构建一体化国家情报体系，壮大发展我国情报事业具有重要意义。

(2) 基于"禀赋差异"提升军、民情报研究能力

从提升军用情报研究能力来看：信息技术的跃迁式发展极大提升了军用情报信息获取能力，也改变了军用情报分析环境，但信息处理加工分析能力却没有同步提升，情报技术工具应用能力尚比较落后。高金虎指出：借鉴科技情报工作已经取得的成果，特别是其在分析、处理信息时所使用的方法，用于提升军事情报分析的精确性，是未来军事情报工作的必然趋势[1]。民用情报工作中的信息组织、信息检索、数据挖掘、知识组织、可视化分析等方法和技术优势都可以应用于传统国家安全情报工作，提高其情报智能化水平。从提升民用情报研究能力来看：我国民用情报工作的学理基础是信息学（Information Science），侧重信息的组织、管理和知识服务，对信息的挖掘和升华重视不够，情报特质模糊，全然忽视了激烈的情报攻防，大大削弱了情报工作本身的内涵。高金虎指出：我国情报工作必须全面引进军事情报的研究范式，实现"information"的"intelligence"化[2]。我国军事情报的研究起步较早，呈现出较强的战略性，主题基本涵盖了国家安全情报的主要研究领域，其情报研究思想在大国博弈、国家安全和复杂社会局势与发展中的实务性经验，将有效激发并推动民用情报工作的"intelligence"化，增强民用情报信息分析的智慧价值。同时，军用情报在信号情报、图像情报、人际情报等方面也将为民用情报的信息搜集提供更有效的补充。从20世纪90年代末开始，美国、俄罗斯等军事情报研究力量逐渐向经济技术情报领域转移，将军事情报研究经验和方法应用到经济技术情报领域中。

---

[1] 高金虎. 试论国家安全情报体制的改革路径[J]. 公安学研究，2019，2(7)：1-26.
[2] 同[1].

7.3 我国军民情报融合的制约问题

顺应新形势,我国军民情报机构在情报理论探讨、情报人才培养、项目合作、情报会商制度等方面进行了初步融合实践,但仍是流于形式上的配合,疏于实质性的融合,尚存在情报资源共享难、情报机构协调难等诸多融合短板,而体制机制障碍、政策制度壁垒、情报文化分歧是制约军民情报融合推进的核心因素。

7.3.1 情报体制是硬制约

情报体制反映了国家对情报工作的总体部署,涉及情报工作的建制和领导关系、机构设置、情报机构的职能及分工等[①]。当前,我国情报工作整体上缺乏顶层设计与统一领导,情报工作体制松散,隶属关系、职能等均存在较大差别。体制障碍,也成为我国军民情报资源共享难、情报机构协调难的硬制约。

2017年6月,《国家情报法》的颁布体现了决策层对我国情报事业的密切关注,拉开了国家情报工作体制从松散走向协调的序幕。《国家情报法》要求:"中央国家安全领导机构对国家情报工作实行统一领导,制定国家情报工作方针政策,规划国家情报工作整体发展,建立健全国家情报工作协调机制,统筹协调各领域国家情报工作,研究决定国家情报工作中的重大事项。"[②] 中央国家安全领导机构即指2014年正式成立的国家安全委员会。《国家情报法》明确了国家情报工作的统一领导机构,但对具体的国家情报管理机构的设置、情报活动的主体归口或统一管理、情报职能分工、情报协调配合机制等未做出细化规定,关涉军民情报融合的顶层设计与统筹体制尚未明确。2017年,我国成立中央军民融合发展委员会,实现了党对国防建设与经济建设融合发展的集中统一领导,但对于单一问题或各具体领域和各地方的组织管理体系尚未明确。

7.3.2 政策制度是软性壁垒

政策法规决定了军民情报融合的范围、层次和深度,关乎军民情报融合的质量和效益。党的十八大以后,发展改革委、科技部等围绕军转民、民参军出台了一系列文件。但从全局上看,这些政策制度还是局部的,缺少有效的衔接和协调,且针对各个领域或

---

① 高金虎. 试论国家情报体制的管理:基于美国情报界的考察[J]. 情报杂志, 2014(2):1-9.
② 中华人民共和国国家情报法[EB/OL]. [2017-06-28]. http://www.china.com.cn/legal/2017-06/28/content_41110366.htm.

各个行业如何实施军民融合战略，还缺乏系统的政策指导。

近年来，我国情报立法工作取得突破，同时一系列国家安全法律制度相继出台，为军民情报融合提供了初步的法律依据。

《国家安全法》第五十二条要求："国家机关各部门在履行职责过程中，对于获取的涉及国家安全的有关信息应当及时上报。"① 这里的国家机关各部门，主要指国家安全机关、公安机关、军事机关以外的部门，这些部门主要服务于经济社会发展，所获得的信息主要是民用情报信息。因此，这条规定实质上提出了经济社会管理部门配合国家情报部门工作的具体要求。

《国家情报法》第四条规定："国家情报工作坚持公开工作与秘密工作相结合、专门工作与群众路线相结合、分工负责与协作配合相结合的原则。"② 第十二条规定："国家情报工作机构可以按照国家有关规定，与有关个人和组织建立合作关系，委托开展相关工作。"③ 这些条文明确规定了国家情报机关可以和个人、民间组织建立合作关系，使得个人、民间组织正式参与国家情报工作成为可能，进一步扩展了军民情报融合的广度和深度。同时，第二十二条规定："国家情报工作机构应当运用科学技术手段，提高对情报信息的鉴别、筛选、综合和研判分析水平。"④ 这为军民情报工作在情报分析方法等领域的融合提供了法律依据。

《中华人民共和国反间谍法》第二条规定："反间谍工作要坚持公开工作与秘密工作、专门工作与群众路线相结合。"⑤ 这就要求在反间谍工作中，必须要军民结合，发动和依靠人民群众，群防群治，及时获取和掌握隐蔽敌人各种非法活动的证据，有效采取各项措施制止和打击隐蔽敌人各种非法破坏活动，进而有效地维护国家安全和利益。

这些法律制度虽然贯彻了军民融合发展的思想，为军民情报融合提供了依据、指导，但对协同机制、需求对接机制、信息资源共享机制、利益引导等都没有明确规定，相关配套政策体系尚未建立。这些都成为情报工作领域"军为民用"动力不足，"民为

---

① 中华人民共和国国家安全法［EB/OL］.［2015-07-01］.http://www.gov.cn/xinwen/2015-07/01/content_2888316.htm.
② 中华人民共和国国家情报法［EB/OL］.［2017-06-28］.http://www.china.com.cn/legal/2017-06/28/content_41110366.htm.
③ 同②.
④ 同②.
⑤ 中华人民共和国反间谍法［EB/OL］.［2014-11-01］.http://www.gov.cn/zhengce/2014-11/01/content_2775484.htm.

军用"渠道不畅、运行机制不畅的软性壁垒。

7.3.3　过度的保密文化是无形障碍

情报文化是情报主体在长期情报实践、情报反思中所形成的思想、理念、行为、风俗、习惯、整体意识。虽是一种观念性因素，却能左右情报工作的发展方向。

情报具有双重本性，一方面涉及信息处理分析，要求情报全源共享；另一方面情报又是冲突、竞争、对抗的产物，因而具有隐秘的特点，特别是军用情报意图的秘密性为军用情报实践蒙上了神秘的面纱，也塑造了过度保密的情报文化。在这种文化影响下，我国军事情报机构、其他安全情报机构长期处于相对封闭状态，缺少与民用情报机构的交流合作。过度的保密文化不利于情报资源的共享，不利于数据信息共享，不可避免地造成情报工作中的重复与重叠，妨碍全源情报分析的实现，更为军民情报融合增加了无形障碍。

"秘密""保密""安全禁忌"也使地方民用情报机构在思想观念上游离于国家安全领域、国家安全议题之外，没有与部队、国家安全、公安部门打交道的意识。这样的思想观念，直接影响了情报全要素融合的程度、范围和层次。

与之相反，开放的情报文化却正在西方情报界流行。日本认为间谍活动是一项崇高的事业，是报效国家的职责，甚至在日本的历史书里也毫不掩饰这一点："他们的一些杰出公民曾参加过间谍活动。"日本重视情报的全民情报观，拥有世界上最庞大的民间情报力量，构建"官民一体"的多层次情报体系。从 19 世纪的各种秘密社团、浪人到第二次世界大战后的综合商社、外派学者，这些被称为"人民情报机构"的非官方情报人员以极大的热情搜集着有关各个国家的各种情报[1]。

7.4　主要大国的军民情报融合

国外情报强国的官方文件鲜有"军民情报融合"的提法，但情报实践中体现了军民情报融合的意蕴和理念思维。作为世界情报大国，美国十分注重制度创新，比较而言，传统情报强国以色列则擅于长远部署。美、以两国情报工作关涉军民情报融合的做法与经验具有一定的借鉴价值。

---

[1] 周浩，刘强.日本情报文化：源流、特质与影响[J].南京政治学院学报，2017，33（1）：63-70.

7.4.1 美国：军民情报融合构建世界情报大国

作为世界情报大国，美国十分重视军民情报融合，从制度、机制等多方面推动国家安全、科技等情报在军用和民用之间传递，取得良好效果。

(1) 建立较为完备的军民情报融合法律法规体制

美国没有专门的军民情报融合法，但《宪法》做出了原则性规定，《国防技术转轨、再投资和过渡法》《联邦采购精简法案》等法律做出了专门规定，共同组成了结构严密、体系完整的军民情报融合法律体系。一是在"民转军"方面，1992年美国国会颁布《国防技术转轨、再投资和过渡法》，提出打破国防工业与民用工业采用不同技术、不同规范标准、不同经营策略、不同生产方式所形成的壁垒，这实质上推动了以技术情报和标准情报为重点的军民科技情报的融合。根据该法，1994年6月，国防部发布《规范与标准——办事的新标准》备忘录，推行"单一过程倡议"(SPI)，限制使用军事规范和标准，要求更多使用民用标准。国防部对长期使用的3万多个军用标准进行了清理和改革，民用标准所占比例由25%上升至95%。二是在"军参民"方面，1980年美国国会通过《拜杜法案》，要求将部分国家实验室委托民间企业来管理，在国家保密要求范围内，可提供国防部的科技情报、科技诀窍，努力实现资源共享。三是在军民情报共享中的安全保密方面，《美国工业安全规章》《美国工业安全计划》等法规文件规定了军品任务企业保密工作程序、与国外公司签订协议的保密要求等内容。为防止技术情报向潜在敌手转移，美国通过立法控制出口，如1993年《国防拨款法》严格限制对伊朗出口武器和高技术产品的许可证发放，1999年、2005年、2007年《国防授权法》均提出了对中国的限制出口范围。

(2) 建立覆盖各个层级的军民情报融合协调与共享机制

在美国，军民融合发展是国家行为和国家意志的反映，不是社会的自发行为和市场经济的自然产物，也不是国防部门或民用部门单方面的行为，需要依靠国家政策进行引导。因此，美国建立高层情报统筹协调机制，由政府和军队管理部门共同组织管理和协调推动。例如，美国的国家安全委员会由总统、副总统、国务卿、国防部部长、财政部部长、中央情报局局长、参谋长联席会议主席等人员组成，既包括军事部门负责人，也包括财政部等经济部门负责人，负责向总统提供与国家安全相关的内政、外交和军事方面的情报和建议，实现军民情报共享与交流，统筹规划国防经济及有关国家安全所需的预算及资源，从而使军事部门和其他政府部门更有效地合作。美国的科学与技术政策办公室隶属于总统执行办公室，主要负责制定和实施科学与技术政策，并与私营部门、州和地方政府、科研院校等进行合作。其下属机构国家科技委员会，成员包括总统、副总统、科学与技术政策办公室主任、内阁部长及相关机构成员等，主要任务是根据国家利益和发展目标，统筹考虑军民两方面的科技发展需求，协调军民两方面科技情报，制定联邦政府科技政策指南，然后提请国会审议。对于军方、民用部门或跨部门联合的科技计划，国家科技委员会要进行权衡协调，协助制定出军民统筹的联邦政府科技计划。在军政部门协同方面，美国形成了跨部门的联合协同机制。为了促进军民两用技术情报的双向转移，国防部成立了"技术转移办公室"（OTT），隶属于国防研究与工程署，作为军民两用技术转移的牵头管理机构，负责与能源部、商务部等部门的协调。

（3）利用军用情报及其基础设施推动国内企业创新发展

为提高军方情报的经济社会效益，美国会在评估情报可公开性的基础上，有选择地向社会公开，促进国内企业科技创新。例如，美国国家航空航天局（NASA）及其下属多个飞行中心，向美国太空探索技术公司（SpaceX）提供大量科技情报，极大缩短SpaceX的研发周期，推动开启了私营航天新时代。美国国防部投入数十亿美元开发的军方情报基础设施——全球定位系统（GPS），于1996年被克林顿政府决定全面向社会放开，在促进经济增长、增加就业、鼓励社会创新方面发挥了重要作用。

（4）征集各类民用科技情报提高军事科技化水平

为了吸纳利用民用高新技术，美国国防部及各军种相继成立创新枢纽机构，旨在征集各类民用科技情报与创意，充分调动外部资源，加强高科技军事化能力。例如，美国国防部于2015年成立美国国防创新试验小组（DIUx），在硅谷、波士顿和奥斯汀设立办公室，让美军快速掌握前沿科技信息，融入各地创新生态系统中，实现国防部的具体需求与创新企业精准对接[1]。美国空军推出了致力于创新交流的AFwerX中心，面向公众、学术界、小企业及行业远见者征集技术创新方案，填补国防需求与商业技术之间的沟壑，重塑双方"需求—技术"依存关系，为商用技术情报在国防领域的应用搭建舞台。美国特种作战司令部在佛罗里达州坦帕市开设了SOFWERX创新中心，帮助产业、实验室和学术机构合作，通过试验和协作的方式汇集和共享技术情报，共同解决机器人和自主领域等最具挑战性的问题。2013年，美国国家航空航天局发起了小行星大挑战赛事，邀请产业界、学术界、政府机构和公众参与抵御小行星威胁的研讨，帮助政府及军方发现和吸纳民用先进技术。

---

[1] 广发证券军工研究团队．美国军民融合发展历程［R］．广州：广发证券，2018：23．

(5) 在国家安全情报获取中重视民用情报作用

"9·11"事件之后,美国为有效保障国家安全,在汲取教训的过程中,逐步建立情报融合中心以解决安全情报共享和融合的问题。目前,美国有78个地区情报融合中心、26个主要城市情报融合中心和3个跨区域情报融合中心[①]。这些融合中心既包括国土安全部等联邦政府机构,州级情报作业中心、警察局等州机构,也包括大量的金融、民航公司等私营机构。为了最大限度地共享信息与情报,美国情报融合中心重视与私营机构的合作,维持一个多元化的伙伴关系。例如,汇编了包括公共安全部门和私营部门代表的通信录;建立了与政府机构合作的银行行业联盟,帮助应对国家灾害和恐怖主义问题;在与私营安全主体合作时,采取阶段性的方式准确识别并解决主体的需求等。

(6) 推动情报基础设施军民共建共享

美国依托国家信息基础设施,采用租用地方网络和自建军用网络相结合的方式,构建国防情报基础设施,军民共同打造坚固的网络空间,支撑国家和军队发展需求。例如,2001年9月,美国开始建设军民兼容的第二代国防情报基础设施——"全球信息栅格"。该情报基础设施体系由军队自建和租借地方的各类通信与计算机系统组成,可为其联合部队、盟国和非国防部用户同时提供系统接口。"全球信息栅格"80%采用的是民用技术和产品,商业公司承担了95%以上的传输业务。同时,美国成立了网络威胁情报整合中心,授权一些重要的信息产业公司可以接触军方机密信息,这些公司也被纳入军事情报系统。美国国土安全部每两年组织一次的"网络风暴"演习,思科、微软等数十家企业也积极参与,检验了网络军民配合的实战效果,提高了军民在情报共享、态势感知程度和决策过程等方面的磨合。

7.4.2 以色列:"三管齐下"推动军民情报融合

以色列是传统情报强国,自1948年建国以来,以色列在军事情报工作领域就一直坚持军民融合,通过相互协调军民双方情报发展力量,进行资源集中、优势互补,大大增强了情报工作的效能,推动了国防高技术产业和国民经济快速发展。

(1)"军为民用",军事情报部门支撑国防科技工业发展

1948年5月建国时,以色列只有为数不多的几家从事轻武器制造的小工厂,到了20世纪50年代末期,以色列也只能生产部分轻武器,改装部分装备。然而,以色列面

---

① 张家年. 情报融合中心:美国情报共享实践及启示 [J]. 图书情报工作,2015,59(13):87-95.

临着十分恶劣的地理位置和周边环境，使其不得不走武器装备国产化的道路，建立一个相对独立稳定的国防科技工业市场体系。经过不懈努力，到了20世纪70年代，以色列一跃成为具备武器自主研发和生产能力的军事强国，其军工企业的发展让世界为之震撼，这与其实行军为民用的情报支援战略是分不开的，军事情报部门在该领域发挥了重要作用。

① 通过私营化部分军工企业使军事科技情报及情报人才直接为地方公司企业所用。以色列通过发挥军事情报部门的先天优势，致力于推动国防高科技产业和国民经济的快速发展。21世纪以来，以色列政府做出了一项重大决策，那就是持续实施部分国有军工企业私营化改革。2004年，以色列军事工业公司开始向私营国防企业出售部分业务部门，2014年4月正式启动私有化进程，除保留相关国家安全业务部门外，其余全部出售给地方私营企业。这充分发挥和利用了军事情报部门所掌握的国防科技情报的资源优势，不仅使这些军工企业掌握的军事情报技术直接为地方公司企业建设发展服务，弥补了国内企业创新能力的不足，而且通过情报人员"由军到民"岗位的转化，合理配置了情报人才和资源，促进了国防工业的发展，使以色列具备了较强的情报技术转化能力和改革创新能力，涌现出以色列航空工业公司、以色列军事工业系统公司、拉法尔武器发展局等世界知名的大型军民两用企业。此外，该举措带动了一大批相关民生企业的快速发展，促进了国民经济的飞跃，使国内企业成为国际市场竞争的主体。

② 为国内公司企业高速创新发展提供先进的情报支援。以色列十分重视国防科技建设，以色列总理内塔尼亚胡曾说过："以色列科技和经济的快速发展是通过发展国防科技工业实现的。"因此，科技情报占有十分重要的地位。以色列国防部"科学事务联络局"（LAKAM）是以色列军事情报部门所设的科技情报机关，它是以色列专门搜集发达国家（特别是美国和西欧国家）的高科技情报（特别是最新武器资料）的组织。科学事务联络局将那些与军工生产有关的公司和那些有能力接触到与军工生产有关技术的政府高级官员作为主要的物色目标。然而，科学事务联络局所获取的这些情报并不完全是出于自身安全的考虑，很大程度上，这些情报被卖给了很多以色列国内的公司企业（尤其是航天、化工、电子等领域的国有企业），帮助这些企业迅速吸收来自发达国家的先进技术，从而制造出了很多先进而畅销的产品，进而获得十分可观的经济效益。以色列航空工业公司可以说是科学事务联络局这些情报活动的最大受益者之一。例如，1973年，以色列意识到电子情报战将在未来战争中发挥重要的作用，为此以色列情报机关帮助以色列企业与美国企业建立紧密的技术共享和利益共同关系，帮助以色列企业研制电子情

报获取系统。以色列航空工业公司利用技术情报为以色列国防军及海外客户开发出了费尔康预警机雷达系统,这个系统集美、俄、英、以空中预警技术之大成,能一次扫描百余个空中、海上和陆上的目标,对监察和预警反舰导弹尤其神速,号称远程预警机雷达之王。除了费尔康预警机雷达系统之外,科学事务联络局提供的军事科技情报还直接或间接帮助其研发出了"幼狮"战斗机、"苍鹭"无人机、"迦伯列"反舰导弹、"铁穹"反火箭拦截系统等闻名世界的武器装备,使其成为以色列国防科技工业的代表企业。据以色列官方统计,1989年以色列军火出口总额为14亿美元,而以色列航空工业公司一家的出口额就达到了8亿美元,占总出口额的一半以上。

③ 为国内公司企业对外贸易顺利进行扫清由于恶劣的地缘政治环境所产生的障碍。长期以来,以色列周边的阿拉伯国家一直采取种种方法干扰、阻碍以色列对外贸易,为保障国内企业经济效益不受影响,以色列"情报先生"罗文希洛在担任摩萨德局长期间建立了专门的经济情报处,主要针对阿拉伯国家阻碍以色列对外贸易相关活动进行侦察,将这些情报分享给国内的公司企业,并在关键时刻发挥作用,帮助它们扫清贸易往来中的种种障碍和不利因素,使其顺利渡过难关。

(2)"民为军用",民众、企业、组织支持军事情报部门发展

2013年,以色列军费支出总额为182亿美元,排世界第14位,虽然总量不高,但占其国内GDP的百分比高达6%,占比排名世界第三,远远高于世界第一军事强国美国的3.7%。虽然以色列经济在中东地区首屈一指,但是以色列毕竟人口和国土面积很小,经济总量有限,长期以来如此高的军费支出比例让政府不堪重负(其中情报部门的支出在整个军费支出中占有很高的比例)。不过,以色列政府早就认识到这一问题的严重性,采取了多种措施加以保障,加之以色列民众对本国情报活动给予很大理解和支持,长期以来,以色列情报部门得以高效稳定运转。

① 人民群众为军事情报活动提供坚定的精神和行动支持。与大多数西方国家不同,以色列民众对于情报活动的认识很特别。对于一般的以色列公民来说,本国的军事情报机构和情报活动是极为保密的,但是他们对这些机构及其秘密活动又是绝对理解和支持的。以色列人长期生活在战乱之中,但是他们在夜晚总能安稳入睡,这是因为他们确信自己不仅仅受到了一支强大军队的保护,更有世界范围内非常优秀的情报安全机关的保护。以色列民众普遍认为,这些情报机关的一切行动都是必要的,关系到整个国家的利益,个人的隐私、人权与这些相比都是微不足道的。

不仅如此,在大多数发达国家情报机关情报人员招募都不顺利的情况下,以色列

情报机构却能获得本国民众坚定的精神支持。在以色列民众的普遍意识中，只有最优秀的人才才有机会被挑选进本国军事情报机构，他们认为这对于他们来说是一种很高的荣誉，越是优秀的人才到本国军事情报机构工作的意愿就越强烈。而事实上，那些曾经在以色列情报机构工作过的人，很多都拥有光明的政治前途，甚至其中的一些人当上了以色列的总统、总理等，如以色列前总统哈伊姆·赫尔佐格和两位前总理西蒙·佩雷斯、伊扎克·沙米尔，他们都有在军事情报部门任要职的经历。

不仅在精神上，在行动上以色列民众同样为军事情报机构的情报活动提供坚定的支持。以色列非常重视教育和引导民众参与反恐斗争，民众对恐怖主义活动的警惕性很强，普遍都具备一定的应对突发事件的能力。同时，民众积极配合政府反恐措施的意识很强，并主动为相关反恐机构提供有价值的情报，以色列警方和反恐情报部门平均每年接到民众报来的情报线索高达100多万条。这些举动不仅促进了以色列情报机构的顺利运转，还帮助其节约了大量的时间、人力和物力，提高了情报保障工作的效率。

② 地方公司企业为军事情报部门提供强大的物质支持。1967年的"6日战争"后，法国总统戴高乐突然宣布对以色列实行全面的武器禁运（法国一直是以色列高技术武器的主要来源），与此同时，其他西方国家也开始限制对以色列的武器装备出口，以色列的外高技术来源突然开始枯竭。为了改变这种情况，以色列科学事务联络局进行了大改组，在加速发展其国内国防工业生产的同时，将更多的精力投入到技术和经济间谍的活动中去。而这些活动产生的巨额经费则由从这些情报活动的成果中获得了更大收益的大公司企业负担。以色列陆军工业公司及航空工业高技术公司拉斐尔都定期向科学事务联络局的情报活动提供资金上的援助。

此外，这些公司企业还自觉地让自己的公司扮演了科学事务联络局进行情报活动的伪装的角色。由于这些公司企业的负责人大部分都有军官的经历，使得这些情报的交流工作变得非常简单便捷。这些公司企业在海外大力支持科学事务联络局特工人员进行活动，不仅为他们提供资金方面的支持，还为他们创造特定的有利于执行任务的社会头衔。

③ 民间智库为国家安全及情报决策提供有力的智力支持。以色列最早的智库成立于1959年，20世纪60—80年代智库数量不断增加，20世纪末21世纪初智库建设得到了长足发展。近年来，以色列智库更是在国家安全和情报决策方面扮演了十分重要的角色。根据2015年1月22日美国宾夕法尼亚大学发布的《全球智库报告2014》，目前以色列共有智库56家，智库数量排全球第18位，进入2014年全球智库各项排名榜的有

18家，其中，国家安全研究所（排第104位）和以色列－巴勒斯坦创新地区倡议机构（排第147位）两家智库入选全球顶级智库（含美国）150强。以色列智库的研究范围比较广泛，但相当数量的智库致力于对国家安全及情报决策方面的研究（主要包括中东局势和地区冲突研究）。这类智库多数选择与大学或学术机构合作，以利用其强大的学术背景和科研能力，如国家安全研究所（与特拉维夫大学合作）、贝京－萨达特战略研究中心（与巴伊兰大学合作）、全球国际事务研究中心（与劳德政府学院合作）、国际反恐怖主义研究所（与跨学科研究中心合作）、摩西·达扬中东非洲研究中心（与特拉维夫大学合作）等；也有些属于独立智库，如以色列－巴勒斯坦创新地区倡议机构等。

为了保持政治的独立性和观点的客观性，以色列的智库很少接受政府的财政支持，其主要资金来源是基金会的资助、书籍出版所得收入、社会捐赠、企业或个人的慈善捐款等。不过，这些智库发表的情报产品却能够为军队的安全情报部门提供有力的智力支持。这样一来，从很大程度上减轻了以色列军队的经济和精力负担。近年来，以色列智库在安全、情报领域发挥的作用越来越明显，以色列军事情报部门越来越重视本国智库发表的各种研究成果。以色列国家安全研究所自1983年开始发表《中东军事平衡》年度报告，这是有关中东地区战略发展和军力变化最具权威性的指南报告，该报告列举了中东各国军事实力的最新数据，并做了分析，包括国防预算、武器采办、设施维护、军力部署、大规模杀伤性武器清单、国外援助等。该报告每年都会引起政府、军方媒体的密切关注，并被广泛引用，成为评估中东军事力量分配的必读材料。2005年11月，研究所与美国布鲁金斯学会联合举办"应对21世纪的挑战"论坛，以色列总统卡察夫、总理沙龙都亲自到会，军事情报部门的负责人更是经常出席该智库举办的各种研讨会。

（3）军民深度融合，构筑情报工作一体化体系

以色列军事情报部门在完成本职情报任务的前提下，将搜集的国防科技、经济情报转为民用，为公司企业提供技术支持和安全保障，同时，鼓励公司企业利用这些情报成果来开发生产民品，从而实现了"军为民用"；公司企业利用这些情报进行武器装备的革新升级，扩大情报成果的利用，着力打造能军能民的大型公司企业，在完成经济生产任务的前提下，为军事情报部门提供物质、技术等支持，反哺军事情报部门，从而实现了"民为军用"。这样，军民双方采取战时为战、平时为出口的方针，深度融合，互信互通，在情报工作领域形成了一个有机的一体化体系，共同应对多样化情报保障任务。近年来，中东地区冲突不断、情况日趋复杂，以色列越来越意识到构建卫星侦察系统的重要性。由于以色列经济能力有限，如果完全由国家政府投资建立军事卫星系统，经济

代价会很大,而且势必会引起阿拉伯邻国的警惕与不安。所以,以色列在努力发展军用侦察卫星的同时,大力发展商用卫星,启动了高分辨率商业遥感卫星情报支援计划。通过进行该计划,引入军用侦察卫星的技术开发民用卫星系统,同时采用商业运作模式,既可以满足军方情报方面的需求,又可以充分利用这些卫星资源,获取较高的经济回报。

1988年9月,以色列第一颗国产卫星——"地平线-1号"侦察卫星(OFEQ-1)成功发射。2000年12月5日,以色列国际图像公司(GSI)利用"地平线"系列卫星的先进技术,与美国核心技术公司联合开发出第一颗"爱神"(EROS)系列民用观测卫星(EROS-A1),成功地将其第一颗高分辨率商业遥感卫星——地球遥感观测系统(EROS-A1)发射到太阳同步轨道,该卫星是全球首颗轻型、高分辨率商业遥感卫星(250 kg),其分辨率为1.8 m,一跃成为国际卫星图像行业的领头羊。以色列国防军现在使用的"地平线-5号"侦察卫星是2002年发射升空的,其对地面物体的分辨率达到了80 cm。2006年,由俄罗斯进行商业发射的以色列商用"爱神-B"(EROS-B)地球观测卫星地面分辨率达到了70 cm,后来发射的卫星分辨率不断提高。同时,这些卫星还具有成本低廉、运作灵活、方便用户、易于沟通和通过国际合作来共同承担风险及投资成本的特点。以色列军事情报部门对这种小型高分辨率民用遥感卫星很感兴趣,他们试图利用这些卫星为军方服务。通过不断努力,现在军用"地平线"系列与民用"爱神"系列侦察卫星共同构成了以色列天基情报监控体系基础,发挥了重要的情报保障作用。

7.4.3 主要大国军民情报融合实践的成功经验

(1) 将军民情报融合法制化、机制化

从国际实践上来看,发达国家虽然没有对军民情报融合专门立法,但是在具体领域工作中,均将相关领域的军民情报融合列入相应的法律法规,为军民情报融合提供有力法律依据。同时,在法律法规基础上,将军民情报融合机制化。例如,1991年,法国对外安全总局局长提出要确定情报部门的新任务,加强在中东和东欧方面的情报活动,尤其要重视全球范围内的经济和科技情报的搜集。

(2) 灵活运用多种情报融合模式

从国际实践来看,大部分国家的军民情报融合均涉及4种模式。在具体应用时,会根据任务目标、优势资源分布等,选择不同的融合模式,既实现深度融合,又不拘泥于固定形式和模式，大大提高了军民情报融合的适应性和有效性。

（3）突出军民情报要素深度融合

在军民情报融合内容上，要素，即情报分析、数据处理等，融合更加深入。例如，美国将国家安全情报分析工作外包给本国民间企业的做法十分普遍。有时，这种融合跨越了国与国之间的界限，如法国情报部门曾将机密数据交由美国公司处理。

（4）军民共建共享情报基础资源

发达国家在信息网络、通用光缆、无线通信和卫星通信等大型基础项目中实现了军民共建、共享和共用。据统计，美、英、德等国军队信息化建设80%以上的资源来自民用信息资源。美国超过95%的全球信息栅格传输服务由民营部门提供，许多网络管理服务也由非国防部机构来承担。美国"棱镜"计划就是依托民用网络，实时跟踪、监听、提取和分析用户信息，为美国政府和军方服务。美国军方与政府正在共同建设用于网电空间作战能力试验与评估的"国家网电靶场"和用于存储、过滤、处理和分析的海量网络数据的"高性能计算中心"。俄罗斯正在将数据库、数据库管理和应用技术，以及信息远程通信系统和网络统一在一起，构建统一信息空间，供军民两大领域使用。

（5）重视军民融合情报文化

文化，是根植于内心的意识，是思想上的自觉，能够通过思维习惯和行为方式反映出来。军民融合的情报文化，实质上是理解军民情报机构的共生共荣、"牵一发而动全局"的独特背景和价值，只有达成思想上的认同才能真正破解实施军民情报融合的难点，扫清现实障碍。以以色列为例，普通的以色列民众对于本国的军事情报机构和情报活动的机密性和重要性极为理解和支持，因此以色列政府情报机构的日常情报活动能够得到一般民众的积极配合，并且在重大情报活动中获得相关企业的积极参与。

7.5 我国军民情报融合推进策略

我国军民情报融合的推进绝非易事，针对融合的种种困境，应从体制、政策制度、情报文化等多方面筹划，以国家意志统筹统管、情报任务驱动化解融合体制障碍；以立法和互动管理政策体系构建破解制度壁垒；以思维融合、断裂处理及需求环境变化弱化情报文化分歧。

7.5.1 融合管理体制构想

（1）理想状态：规则性协调——运用国家意志推进军民情报融合

发挥国家行政力量和权威，运用国家意志构建规则性协调的统筹体制，可以从顶层解决军民情报机构体制壁垒与业务原则冲突、共同使命与情报战略等问题，是化解军民情报融合体制障碍、建立我国一体化情报界的最理想策略，也是整个情报界的期盼。

第一，我国国家安全委员会的设置顺应了世界趋势，为军民情报融合奠定了坚实的组织基础。目前，西方主要发达国家设立的国家安全委员会或类似机构虽然职权各有不同，但都有鲜明的情报特色，联合协调作用明显[1]，且国家安全情报工作都是由一个庞大而又复杂的系统去承担[2]。从国家总体层面，可仿效主要大国经验和做法，对我国较为分散的参与情报活动的主体进行适度归口或统一管理。在国家安全委员会常设协调型的情报管理机构，作为国家安全情报最高决策机构（设立情报总监和各门类情报业务主管），在全国层面行使综合计划管理职能，制定情报战略规划、调配情报资源、对部委和地方各情报机构进行业务指导等，从宏观上为中央高层决策提供情报支持。同时，设立面向11种国家安全的国家情报军民融合委员会（或联合情报委员会）及军民情报融合专家咨询委员会，并通过构建全国情报融合中心，为军民情报融合提供信息流动通道。地方层面，可以在各省市设立相应的情报融合中心，将分散状态的情报机构逐步建成纵横交错、点面结合的全国性情报机构网络，组成情报数据链。可以预见，在总体国家安全观的大框架下，我国情报工作架构必然是一个集军事、政治、反恐、社会、经济、科技、信息等11类安全问题于一体的全方位配置的复杂系统。

第二，由于国家层面设立协调型情报管理机构还是一个构想，因此，也可以考虑在2017年成立的中央军民融合发展委员会下设国家情报军民融合委员会，并建立由国家情报军民融合委员会牵头的工作机制。中央军民融合发展委员会是中央层面军民融合发展重大问题的决策和议事协调机构，可以统一领导推进军民情报融合发展。这种体制模式有待进一步深入研究和论证。

（2）现实突破：相机性协调——以"情报任务"作为推进军民情报融合的基本组织模式

军、民情报管理体制障碍在短期内还无法破除，为过渡和准备，以"情报任务"推

---

[1] 张家年，马费成. 我国国家安全情报体系构建及运作[J]. 情报理论与实践，2015（8）：5-10.
[2] 郭秦茂. 论国家情报体制的法律建构：基于《国家安全法》与《反恐怖主义法》的视角[J]. 情报杂志，2016，35（6）：19-22，28.

进情报机构相机性协调可以作为现实的一个突破口。相机性协调是针对某一特定情报任务，各情报机构采取政策组合和共同行动措施以进行协调，优点是灵活性、适应性好，针对性比较强，缺点是协调成本高、约束力较弱。

无论要素融合还是机构协调，均需要以具体的情报任务驱动完成。要素融合是纵向推进式的，机构协调是横向关联式的，连接、打通军民情报融合横纵关系依赖于情报任务的双向驱动。在"情报任务"主导的工作模式下，各情报机构采取政策组合和共同行动措施，情报机构的工作职能不再基于机构本身，而是基于一项或多项具体的情报任务。而大多数的情报任务，被情报生产的搜集、处理、加工、分析等环节分解后，往往被解析成若干项要素，这些情报要素经过评估后，能够被委托或外包给相关领域的其他情报机构，从而使不同领域的情报组织发挥各自的领域专长，实现优势互补。以任务聚焦式融合模式，替代基于机构的线性模式，在"充分交流、取长补短、各有侧重"的情报任务协同过程中，随着环境的变化和需要，自然而然地加快融合的进度，提升融合深度，并可以在一定程度上淡化军民双方文化与体制壁垒。当前，可以将总体国家安全观、"一带一路"和创新驱动发展等涉及发展与安全的综合性问题作为重要情报任务[①]。

7.5.2 融合立法与互动管理政策体系构建

（1）推进军民情报融合立法

情报立法是规范军民情报融合行为的重要保障。通过情报立法，不仅可以建立和规范军、民情报机构的地位、作用、职责，与其他机构之间的相互关系等，而且为情报工作的开展确定相应的范畴、职责、权力等。虽然近年来出台的《中华人民共和国反间谍法》（2014年）、《国家安全法》（2015年）、《中华人民共和国反恐怖主义法》（2015年）、《国家情报法》（2017年）等一系列法律为我国军民情报融合提供了初步的法律依据，但对新形势下的军民情报工作来说，明显覆盖面不足，法律保障力度不够，军民情报融合更是基本上立法真空。

第一，修改《国家情报法》，以立法形式确立各类情报机构的合法地位。重新界定国家情报工作和国家情报机构构成，明确国家情报最高决策机构的功能职责，建构全国性协调机制；明确将发展领域情报机构及应对非传统安全威胁的其他相关机构纳入情报工作组织体系，明确分工、各司其职，并赋予其相应的法律权限，为其有效履职提供条件和保障。

---

① 杨国立，苏新宁. 迈向 Intelligence 导向的现代情报学［J］. 情报学报，2018，37（5）：460-465.

第二，以我国正在推动制定《军民融合法》为契机，在法条的设计上，总结规律、凝聚共识，考虑军民情报融合的需求，力争实现军民情报融合在法律上的突破。

(2) 构建军民情报融合互动管理政策体系

在立法保障及吸收国家现行军民融合政策制度基础上，还应该从宏观、中观、微观3个层面建立系列的政策文件，对情报融合方向与模式、情报融合主体与要求、具体情报融合领域的操作、运行与互动管理、融合要素的标准规范和界限等进行明确的规定，具体解决融合中责任、风险和利益的约束控制与管理问题，其最终目标是获取理想的军民情报融合条件，明确军地情报机构双方责任，认可军地各方效用最大化在军民情报融合过程中的隐性影响，进而实现融合机制的良性循环。例如，要明确军民数据可以融合的界限，完善现有的保密政策，重新统一对定密和解密的解释，设立国家安全情报解密中心，推进解密制度与标准，负责编制国家安全领域的解密计划，制定跨部门的解密标准，评估解密风险，依法推动解密，建立专业的解密审查制度；建立情报共享制度，设立共享情报信息缓冲区，在平等自愿的基础上，共享情报信息资源的使用权；建立对情报工作流程的管理制度，如军民情报"会商"制度，聚焦于某一主题的战略局势持续跟踪、监测制度等；建立"情报本体"的管理制度，如情报分类、分级及其相应的处置制度等。

7.5.3 情报文化分歧弱化

(1) 树立军民融合情报观

破解情报文化分歧，转变守旧观念，首先要从思想上意识到国家总体安全互相影响、相互交织，"牵一发而动全局"，情报机构共生共荣方能满足国家安全决策需求；情报机构的比较优势可以使双方均成为融合的受益者。军用情报机构长于信息的搜集和情报分析，军用情报机构具有深厚的信息组织研究传统，而恰恰是在信息组织领域，通用性最为突出，每一次信息组织技术的变革发展，都将为整个情报界带来技术反哺。使合作共享成为一种情报意识，使军民融合成为一种思想自觉，"思想融合"是军民情报融合的高级阶段，主导"行动融合"，只有关注了整体的价值与目的，把军民情报融合观念作为各领域情报工作的行动自觉，融入各领域情报业务战略、化为基因，才能够推动军民情报工作真正实现无缝对接、深度融合，建立军民情报融合发展格局。

(2) 以需求环境变化及断裂处理化解情报文化分歧

情报文化并非一成不变，在合适的条件下，情报文化也会发生变化，相应的情报工作中过度的保密文化亦会随着需求环境的变化而弱化或化解。目前的安全情报模式中，问题碎片被划为3类：一类是秘密的，即行动者为了防止他人知道信息而刻意隐藏的；另一类是神秘的，即组成的信息是不可知的，通常这些信息指代的内容是不确定的；还有一类是公开源信息，即信息可以通过公开渠道获得。传统的安全情报模式解决困惑的情报过程是通过解决由秘密、神秘或公开源情报构成的碎片化信息，发现困惑的"谜解"。这些模式的形成是由于当时特定的政治、战争环境。当前，随着信息技术的进步和信息获取渠道的多元化，情报活动公开程度日益扩大，尤其是近年来非传统安全问题的凸显、国际恐怖主义的盛行和高成本的"本土防御"战略，使情报界认识到，没有政府内部各机构的合作，没有国际情报界的配合，没有全民的支持，很难靠一国的力量解除威胁。国家安全与发展视阈下，更关注于"公开信源"信息。随着需求环境的变化，情报的秘密性已非基本属性，并越来越被弱化。

另外，从本质上看，安全情报工作的秘密性主要源于情报应用意图的秘密性，特别是将情报工作的策略和方法与意图相关联，是情报工作秘密性的主因。在军民情报融合中，将情报应用意图与情报工作的策略与方法进行断裂处理，抽象出情报工作的一般性方法和策略，不失为化解情报工作秘密性的一种有效手段，既规避了带有保密性质的"小核心"，又强化了具有原理性、规律性等特征的"大协作"。

7.6 本章小结

军民情报融合是我国情报界面对"国家间的长期战略竞争、科学技术的快速传播，以及横跨所有冲突领域的竞争新概念"而主动采取的战略性选择，也是我国情报界抓住历史机遇大崛起大发展的必然性选择。我国军民情报融合承认融合尊重分离，军、民双方均是融合的受益者，民用情报延长了军用情报的生命长度，而军用情报则促进了民用情报的"intelligence"升华。当前，总体国家安全观为我国军民情报融合提供了理念支撑，军民融合战略理论为我国军民情报融合提供了科学指南，一系列政策制度的出台为我国军民情报融合提供了基础法律依据。顺应新形势，我国情报界对军民情报融合进行了初步的探索实践，但仍疏于实质性的融合，情报机构协调难，情报资源共享难，距"全要素、多领域、高效益"融合目标任重道远，尚面临着缺乏顶层设计与统筹体制、缺乏政策制度保障、情报文化分歧等制约问题，需要从融合体制、融合制度、融合文化等多方面进行筹划。

第 7 章
情报工作发展的军民融合

无论是我国军民"情报学"融合,还是军民"情报工作"融合,都绝非易事。在国家战略需求中,军民情报机构要深化融合的责任意识和价值共识,将解决时代发展的"大问题"作为科技情报工作中军民融合的方向和动力,推进平行发展的两大情报体系在安全、保密的情况下,基于"禀赋差异"合作融合,共同面对紧迫性问题,消除社会地位危机。

第8章
情报工作发展的能力支撑

"工欲善其事，必先利其器。"情报工作能力建设是履行情报工作职责、完成情报机构历史使命的重要手段。美国非常重视情报工作能力建设。2019年1月，美国发布的《国家情报战略》制定了美国17个情报机构未来4年的发展路径，并在能力建设方面提出了七大能力发展目标，包括综合任务管理能力、综合业务管理能力、人员能力、创新能力、信息共享与保护能力、合作能力、信息保护和透明度的管理能力发展目标[①]。从中可以看出，美国国家情报发展战略从组织层面、人员专业化培育层面、数据管理层面对美国情报机构的能力建设提出了具体而明确的要求。相应地，如何构建匹配国家安全与发展的情报工作能力值得我们思考。本章基于情报工作能力的内涵、演进及大数据智能时代给情报工作带来的机遇与挑战，探讨了我国情报工作能力构成要素，设计了我国情报工作能力体系框架，提出了我国情报机构内部机能和外部能力建设路径，并绘制了我国情报工作能力提升路线图。

8.1 大数据智能时代的情报工作能力建设

对于情报工作，能力是决定情报生产效率和情报质量的重要因素，是情报工作综合素质的体现，而不是情报工作的产出本身。情报工作能力建设在情报工作发展中的价值是不言而喻的。在情报工作发展历程中，情报工作能力随着时代环境的变迁而不断变化，尤其是在情报需求获取能力、数据资源整合能力、技术方法研判能力和情报产品支撑能力这4个方面逐步增强。

---

① Office of the Director of National Intelligence. National Intelligence Strategy of the United States of America [Z]. 2019：17-24.

在大数据智能时代,数据密集型科学研究范式的形成对情报研究范式也产生巨大影响,并直接影响着情报工作能力的建设方向。面对复杂环境所带来的巨大挑战,基于数据科学思维方式的情报工作,以数据驱动发现为常规的方法手段,以情报人员的知识背景和对环境要素的理解为选择算法和判读结果的根本,以智能技术的快速发展为发展良机,将不断增强情报信息对决策可发挥的作用力。滋生并作用于情报服务的情报工作能力建设将成为情报行业发展的根本,决定着情报机构未来的竞争优势。

8.1.1 情报工作能力的内涵

能力理论是20世纪70年代初期由世界著名组织行为研究者D.Mc Clelland提出的,当时是指个体能力。从哲学角度来看,能力专指人的内在素质的外化力量[1]。20世纪90年代,Prahalad和Hamel在管理理论中引用了能力概念,将能力概念从"人"延伸到了"组织",从而诞生了组织能力这一概念[2],是指组织通过运用各种资源来完成一组协调性的任务并以获取一种最终结果为目的的能力[3]。

自从《国家情报法》颁布以后,增强情报工作能力,进一步保障各层面国家安全与发展等重大利益被视为情报机构的发展基石。情报工作能力影响国家安全和发展的各个环节,从战略层面到战术层面都对情报工作发挥着重要作用。

在情报服务机构中,情报服务的运行不单靠资源或人,而是要把各类要素进行有效组合,并协调与关联结构因素的关系,使情报服务体系按照服务对象的需求运转,实现情报服务的目标[4]。参照美国学者查特保亚提斯对能力的界定[5],我们认为,情报能力就是情报信息对决策可发挥的作用力,是一种产生于认知、行动和价值观3个方面的作用力。情报能力是在活动中对资源组合或协调而产生的。

情报工作能力是针对情报用户的问题、任务和需求,有机整合优化各种资源,通过控制与协调情报服务流程的有效运作,使资源转化为可外化的知识和判断,形成价值更高的情报产品或服务,解决用户问题的能力,并使自身获取竞争优势的能力。情报工作能力建设是指情报机构有效优化并使用资源,使其相互作用,从而产生新的资源,提升

---

[1] 唐志龙.略论能力的基本特征[J].学习论坛,2005(4):52-54.
[2] 樊宏,戴良铁.基于能力的人力资源管理新模式[J].科学学与科学技术管理,2004(9):98-101.
[3] 齐中英,刘尔琦.培育企业组织能力的思考[J].新思维,2005(7):80-81.
[4] 王曰芬,李鹏翔.图书情报机构知识服务能力及评价研究(Ⅰ):服务能力的内涵与构成[J].情报学报,2010(6):1087-1097.
[5] 崔婷.企业能力系统涌现机理及层次演进研究[D].天津:天津大学,2006:11.

工作能力。

随着下一代信息网络、大数据技术、知识挖掘、深度学习、语义推理、人工智能、社会计算等信息技术的发展,情报工作正步入智能化的知识整合、挖掘、计算,并将其直接转化为生产力的新阶段,正从以信息分析为标志的情报 1.0 时代、以知识服务为标志的情报 2.0 时代,迈向"互联网+情报"新形态下的以知识集成与智能服务为核心支撑决策的情报 3.0 时代[1]。在这一崭新的时代,情报的载体和存在形式、情报内容处理技术、情报服务流程、创新需求与情报服务模式等正在发生新的变化,滋生并作用于情报服务流程中的情报工作能力也必然发生改变,以知识集成与智能服务为源泉的情报工作能力将成为情报行业未来发展的根本,决定着情报机构的竞争优势。

8.1.2 情报工作能力的发展与演进

据清代朱逢甲的《间书》描述:"用间始于夏之少康,使女艾间浇。"[2] 这是目前能查到的较早记录情报活动的文献。可见,我国有记载的情报(间谍)活动已有近 4000 年的历史。第二次世界大战之前的历史长河中,情报工作更多的是"间谍"活动,其情报工作内容主要是强调获取、保护和利用与国家间斗争相关的秘密信息[3],而且情报需求及最终应用都由决策者发挥着决定性的作用。在丰富的情报活动基础上,我国逐渐形成了一些关于情报基础理论和思想的探讨。作为中国古代情报思想代表的经典兵书《孙子兵法》对战争经验系统的梳理总结,构建了较为完整的军事思想体系,其中对情报思想的描述已经达到了认识论层面。《孙子兵法》中的情报活动具有鲜明的军事属性,这也是第二次世界大战之前我国情报工作的一个极其重要的属性。

第二次世界大战之后,全世界开始大规模重建与复兴,各领域迅猛发展,尤其是美国,积累了大量的文献和资料。"情报检索"的概念在 1950 年被莫尔斯提出来,并不断影响着文献利用和分析的方法手段,促使成立于 1937 年的美国文献学会(ADI)在 1968 年改名为美国情报科学学会(ASIS)。美国还在 1951 年成立了国防军事技术情报局(ASTIA)[4]。日本在 1957 年成立了科学技术情报中心(JISOT)。苏联在 1952 年成

---

[1] 吴晨生,李辉,付宏,等.情报服务迈向 3.0 时代[J].情报理论与实践,2015(9):1-7.
[2] 熊剑平,储道立.中国古代情报史[M].北京:金城出版社,2016:3.
[3] 艾布拉姆·N.舒尔斯基,加里·J.斯密特.无声的战争:认识情报世界[M].罗明安,肖皓元,译.北京:金城出版社,2011:248-255.
[4] 张力治.情报学进展(1994—1995 年度评论)[M].北京:情报理论与实践杂志社,1995:1.

第 8 章 情报工作发展的能力支撑

立了科学情报研究所（ГСНТИ）[①]。我国于 20 世纪 50 年代开始开展科技情报工作。

新中国成立后，我国各领域对非军事情报工作的需求日益增加，情报学科体系逐步形成，各个非军事领域的情报工作开始生根发芽。1956 年，中国科学技术情报研究所（现名为"中国科学技术信息研究所"）成立，这标志着我国科技情报工作在国家战略发展规划的层面正式拉开序幕。1957 年，中国科学院哲学社会科学学部成立社会科学情报研究室，标志着我国社科情报事业的开始。本章所讨论的情报工作能力演进就是从这个时间段开始的。

从能力角度来看，我国情报工作能力的演进从主要基于事实、数据、信息、文献翻译等的事实型情报搜集能力，到主要基于文献检索、翻译、综述而开展定性分析和文献定量计量分析等的综述型情报分析能力，再到主要基于文献、专利、标准、经济社会和开源数据的数据挖掘计算与分析，以智能的方式辅助情报工作人员的数据密集型情报研究。从情报工作能力演变的 3 个阶段来看，情报工作能力可以从 4 个维度体现，包括情报需求获取能力、数据资源整合能力、情报方法研判能力、情报产品支撑能力[②][③]，具体如图 8-1 所示。

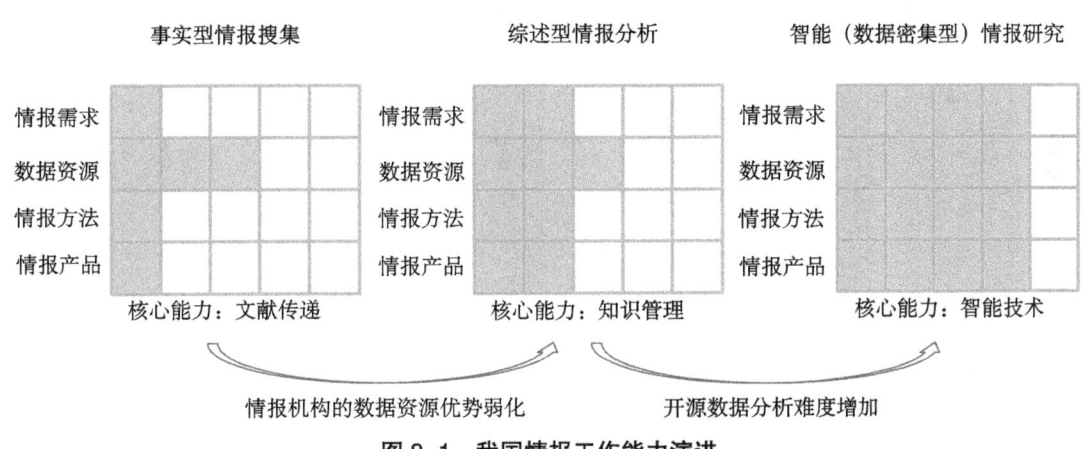

图 8-1　我国情报工作能力演进

[①] 霍国庆，汪冰. 穿越冷战的情报科学史及其启示：理查兹"情报科学与冷战的结束"评价［J］. 情报科学，1998（2）：89-95.

[②] 安路，吴燕珠，李纲. 反恐情报信息工作能力的体系框架研究［J］. 图书馆学研究，2018（17）：68-76.

[③] 王曰芬，李鹏翔. 图书情报机构知识服务能力及评价研究（I）：服务能力的内涵与构成［J］. 情报学报，2010（6）：1087-1097.

(1) 以文献传递为核心能力的情报工作

新中国成立后,我国在西方发达国家的全面封锁环境下,急需各领域人才引进及国外资料的翻译和学习。当时的情报工作主要是搜集和分析可能对国家安全或国家发展产生影响的信息和资料,并及时编译传送到相关部门、相关官员。而情报分析则是通过将搜集到的信息和资料进行编组,刻画出有价值的情报信息。正如第二次世界大战后谢尔曼·肯特在《服务于美国世界政策的战略情报》中对情报定义的释义[①]:情报是用科学方法(社会科学方法)进行战略分析。也就是说,情报工作开始广泛关注情报研究和情报分析的属性,而不仅仅关注秘密渠道的情报工作。

与第二次世界大战前传统情报工作相比,这个时期的情报工作有两个显著变化:由秘密渠道获取信息演变到由公开和秘密渠道获取信息;从人力情报(间谍、特务等)工作演变到以文献搜集与传递为主的情报工作。

(2) 以知识管理为核心能力的情报工作

1993年,美国发布"国家信息基础结构"计划,开放互联网,"信息高速公路"建设热潮开始在美国兴起并席卷全球。1994年,中国国家计算机与网络设施工程(NCFC)将全国数十个城市网络连入互联网,并使中科院计算机网络信息中心率先提供完善的网络服务[②],国内用户可以与154个国家和地区共享网络信息资源[③]。随着文献数字化的发展和互联网技术的进步,越来越多的数据库对互联网开放,全球信息化热潮使我国情报机构业务向多样化发展,使情报工作进入工作重心的调整期,情报工作者基于文献计量的特征和文献内容的发现挖掘情报,使文献信息转向知识服务。

与以文献传递为核心能力的情报工作相比,这个时期的情报工作有4个显著的变化:情报需求方面,由显性需求(决策者自己提出的需求)演化到显性居多并出现隐性需求(决策者没有提出来,但事实上具有的需求)的判读;数据资源方面,由量少但独有演化到量大但不独有的状况;情报方法方面,由定性研究演化到定性与定量相结合;情报产品方面,由文献编译与传递演化到文献计量分析与知识管理服务。

(3) 以智能技术为核心能力的情报工作

大数据时代情报机构的信息采集能力往往胜过分析能力,人类感知不能适应对海量

---

① SHERMAN K. Strategic intelligence for American world policy [M]. Princeton: Princeton University Press, 1965: 155.
② 孙振誉,张蕙杰,白碧君,等. 信息分析导论 [M]. 北京:清华大学出版社,2007: 13.
③ 张力治. 情报学进展(1994—1995年度评论)[M]. 北京:情报理论与实践杂志社,1995: 256.

信息的理解和判读要求。英国皇家三军联合研究所的报告指出:"情报世界收集的原始数据已超过其分析能力,大约95%的图像从未受到分析师检查。"[1] 美国国家安全局的信号情报技术远超组织的人力分析能力[2]。情报研究的先驱 Michael Handel 认为,情报失误往往与情报人员对情报的低效率分析相关,而不是与情报收集相关[3]。人工智能等信息技术的快速发展,带来了情报机构的春天,促使情报工作开始向智能服务演变。情报工作智能服务与以往不同之处在于,"智能"反映了情报工作者以智能的技术手段加工信息、激活知识、运用情报的能力[4]。情报工作主要内容是以全信息链个性化的智能服务,提供领域发展态势和趋势的分析、建议、策略方案等,产生具有前瞻性、战略性和针对性的情报产品。

与以知识管理为核心能力的情报工作相比,这个时期的情报工作有4个显著的变化:情报需求方面,由显性居多并出现隐性需求的判读演化到显性、隐性、被激活的需求(决策者根本就有意识到的潜在需求)同时存在;数据资源方面,由量大但不独有的状况演化到大量且独有的情报机构特有数据库资源;情报方法方面,由定性与定量相结合的状况演化到定性、定量及预测分析并用的状况;情报产品方面,由文献计量分析与知识管理服务演化到全信息链的智能化服务。

8.1.3 情报研究新范式的形成

情报研究范式的演化直接影响着情报工作能力的建设方向。大数据兴起的关键条件是信息的数字化。但是,数字化仅是大数据应用的必要条件,而非充分条件。科学研究第四范式需要的条件是数据化,要求将结构化、半结构化和非结构化的信息数据包转化为可量化单元,以便提取新的价值。情报分析的本质特征属科学研究范畴,情报研究范式与科学研究范式有密切的联系。研究范式之间并不是革命性的替代,范式演化过程更像是一种工作能力提升和弥补研究缺陷的过程,如表8-1所示。

---

[1] COUCH N, ROBINS B. Big data for defense and security [R]. London:RUSI, 2013:26.
[2] MATTHEW M A. The time of troubles:the US national security agency in the twenty-first century [M] //JOHNSON L K, WIRTZ J J, eds. Strategic Intelligence. Los Angeles: Roxbury Publishing, 2004:81.
[3] MICHAEL I H. Intelligence and the problem of strategic surprise [J]. Journal of strategic studies, 1984, 7(3):229-281.
[4] 霍忠文,闫旭军."情报"、"Informagence"与"Infotelligence":情报工作科学技术属性再思考 [J]. 情报理论与实践, 2002(1):1-5.

表 8-1 科学研究范式与情报研究范式的演化

	科学研究范式	情报研究范式
第一范式	经验研究范式	事实型情报研究范式（搜集信息）
第二范式	理论研究范式	综述型情报研究范式（组织信息）
第三范式	计算研究范式	计算型情报研究范式（信息分析）
第四范式	数据密集型研究范式	数据科学型情报研究范式（感知预测）

4 种科学研究范式与情报研究范式的演变有一定的联系，又不尽相同。就第四范式而言，密集型数据从根本上重塑了科学研究的范式，这是一种变革。而情报工作是依赖数据的一种工作，数据是情报研究的基石。大数据环境下的信息技术将现实世界映射到数据世界，使人们可以运用数据科学思维，对数据信息进行感知，进而理解数据、预测未来。这就是数据密集型科学范式的本质特征，也是数据科学型情报工作的目的所在。在第四科学范式下的情报研究工作中，数据科学思维促使情报人员对海量数据进行感知和分析，使得在通常小数据集情况下可能被忽视的趋势、异常情况和模式推理呈现出来且判断结论更加可信，对未来进行的预测更有意义，这便形成了作为情报分析第四范式的数据科学型情报研究范式。

数据科学思维对情报研究的影响不是颠覆性的，只是对传统情报研究方式的一种强力补充。在第四范式下的情报研究工作中，基于数据科学思维方式，以数据驱动发现为常规的方法手段，以情报人员的知识背景和对环境要素的理解为选择算法和判读结果的根本，以更加客观的方式支撑决策，具体如图 8-2 所示。

从更宽泛的角度来看，情报研究的新范式就是人类感知与机器感知的结合，反映出人类、机器、现实社会与数据映射的相互作用过程。数据只是现实社会的一种反映形式，海量的数据使得人类基于自身缄默知识的情报敏感性显得非常乏力。大数据时代的情报感知被赋予了新的能力和特征属性，要求研究人员从情报理论方法入手创新情报工作模式，构建合理的、现代化情报工作框架，以此来为情报专业人员提供理论指导和方法支撑。

在情报工作"情报问题界定—计划与模型参数预估—编组与系统识别—理解与假设—决策支撑"的过程中，人类感知与机器感知是截然不同的两种模式。

在人类感知模式即传统的情报感知模式实施中，界定情报问题之后，需要理解问题需求，整理已经具备的知识，选择重点搜集与整理相关数据，同时，基于心理建模选择

第 8 章
情报工作发展的能力支撑

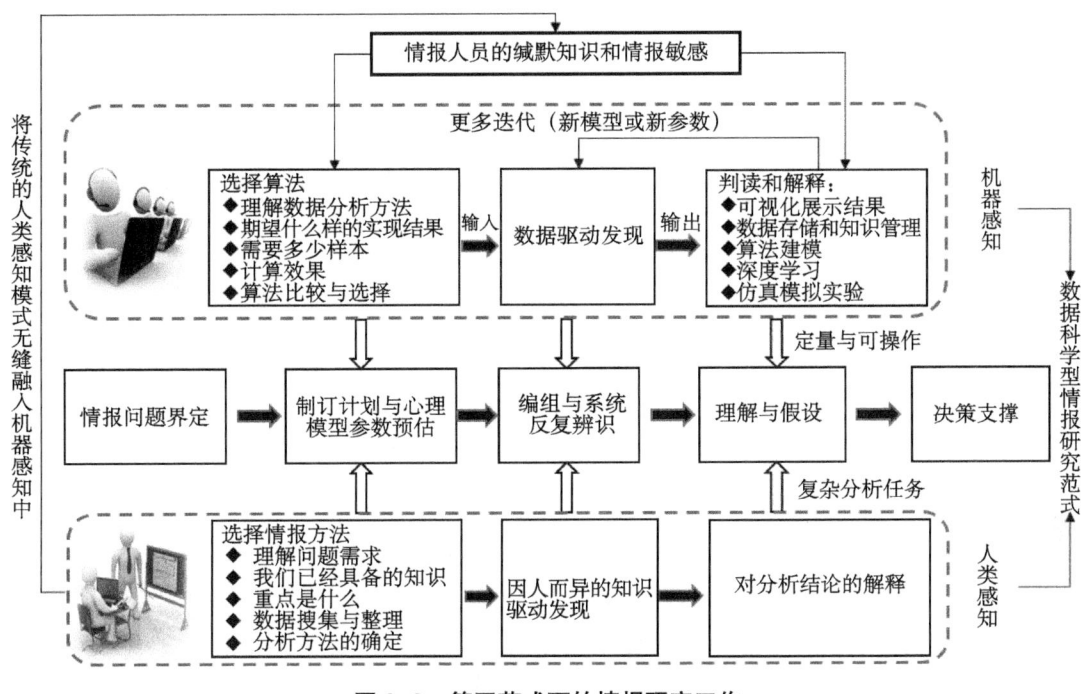

图 8-2　第四范式下的情报研究工作

好情报分析方法，通过对采集到的数据进行分析，以知识发现为驱动，解释和解决情报问题，达成支撑决策之功。

在机器感知模式实施中，界定情报问题之后，情报人员需要预期采集什么样的数据及最后实现的结果，需要比较和选择算法，以数据发现为驱动，分析这些数据，将分析结果进行可视化展示，辅助情报人员或决策者理解情报、支撑决策。

显然，第四范式下的情报工作，不仅仅需要情报人员进行主动的意义构建，还需要依靠智能技术的强力辅助。实施机器感知模式不可能只依靠一个所谓的智能机器系统来感知情报，人类会介入机器感知的全程，将个人的缄默知识和情报敏感度无缝融入其中，这是情报工作新范式的一大特点。

在第四范式下的情报工作中，情报价值依赖于情报人员通过数据科学的研究范式继而支撑决策的能力。而第四范式下的情报工作能力需要基于数据科学思维提升主动获取情报需求的能力，提升整合数据资源的能力，提升人机交互技术和方法的能力和情报智能服务能力。

8.1.4　情报工作能力体系建设的动因

情报工作关注和预期的事件经常围绕战争、和平和稳定问题，具有深远的政治、外交、社会、经济和军事意义。

全球的复杂性与一些情报失误案例的特征说明，我们目前所面临的战略环境更像是一种基于混沌理论的状态：初始条件是关键，趋势是非线性的，由于不可预测的系统行为使得挑战突然出现。情报工作具有以下两大挑战：

其一，面对复杂的国际环境，情报机构如何识别、分类、理解和监控关键事件的动态发展；

其二，面对以前很少发生甚至没有见过的事情，如何及时支撑决策者行动，既要针对决策者未来发展所面临的挑战向其发出警告，但又不会引起过度警报。

在日趋复杂的全球环境下，情报工作面临着巨大的挑战，而智能技术的快速发展也给情报工作能力体系建设提供了巨大的发展机遇。

近年来，国外情报领域在智能技术应用研究方面做了许多的工作，涉及对未来情景、数据信息、反恐活动、空间威胁和用户需求的感知及对人类感知能力的提升等很多方面。在对未来情景的预测方面，美国国防部高级研究计划局（DARPA）在 2018 年 3 月宣布了一个新项目 COMPASS，主要是基于博弈理论，通过 AI 技术研发一套可以识别、判断对手在某假设信息刺激下的反应和进行决策的智能系统[1]。在对数据信息的扫描方面，DARPA 在 2012 年启动了 DEFT（Deep Exploration and Filtering of Text）项目，探索实现系统自动向情报人员汇报有用信息，利用深度学习进行自然语言处理，高效处理大规模文本信息并揭示文本之间的隐含关联，在发现潜在有用信息（如内容、任务、地点等可疑信息）时提醒情报人员注意，从而帮助专业人员进行更好的情报感知[2]。在反恐活动预警方面，DARPA 在 2002 年开发了全信息感知系统（TIA），收集、处理和分析大量恐怖组织数据，感知、预警恐怖主义活动[3]。在对空间威胁的预警方面，为了提升其空间设施抵御攻击能力，以及防止和限制敌对国家利用空间的能力，美军通过空间

---

[1]　TAMMY W. DARPA seeks experts for 'Gray-Zone' conflict activity COMPASS program［EB/OL］.［2018-03-20］.https://americansecuritytoday.com/darpa-seeks-experts-gray-zone-conflict-compass-program/.

[2]　DERRICK H. DARPA is working on its own deep-learning project for natural-language processing［EB/OL］.［2014-05-02］.https://gigaom.com/2014/05/02/darpa-is-working-on-its-own-deep-learning-project-for-natural-language-processing/.

[3]　焦健，王祥. 数据挖掘在美国本土安全中的应用［J］.舰船电子工程，2006（1）：32-35.

探测和跟踪系统（SPADATS）、导弹预警系统等感知空间的目标情况[①]。在提升人类感知能力方面，美国启动了特种兵下一代可穿戴技术研发项目"蝙蝠侠"，旨在提高特种兵态势感知（听觉、视觉、触觉）能力[②]。在对用户需求的判读方面，新媒体领域由于有独特的用户群体，市场化应用更加成熟，如 ZOLT 新闻简报 App 可以让用户屏蔽自己不喜欢的公众人物，并选择自己感兴趣的话题和领域，以此判断用户的政治倾向、价值观和兴趣，并个性化推送新闻报道。

人工智能技术迅速发展的时代，不仅仅需要情报人员进行主动的意义构建，还需要倚仗智能技术的强力辅助。情报人员或机器从信息中觅食，并转化为理解，以获取有效的感知情报。目前情报机构普遍存在面对海量数据时人类感知乏力的问题，但以目前智能技术在情报领域中的应用情况来看，在情报研究第四范式视野下，人类判读与智能分析的结合将是情报工作能力提升的重要机遇。

大数据时代，人类有限的感知能力在海量、异构和难以理解的数据世界中遇到了难以克服的困难，在复杂、混沌、不确定的现实世界中，智能技术成为情报工作能力的救命稻草。克服困难和挑战最好的方式，就是通过智能技术的应用，提升需求获取、资源整合、感知研判和情报服务的能力，使其相互作用，从而产生新的资源，提升情报工作能力。

8.2 情报工作能力体系构成要素及框架

构建情报工作能力体系是一个复杂的系统工程，是提升我国情报工作水平、提供高质量情报供给的重要手段。单一的技术创新和应用不足以提升情报工作整体水平，只有构建完备的情报工作能力体系，全方位提升工作能力，才能形成情报支撑、引领决策的优势格局。情报工作能力体系不仅需要情报人员和情报技术的支持和保障，还需要将各要素进行有效协调、组合、融合，进而使情报机构实现为决策者提供高质量情报服务的目标。本节以构建情报工作能力体系的六度理念为指导思想，以能力体系四大要素为主要内容，基于战略性资产理论，从整体上构建了情报工作能力体系框架，为我国情报工作的发展提供内生动力。

[①] 高庆德. 基于态势感知的美军空间情报对抗研究[J]. 航天电子对抗，2009，25（2）：23-25，41.
[②] U.S. Air Force. Next generation wearable technology[EB/OL].[2018-09-10].https://www.airforce.com/mission/american-airmen/science-of-the-air-force.

8.2.1 构建情报工作能力体系的六度理念

新时代背景下情报工作能力提升需要什么样的理论指导？情报工作能力体系的思路如何指导情报服务升级？要研究情报工作能力体系就必须具有六度理念：信息价值论理念、整合性理念、系统性理念、生产线理念、需求导向理念和数据科学理念。六度理念是情报工作能力的独特之处，也是能力体系构建的特征要素（图8-3）。

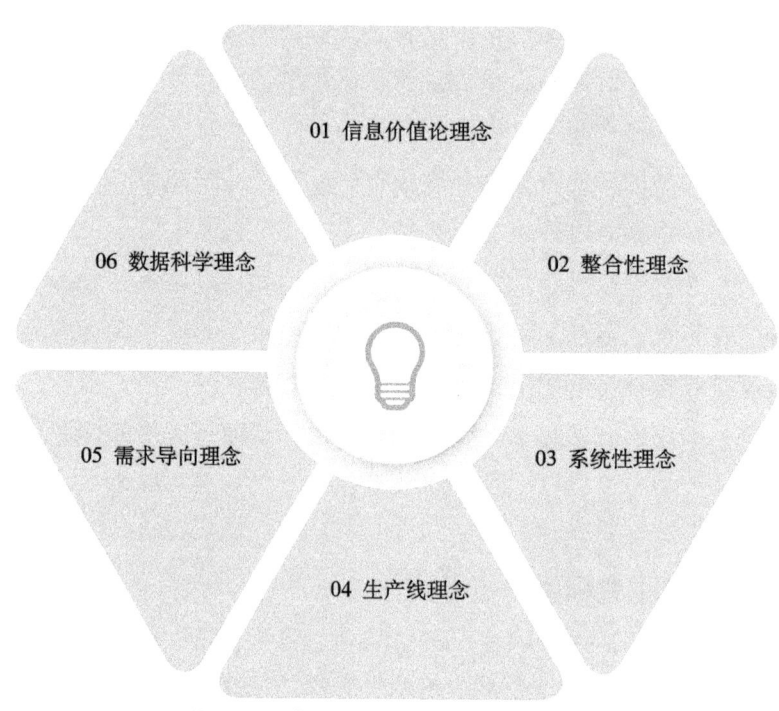

图8-3 情报工作能力体系的六度理念

（1）情报工作能力体系的基本法则是信息价值论

传统情报工作智能化的真正动因在于，传统情报工作领域生产力和生产关系具备了变革的条件。因此，对情报信息链智能化赋能是带着任务来的——改造落后生产力和生产关系，这种改造是情报工作能力提升的根本意义所在。

传统情报服务存在哪些问题？这些问题如何解决？智能技术能为传统情报服务创造哪些价值？围绕这些问题去思考情报工作能力提升的方向、模式和方式，才能真正从根本上对传统情报工作进行彻底改革。

凡是没有大幅提高用户体验的情报服务不是好的情报工作；凡是不能大幅提高情报机构运营效率的组织管理也不是好的情报工作。因此，没有全面、充分地为传统情报工作创新创造价值的工作体系是不会成功的，也是没有意义的。

(2) 情报工作能力体系的整合性理念

构建情报工作能力体系框架的主要思路在于整合现有的资源，以智能方式完成信息链的重构。无论是情报生产线思路还是情报工程思路，最终都是为了实现情报生产与决策支撑的直达，让资源流动更高效，让用户体验更美好。

对资源的整合优化，可遵循战略性资产管理理论，这里的"资源"是情报工作过程中的直接输入，包括人、数据、技术、平台/系统、基础设施5种类型。虽然整合性理念并不能解决所有问题，其问题的关键在于情报机构要理解眼前相互独立的模式，并且因地制宜地使用最佳整合方案。

(3) 情报工作能力体系的系统性理念

情报工作能力体系的系统性理念就在于需要思考情报工作的方法是否同时满足用户和服务方自身的需求，是否同时有利于快速利用整合到需要的资源，是否同时建立了良性的工作系统等。此外，新时代情报工作能力的核心是建立一套人机交互的情报工作体系，这种复杂体系依然是需要系统的理念方式去整合工作系统与服务系统。

(4) 情报工作能力体系的生产线理念

生产线思维主要是对接情报工作形成专业分工协作。工作体系作为一种高级组织形态，必然要站在一个高度思考问题。对体系的理解，可以是一个组织管理者，其实更是一个生态。用户最终得到的是一份情报产品，中间却有数据采集环节、数据加工环节、信息分析环节等。作为工作体系，不一定要实施这些环节，但需要把这些环节有机地连接起来，形成生产线，形成紧密的上下游合作关系，最终形成情报工作生态。生产线理念的核心不是简单的各个环节相连，也不是大而全的上下游整合，而是为了能把控情报机构所输出的产品和服务的品质，进而给用户真正好的体验。因此，在情报工作能力体系构建中，需要以生产线的理念去工作、管理、整合。

(5) 情报工作能力体系的需求导向理念

情报需求导向性与明确性是情报工作的基本理念。情报工作最终是以知识的形态呈现给用户，那么面对情报用户对情报需求的不同状态，需要通过情报机构资源整合，以及对用户需求的深度挖掘，满足用户多层次的情报需求。通过付凯丽提出的用户需求状态度，我们将情报用户需求分为3种：

显性情报需求：情报用户通过对需求的表达和描述，明确对情报知识的具体目的、方向、范围等；

隐性情报需求：情报用户没有对情报需求做出具体描述，或者用户根本还没有认识到这种潜在的情报需求；

被激活的情报需求：情报用户通过情报服务内容，激发了隐性情报需求，引领显性情报需求的具体设定。

对于不同的情报需求状态，需求判读需要应用不同的手段和方法。在情报工作体系中，基于情报服务平台的应用，显性情报需求主要是通过线下沟通取得，有时候也可以通过在线的咨询和交流解决；但隐性情报需求基本上都是通过情报服务平台在线分析处理、机器学习、模式识别等诸多技术方法来实现；被激活的情报需求则是情报服务对线上线下完美融合协作后的必然产物，帮助用户更好地了解自己，分析自己未来的需求，从而刺激用户对情报产品的消费欲望，是引领用户主动决策的有效手段。

新时代背景下的情报工作能力体系构建，应面对多源复杂的数据特征，以及时准确地判读情报用户的各种需求为导向，全方位、个性化、及时地为情报用户提供服务。

(6) 情报工作能力体系的数据科学理念

数据科学理念对情报工作的影响不是颠覆性的，只是对传统情报工作方式的一种强力补充。在第四范式下的情报工作，基于数据科学理念方式，以数据驱动发现为常规的方法手段，以情报人员的缄默知识和对环境要素的理解为选择算法和判读结果的根本，以更加客观的方式支撑决策。

在提升情报工作能力的过程中，数据科学的理念开拓了一种科学、客观、发现隐性情报价值的方法，尤其是在对情报用户线上活动数据和显现活动数据的采集、分析、存储、利用方面。

在数据思维的影响下，对数据融合与信息融合的边界越来越模糊。华柏林基于情报学三动论（序化论、转化论与融合论）强调了融合在情报学中的重要意义和作用。基于数据科学思维的情报工作就是基于对线上数据与线下数据的完美融合，采集、处理、分析这些数据，将情报价值最大化。

情报工作中的数据融合实际上是一个多层次、多维度的数据处理过程，将线上线下的多源异构数据进行有针对性的采集、分类、整合、关联、评估等处理，形成多样化的数据融合集，为情报服务提供数据保障。

8.2.2 构建情报工作能力体系的四大要素

人工智能时代给情报工作带来了机遇和挑战，催生了新时代下情报工作的革新模式。构建情报工作能力体系框架需要从组织管理、资源优化、技术方法、服务模式四大要素展开,这是构建情报工作能力体系所应该掌握的能力组合和战略路径选择(图8-4)。

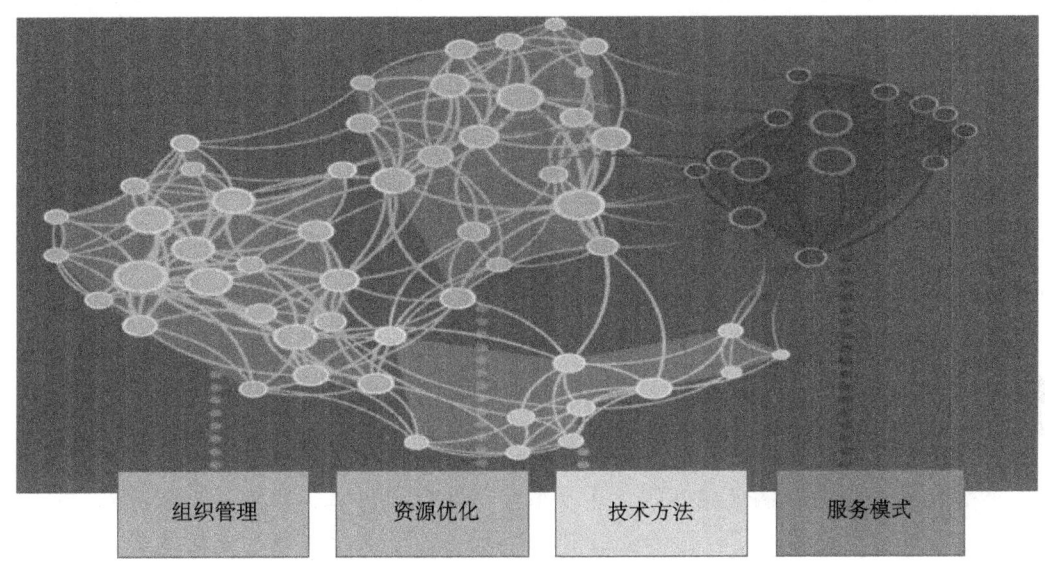

图 8-4 构建情报工作能力体系的四大要素

(1) 组织管理要素

以组织管理创新打通情报信息溢动脉络,营造情报工作能力保障适宜环境。情报信息溢动效能优化的根本在于组织管理机制的创新,进而彻底打通信息溢动的整体脉络,从根本上释放情报工作的活力和潜能。

标准化的工作模式与产品模板,可以加速信息情报工作进度,保证情报产品的时效性,是情报工作的重要保障。其中,情报团队自身的组织、协作、沟通是关键,能够由"高效组织""无缝协作"到"交流畅通",保证情报产品的快速生成。迈克尔·波特在《竞争战略》中指出:工作流程可以描述成一个价值链,竞争并不是发生在企业之间,而是发生在企业各自的价值链之间,只有对业务流程各个环节实行有效管理,才能真正获得竞争优势。面对大数据环境,在构建情报工作能力体系中,确保所管理的情报工作面向情报需求,使各个环节的情报活动成为实现情报需求的一部分,在这个基础上实现情报工作的合理规划、组织、管控、协调、增值和优化,实现情报工作的跨部门、跨单位、跨行业甚至跨国际协作,以达到提高情报生产效率、增加情报产品价值的最终目的。

(2) 资源优化要素

情报工作能力体系中的资源优化主要分为两个维度:数据资源整合和人才协同优化。

数据资源是情报工作的基础，任何情报分析工作均是基于可获取到的信息、数据进行的，再高深的情报分析也是始于信息与数据的收集。衡量情报工作团队强弱的一项重要指标就是其获取可用资源与分析资源数据的能力。尤其是新时代，开源信息已经成为情报机构主要依赖的一种数据源。兰德公司2018年发布的报告《远景与机会：美国领导层的情报领域规划》中指出，情报机构应该充分利用公开信息在内的各种信息源和手段来开展情报工作。大数据时代可以从公共和商业来源获得比历史上任何时候都要更多的公开数据资源，开源信息可以在互联网、社交媒体和地面传感器极为受限的地方发挥作用，那么开源情报对情报机构的价值会更大，这就需要情报机构对数据资源进行整合。

作为情报机构组织内部资源的优化，配合情报工作的标准化创新，情报工作团队也需要进行相应的匹配，包括情报工作人员的构成创新、团队工作协同模式的创新、团队成员交流机制的创新，从而增强情报研究产品的全面性、系统性和专业性。在创新情报工作标准化的过程中，越来越多的工作环节需要数据科学家的介入，如数据的采集、筛选、聚类、分类、统计分析、信息可视化展示等。由于人类已经无法阅读如此海量的数据信息，使得人类必须大量使用计算机技术手段，按照情报任务需求，选择合适的数据挖掘手段，对数据进行智能分析和描述，从而达到人类可以阅读的数据量，进行情报分析判读；此外，在情报产品推送的形式上，对数据进行描述且可视化可以帮助用户理解情报信息，准确形象地掌握情报要点，从而做出相应的决策。可以说，数据科学家的介入是情报工作在新形势下发展的必然。

在传统的情报工作团队中，情报人员往往是通过购买的情报分析软件对情报数据进行分析，当有专业问题需要判读时，需邀请一些行业专家进行协助判读。这种传统的情报工作流程显然已经不能适应新时代下对情报工作的要求。大数据环境下，新的情报工作团队是由行业专家、数据分析员（数据科学家）、情报分析员3种角色构成的。良好的情报工作团队协作缩小了专业情报需求和情报产品产出之间的时间和距离。情报工作团队协作模式，也是情报工作管理的一个方面。情报工作管理的重点就是充分发挥情报流程各相关环节的作用，组织团队的管理则是提高组织内部人才资源的有效利用。这在情报工作体系建设中，是非常重要的一个环节。

（3）技术方法要素

技术方法是情报产品产生价值的重要手段，也是利用资源的重要保障。情报能力提升的一项重要工作就是情报技术的研究和智能工具的研发，包括信息系统建设、信息渠道打造维护、关键数据库平台建设、人工智能的采集分析工具等。

从不同的角度划分，情报技术方法有不同的类型。从情报内容主题的角度划分，国内外有着不同的分类方法。SCIP 的 Prescott 曾把情报分析方法归纳为 31 种，如定标比超、竞争对手跟踪、关键成功因素分析、战略价值分析等。樊松林把情报分析方法分为直观型、间接型、规范型、数学型、统计型和财务型等 6 种基本研究类别，共计 130 多种方法[1]，无论是哪种分类方法，这些情报技术方法都是判读情报最基本的手段，每一种方法都是一种判读体系，无论社会如何智能化发展，这些研究分析的技术方法都是基础。要创新情报技术方法，就要从大数据时代的数据量大、情报时效性强等特征入手，在海量的情报生产要素中，将生产要素转化成有价值的信息，则是我们要创新研究和提升情报工作能力的重点。

情报工作的角色定位是耳目、尖兵、参谋。情报技术方法作为情报工作的核心能力要素[2]，可以为 3 个视角的情报工作赋能：情报问题感知（耳目）、数据分析（尖兵）、态势预测（参谋）。

情报问题感知包括对决策者需求的动态跟踪感知和对国家安全与发展有重要关联的问题感知两个方面。就像"耳目"一样，广泛地观察和评估可能与现实或潜在情报问题相关的各种信息。情报人员需要对数据或信息进行探索和提取，然后通过调整机器的感知参数，发现情报关注点，并进一步确认与决策者的相关度，最终精准、及时地界定情报问题或发掘新的情报需求。

数据分析是对情报问题相关数据的智能分析和处理，就像"尖兵"一样，不断地探路与开路，让情报人员更好地理解数据。而情报人员则需要为这些数据构建算法，模拟复杂系统，对数据进行解释，为数据质量和代码质量负责。可用的分析模型有很多，包括观点提取系统、社交网络分析系统、复杂性建模等。情报人员将搜集到的数据输入到模型中，就可以得到一些可以支撑情报分析的信息。但这里的模型不一定是一个现实存在的模型，当模型系统不明确时，情报人员对这些海量的数据关系无法感知，但是可以对模型参数进行预估，反复地输入输出数据，随着感知的升华，模型逐渐明晰起来，最终帮助情报人员理解这些数据。

态势预测是一种对数据描述和归纳的推理，像"参谋"一样，协助决策者进行决策。这对情报人员的个人能力是有要求的，具有经验丰富的情报人员，通过他们自己的经验

---

[1] 樊松林. 竞争情报研究方法体系的架构与选用［J］. 情报科学. 2000（10）：872-876.
[2] 包昌火，包琰. 中国情报工作和情报学研究［M］. 北京：科学出版社，2014：47-48.

和知识,将数据拟合到一个心智模型中,并在数据周围不断地拟合这个模型,以绘图的思路去进行全面的态势预测。而这个过程中,需要情报人员认知环境要素、理解当前形势[①]、通过操控机器、输入数据、不断优化和验证算法处理传入的信息,将发展态势刻画出来,辅助情报人员预测未来情景。

因此,技术方法的创新研究对于提升情报工作能力是有重要作用的,人机交互的情报分析将全面提升认知、理解和判断等情报工作能力,唯有如此,情报工作才能更好地发挥保障决策的耳目、尖兵、参谋作用,保障国家安全,加速我国发展。

(4)服务模式要素

服务的概念最早是17世纪中期英国古典政治学创始人威廉·配第提出的。此后,有许多的理解和界定出现,最具权威的应该是GB/T 19004.2-ISO 9004-2中服务的定义:"为满足顾客的需要,供方与顾客接触的活动和供方内部活动所产生的结果。"[②]ISO 9004-2是国际标准化组织(ISO)于1993年正式公布的世界上第一套关于服务业开展治理管理、建立质量体系的国家标准。它为服务业保持和提高服务质量提供了一条崭新的思路,同时也为服务定义的确定和服务业的划分提供了权威的依据。定义中指出,服务内容就是"供方的活动和供方内部活动所产生的结果"。也就是说,服务的内容必须包括供方的活动和供方所产生的结果,两者相辅相成、缺一不可。

对情报服务而言,供方的活动就是情报人员收集情报的过程,而供方内部的活动则是分析情报的过程,其产生的结果就是最终的情报产品。而要想提高新时代情报工作能力,则必须对服务模式进行创新。服务模式,就是如何将能力转化为情报价值的方式,是情报交付用户的桥梁,通过创新服务模式,为用户提供即时、便捷、准确的情报产品;扩大用户群体,智能推送情报产品;使情报机构的自身资源获得更大的社会价值。在新时代背景下,数字资源不断增加、知识管理日益兴盛、网络技术迅猛发展及各种智能化工具和方法纷纷涌现,情报服务模式的网络化、智能化、集成化、服务个性化的特点将日益突出。以平台创新力促进信息溢动实效工作,全面提升情报服务集聚效应。特别是情报数据资源服务平台构建推进情报机构隐性知识显性化进程,也是深层推动情报机构服务创新、提升情报工作能力的核心价值所在。

---

① ENDSLEYM R. Toward a theory of situation awareness in dynamic systems [J]. Human factors,1995,37(1):32-64.

② 朱立恩.论服务的定义[J].商场现代化,1996(5):13-15.

8.2.3 情报工作能力体系框架

情报工作管理者必须学会基于战略资产（Strategic Asset）的思想进行情报工作战略规划。战略资产能够帮助组织建立核心竞争力及持续的优势。对于情报工作管理组织来说，资源（Resource）和能力（Capability）是其两种基本的服务资产，组织利用这两种资产来交付情报产品，从而支撑与引领决策。因此，资源和能力共同构成了情报工作能力体系价值的基础。

"资源"是情报生产过程中的直接输入，包括专家资源、数据资源、技术方法、服务平台等；而"能力"代表着组织在将资源转化成价值过程中所进行的协调、控制及部署实施方面的方法和技能，体现在能力建设、能力执行、能力评估这3个方面。能力提升的过程就是协调资源与能力的过程，资源是能力的基础，获取、优化和使用则依赖于能力，其逻辑关系如图8-5所示。

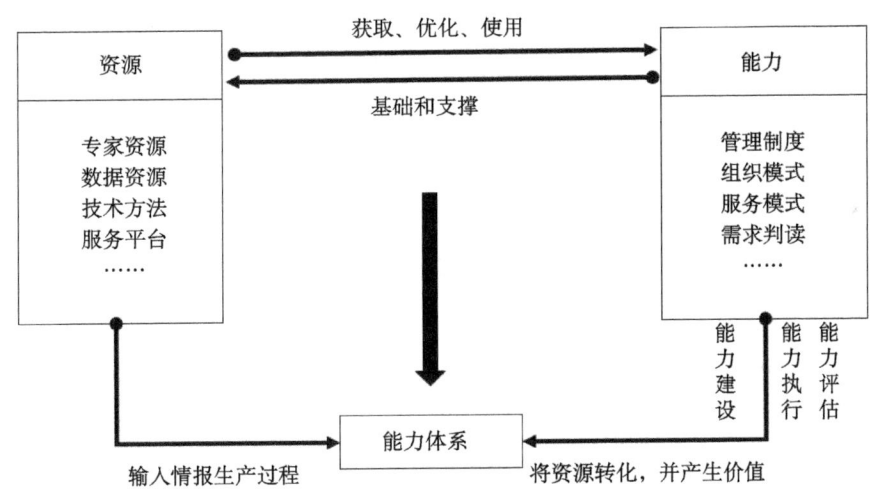

图8-5 情报工作能力体系中资源与能力的关系

一般情况下，情报机构的生产容量依然取决于其控制资源的规模，而能力可以用来开发、控制和协调这种生产容量。基于战略性资产理论，在构建情报工作能力体系时，要对自身的资源和能力同时进行建设。

在资源建设方面，服务平台可以通过整体规划进行设计和搭建，数据可以通过技术手段进行采集、处理、管理和共享。

在能力提升方面，对情报工作体系的整体管理，对情报工作团队的组织协调，对情报知识的管理应用，都需要进行全方位的加强，这些能力建设是情报工作流程标准化和服务模式创新的基础。此外，人员既是资源也是能力，这里的人员主要包括情报分析人员、技术支撑人员、专家，这些人员的培养和优化配置是很关键的一步，是情报工作管理的重中之重。

同时，情报工程化、系统化、流程化思维为情报工作能力支撑体系赋予了重要的理念指导，服务模式、资源优化、技术方法、组织管理这四大要素为情报工作能力体系提供了多维度的战略路径选择。可以说，情报工作能力体系是一个由若干要素构成的复杂系统，是情报工作能力形成的内部机能与外部能力的总和。2017年12月，特朗普签署的美国国家安全战略在国家安全方面对情报能力有两个要求：（内部机能）美国情报机构收集、分析、识别和处理信息能力的要求，以识别和应对地缘战略（Geostrategic）及政策、经济、军事、安全变化；（外部能力）情报机构和执法部门之间的畅通，以防御和减轻外来恐怖主义威胁。因此，情报工作能力支撑体系的构建主要分为两个维度讨论：内部机能建设和外部能力建设（图8-6）。

情报机构内部机能建设主要包括组织模式与管理制度、技术方法的规范与创新、情报资源管理与共享等。相对于情报机构组织外部能力建设，技术方法及资源优化等内部机能的建设是可控的。情报资源是情报工作的基本条件；技术方法的规范与创新是情报工作开展的必要手段。大数据时代，对数据的智能处理对情报工作能力提升有着巨大的影响，组织模式与管理制度是情报工作开展的保障，完备、科学、规范、系统的组织结构和管理制度，会促进情报机构工作能力的有效提升。因此，情报机构要想切实提升工作能力，就要充分考虑内部机能支撑的各个方面。

情报机构外部能力建设主要包括情报服务平台化发展、情报服务模式创新等。情报服务平台是情报机构与决策者之间的重要桥梁和枢纽，不但可以贯通情报机构内部工作流程，也是用户评估反馈情报产品、情报机构判读用户需求的重要渠道，可以看作情报工作能力体系的骨骼。服务模式是情报工作重要的出口，是直接面对用户服务的过程，可以看作情报工作能力体系的血液。因此，情报机构要想切实提升工作能力，还需要充分考虑外部能力支撑的各个方面，平衡情报机构能力与各种需求。

第8章 情报工作发展的能力支撑

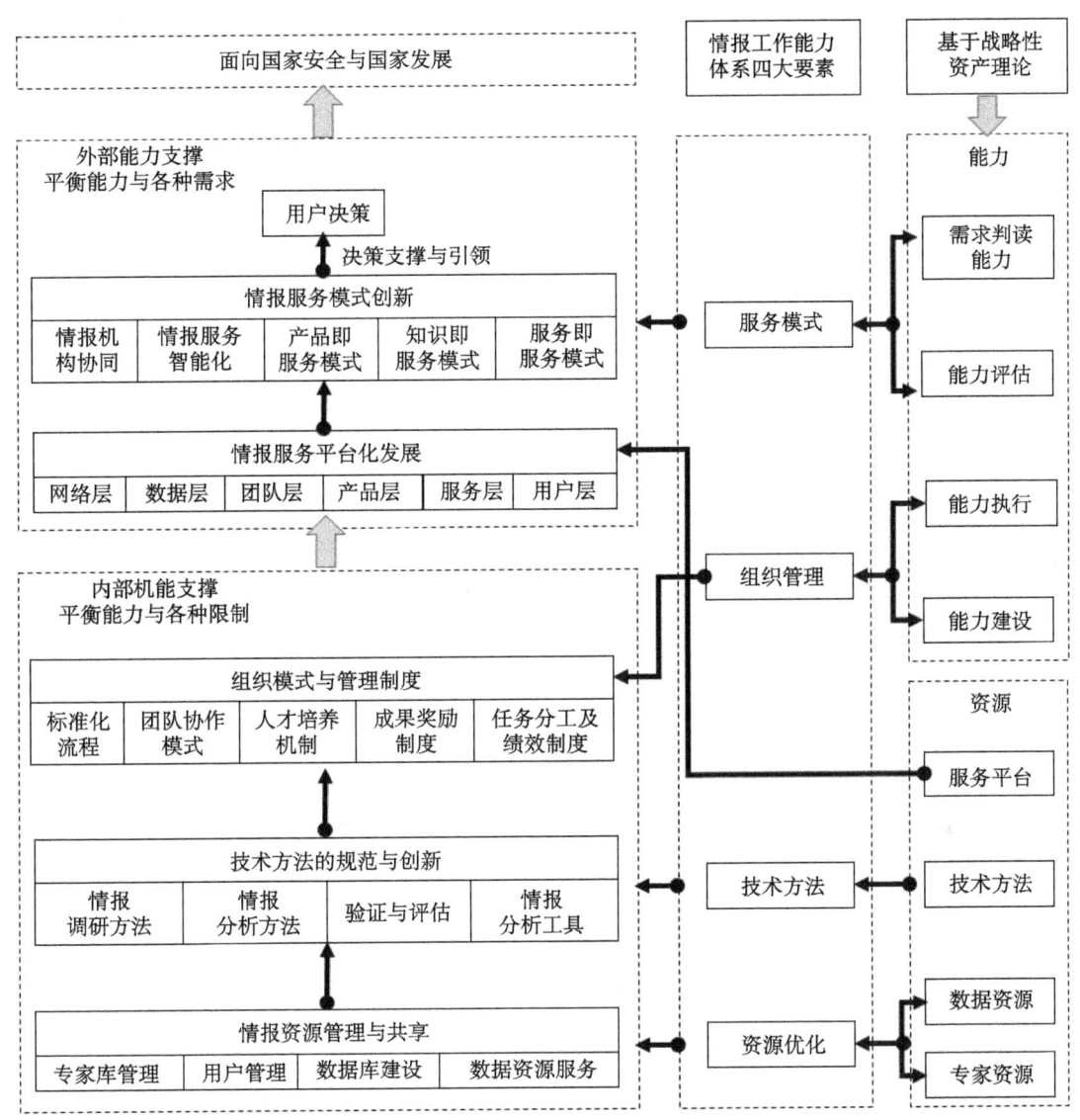

图 8-6 情报工作能力支撑体系框架

8.3 内部机能建设：平衡能力和各种限制

情报机构内部机能是情报工作能力的引擎。面对第四次工业革命、国际贸易秩序重构、发达国家挤压等国际环境新局面，我国情报工作在助力国家发展、保障国家安全的基础上，应该着力解决好内部机能与各种限制的不平衡的问题：提升数据资源保障能力平衡信息不对称的矛盾，提升数据处理能力平衡有效数据与海量数据之间的矛盾，提升需求判读能力平衡情报需求与情报工作之间的矛盾，提升情报价值提炼能力平衡情报展示与情报检索之间的矛盾，提升情报组织管理能力平衡资源管理与情报生产效率之间的矛盾。基于资源优化、技术创新和组织管理完善的内部机能的建设，以能力建设和能力执行为主要任务，通过不断加强自身内部机能的提升，努力实现情报智能化工作体系，为情报工作一体化发展、情报服务能力升级提供不竭动力。

8.3.1 数据资源保障能力

现代情报工作对情报信息的要求越来越高，特别是开展领域前沿发展态势与预测工作。原有的基于情报文献信息的情报分析研究方式正逐步被以"事实型数据＋工具＋专家智慧"的战略决策支撑模式所取代。此外，目前国内针对战略决策研究的数字资源服务，多是基于学术论文、专利、标准等经过加工处理后形成的二次或多次文献信息。而在全球视野下，采集来自权威创新机构组织所产生及发布的一手动态类情报信息，并融合现代情报辅助手段，提供数字资源服务的做法还很少。

近年来，大多情报机构坚持"以需促用、以用促建"的建设原则，先后购买了大量的基础资源数据库，也采集积累了一部分相关基础数据。应该说，数据资源建设方面取得了长足进步。但不可否认，依然存在以下急需解决的问题：①资源分散，各种数据资源需要进一步整合。一些数据分散在不同的业务部门中，很多数据尚未得到有效整合，未能形成统一的数字资源服务。②已有基础数据的元数据描述不完整。目前，多数情报机构通过订购相关信息资源，进行查询和检索工作，并不能根据情报人员的工作需求对元数据进行深度的挖掘，并且缺乏符合自身工作需求的专题数据资源。③数据资源缺乏统一管理。为了保证情报工作的质量和效果，情报机构的数据资源需要统一、集中、分类管理。

随着大数据时代的到来，人们往往会低估科技进化背后的革命性和颠覆力。虽然，近期各个领域（新能源、新材料、生物技术等）的突破层出不穷，但像"互联网＋"这种以"云、网、端"为核心的智能新生态却有着特殊的意义。智能新生态是基于智能技术产生的关于"广义智能"理论方法和应用技术的综合性生态环境。新的智能生态必将影响情报工作体系的构建，并促成新的服务范式。这意味着在智能新生态环境下，情报机构的数据和知识具有了广泛的流动性，并且产生了更多的价值，使情报服务升级。这个过程中涉及4个具体的步骤：万物数据化、数据网络化、网络智能化、智能平台化。数据从一个环节传递到下一个环节，通过不断地传递，形成巩固和扩大价值的良性循环。

在情报机构的工作过程中，万物数据化要求情报机构善于将不同来源、不同形式的相关数据进行采集、转化和融合管理，只有数据化后才能跨越时空传递和共享；数据网络化要求情报机构善于利用不同来源的数据资源，进行信息协同，构建专业特色数据库，网络智能化通过技术和算法推动整个数据资源的高效运转，形成数据库服务模式；智能平台化将数据库、数据分析等能力开放给情报用户，推动用户基于智能平台支撑决策（图8-7）。

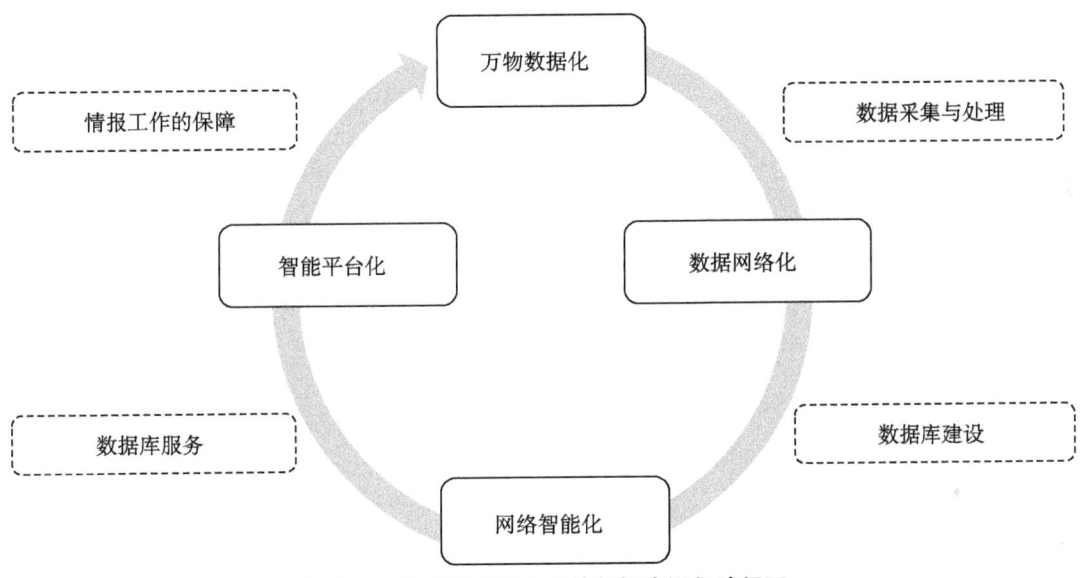

图8-7 基于智能新生态的数据资源保障闭环

随着人工智能技术的不断成熟，智能用户端大量普及，政府与企业对各领域情报服务功能与能力的需求不断提高，我们需要以"互联网+"思维发展出一个可操作可实现的数据库服务模式，这也必将是情报工作体系的必然发展趋势。

作为情报工作的保障能力，在整个数据资源平台建设的过程中，结合采集加工、数据挖掘与分析功能，构建符合工作要求的基础数据资源库体系，筛选出满足客户需要的数据信息，再利用数据发布与处理系统展现给客户。客户通过检索和专题阅读等相关功能，实施最新情报信息的查询与获取。系统总体结构如图8-8所示。

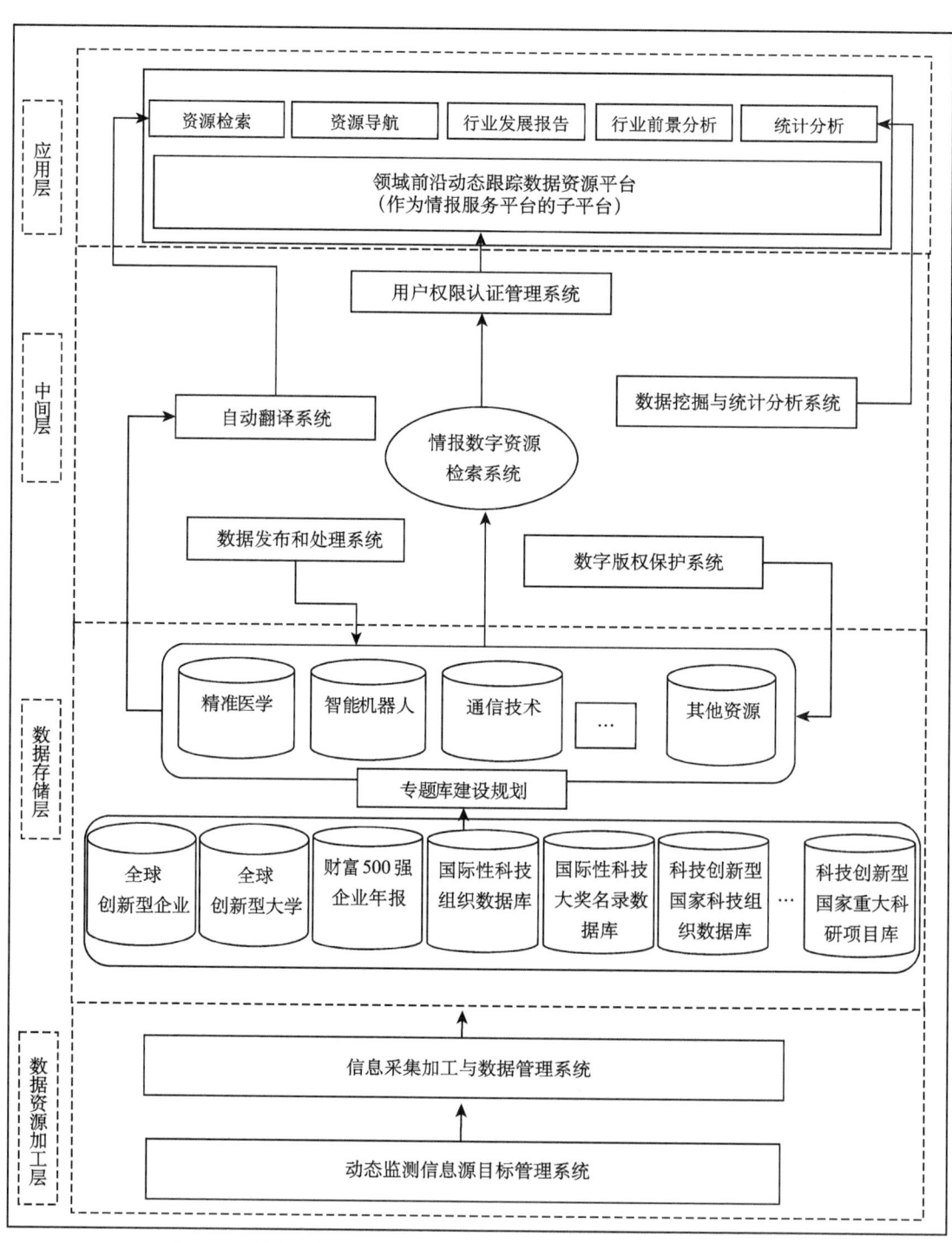

图 8-8 情报机构开展领域前沿动态跟踪的数据资源平台总体结构

从情报机构开展领域前沿动态跟踪的数据资源平台总体架构上分析，系统大致分为

第 8 章 情报工作发展的能力支撑

4 层，分别是数据资源加工层、数据存储层、中间层和应用层。

(1) 数据资源加工层

数据资源加工层是整个平台的基础，以实现信息源的管理与数据的采集加工，首先是数据准备阶段：数据的选取和采集，既要实现信息源的加工与管理，又要实现将人工采集、机器采集、外购方式获取数据的转化与入库。这些数据资源需要通过审核机制的审核，符合数字资源建设的要求才能准许进入资源的存储系统。

情报搜索引擎技术在互联网时代得以完善，不仅能够实现异构化的大数据统一搜索，实现内外部资源的整合，还能够对数据进行实时跟踪与监测，保证情报的及时性和有效性。

情报搜索引擎的核心技术包括：网页高速采集技术、智能化中文语言处理技术、智能排序技术等。在此基础上，对实时的大数据信息流进行情报采集，通过确定主题树构架、主题规则、自动分类、编辑发布，最终保存到 Web 文本库（包括 URL、时间、标题、内容）以供分析，通过对专业词库分类所产生的产业特征词库、行业特征词库、学科专业特征词库、企业特征词库、人际网络特征词库、科研报告特征词库等进行抽取规则的定义，将 Web 文本库的文本信息进行清洗、转换、传输和加载操作形成文本特征库，再根据情报业务的需求，应用一定的文本挖掘算法，如分类算法、聚类算法、排序算法等对文本特征库的结构化数据进行分析挖掘，从而产生初始的情报数据库（图 8-9）。

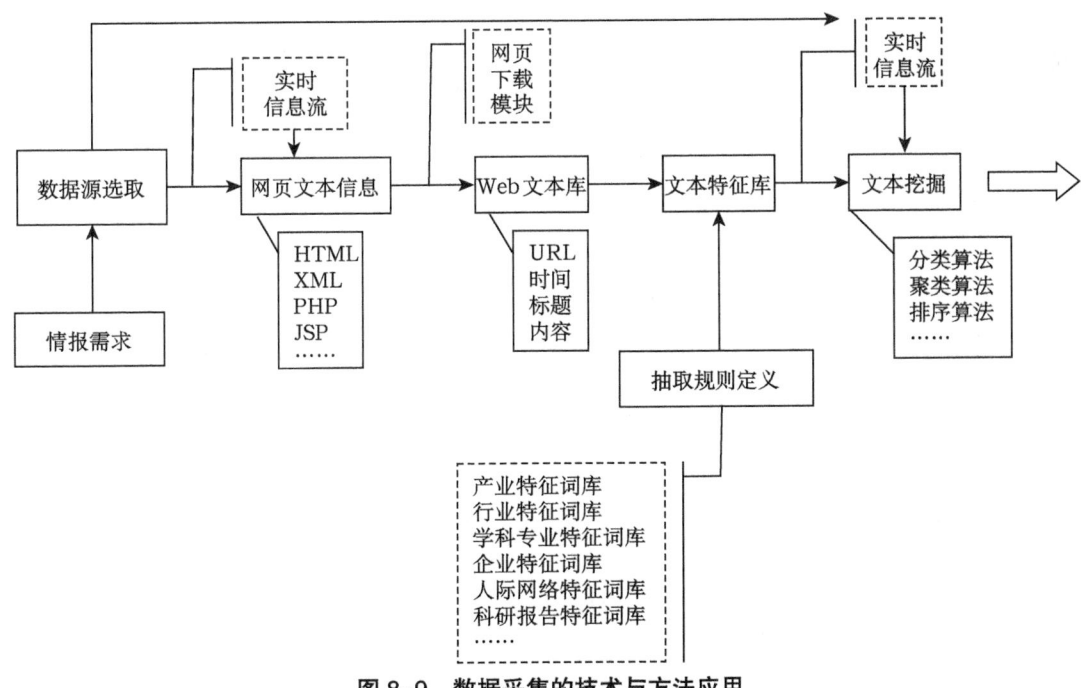

图 8-9 数据采集的技术与方法应用

（2）数据存储层

数据存储层主要是根据资源的存储规划和策略来完成数据资源的物理存储，把通过数据采集模块获取的各类数据，结合元数据库中定义的各种元数据进行整合，项目文摘类等结构化的数据保存在关系数据库中，存储在数据库服务器群里，非结构化数据保存在文件系统中，存放在 HFS 文件服务器里。

按资源属性的不同形成不同的数据集市，方便管理，也方便前台应用。还要运用相应的数据存储管理工具对数据集进行维护和管理，如库维护、表维护、临时库（表）维护、词库维护、数据备份和恢复等。

平台把数据采集模块获取的各类数据，根据元数据库中定义的运行机制定期进行调度，对领域前沿动态跟踪数据资源平台进行数据加载或更新，基础数据库主要由下列类型的数据组成：行业动态、发展政策、行业报告、科研项目库、科研机构（研究机构、大学、企业）、科研人员、产品、技术、科研成果（专利、学术论文、标准）等相关应用数据。通过对从不同来源采集到的数据进行标准化整理转换，这里的重点是数据格式、数据含义等，转换后的数据将装载到基础数据库中。平台按照设置好的数据清洗规则去脏数据，然后根据元数据库中定义的各种应用规则与业务模型，形成有序的基础数据，并装载到基础数据库中。

以基础数据库为基础，根据用户需求从数据仓库中选择性地抽取有需要的数据集，形成各种专题数据集，为对外提供成品库提供数据支持。同时，平台对于部分需要保密的数据采用数字版权管理（DRM）技术，DRM 主要用于数据内容的机密性和安全性管理，DRM 有加密、解密两种互逆过程，对于数据库中存储的数据资源进行加密处理，而解密处理一般在前台应用中进行，使加密后的数据可以被前台各种应用程序读取和识别。

（3）中间层

中间层是一些作为系统支撑的核心技术，其中包含系统的"数据发布和处理系统""数据挖掘与统计分析系统"等，为整个系统的应用提供核心的技术支持。

"数字资源全文检索系统"是整个系统的核心功能部分，主要提供整个平台检索功能的核心技术支撑服务，众多的前台应用均直接或间接需要该系统功能的支撑，本系统采用 Solr 全文检索引擎。

"基于中文学术论文的科技情报辅助工具"也是平台系统的核心功能，主要为平台基础数据的数据挖掘、数据分析与数据统计提供技术支持与服务，将数据分析的结果提供给前台应用使用。

"用户权限认证管理系统"提供平台用户管理及用户权限分配管理，实现平台安全可控访问，以及资源的分级权限访问，实现对管理员、用户和用户组的管理等，包括用户认证、用户信息的修改、权限支持、用户组、用户级别的设置、账号锁定，用户注册管理、用户查询、用户增加和删除、用户访问权限管理、用户锁定解锁功能、用户分组管理、用户访问记录查看。系统能够提供基于 IP 的权限管理，能够实现对一段 IP 地址进行限制，或者对几段 IP 地址进行限制；不同的用户组可以设定不同的资源访问权限。

"数字版权保护系统"是以一定的计算方法实现对数字内容的保护，防止未经授权的信息数字化资源被非法复制、非法阅读和非法传播，从技术上保障了资源建设单位的投资，也保证了数字化资源的安全。

"自动翻译系统"可以将外文资源进行批量机器自动翻译成中文，再将翻译后的文本与原始内容对照显示给用户使用，主要为外文水平不高的用户提供参考。

（4）应用层

应用层是整个平台中最复杂、内容最多，也最为灵活的部分，在数据库规划存储技术和信息智能化处理核心技术的支撑下，可以衍生出多种多样的资源应用模式，包括资源检索、资源浏览、咨询服务、资源评分与评价、报告发布等，每一项应用模式又包含了多种应用方法和功能，这个与情报服务平台是相融的。整个应用前台均在用户权限管理和认证系统的保护之下运行，通过单点登录的方式强制用户进行合法性认证，保证用户访问资源数据的可控性和安全性，同时可以应用资源计费策略实施资源的有偿使用方式管理。

平台的资源检索是面向所有用户使用数据库的最主要功能，通过检索系统用户可以方便地对资源进行使用及下载。

数据资源平台是情报机构的一把利器，通过将数据网络化、网络智能化、智能平台化，激活海量的情报数据资源。情报机构的数据资源平台不仅仅是一类数据资源或服务平台，更是一种新的思维方式，它不仅改变了情报人员的工作方式，也给情报用户理解情报信息并做出战略决策提供了新的视角和方法论。传统的情报机构数据资源是业务需求导向的，新的方式可以通过数据资源网络化、智能化和平台化的方式，让数据资源之间互动和融合，获得情报问题背后的原因，通过地平线扫描等手段，打造面向政府和社会的决策剧场，有助于多重决策的统筹，有助于多个视角的统一，有助于让情报服务更好地实现端到端、点到点，能够保障各环节的情报工作。

8.3.2 数据处理能力

数据处理能力就是将我们已得的数据资源运用各种工具进行处理，得出我们需要的数据形式，方便理解。常用的数据处理工具有 Excel、数据库、SPSS 等，将数据进行格式统一。例如，一份用户数据，我们需要按照时间、群体属性、产品使用者、渠道来源等进行分类归整录入。这个阶段只是在数据表现格式上做整理，未涉及数据的取舍。接下来，我们根据分析的需要将已经统一格式的数据进行逻辑处理，可以选择的数据处理方法主要有去重处理、缺失数据补齐、数据转换、数据分组等，依然可以在 Excel、数据库、SPSS 等处理工具上进行。经过这样的处理之后，我们将得到一份格式化的标准数据源，这是我们接下来进行情报分析的基础。另外，在处理过程中产生的异常数据需要做好备份，以满足之后处理中的翻查需要。对筛选后的数据量也要进行分析，数据量足以支撑情报判读，则可直接进入可视化展示过程；数据量不足，则需要增补数据；数据量过多，则需要随机抽样（图 8-10）。

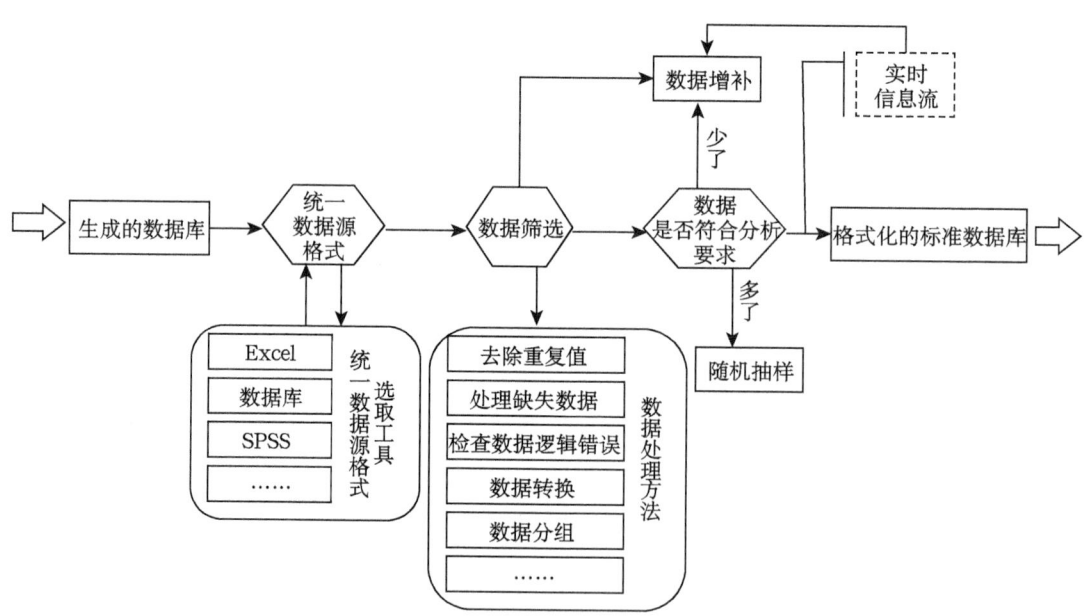

图 8-10　数据筛选的技术与方法应用

对数据的描述是数据转化为情报的重点所在，也是数据处理过程中的一个重要环节，是理解信息和判读情报的关键，该阶段取得的结果可以直接影响整个情报工作的结论。这个阶段一般分为以下 3 个步骤，如图 8-11 所示。

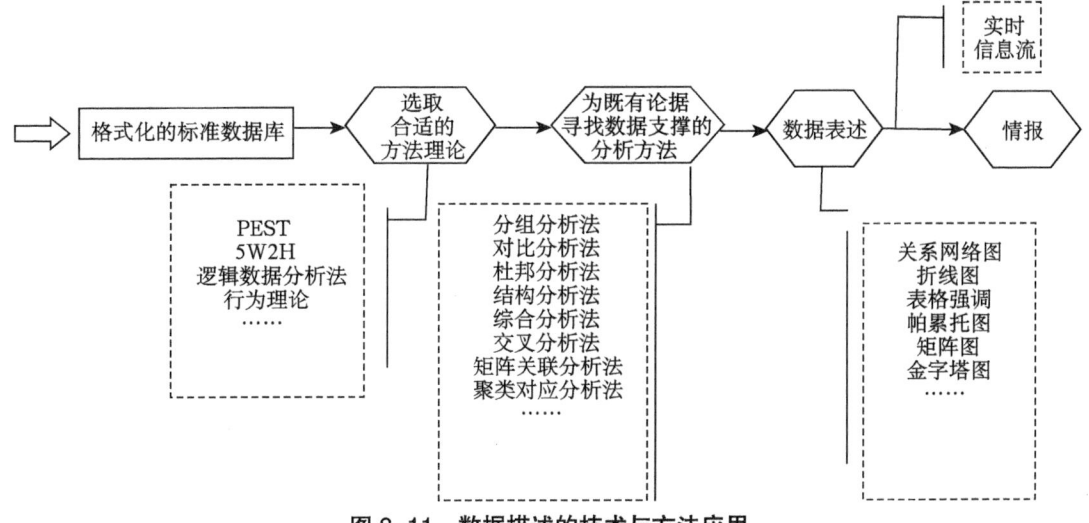

图 8-11 数据描述的技术与方法应用

一是选取合适的方法。这一步骤应根据工作实际需求情况做选取。例如，情报机构将情报的应用定义在战略层面，可以选择 PEST 分析模型做宏观环境分析、配合 SWOT 分析法将研究对象的战略布局与其内部资源、外部环境有机结合，通过情报应用方向来确定方法选择，而选定的方法则会作为接下来数据分析的牵引方向。

二是选择合适的分析方法为既有的论据寻找数据支撑。选定方法后，我们必须在该论据的引导下进行数据分析。数据分析的方法有多种，常用的有分组分析法、对比分析法、杜邦分析法、结构分析法、综合分析法、交叉分析法、矩阵关联分析法、聚类对应分析法等。其中，对比分析法是最常用也是适用范围最广的一种。

三是选择合适的可视化方案进行数据表述。以上数据分析结束后，为了将分析结果清晰地表现出来，需要用到正确的可视化形式（图 8-12），再根据所得结果编制专业分析报告，将结论、论据、图表等一一展现出来，形成最终的输出成果。

通过以上分析可以看出，数据向信息的转化过程统称为数据处理，具体的实现路径包括数据筛选和数据描述。同时，数据加工的过程中也是需要知识去支撑的。无论数据的筛选还是描述，都需要发现数据的规律，然后根据规则对数据进行加工处理，这些规律与规则就是知识。

信息向情报的转化，主要是采取各种相关知识对信息进行分析，使信息的结构与功能发生改变。这些知识包括信息甄别知识、相关性判断知识、计量分析知识，以及自然科学和社会科学等专业领域知识。从信息到情报需要知识的支撑。

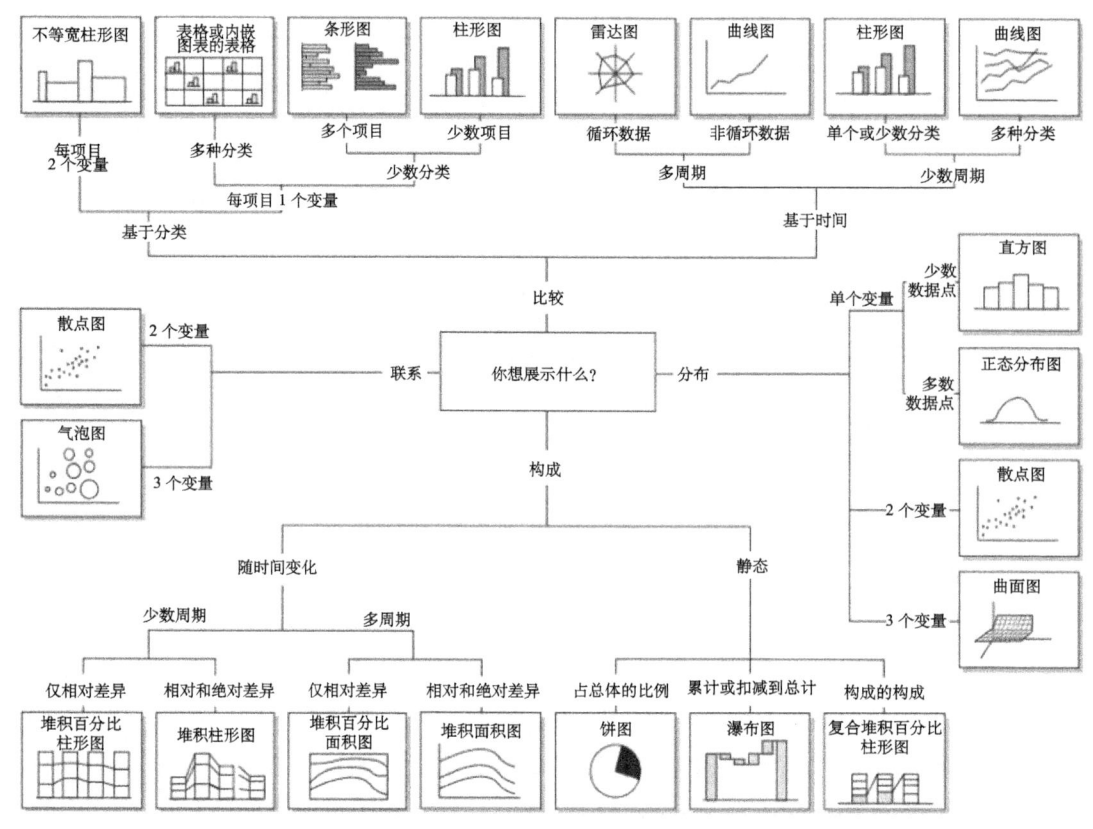

图 8-12 对数据进行可视化描述

从信息提升到情报，主要是采取各种有效的手段和方法对信息进行分析，使信息的结构与功能发生改变。情报研究根据敏感信息，利用相关知识去分析信息，得到情报，并给出情报的作用、价值及预期结果等。从分析过程中可以看出利用知识与策略对信息进行解读是情报的主要研究过程。知识利用过程主要包括知识搜索与知识利用，即解决在问题情境下用哪些知识和如何利用知识的问题。

可见，数据处理是一项充满信息和人类思维的活动，从情报项目规划到情报搜集、处理、分析，每个环节都离不开人脑的分析和信息的流动。由于互联网时代信息量的巨大及快速出现，很容易造成人脑疲劳，并导致分析效率低下，同时也存在着信息过载的现象。对数据的可视化描述通过图、表、链接等元素直观展示信息的逻辑流程、相互关联，有效减轻人脑在情报分析中的负担，拓展和利用人的智能，最大限度地提升了情报数据处理的能力。

8.3.3 需求判读能力

明确需求（或情报问题）是情报工作中最重要的步骤之一。一般情报需求的明确需要 4 个阶段：

第一阶段是要理解需要解决的问题，即需要确定的机会是什么？利益相关者面临的痛点是什么？现实工作中，决策者提出的需求总是含糊其辞，简短但不清晰。情报工作人员就需要帮助他们把这个需求框架成一个数据科学的问题陈述，通过真正站在决策者的角度来看待事物和问题。理解需求要解决的问题，需要情报工作人员向决策者学习领域知识，并将自身的技术知识与数据结合起来，提出一个解决方案，以推动情报工作的开展。

第二个阶段是根据问题评估情况。一旦我们提出了一个情报问题，下一步就是要评估这个问题的情况。这意味着情报工作者要谨慎分析风险、代价、效果、意外情况、规章制度、资源与形势要求等。可以概括为以下几个问题：问题要求是什么？假设和约束是什么？什么资源是可用的？

第三个阶段是了解情报工作潜在的风险和效果。这个阶段不是必需的，这取决于情报需求的重要程度和规模性。例如，战略情报一般都属于探索性研究，因此工作投入、潜在风险较低，未来收益更大。可以概括为以下几个问题：这个工作的主要资源是什么？未来实现的目标是什么？从事这项工作有什么风险？潜在风险的意外情况是什么？回答这些问题可以帮助情报工作者更好地了解情况，以及更好地理解情报工作所涉及的内容。对情报需求有深入的理解和对情报工作情况的判断有助于情报工作者评估前面明确需求的有效性。

第四个阶段是定义一个成功的标准（或度量）来评估情报工作。这是一个很重要的阶段，可以归结为一个问题，就是情报工作者希望在工作结束时实现什么目标？定义成功的标准可以帮助情报工作人员评估情报任务的整个生命周期。

虽然情报判读基于以上这些方法步骤，但在新时代，如何提升情报需求的判读能力变得非常重要。

(1) 用户需求的挖掘成为情报工作能力提升的关键环节

情报的服务对象是决策者，情报工作应该围绕决策者的情报需求进行。但是，在实际的工作中，准确把握决策者需求是一个重大难题，许多情报工作人员对此无所适从，这在很大程度上限制了情报功能的发挥。但是，正如美国情报学家马克·洛文塔尔所指出的：情报需求并非抽象概念，它们是决策者议事日程上的内容。所有决策者都有某些必须倾注精力去关注的领域，同时也有某些他们愿意为之倾注精力的领域。对于有些领域，虽然他们兴趣很少或没有兴趣，但也需要偶尔或定期加以关注。这种含有偏爱成分的混搭对形成议事日程并提出情报需求十分重要①。从这个角度来说，决策者的情报需求是决策者关注和有兴趣关注的领域，尤其是不得不关注的问题。因此，情报工作应该以决策者关注和有兴趣关注的领域为中心。在情报工作的各个环节，情报人员应该聚焦于决策者关注和有兴趣关注的领域。也就是说，对决策者情报需求的分析转化为对决策者关注和有兴趣关注等领域的分析。

传统的情报产品驱动力一般分为两类，一类是以用户提出的需求为驱动力，这种驱动力是被动的，前提必须是有用户已经决定了情报的服务方，另一类是以情报生产者的专研领域为驱动力，这种驱动力也是被动的，就是情报生产者在没有需求的前提下，根据自己擅长的研究领域生产情报报告，并推向市场，将最终的情报产品放在市场里寻找有需求的用户，情报用户从中选择自己需要的情报产品。这个产品未必是情报用户需要的，而仅仅是因为其最接近需求。这显然不符合目前用户个性化情报服务的宗旨。在过去，因为情报机构拥有专业的数据库资源及联机检索的能力，在信息获取方面具有绝对的优势，导致在信息不对称的时代，大量用户会主动寻求情报机构的服务。

而大数据环境下，随着互联网技术的发展，完全独有的情报资源越来越稀少，情报分析也由专家主导变为专家辅助的人工智能分析，这种日趋大众化的资源和能力，使得情报产品的驱动力也发生了变化。发现情报用户的需求，通过情报服务平台的资源共享和创新服务模式，把需求转变为情报任务，生产个性化、定制化的情报产品。这种情报服务机构与用户之间的主导关系发生了完全的转换。情报产品的驱动力变为情报用户的需求意愿，用户的需求分析也变成了情报的生产要素②。在上述发展趋势中，情报用户的意愿第一次演变成情报的关键生产要素，用户需求的主动挖掘分析第一次成为情报服务的关键环节。

（2）需求判读能力更加依赖于用户需求的数据化

在互联网时代，每一个情报用户都可以被数据化。"互联网+"经济的沃土是互联网，基于互联网用户才可以表达自己的意愿，情报机构才可以通过互联网数据分析用户的个性化需求。也就是说，大数据环境下情报服务的沃土就是"互联网+情报产业"。一方面，在公开网络信息中，运用合法手段收集和存储情报用户数据，基于情报

---

① 马克·洛文塔尔．情报：从秘密到政策［M］．杜效坤，译．北京：金城出版社，2015：273.
② 茵沫．意愿经济重构消费者主权［J］．互联网周刊，2016（5）：24.

用户的数据痕迹分析用户情报需求；另一方面，用户也可以通过在情报服务平台上表达自己的情报需求，设置自己的情报偏好。大数据环境下，在情报服务过程中，用户在 PC 端与移动端的使用习惯会留下痕迹，情报用户的在线检索行为、线上购买情报产品的消费行为、情报产品的个性化推送等互联网行为已经成为情报需求挖掘的重要突破口。情报服务要产生令用户满意的结果，实际上不仅仅是一个需求的判读，其背后需要用户行为数据的支撑。大量的、高质量的用户行为数据直接影响情报推荐算法结果的精准性。因此，情报服务机构与用户的交互平台是大数据环境下获取情报用户行为数据、分辨用户情报意愿的必然产物，而情报需求的挖掘也更加依赖于用户的数据化处理。

决策活动是一项连续的长期行为，情报需求的状态具有多变性。因此，情报机构主动地跟踪并获取多变的需求状态，促进决策者的情报需求从隐性向显性演变，将数据潜在的情报价值转化为情报工作的驱动力，如图 8-13 所示。

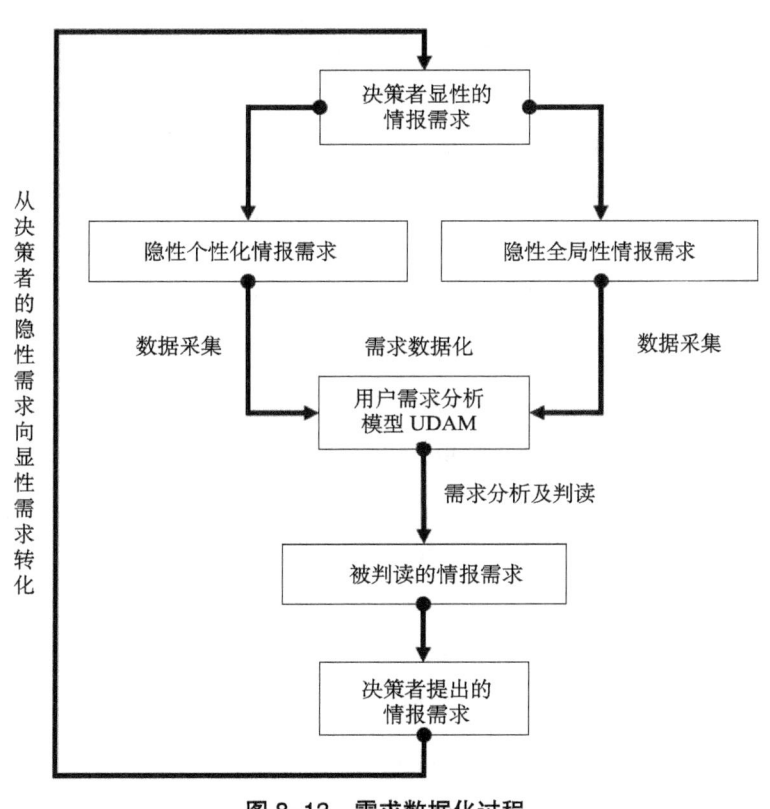

图 8-13 需求数据化过程

大数据环境下，用户的情报需求逐步向多样化、个性化和专业化方向发展。如何及时准确地把握用户真正的情报意愿和目的，更好地组织被挖掘和分析的用户数据，是实现对用户情报需求判读的基础。因此，情报服务机构在大数据环境下，不能仅仅专注于情报信息的智能采集、分析、解读等情报工作，情报服务机构还需要更多地依靠大数据分析，通过对用户情报需求的深度挖掘，认真解读用户的个性化需求，将快速、精准的情报服务有针对性地推送给用户。

（3）基于情报服务平台用户数据的需求判读

基于构建的情报服务平台，在意愿经济的思维模式下，情报服务的核心要素就是基于用户需求意愿的分析模型，该分析模型是连接服务行为过程中用户与服务方的重要因素，也是用户意愿判读的重要方法手段，是主导服务行为的重要依据。通过分析用户对情报产品及服务的需求和消费习惯，评估情报服务平台满足其用户需求的程度，以及怎样才能改进平台的产品和服务。用户对平台产品及服务的满意度直接决定着用户的品牌忠诚度，以及平台产品和服务的市场占有率，从而决定了平台的盈利水平，同时也是指导平台改进产品及服务的重要参考指标。如何识别不同企业的情报需求，并提供个性化的信息是情报服务平台需要重点研究的问题。只有对企业的背景、情报偏好、访问模式等信息进行很好的理解，情报服务平台才能提供更符合用户个性化需求的服务[①]。从企业用户的各项数据中构建用户档案提供给平台系统，即用户需求分析模型，是情报服务升级的重要环节。用户模型作为情报服务平台的基础和核心，用来表示用户在某段时间内对特定主题信息相对稳定的兴趣需求，可以反映出不同用户在相当长的一段时期内对于情报需求的主要倾向[②]，是对用户兴趣和偏好的有效描述。在本书中，情报服务平台用户需求分析模型用 UDAM（User Demand Analysis Model）来表示。

情报服务平台中的用户需求分析模型 UDAM 可以表示为一个四元组，并以这个四元组构建用户档案：

$$UDAM=\{UserInfo，SearchR，UserR，SimilarR\}$$

其中，UserInfo 代表企业用户的信息，包括企业名称、规模、地址、区域等基本信息和所处产业、生产产品或服务等背景信息；SearchR（Search Requirement）反映了用户对情报短期产品的需求，以检索偏好、KIT（Key Intelligence Topic）或 KIQ（Key Intelligence Question）的形式表示；UserR（User Requirement）描述用户的情报长期监

---

① 张硕. 中小企业竞争情报服务中的用户模型研究［D］. 大连：大连理工大学，2010：14.
② 潘建国. 基于语义的用户建模技术与应用研究［D］. 上海：上海大学，2008：7-8.

控需求[①]；SimilarR（Similar Requirement）是通过与用户基本属性相似的用户购买或检索行为所反映的情报产品需求。具体如图 8-14 所示。

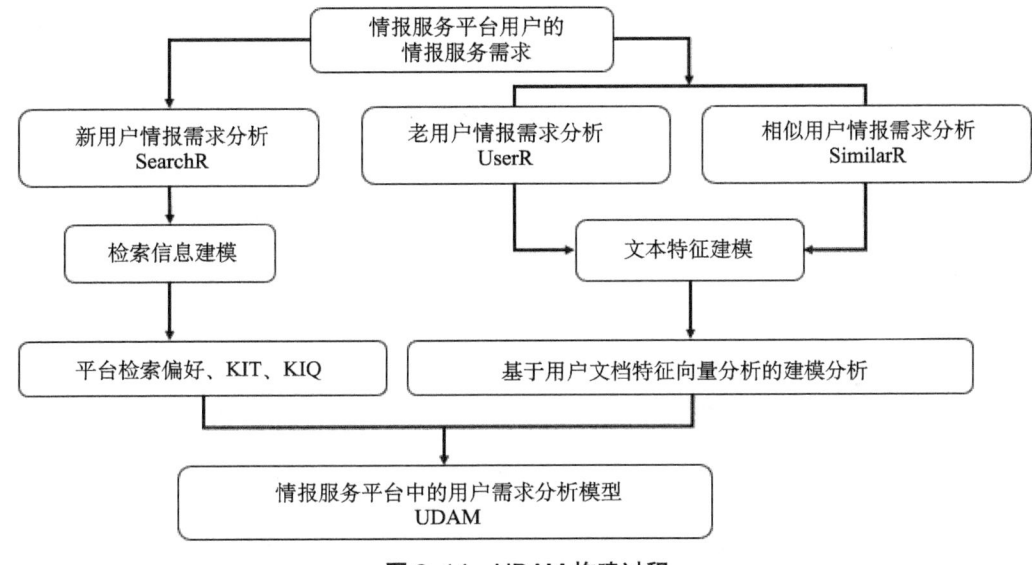

图 8-14　UDAM 构建过程

情报服务平台新用户情报需求（SearchR）可以从用户与平台客服的需求交流中获取，也可以通过用户检索关键词判读用户近期的兴趣和偏好。在对老用户的情报需求进行分析时，不仅需要通过检索行为，还要对其已经购买的情报产品进行文本分析，迅速获取已购产品所属的范畴和主要内容，深入分析老用户的情报需求，提供更加个性化的情报服务。而无论是老用户情报需求（UserR）建模，还是相似用户情报需求（SimilarR）二分网络建模，最基本的工作都是将这些相关的文本进行机器学习、自动分类、挖掘关键词汇，最终用来分析用户的个性化需求。

由于情报服务平台的多源数据大多数是非结构化的文本数据，对这些文本数据进行整理分类，需要利用特征项的挖掘，更准确地表达这些文本的要点。这种方法也是数据挖掘的关键技术之一，是一种有监督的机器学习方法，其目的就是快速、准确定位老用户的情报兴趣和偏好。

目前，基于机器学习的方法成为文本分类技术的一个研究热点。通过对训练集样本的自动学习，归纳总结出文本分类的一个模式，利用这个模式构造分类器对文本进行分

---

① 张硕. 中小企业竞争情报服务中的用户模型研究［D］. 大连：大连理工大学，2010：14.

类。这种方法不需要领域专家的参与，具有较好的可移植性。同时出现了很多基于统计学和人工智能的分类算法，如 Scott Deerwester 等[①]在 1990 年提出了文本向量化的潜在语义分析方法 LSA。Joachim[②]在 1995 年提出的支持向量机算法，取得了较好的分类效果。蒲雷[③]在 2009 年提出了情报需求分析模型 IRAM 来描述情报需求分析的基本过程或模式。王庆红等[④]在 2014 年采用统计分析方法和日志分析技术，提取用户的情报行为数据，挖掘用户的情报需求。陶秀杰等[⑤]在 2014 年通过用户需求向量与文档向量的相似度计算，达到用户需求与检索结果的精度匹配。涂海丽等[⑥]在 2015 年运用 LDA 模型对用户评论进行聚类分析，展示用户重点关注主题属性的评价向量及其情感，得出用户关于该产品/服务各主题属性特征需求满足情况。

基于现有研究的总结与分析，用户意愿发现的大致过程都是通过搜集用户浏览文本或购买过文本的数据，对这些文本进行挖掘分析。自然语言处理为用户的意愿发现提供了技术支持，最常见的就是潜在语义分析技术 (LSA)、概率潜在语义分析技术 (pLSA)、潜在狄利克雷配置模型 (LDA) 等。这些具体的算法模型并不能真正满足情报用户的意愿需求，必须根据实际情况，用户数据与情报产品数据灵活关联，以情报用户的切实意愿为导向，灵活调整算法的使用。

8.3.4 情报感知能力

（1）情报感知的不足

冷战时期，美国国家层面的情报工作知识框架折射着谢尔曼·肯特的战略情报思想[⑦]。时至今日，肯特的思想遗产依然活跃在美国情报界，影响着诸多国家情报研究的发展。

---

① DEERWESTER S, DUMAIS S T, FURNAS G W, et al. Indexing by latent semantic analysis [J]. Journal of the American society for information science, 1990, 41 (10): 391-407.
② JOACHIM T. Text categorization with support vector machines: learning with many relevant features [J]. European conference on machine learning, 1998, 10 (1): 137-142.
③ 蒲雷. 组织决策情报需求分析方法研究 [J]. 现代情报, 2009, 29 (8): 48-50.
④ 王庆红, 王平. 企业用户情报需求挖掘及资源关联可视化展示研究 [J]. 图书与情报, 2014 (3): 27-32.
⑤ 陶秀杰, 龚婷, 吴志强. 基于交互式情报用户需求深度挖掘的电网信息检索方法研究 [J]. 图书情报知识, 2014, 160 (4): 57-62.
⑥ 涂海丽, 唐晓波, 谢力. 基于在线评论的用户需求挖掘模型研究 [J]. 情报学报, 2015 (10): 88-97.
⑦ MOORE D T. Sensemarking: a structure for an intelligence revolution [M]. Washington: NDIC Press, 2011: 6-74.

第8章
情报工作发展的能力支撑

我们对日常现象的理解往往会被用于减少认知失调的日常策略所混淆。认知失调是当现实与一个人的感知产生冲突时所产生的一种压力状况。为了防止认知失调，我们的日常策略一般分为两种：选择性曝光（我们将证据限制在同意或支持我们立场的证据上）和选择性感知（我们根据先前存在的世界观来解释我们所经历的），这样做就牺牲了信息的全面性和有意识推理[1]。然而，情报专业人员不能仅仅考虑符合他们自己已有的世界观或商定的集体观点的信息。《9·11委员会报告》指出，选择性曝光和选择性感知可能导致"感知失败"，美国在"9·11"事件中的情报失败和决策失败就是很典型的案例[2]。

美国情报界的这些情报错误和决策失败的发生正是因为情报工作虽然坚持寻找更多更好的数据，但在情报分析过程中缺乏运用演绎或溯源逻辑进行寻找情报和评估数据的感知方法。这说明传统的分析大量数据以预测特定事件的模型存在问题。

一方面，肯特模型中的情报分析方法是从过去的事件和历史模式向外推理，这一过程可称为诱导。而情报仅仅凭借经验或观察得到验证，如果不加质疑，则情报人员始终忙于发现证据，会有意无意地忽视与他们所持观点矛盾的现象。在传统分析模式中，由于缺乏质疑，产生了许多惨痛的教训，如"9·11"事件等。

另一方面，缺乏使用情报感知方法去处理不可信后果的模型。一个事件在特定背景以特殊方式发生前，由于没有历史依据作为指导，人们只会认为事件或过程从没发生过。美国中央情报局1983年编写的《预测失误报告》指出，中苏关系恶化、石油输出国组织（OPEC）引发的油价上涨及伊朗1979年革命这3个例子均呈现了一个基本问题：无法感知量变，只能处理趋势连续性的问题[3]。这一时期的情报分析人员显然缺乏处理不可信后果的学说或模型。

可见，在传统的肯特模型中，情报分析人员需要提供所有可用数据，以便将它们整合到一个相关模型中。而在情报问题相关的复杂网络中，如果把事件等信息看作一个节点，那么节点可以基于多种方式被连接，帮助情报分析人员发现规律和问题。肯特模型的缺陷就是误认为模型可以将情报问题分解并会找到答案。然而，这个模型并不能完全描述情报人员所感知到的信息，其寻找答案的潜在假设可能是错误的。尤其是随着情报

---

[1] FARHAD M. True enough: learning to live in a post-fact society [M]. Hoboken: John Wiley & Sons, 2008: 74-80.
[2] EGGEN D, PINCUS W. Ex-aide recounts terror warnings: clarke says bush didn't consider Al qaeda threat a priority before 9/11 [N]. The Washington Post, 2004-03-25.
[3] WILLIS C. Armstrong, report on a study of intelligence judgments preceding significant historical failures: the hazards of single-outcome forecasting [C]. 美国中央情报局高级审查小组解密报告, 1983.

信号数量的增加，噪声水平也会增加。情报人员应该考虑哪些信号、哪些事实或哪些推论是有效的，这是一个非常重要的考虑因素。

从军事情报到非军事情报的发展过程中，情报和情报分析的范式发生了变化，主要是由于情报的目标从军事领域转移到国家发展和科技进步等非军事领域。随着社会的发展，越来越多的情报问题呈现出复杂性特点，没有历史或轮廓可被参考，不能直接套用已经建立的模型去重复。对于这类问题，更加需要进行情报感知。大数据时代，认知科学、人工智能、深度学习、人类学、决策理论、知识理论及方法和运筹学的进步使我们处于有意识的情报感知的边缘，情报研究人员需要系统、科学地探讨和研究情报感知的方法和模式。

（2）情报感知方法

情报感知是一个重叠反复的系统辨识活动[①]。第一，情报专业人员可以以用户需求作为外部驱动，也可以基于观察而自发驱动，或者两者兼而有之来界定情报问题。第二，基于情报专业人员的先验知识，参与规划或设计，初步建立系统模型。第三，情报专业人员寻找并收集所需的数据，以便了解问题、回答问题或探索新想法，通过对相关数据进行分解与重新编组，反复辨识系统模型，尝试确定其含义、判读和预测情报。这些重叠活动可以表征为：情报问题界定、制订计划与心理模型参数预估、洞悉、编组与系统反复辨识、理解、假设（预测结果）、验证与评估，如图8-15所示。

1）界定：锁定情报者情报需求

情报人员作为决策者的"耳目、尖兵、参谋"，需要把相关领域的数据信息，在有计划、有组织、有目的的加工整理之后，形成有价值的判断，及时传递给决策者，支撑和保障决策。传统情报大多都是基于决策者的显性情报需求（决策者自己提出的情报需求）；而现在的情报工作不但要满足显性情报需求，还要满足隐性情报需求（决策者没有提出来，但事实上应该具有的情报需求）和被激活的情报需求（决策者根本就没有意识到的潜在情报需求）。隐性情报需求和被激活的情报需求都需要智能技术的介入，深度挖掘出决策者情报需求的变化，动态追踪、锁定决策者的情报需求[②]。

---

① 刘如，李梦辉，李荣，等. 情报快速生产线建设中的系统辨识方法研究[J]. 情报理论与实践，2018（2）：46-51.

② 刘如，李梦辉，张惠娜，等. 意愿经济环境下用户情报需求的深度挖掘与探索[J]. 图书情报工作，2017（1）：14-24.

第 8 章
情报工作发展的能力支撑

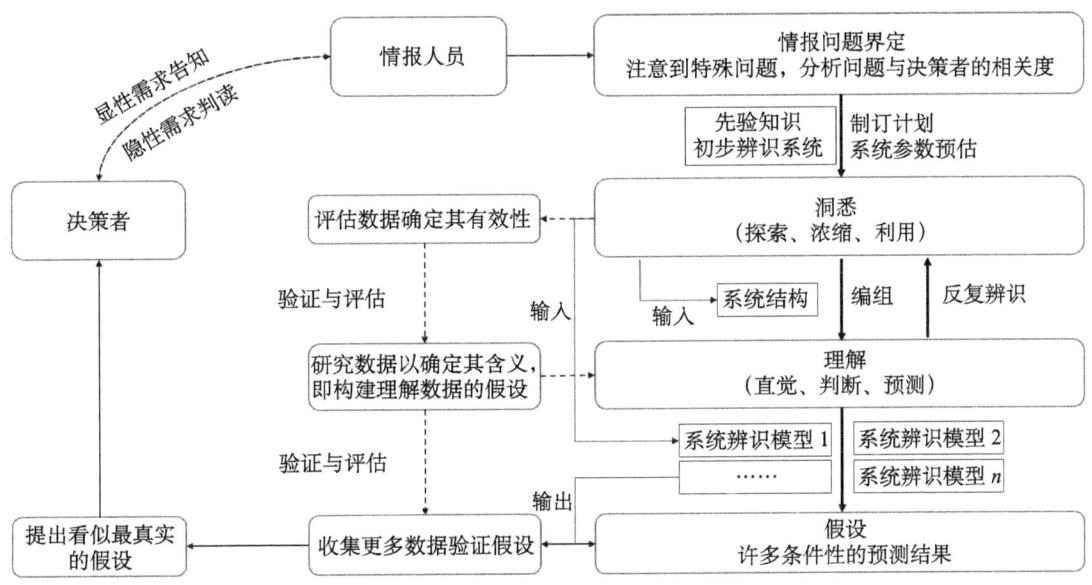

图 8-15 系统辨识思维下的情报感知流程

决策者情报需求的界定是情报工作流程的第一步，是情报任务执行之前首要解决的问题。情报人员首先会注意到特殊问题，感知到情报点，分析该问题与决策者的相关度，最终界定个性化和针对性强的情报需求。

2）计划：制定情报预估模型参数

计划是为达到某个目标而可以遵循的路线图和程序。计划一般是情报人员运用先验知识预估系统模型参数，并根据采集到的数据情况进行一些修改而得到。制订计划要求基于对将来会发生的假设去选择和组织行动方案。来自情报用户的任务及用于理解问题的资源，与所涉及的参与者混合起来促使形成对情况的感知。情报计划就是在对情况产生感知的情况下进行的，这决定了对情报问题的理解。

3）洞悉：采集与利用数据

对于情报专业人员来说，洞悉描述了获取注意和感知过程所需原始数据的方法，也描述了情报人员寻找信息从而满足需求的过程。洞悉工作首先要了解情报感知者想要知晓的内容、可获取的信息资源及问题的紧迫性。对于洞悉操作者来说，涉及"3 种过程之间的权衡"：探索、浓缩和利用[①]。

探索是一项广泛的活动，感知者广泛地查看可能与该问题相关或可能不相关的各种

---

① MOORED T. Sensemarking-a structure for an intelligence revolution [M]. Washington：NDIC Press，2011：6-74.

信息。对传统的情报来说，探索就像侦察一样。探索数量取决于具体情况。探索行为时常会有一个截止的时间线，就是当拥有更多的信息并不会提高准确性的时候。浓缩是一种深度活动，感知者在这里确定感兴趣的领域并将注意力集中在这些领域中。利用是专业人员通过彻底检查已经发现和提取到的所需信息，并对这些信息进行开发利用。

4）编组：分析数据并反复辨识系统模型

编组是情报感知过程中非常重要的一个环节，针对情报问题的各种证据材料被分解，与其他证据材料一起被进行重新编组，其含义通过分析、合成、解读被最终确定下来，这是运用系统辨识模型进行反复确认的一个重要过程。情报问题本身需要进行分析审查，不同的洞悉规则代表了不同的观点，对一个特定情报源需要进行不同视角的情报感知。编组是基于理论或系统组合形成的观点。情报专业人员分析碎片化的信息，将其合成为针对更大问题的心理图像，构建系统辨识模型。即便感知者具有特定洞悉成果或在特定框架中工作，也会下意识地进行信息编组。这种编组会推动进一步的洞悉和分析，也会提升系统辨识模型的准确度。

5）理解：情报刻画

情报理解分为3个层次：直觉、判断和预测[①]，是基于情报问题逐渐形成系统辨识模型的过程。这里的系统模型可以是心理模型，也可以是具体存在的一个现实模型，其作用就是通过输入输出数据帮助我们理解信息。

直觉有时候也被称为基于个人意识（感知）的自动思维。基于直觉的准确性判断问题经常出现在诸如击球手的击球判断等非常快速的事件中。人们在从事复杂任务时，有意识思维和无意识思维的心理资源是有限的。在较短的时限内，人们使用基于经验的直觉模式或心智模型（Intuitive Patterns or Mental Models），这些模式或模型指导情境的感知方式及回应决断。无论决策相关人员能否做出有用和准确的预测，直觉肯定会成为情报过程的一部分。

判断是观察者对事物的想法、评价或结论。判断可以分为：基于技能的直觉判断和基于启发式的直觉判断。基于技能的直觉判断常常发生在重复促进学习的体育运动中。一个特定的举动会成为一种习惯、反射或我们常说的"自动"。熟练的直觉通常只在规律性强的环境中发展，这为情境判断提供了有效线索，如老司机路边停车。基于启发式的直觉判断依赖"经验法则"（Rules of Thumb）来感知情境。基于特定案例进行类型符

---

① MOORED T. Sensemarking-a structure for an intelligence revolution [M]. Washington：NDIC Press，2011：6-74.

合判断，决策者可以立即知道应用什么原则或采取行动。在情报感知方面，成功的判断源于专家在评估情报问题时的隐性知识。然而，在日常的情报判断中经常会出现两个方面的缺陷：锚定偏差和属性替换。锚定偏差是由初始问题的框架而产生的判断偏差；属性替换是用一个更容易的问题替换一个难题而产生的偏差。

预测是对未来的感知。当人们开始尝试感知未来时，会将过去的事件或决定在空间和时间上顺延推向对当前的影响。在对预测做结论时，人们已经向前确定了推理的路径，向后确定了驱动因素，并将它们置于过去、现在和未来3个时空维度。将不同时空维度上的因子以概念的形式绘制出来，可以得到展示事理逻辑关系的概念地图。这种图谱的创建在情报推理和知识获取方面非常有用，有助于情报人员进行明确的讨论，并有助于知识的获取和保存。基于预测的事理图谱通过明确表达知识内容及信息的关联和作用来帮助情报人员提升情报感知能力。

6）假设：预测结果

情报人员通常通过宏观认知整体的方法为决策者"画一幅画"，情报感知的形成动机是汇总和阐明决策者可识别的基于事实的"愿景"。这种情报产品最终并不是要一个具体的预测结果，相反，它允许使用一系列替代性的预测假设来告诉决策者哪些现象可能是感兴趣事件发生的前兆，这些替代性假设便是基于多种情景所构建的系统辨识模型输出的不同情景下的预测结果。

感知中的预测类似于我们常说的态势感知，这是一种对危机发生的预测分析。当前情报工作的目标不仅仅局限在取得竞争优势，更大的挑战是要确定可能发生事件的迹象及发现遗漏的信息。情报机构不仅是能够提供已发生事件描述性细节的组织，更应成为能够描述可能发生事件的具有预测能力的组织。

7）验证

在感知活动的每个阶段，情报人员批判性地评估工作的过程和结果，尝试验证参与方式和参与结果。验证是情报感知的基础性工作，也是情报感知过程中的重要方法。常见的待验证问题是：是否遵循了步骤以避免感知错误和认知陷阱？该过程是否记录在案？是否有充分的探索方法？美国情报界有一种叫作"A队－B队"的验证方法，但这种方法只用于特定问题，并没有被普遍使用[1]。

反驳也是验证的一个有效手段，可以将波普尔式反驳主义用于情报过程，对收集的数据进行系统整理，利用现有证据尽可能多地反驳现有的假设，以消除假设。该方法通

---

[1] DAVID B. New CIA estimate finds soviets seek superiority in arms [N]. New York Times, 1976-12-26 (14).

过产生替代解释或预测引发对问题和相关证据的详细考察。只有经受住了反驳的考验，情报证据才真正成立。这种方法常被直译为"竞争性假设分析"，而按照中文的习惯应该被称作"排查分析"。

8）评估严谨性

情报感知中的严谨性是指严格遵循过程（流程）或是指"高度动态环境"下的灵活性和适应性。"在感知某主题的过程中是否进行了充分的考虑或采取了预防措施？"为了回答这个问题，Zelik 等[①]开发了一个关于充分性的八元素（假设探索、信息搜索、信息验证、立场分析、敏感性分析、专家协作、信息综合、解释批判）分类法提出进行严谨的三项式测量：每个元素都根据高、中、低的界定度进行校准。在对信息产品的检查中，可以计算总体分数，如此，可以向管理层和消费者传达表征情报产品的严谨性。

（3）智能的情报感知

1）"以人为中心"的人机交互是情报感知的核心

在智能情报平台的建设中，以系统辨识理念作为指导，以智能信息处理技术为手段，利用情报生产线的组织模式和服务平台，可以使系统辨识应用于情报工作中。在此过程中会涉及许多关键问题，如情报感知的方法、人机交互的模式、分析模型的集成等[②]。可见，情报工作中的系统辨识，不是一个单纯的智能机器系统，而是人机结合的智能系统。这与钱学森"人机结合、人网结合、以人为主"的综合集成研讨厅思想非常契合，综合集成研讨厅思想也是指导系统辨识实践实现方法探索的重要指导思想。因而系统辨识是一个非常有前瞻性的理念，人机交互模式也成为大数据环境下工作方式的必然选择。

信息技术的广泛应用改变了传统的情报工作模式，对情报感知的研究也由单一的人类感知扩展到人类感知、机器感知和人机交互感知并存的智能感知。人机交互感知是探索人类和机器之间信息传输与识别规律的多学科交叉研究领域。美国弗吉尼亚大学卡罗尔（Carroll）教授认为"人机交互是通过理解人类心理行为方式，运用技术建立起与人类直接沟通、对话的技术平台"，强调注重视听感知、记忆、理解、行为、需求等人为因素在人机交互中的影响。卡罗尔指出，在设计中应奉行"以用户为中心"的原则，采

---

① ZELIK D J, PATTERSON E S, WOODS D D. Measuring attributes of rigor in information analysis[M]. Aldershot：Ashgate，2010：65.

② 刘如，李梦辉，李荣，等.情报快速生产线建设中的系统辨识方法研究[J].情报理论与实践，2018（2）：46-51.

用符合人类认知过程的"基于场景的设计"方法,运用分布式认知理论建立多通道协同工作的人机交互模型[①]。Johnson[②]将认知学和感知学纳入用户界面设计,充分考虑人类感知、学习、推理、记忆对用户行为的影响。我国在人机交互的情报感知应用探索中也开展了这方面的研究,杜元清研究员基于地平线扫描方法进行的情报感知工作就很具有代表性,杜元清提出地平线扫描就是利用人类注意力或机器感知系统,针对特定领域、技术等,按一定流程全谱、系统地感知获取、存储分析和处理信息,描绘出这些领域、技术的实际样貌[③]。

因此,情报感知应该遵循系统辨识理念要求,以"人机结合、人网结合、以人为主"的综合集成研讨厅思想为基础,追求机器感知对情报感知的赋能实现。

2)情报感知所采用的技术方法

传统的情报研究定性分析方法一般都是建立在描述基础上的逻辑分析和推断,通常要依赖人们的经验和主观判断,如心智模式分析法、情景分析法、征兆分析法、归纳法、演绎法、比较法、综合法、反证法、证伪分析法、直觉法、德尔菲法、头脑风暴法等,这些方法均可用于情报感知。

机器感知是人工智能技术体系的重要组成部分,是机器获取数据的关键。语音识别、图像/图频识别、传感器是当前实现机器感知的主要技术。以色列最近成功研制出名为"五月"的新型声音感知情报系统,支持城市安全监测与危险因素识别与定位。日本NEC公司于2017年研制出能鉴别真假人脸的AI技术[④]。同年,德国凯撒斯劳滕的人工智能研究中心开始研发辨别图片真伪的图像识别技术[⑤],努力提升图像识别的精准度。基于统计学习的机器感知缺乏自适应能力,严重依赖预编程和训练样本,这与人类感知的主动性和灵活性要求相差甚远。为此,美国国防部高级研究计划局(DARPA)于2017年启动了"终身学习机器"项目(Lifelong Learning Machines,L2M),试图将生物学习机制应用于计算机机器学习系统,希望机器通过持续学习能够自主适应新情景,像

---

① 孙静. 卡罗尔人机交互理论的认知方法论[D]. 太原:山西大学,2012:3-8.
② JOHNSON J. Designing with the mind in mind:simple guide to understanding user interface design rules[M]. Boston:Morgan Kaufmann Publishers,2010:52.
③ 张力治. 情报学进展(第十二卷)[M]. 北京:国防工业出版社,2018:156.
④ 日本NEC人工智慧称可准确分辨真假人脸[EB/OL].[2017-07-07]. http://www.cna.com.tw/news/ait/201707075007-1.Aspx.
⑤ 德国科学家开发虚假图片识别软件[EB/OL].[2017-05-06]. http://www.most.gov.cn/gnwkjdt/201705/t20170516_132785.htm.

人类一样可以凭借经验进行推理判断①。由此可以预见，未来的机器感知技术将会在深度、广度及自主性上进一步加强，逐渐接近并超越人类感知能力。

  人机交互感知技术是未来人工智能研究的重点内容，也是智能情报感知发展的必然趋势。这类技术以自主学习、场景感知、直觉推理、机器理解、类脑智能计算、量子智能计算等新一代智能技术为突破口，融合生物医学、神经科学、心理学、行为科学、语言学、运筹学、预测科学、思维科学、认知科学、数学等众多学科的方法，实现人机智能交互、人机行为协同。语音交互、视觉交互、肌肉感应交互、穿戴交互、情感交互、脑机交互是当前智能化人机交互的主要方式。目前，DARPA正尝试采用"下一代非侵入性神经技术"（Next-Generation Nonsurgical Neurotechnology，N3）开发脑电波发送、接收信息系统，通过脑电波将人与武器相连，充分发挥计算机的计算速度与数据处理能力优势，运用人类适应复杂情况的能力，实现人机协同、人机合一。该项目现已完成微入侵式脑-机接口研究，实现一人同时控制多架无人机②③。无独有偶，日本京都大学研发的可"阅读思维"（Mind-Reading）AI技术④、俄罗斯下诺夫哥罗德国立大学正在研发的自适应性神经接口技术等皆试图通过以脑电波为媒介建立人类与机器之间的桥梁。此外，DARPA于2018年3月公布的"罗盘"项目（Collection and Monitoring via Planning for Active Situational Scenarios，CPOMPASS）综合运用人工智能、博弈论和建模、仿真等技术，对灰色地带环境进行场景监测与态势分析，评估敌方的行动意图，协助战地人员制定作战决策⑤。我国也将深度发展人工智能作为国家战略重要组成部分，发展改革委于2017年正式批准成立类脑智能技术及应用国家工程实验室，为开展类脑认知与神经计算、类脑多模态感知与信息处理、类脑芯片与系统、量子人工智能、智能机器人等

---

① 钱宁，等. 美国DARPA人工智能研究综述［EB/OL］.［2018-07-11］.http://www.sohu.com/a/240513443_465915.

② Pentagon working to develop technology that would let troops control machines with their MINDS［EB/OL］.［2018-07-17］.https://www.dailymail.co.uk/sciencetech/article-5963803/Pentagon-working-develop-technology-let-troops-control-machines-MINDS.html.

③ DARPA's new research in brain-computer interfaces is allowing a pilot to control multiple simulated aircraft at once.［EB/OL］.［2018-09-07］.https://www.nextgov.com/emerging-tech/2018/09/its-now-possible-telepathically-communicate-drone-swarm/151083/.

④ This AI has started to read people's minds and the results are pretty scary［EB/OL］.［2018-01-10］. https://www.ibtimes.co.uk/this-ai-has-started-read-peoples-minds-results-are-pretty-scary-1654501.

⑤ Making gray-zone activity more black and white［EB/OL］.［2018-03-14］.https://www.darpa.mil/news-events/2018-03-14.

技术的研发与工程化提供有力支撑[①]。

随着情报感知方法、机器感知技术、人机交互技术的逐渐成熟，机器思维与感知预测将更加紧密地关联，情报人员的感知能力将得到加强，情报工作效率将会大幅提升，情报分析的精准性亦将得到保障。

3) 人机交互的情报感知模式实现

第四范式下的情报感知是一个基于系统辨识理念、以人为本、以需求为主导、以数据为驱动的认知、解读和表达过程。情报感知是人类感知与机器感知的结合，实施机器感知模式不可能只依靠一个所谓智能的机器系统来感知情报，人类会介入机器感知的全程，将个人的缄默知识和情报敏感度无缝融入其中，这是人机交互的情报感知模式的一大特点，如图 8-16 所示。

在数据准备阶段，情报机构通过对自身建立的特色数据库、动态采集的网页数据及一些其他数据的组织和管理，建立情报机构内部的智能情报检索系统，方便情报人员在接到情报任务或感知到情报问题时进行情报意义构建。一旦情报人员界定了情报问题，情报人员就要预估系统模型参数，在机器意义构建系统（地平线扫描系统、场景感知系统、仿真模拟系统等）的辅助下，以探索、归纳、推理等人类的意义构建手段，理解数据、辨识系统，形成心智模型或机器模型，其后情报人员对数据进行编组，不断优化算法，反复验证评估系统模型，选择合适的机器感知系统（社会网络分析系统、事理图谱分析系统、深度神经网络分析系统、知识计量分析系统等）去解释数据和挖掘情报价值，最终依靠人类的情报分析方法（SWOT 分析法、波特五力分析法、情景分析法、德尔菲法等）判读情报，提出情报假设，实现决策情报支撑。

人机交互的情报感知，其核心就是情报人员在面对"海量、嘈杂和不确定"的数据时，基于系统辨识理念，综合运用人类感知能力和机器感知技术，构建起系统辨识模型，准确、理性、快速地识别和解释模糊数据之间的关系，完成判读情报的任务。传统情报研究方法在情报感知方面的不足，促进了运用系统科学探讨情报感知方法和模式的进程。第四范式下的情报感知是一个基于系统辨识理念、以人为本、以需求为导向、数据驱动的认知、解读和表达过程。从更宽泛的角度来看，情报感知是人类感知与机器感知的结合，反映了人类、机器、现实社会与数据映射相互作用的过程。在具体的工作实践中，情报感知是一个需要长期动态执行的工作任务，正如杜元清提出的"好情报，靠

---

① 类脑智能技术及应用国家工程实验室. "类脑智能技术及应用国家工程实验室"成立大会举行 [EB/OL]. [2017-05-13]. https://zsb.ustc.edu.cn/2017/0524/c12990a185735/page.htm.

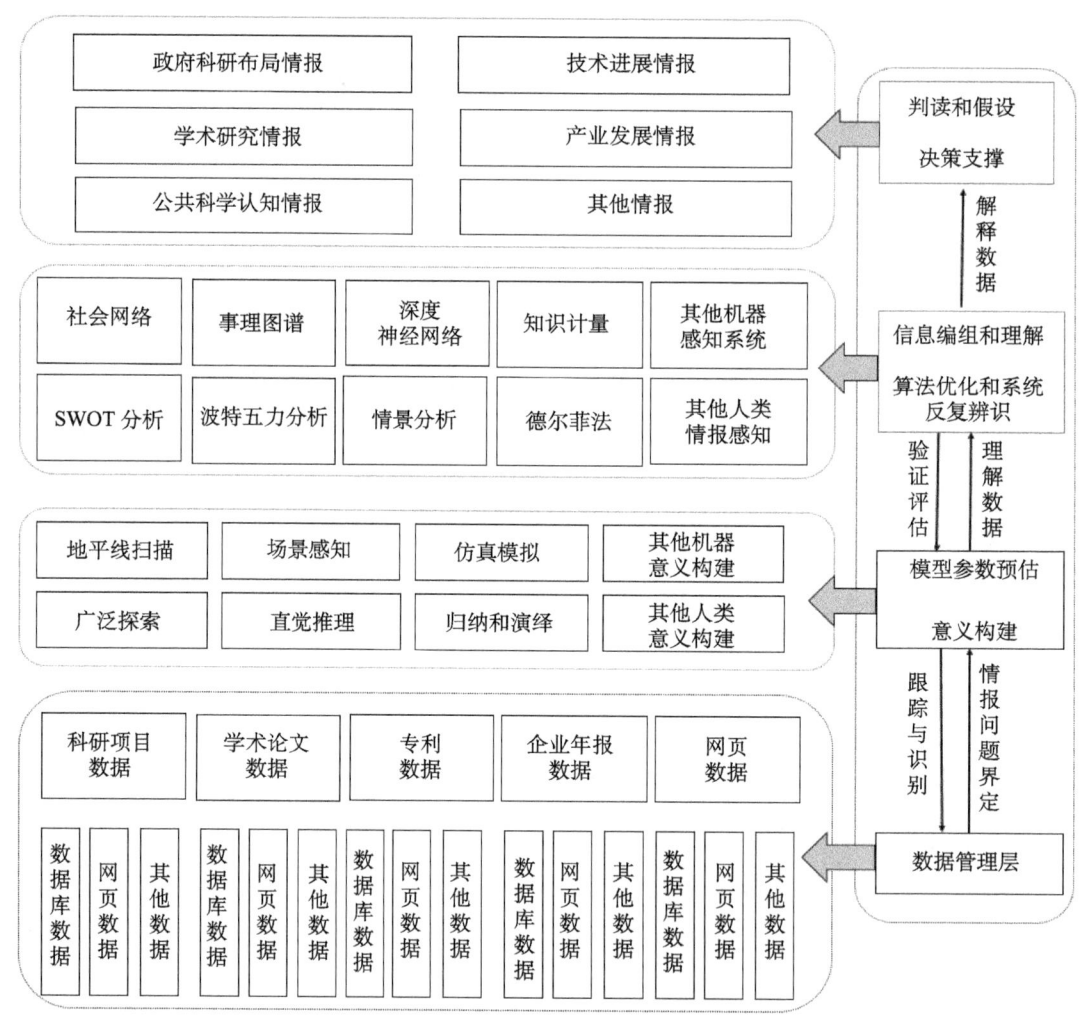

图 8-16 人机交互的情报感知框架示意图

惦记"、王延飞提出的"醒得早,看得远"一样,情报人员要履行好情报"耳目、尖兵、参谋"的职责,发挥情报敏感特质,从开源海量的数据中,判读识别情报需求、情报对象、目标类型及情报工作任务。目前的人类感知能力无法胜任对海量数据的处理,难以快速有效解决数据中所隐藏的人类不可感知的信息问题,不同情报人员面对相同的情报需求,也会出现定性分析结果不一致的情况,加之人类感知还存在分析速度慢、非理性判断推理的局限,而人机交互情报感知模式的实施能够弥补人脑在大数据环境中感知情报的局限,为情报分析提速,运用更深更广的视角使情报感知更加理性,帮助情报工作实现精准赋能。

8.3.5 情报价值提炼能力

（1）可视化是提炼情报价值的重要辅助手段

作为情报认知能力的一种重要外部辅助手段，情报信息的可视化不但可以辅助情报人员判读情报，最重要的是可以帮助决策者理解情报信息，提炼出情报价值。尽管"情报"概念尚未形成统一，但对其功能的认识是具有一定共识的，如有学者将"情报"视为信息、知识形态的社会竞争手段，一部分信息与一部分知识构成了情报的全部，而不是情报等于信息性知识或知识性信息。情报是作为重要的社会竞争手段而被利用的[①]。

由上述内容可知，情报工作的任务在于采用各种常规和非常规的手段，搜集竞争对手方面与竞争活动密切相关的新信息和新知识——情报信息，并将它整理加工，以可视化的形式及时传递给己方情报需求者，最终服务于决策。

而作为提炼情报价值的重要辅助手段，可视化具有两方面的重要作用，即辅助决策支持与辅助决策参考。

1）辅助决策支持

辅助决策支持是指针对明确的决策问题，将海量数据经过处理，以可视化方案辅助决策者解读情报信息，为决策者提供可靠的决策依据。

2）辅助决策参考

辅助决策参考是指在没有明确的决策需求下，围绕决策者关心的问题和领域，及时地跟踪、报道相关情况，并以可视化形式适时地报送给相关决策者，以帮助决策者解读情报，提醒并引起决策者的关注。在这个过程中，首先是收集相关信息，判别信息的真伪；然后遴选有价值的信息，对其进行分析汇总，最后以可视化形式报送给相关决策者，以供参考。

完成情报产品，实现辅助决策支持与辅助决策参考的目的是否可以不使用可视化方案，而仅仅使用文字表述呢？回答这个问题之前，首先要了解，人类的注意力一般只能维持 8 秒（美国生物信息研究中心的研究结论）。通过大脑的视觉系统，人类可以迅速识别、存储、回忆起图形信息，本能地将图形信息中的理念转化为长期记忆。时至今日，将大数据时代海量的数据进行可视化，不但可以提高阅读效率，也符合人类的生理本能。

而就可视化而言，其核心优势主要有 4 点：大数据变成小数据、视觉吸引力强、易

---

① 王知津，栗莉."信息、知识、情报——再认识"[J].情报科学，2001（7）：673-676.

于理解、容易记住。因此，在情报形成过程中，为达到决策支持与决策参考的目的，可视化起到关键的凝练情报价值的作用。

大数据时代，海量的数据对情报分析造成了极大的困难，人们很难识别判读有效的情报信息。海量数据不断更新，加大了理解信息的难度。新旧信息不断交替、混杂、共生。数据的数量问题可以由软件开发的工具来帮助解决，但是它的复杂性却需要额外被考虑进去，可以通过可视化的呈现来使其重要性得到明晰。可视化发展的 20 年历程中，可视化已经渗透到情报学的各个领域。实现对信息的理解是情报学研究的终极目的，而可视化这种方法具有"一图胜千言"的强大理解力。可视化在情报分析中的概念可以定义为："利用计算机技术手段，依托情报分析系统，对情报各类信息资源进行实时采集、挖掘，并将信息本身或信息隐藏内涵以直观易懂的视觉形式进行表达和阐述，达到避免信息损耗、提高情报判读效率、辅助科学决策的目的，最终实现智能情报分析模式的革新。"[①]

情报信息的可视化主要采用视觉形式对多维数据和信息进行选择、变形、替代等处理，将海量数据转换为人工可判读的视觉形式，为情报判读人员和决策者有效揭示不同数据、信息之间的关联及事件的动向，帮助分析者针对当前的形势进行判断。合理的情报可视化方案可以有效地提高情报人员对数据的理解力，同样也可以提升情报价值，帮助决策者理解情报信息。

（2）情报信息可视化的基本原则

可视化的方法手段在情报工作中是否发挥有效的功能，成为帮助情报分析人员或决策者理解情报信息的有效途径？科学合理的可视化方案应该是什么样子呢？基于这些问题的思考，借鉴认知负荷理论[②]，我们基于情报"及时、准确、高效、可判读"的宗旨提出了以下指导情报信息可视化的原则（表 8-2），即科学性原则、理解原则、清晰性原则、有效性原则和真实性原则。

1）科学性原则

科学性原则是指可视化方案必须在科学理论的指导下，遵循科学逻辑的关系，运用科学思维方法来进行设计。所展示的可视化图表需要准确、真实地反映科学知识和科学

---

① 刘如. 大数据时代情报可视化应用研究［M］. 北京：兵器工业出版社，2015：35.
② 认知负荷（Cognitive Load）是指人在信息加工的过程中所必需的心理资源的总量。认知负荷理论是澳大利亚心理学家 John Swelter 于 20 世纪 80 年代末 90 年代初提出来的，其理论基础主要是资源有限理论和图式理论。

表 8-2 情报信息可视化的五大原则

原则	解释	界定
科学性	准确反映科学知识的能力	图形能够准确、真实地反映科学知识吗？
理解	正确察觉变量之间关系的能力	图形能够最大化对变量之间的关系进行理解吗？
清晰性	目视识别图形中所有元素的能力	最重要的元素或关系在视觉上最突出吗？
有效性	用尽可能简单的方法描绘复杂关系的能力及对图形和图形元素的需要	图形容易解释吗？与其他替代方法（表、文本）相比，图形是提供数据的更有用的形式吗？为表示关系，所有的图形元素都是必要的吗？
真实性	通过图形元素相对于显式或隐式尺度的大小，确定图形元素所代表的真实值的能力	图形元素可以准确地定位和定标吗？

逻辑；在内容上要论证充分、分析恰当；在预测结论上要科学、及时、准确。

2）理解原则

理解原则是指可视化图表可以正确地察觉变量之间关系的能力。这个原则主要是针对可视化技术方法而言的，在应用可视化技术去挖掘目标数据的时候，要将数据所能表现出来的显性和隐形元素准确地表达在可视化图表中。只有真正地理解了这些数据所隐藏的情报信息，才能为后来的情报判读打下坚实的基础。

3）清晰性原则

清晰性原则是指在可视化图表中，可以清晰地判读出有价值的情报元素。可视化方法本身就是为了方便情报分析人员和决策者理解信息，发现情报的途径。因此，可视化图表中重要元素的清晰度就是可视化方案设计的重点，要让情报判读者迅速地抓住信息重点，及时做出决策。

4）有效性原则

有效性原则是指用尽可能简单的方法描绘复杂关系的能力及对图形和图形元素的需要。与其他替代方法（表、文本）相比，图形是提供数据的更有用的形式吗？为表示关系，所有的图形元素都是必要的吗？可视化方案在表述数据时，使用烦琐复杂的图表未必容易让观图者理解数据所蕴含的情报信息，这些图表所展现的信息元素是否有效便成为设计可视化方案的重要原则之一。

5）真实性原则

真实性原则是指通过图形元素相对于显式或隐式尺度的大小，确定图形元素所代表的真实值的能力。可视化图表必须准确无误地表述数据，精准地定位和定标，可以最真实地还原数据信息，从而保证情报决策的准确性。

在这五大原则的指导下，当进行情报信息可视化方案设计时，要结合具体情报信息内容的分析，视觉表征必须和其他表征进行合理的调配、组合，整合成为方便判读的情报视图。

（3）情报工作中的价值提炼能力

在整个情报工作的过程中，可视化以3种不同的分析和探索路径凝练情报价值（图8-17）。

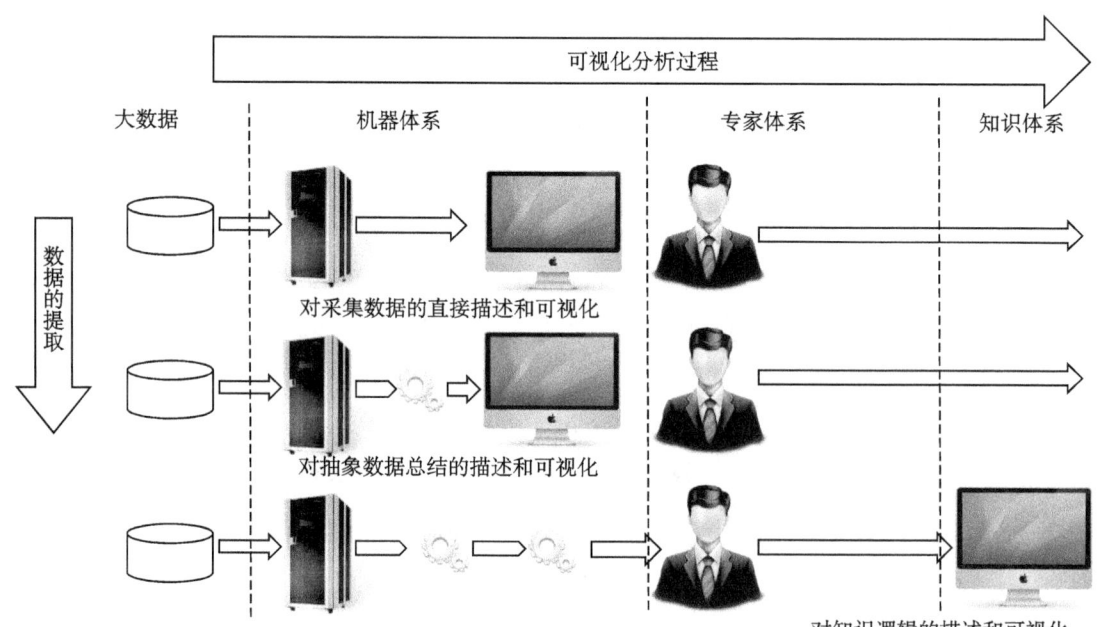

图8-17　凝练情报价值的3种可视化分析路径

1）对采集数据的直接描述和可视化

这种可视化方法是机器体系通过对数据的直接表述，根据数据的特点及信息需求将数据可视化，并提供给专家体系，最终在知识体系的支撑下完成情报的形成。

2）对抽象数据总结的描述和可视化

这种可视化方法是机器体系通过对数据进行聚类、分类或关联分析等，对比较抽象的数据进行挖掘分析，并可视化展示给专家体系，最终在知识体系的支撑下完成情报的形成。

3）对知识逻辑的描述和可视化

这种可视化方法主要是侧重于将专家知识进行可视化展示，即专家在判读完机器体系推送的信息后，根据自有的知识对信息判读，并将这种知识逻辑可视化展示。

在每一种可视化分析的途径中，专家通过解释数据、比较数据、挖掘数据、分析数据等手段，以自身的缄默知识为支撑，凝练情报价值。

(4) 情报服务中的价值提炼能力

1）基于可视化技术的主动性情报检索服务

基于情报服务平台，用户对情报的获取是现代情报学致力于解决的主要问题之一。信息获取不仅包括获取自己不曾拥有的信息，也包括对自己虽然拥有，但由于阅读、认知或理解的障碍无法"获取"的信息。信息可视化则是帮助人们克服阅读、认知或理解障碍的重要手段，因而它也成为信息获取的重要方式。

信息检索系统在功能上应该给用户提供更大的方便，使用户能够用最直观的方式获得需求信息。随着文献规模的急剧增长和检索功能的增强，这一点显得尤为重要，因此把可视化技术引入到信息检索系统已经开始受到关注。

用户使用传统信息检索系统，通过关键词检索获得的往往是一个大文档集，检索结果是线性的、一维的，一般是通过列表的方式向用户提供按照相关度大小排列的基本信息，这种线性排列的大文档集只能分屏显示，用户根据所提供的列表信息逐篇查看，需要花费很多时间，而且很难从总体上了解结果数据之间的关系，影响了检索结果的利用效率。传统检索系统按其各自的相似匹配算法对文档与检索提问的匹配度进行判断，并计算出文档之间的相关度。列表基本上是按照相关度进行排列，但因各个搜索引擎的排序是根据自己的关键词权重计算，与用户的理解存在差异，有时真正符合用户需要的文档可能出现在检索结果列表的后面而被用户忽略，从而漏掉重要的信息。

可视化技术不仅在揭示信息资源的广度与深度上有很大的优势，而且它能够将隐藏在信息资源内部的、复杂的、抽象的语义以直观的图形方式呈现给用户，能够使用户以最直观的方式获得需求信息。

情报检索是指将信息资源、用户提问、信息检索模型、检索过程及检索结果中各种不可见的内容语义关系转换成图形，并显示在一个二维、三维或多维的可视化空间中，帮助用户理解检索结果、把握检索方向，以提高信息检索的效率与性能，全称是"情报存储于检索"或"信息存储于检索",还可简称为"信息检索"。数据信息的提取可以通过网络,借助以情报为主题的专题化元搜索引擎完成信息的采集任务。元搜索引擎技术主要包括页面采集技术、索引技术和文档排序技术等方面。页面采集技术主要是通过智能处理的方法配合相应的宽度优先和深度优先等遍历算法,将符合情报主题的 Web 页面采集下来,形成情报的数据文档集合。信息索引技术主要是针对情报的数据文档集合进行基于字、词、短语等的项目索引和基于全文、标题、超链接和混合等的内容索引[1]。网络提取的文本信息可能是一个包含多种格式的文档集合,需要通过文档格式转化程序将其转换成统一的纯文本格式。然后对统一的纯文本格式进行分析处理,以获得情报的文档摘要和文档结构等信息[2][3]。

不同于大众化的百度、谷歌等检索平台,情报的检索平台需要在个性化、专业化、互动性、多样化、知识化等方面进行设计。可视化数据的智能搜索通常分为 3 个步骤:先纵览全局,再细化与筛选数据,最后找到所需信息,这也是信息搜索的秘诀。首先,用户需要了解数据的整体情况,并确定一个或多个感兴趣的检索模式。然后,深入挖掘数据,找到所需数据的详细信息。可视化技术可以用在数据智能搜索的所有 3 个步骤中:

其一是提问式构造的可视化。提问式构造的可视化,是通过检索接口或检索界面,对检索词及其逻辑组配关系进行某种直观的、可视化的显示和表达,辅助用户更轻松、准确地构造出符合系统语法要求的提问式,从而减少检索交互过程中用户的认知负担。从检索界面的交互风格上来说,提问式的构造和表达有命令语言(Command Language)、菜单选择(Menu Selection)、表格填充(Form Filling)、直接操作(Direct Manipulation)、自然语言(Natural Language)等不同方式。当前的可视化研究主要关注直接操纵方式下布尔逻辑提问式构造问题。提问式构造的可视化技术有助于展示数据的整体面貌,帮助用户确定感兴趣的检索内容。在这一过程中,当细化某个数据时,保持整体视觉化十分重要。

其二是检索过程可视化。对可视化的数据整体进行变形,以便将焦点集中在用户感兴趣的内容上。

---

[1] 吕冬煜,党齐民. 基于文本挖掘的可视化竞争情报提取[J]. 计算机应用与软件,2005(2):50-51,135.
[2] 胡凤,张玉峰. 企业竞争情报智能采集研究[J]. 情报杂志,2008(1):52-54.
[3] 杨建林,孙明军. 竞争情报收集的自动化[J]. 情报杂志,2005(1):40-43.

其三是检索结果可视化。如果用户想进一步挖掘感兴趣的内容且得到数据的详细信息,则需要有深入挖掘的能力。目前,检索结果可视化研究主要建立在检索结果集合的分析处理基础上,围绕"显示什么"和"如何显示"2个方面进行试验和探讨。情报检索可视化的设计目标是,对于用户的检索数据或给定的一批数据,经过数据处理分析后,用多种可视化形式显示,并可以利用数据挖掘和可视化技术将检索结果内部的隐含数据关系进行分析处理,在可视化空间中显示出来。

值得注意的是,可视化技术不仅为这3个步骤提供了基础的可视化技术,而且还是连接这3个步骤的桥梁。信息检索所面临的是海量的大规模的网络HTML文件、多媒体文件等,面向网络海量信息可视化技术主要包括:基于分类的可视化技术、网状结构的可视化技术、层次结构的可视化技术等。双曲线浏览技术是其中的重要技术。

面向网络的特殊类型信息可视化技术包括:文献信息可视化技术、网页超链接可视化技术、网站拓扑结构可视化技术、日志信息可视化技术等。可视化技术在信息检索中的应用已经比较广泛,有很多系统中都应用了可视化技术,如微软学术搜索、Touch Graph系统、IBM的CoBrowse等。通过对搜索引擎的可视化案例研究,显然微软学术搜索在可视化检索方面优势比较突出。在设计情报检索可视化模块时,可以参照微软学术搜索的案例,对提问式检索、检索过程和检索结果进行可视化设计。

2)基于可视化技术的被动性情报检索服务

传统的信息组织方法中都不同程度地运用了可视化的一些理论与方法,如分类组织法、主题组织法等。像书目目录、文件树和网页中的超链接等就是典型的可视化信息组织。由信息组织发展而来的被动性情报发现可视化展示模块已经成为目前解决"信息爆炸"和"信息迷航"等问题的重要手段。被动性情报发现可视化展示不同于情报信息的主动检索,它是以端口的情报主题地图的形式直接展现给用户,之所以称之为"被动性",是因为该可视化的浏览界面在以浏览器主页的形式打开,日常浏览,以兴趣情报主题可视化的形式展示,突出情报最新动态,从而达到预警的即时效果。

可视化方案的设计可以参照Newsmap(http://newsmap.jp)主页的展示案例,如图8-18所示。在界面中可以通过日常感兴趣的情报领域,设置国家参数、领域参数、时间参数,从而达到日常浏览监测的效果,其中不同的颜色区域代表不同的情报兴趣领域,从而可以同时对多个领域点进行跟踪监测。

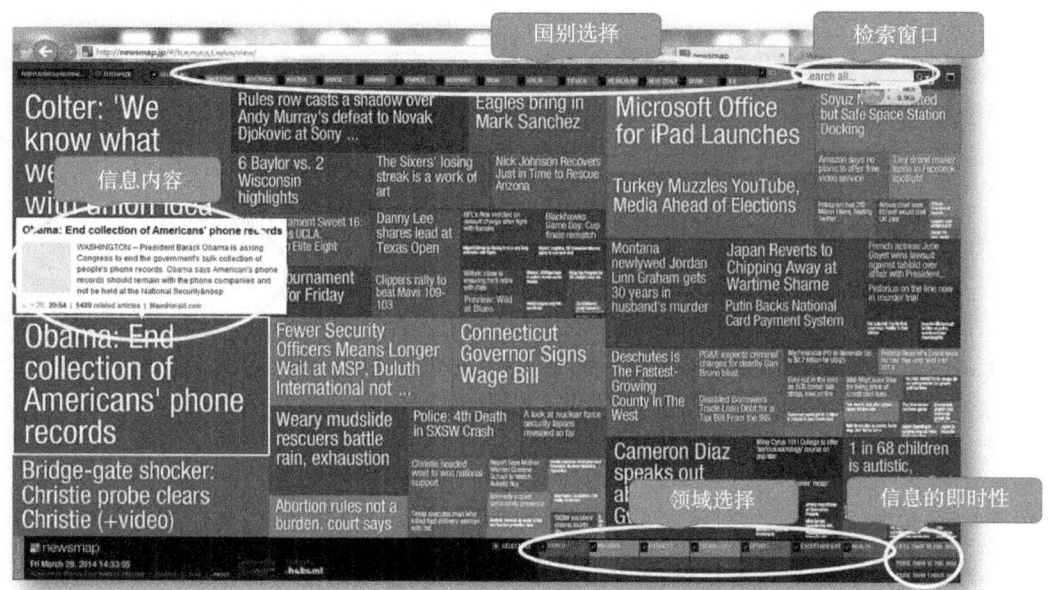

图 8-18　Newsmap 主页的主题地图

主题地图具有先天的易于可视化的特点，目前已经有很多针对主题地图的可视化方法，如树形可视化、等级可视化及图可视化等。

8.3.6　情报组织管理能力

迈克尔·波特在《竞争战略》这本书中指出：业务流程可以描述成一个价值链，竞争并不是发生在企业之间，而是发生在企业各自的价值链之间，只有对业务流程各个环节实行有效管理，才能真正获得竞争优势。面对大数据环境在情报工作中的洗礼，如何在情报工作流程中确保所管理的每一个环节面向情报需求，使各个环节的情报活动成为实现情报需求的一部分，在这个基础上实现情报工作的合理规划、组织、管控、协调、增值和优化，实现情报工作的跨部门、跨单位、跨行业，甚至跨国际协作，以达到提高情报生产效率，增加情报产品价值的最终目的。

情报工作的管理因素有两个：情报用户和情报工作者。情报用户是服务对象，也是情报服务的目标所在，这是引导情报工作的关键要素；而情报工作者则需要以一个整体的视角去协调管理。对于情报工作的管理来说，其核心价值就是体现在通过建立规范、科学的工作流程体系，明确责任，树立以情报需求为中心的理念，使情报工作每一个环节有共同的目标，从而提高情报效率。

情报工作管理必须具有实施的责任人,即建立起始于流程运行的组织架构,不同的负责人具体负责情报工作的操作和实施,包括情报研究流程建立、监督进度、维护管理等工作,以确保情报工作顺畅运行。将情报工作责任人分层明确:最顶层是整个情报的流程管理者,可以是情报机构的领导、总工办或科研办,主要负责对情报研究各个环节跟进管理,及时与下一层级负责人沟通交流,不断优化工作中的问题;中间层是情报研究的管理,可以是各部门的负责人,主要是在情报研究过程中,要对研究计划的实施与完成情况及时跟进,掌握情报产品的第一手进度资讯;最后一层是项目管理者,主要是业务骨干或项目负责人,主要负责情报产品的需求分析、研究计划、产品呈现手段等。情报工作的分层管理模式是由上而下进行压力传递,而反过来,工作任务的绩效考核是自下而上进行传递。

情报工作管理职责是对工作流程的监督和协调,而绩效则是各环节顺畅运行的动力。以管理的角度,情报工作是一个整体,考核也应该是以这个整体进行考核,并具体到每一个情报工作人员。目前,绩效考核常用的办法有目标管理法、关键业绩指标办法、平衡计分卡、360度考核、主管述职评价等。这些管理办法优缺点明显,需要综合对比分析,从而制定情报工作流程绩效评价办法。

不同于其他的绩效考核办法,情报工作流程绩效评价办法需要引入流程管理的思想,以情报任务确定流程,以具体的岗位为控制节点,强调端到端的绩效,解决职能部门考核指标难以量化观测的难题。这种方法可以更加体现出以情报用户为中心,强调了情报的时效性和快速反应能力。但是遇到的瓶颈问题也是存在的,如绩效评价的工作量非常庞大,需要针对每一个参与情报工作的岗位进行工作质量标准及绩效指标权重的提炼和设计。

在上述的这种责任层次明确、绩效考核有度的基础上,对情报工作各个环节的管理细则制定,需要明确几个核心的管理内容。

(1) 搭建情报工作组织框架,确定情报工作的组织结构

情报工作组织框架就像人类的骨骼,是支撑情报工作各环节运作的核心结构。以北京市科学技术情报研究所为例,在面对大数据环境的影响之下,对部门结构重新划分,重新形成了国际信息研究部、国内信息研究部、信息资源部、信息技术研究部、竞争情报研究部、战略情报研究部、信息传播部。部门的划分充分考虑了信息传递的理论和情报工作的流程,为情报工作的顺畅运行创造了基础,推动了情报组织的有效运作。

(2) 定岗定责，做好人员分配

情报工作各环节是相对水平的一个层面，而岗位职能是垂直的，当情报工作被多个部门分成不同环节时，管理者会选择让部门对各自的环节进行碎片化负责，而不是设定专门的岗位职能对整个情报研究过程负责。因此，对于跨部门的情报工作而言，很容易出现工作节点交流不畅。

因此，如何以情报需求为导向，科学设置岗位职责，做好人员分配，是情报工作管理的一个重要内容。

在这个研究部分，需要注意两个方面的定岗定责：以情报工作各环节的管理为职责定岗；以环节衔接为职责定岗。

(3) 情报组织文化的建设

文化建设是管理中非常重要的一个元素。良好的情报组织文化，可以激发员工在工作中的热情，有利于管理工作的具体落实。

情报机构在建设情报工作体系的过程中，首先就是要培养员工以"情报需求"为中心的工作文化意识。这个意识可以分为4个层面：围绕情报任务的全过程意识；以情报用户为中心意识；以情报需求为导向意识；团队协作意识。

1) 围绕情报任务的全过程意识

全过程意识要求情报工作中每一个员工都要关注整个情报流程的结果，而不是仅仅关注自己的那个环节任务。

2) 以情报用户为中心意识

每一个员工都需要熟知情报用户的需求，了解情报用户的背景。情报工作本身是一个服务手段，本质还是服务用户，以用户为中心的意识可以帮助员工在完成任务时，更加容易抓住工作重点。

3) 以情报需求为导向意识

在生产线的每一个员工都要以情报需求为目的，参与到整个工作流程规划和优化中，解决实际遇到的各种问题，以保证情报工作各环节可以向着一个方向努力，避免了各环节员工只以接收到的碎片任务为导向，孤立看待和完成自身任务的错误意识。

4) 团队协作意识

在许多企业和单位中，员工互相推诿的现象很常见，然而一个情报工作体系的建设，出现任务推诿或责任推诿，会大大减弱情报的时效性和价值性，这个问题需要以培养员工团队协作意识的角度去解决。

除此之外，情报机构还需要重视营造员工乐于分享、积极进取、不断创新的组织文化，为生产线管理提供精神层面的支持。

（4）制度化管理，加强执行力度

情报工作能力体系的最终落实，需要的是制度化的管理手段，这是情报机构规范化管理、提升情报服务能力的必然手段，也是保障情报工作执行的重要条件。

在情报工作制度化设计的研究中，需要规范情报研究的方法、制定工作执行规则、明确各环节责任分配、配套合理的绩效评估和奖励方法。

在制度化管理内容的落实工作中，一定要与员工共同讨论，将情报工作的利益和员工的切身利益相融合，制定试行方案，在不断的实践中优化工作管理制度，发现问题，及时纠正。

8.4 外部能力建设：平衡机会与各种需求

"东无西有通无有，我需你求供需求。"情报工作外部能力是情报机构与决策者之间的重要桥梁和枢纽，不但可以贯通情报机构内部工作流程，也是用户评估反馈情报产品、情报机构判读用户需求的重要渠道。情报机构外部能力主要包括组织外部的情报协同、情报服务的平台化和服务模式创新等内容，是情报工作重要的出口，是直接面对用户服务的过程。因此，情报机构要想切实提升工作能力，还需要充分考虑组织外部能力的提升，平衡机会与各种需求。

8.4.1 情报协同能力

情报工作能力除了情报意识、情报搜集、情报分析及形成决策并将其应用于实践的能力之外，在此过程中所涉及的与其他组织的协同合作能力、情报交流能力等都会对情报产生积极的效果[①]。

协同理论于 20 世纪 70 年代发展起来，在远离平衡态的开放系统与外界有物质或能量交换的情况下，怎样通过系统内部或与外部的协同作用，在时间、空间和功能上自发性地出现有序结构[②]。不同情报机构都侧重于构建自己的情报服务平台，情报机构之间的协同能力相对较弱。"互联网＋产业"的发展，必然推动多个组织基于一个平台进行

---

① 杨国立，李品. 总体国家安全观背景下情报工作的深化［J］. 情报杂志，2018（5）：52-58，122.
② 白列湖. 协同论与管理协同理论［J］. 甘肃社会科学，2007（5）：228-230.

协同工作,情报服务联盟以政府、企业、咨询公司、科研院所、行业协会为构建主体,资源共享,协同发展。其中,半官方的情报研究所可以作为主导机构,即服务联盟的管理者[1],兼具官方智库和民间智库的优势,可以克服二者的弊端[2],与其他组织协同为联盟有效运作提供支持。优势互补的情报服务联合体对于用户来说,可以满足用户多元化和多维度的情报需求,是用户对服务平台信赖的必要条件。

大数据环境下,情报服务基于情报意愿形成一种新的生态网。在这个生态网中,第一个网是情报用户关系网(IURM),第二个网是情报机构关系网(IVRM),第三个网是情报需求驱动的平台网络。以情报需求为驱动力的平台网络可以吸引更多的用户、情报机构,并且可以协同创新,实现数据共享和情报服务众包,激发新的情报工作模式,如图8-19所示。

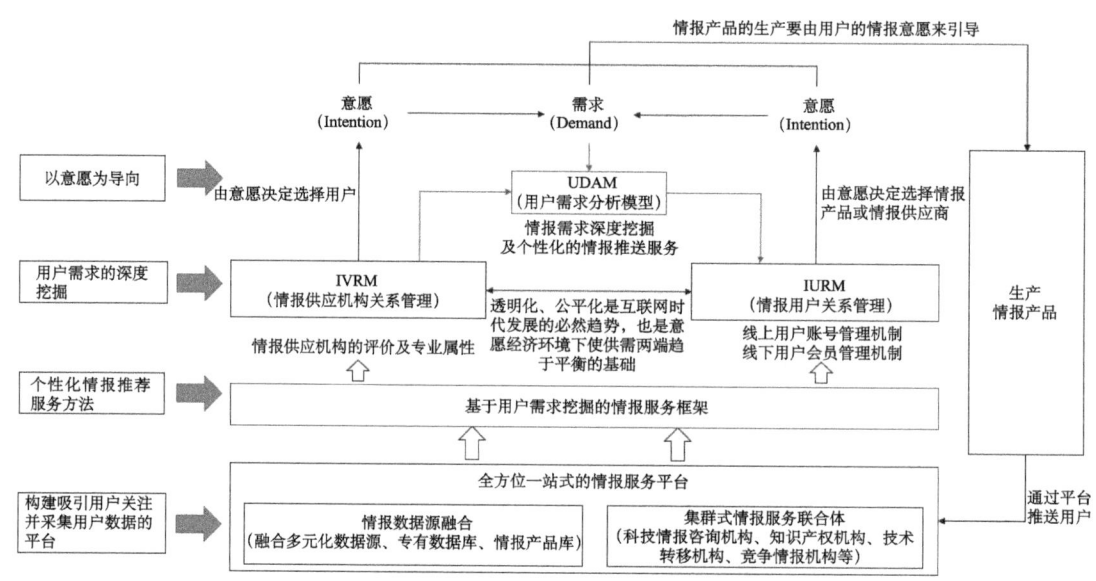

图8-19 大数据环境下需求驱动的情报协同工作

大数据环境下,情报协同能力提升是情报工作未来发展的必然趋势。以往,情报机构通过知名度及权威度,吸引着市场上情报需求者的合作意图,并将自己的情报分析产

---

[1] 郑荣,杨冉.基于云服务平台的竞争情报服务联盟构建研究[J].情报理论与实践,2016(8):55-56.

[2] 余晖.半官方教育智库如何服务政府决策:香港教育统筹委员会的经验与启示[J].现代教育管理,2015(12):17-22.

品推销给用户，促成用户购买情报。而大数据环境下，情报机构通过用户需求分析，真正走进情报用户的情报需求意愿中，和情报用户零距离的互动。在这种全新的经济行为关系图谱中，情报用户与情报服务方的交互性变得更加突出，情报用户可以通过自己的意愿选择更具个性化的情报产品，情报服务方也可以通过对用户的深度分析，决定服务等级。而情报服务平台就是可以提供这样一个零距离的交互平台。此外，在这个互联互通的经济环境里，资源整合是未来的发展趋势，情报机构也必将以集群式联合体的形式，以众包服务的创新模式为手段，向情报用户提供更加多元化、多维度的情报服务。

情报协同工作生态的形成是未来情报智能服务的必然条件。因为只有在这种生态圈成熟后，才可以获得大量用户与情报服务方之间的交互数据。这些交互数据是情报用户需求分析的基础。而且，集群式的情报服务联合体也是用户选择使用该平台的重要条件之一，多个情报服务机构可以形成优势互补，这样的情报服务联合体具有更强的情报分析能力，也会更加吸引情报用户的注意力。

8.4.2 情报服务平台建设

作为情报工作体系中的能力建设，平台的建设不仅要集成云计算、大数据等技术模块，还要将标准化工作流程和优化的人才匹配融入服务平台中，整合组织内容资源优势，通过系统入口和用户端口的完美结合，将情报服务方便快捷地推送到用户手中，做到"互联网+"时代，无论客户在哪里、无论何时都可以获得相关的情报推送。

情报服务平台是一个复杂巨系统，情报资源的有效获取，情报组织结构、流程、方法、文化，知识管理和工具等相结合才可以构成一个完整的情报服务平台。大数据时代信息技术的快速发展和可视化研究的日趋成熟，越来越有利于构建新的情报服务平台。

情报服务平台是基于情报方法手段为政府和社会提供知识服务的。通过对大数据情报资源的有效采集，充分利用计算机网络技术、可视化分析技术等信息化技术，运用情报研究的方法，构建能够集聚分布在全国乃至全世界的社会公众或企业用户在同一个技术平台上，实现标准化资源和情报信息的共享与沟通、发展态势和趋势的分析与策略方案等知识服务，总体框架如图8-20所示。

情报服务平台所提供的情报服务基于知识组织、知识管理、知识流动、知识服务4个维度展开，由网络层、数据层、团队层、产品层、服务层、用户层6个层级相连，由技术支撑人员、情报分析人员、行业专家、客户4种主体参加。情报服务平台囊括了

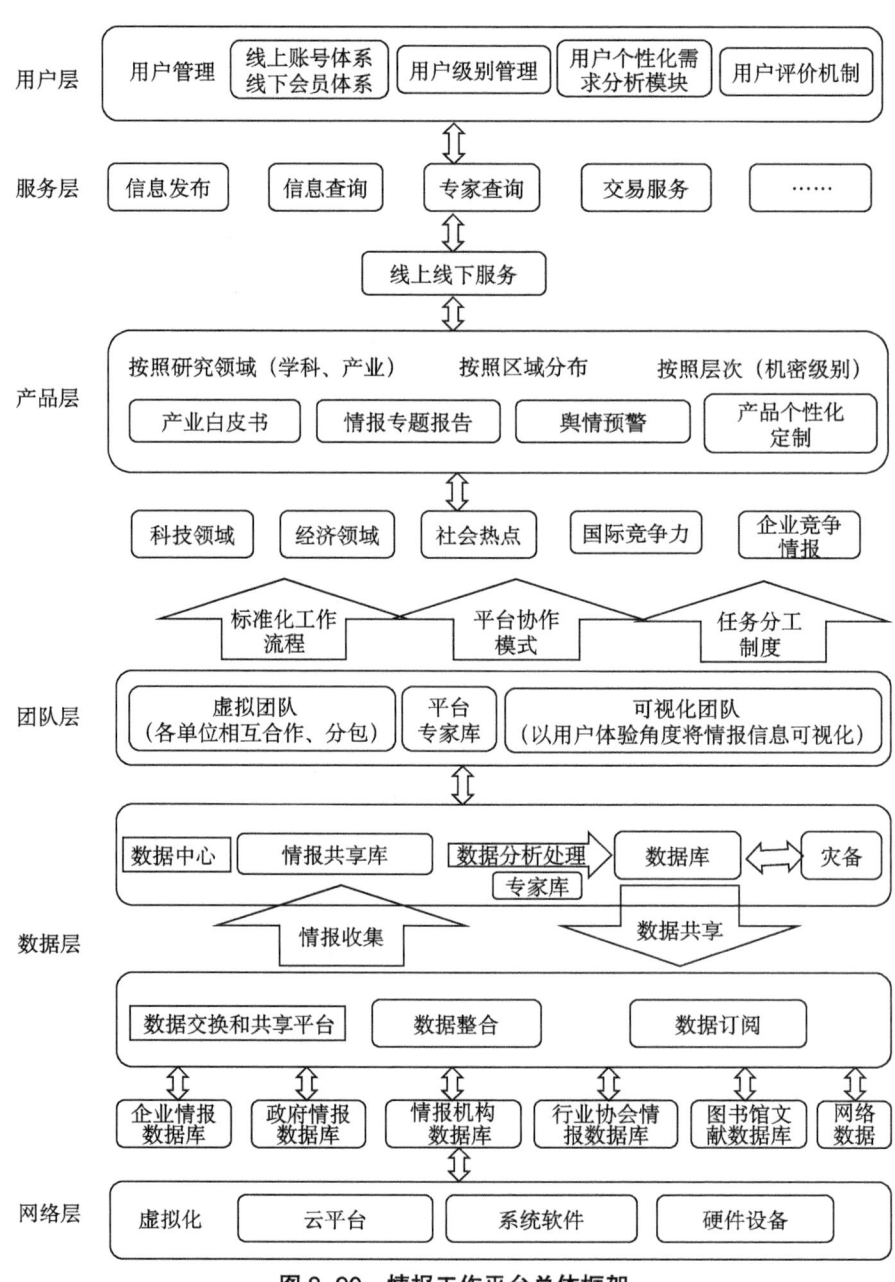

图 8-20 情报工作平台总体框架

情报多元属性、情报多样需求、知识多源管理、信息多向流动、团队虚拟组织、产品个性服务，通过集成情报机构组织内部与外部资源，提供数据共享、情报供给、决策支撑、战略方案的智能服务。情报服务平台所提供的服务是一个基于情报全流程的知识服务过程，网络层、数据层、团队层、产品层、服务层、用户层 6 个层级逐层关联，为建设新时代情报服务平台提供了强有力的理论框架。

(1) 网络层与数据层是情报服务体系的硬实力

网络层的云平台、系统软件、硬件设备都是情报工作的环境，数据层的企业情报数据库、政府情报数据库、情报机构数据库、行业协会情报数据库、图书馆文献数据库、网络数据等都是情报工作的基础。再高深的智库都是基于信息与数据的收集，网络技术是利用这些数据的基本保障，可以快速使数据资源产生价值。衡量情报机构强弱的一项重要指标就是其获取可用数据库与分析这些数据资源的能力。情报机构的重要工作包括数据资源的积累和管理、系统模块的自主研发、数据共享能力等。网络层与数据层的主要任务是对内部数据和外部数据进行自动化、智能化的收集，并进行有效的过滤和存储，为下一步的知识存储和管理提供优质素材。

(2) 产品层是情报服务体系的基础

情报机构对外的服务，其本质就是一个用户体验情报价值的过程，产品层是这个过程中的关键与核心，也是情报产品产生价值的摇篮。反过来讲，对于情报机构需要基于采集的全球各国各地在各个领域的战略规划信息，分析每个领域的发展现状和趋势，该领域的关键技术与专利布局，各地对该领域的技术选择和战略布局，以知识发现、知识关联等技术手段实现具体的产业白皮书、情报专题报告、舆情预警等情报报告。

(3) 服务层是情报工作体系的重要枢纽

标准化的工作模式与信息检索、推送方法可以加速情报工作的进度，保证情报产品的时效性，是情报服务的重要保障。服务层也是连接用户与产品、用户与情报团队的重要渠道，用户可以通过服务层正确地自我认知和获取有效的情报信息，让情报产品良好地作用于动态竞争中，这对用户自身发展和决策制定是有利的。情报服务以提高用户竞争能力和战略决策为目的，是一项专业的、连续的、综合的服务。对情报服务而言，供方的活动就是情报人员收集情报的过程，而供方内部的活动则是分析情报的过程，其产生的结果就是最终的情报产品。对于情报服务内容来说，情报产品只不过是基于服务内涵角度的服务内容；对于服务外延角度看，情报服务包含服务技术方法、服务人才、服务流程、服务平台、服务模式。要想提高新时代情报服务的质量，则必须以满足用户需求为宗旨，创新服务技术、优化人才配置、创新服务模式。

(4) 团队层与用户层是情报工作能力的执行

无论是以平台建设为中心的云服务模式，还是以用户为中心的线上线下服务模式，情报团队自身的组织、协作、沟通是关键，能够由"高效组织""无缝协作"到"交流畅通",保证情报产品的快速生产;用户层的线上账号体系管理、线下会员体系管理、用户级别管理、用户个性化需求分析、用户评价机制等都是对情报产品不断优化的重要手段,使情报产品获得更大的社会价值。团队与用户是情报机构组织内与组织外的重要因素,这两个层级的畅通交流是情报工作的重要前提。情报快速生产线的第一项任务就是情报需求的确定,并建立情报小组,与相关领域的专家构成虚拟团队,组织实施情报服务的全流程服务,在此期间,用户层的用户反馈也是不断调整情报研究方案、优化情报知识结构、加大情报价值的必要环节。

8.4.3　情报服务模式创新

服务平台是创新情报服务模式的基石。与传统的情报服务不同,平台化的情报服务模式通过对增量知识资源的配置、管理、增值来满足即用服务,可以看成是一种智能服务,即情报机构所产出的情报产品,不仅仅是把这些产品直接推送给用户,还可以向用户提供智能化的即用服务。因此,在情报服务能力提升的思路中,有三大服务模式:① PaaS(产品即服务)模式,情报机构为用户提供情报产品;② KaaS(知识即服务)模式,基于用户需求,提供知识管理与知识增值的服务;③ SaaS(服务即服务)模式,情报机构提供的不是一个产品,而是一个即用服务。这种服务的升级和实现,就是"互联网+"时代促成的一种服务升级,用户只为在平台上的即用服务付费,并不为情报产品的所有权付费。

情报服务体系也是一个复杂巨系统,建设情报服务平台首先要考虑的问题就是如何将情报信息与用户需求衔接起来。以情报简报为例,情报简报是一种典型的情报产品,它具有简短性、时效性、传递性的特点,是连接用户与情报信息的一个重要枢纽。自动简报的定制、管理、服务、输出都无缝融入情报知识服务平台每一个环节中,这也从侧面反映了知识服务体系的工作模式,如图 8-21 所示。

(1) 情报产品即服务(PaaS)模式

从 PaaS 模式来看,情报机构可以以传统的方式,基于用户给出的特定需求提供针对性的情报简报产品。

在知识服务体系中,产品层是连接情报工作人员和情报用户的界面层,各式各样的情报产品都将通过产品层传递给用户。而用户想在多个领域、大量主题的产品层找到自己想要的情报产品,是一件很烦琐的过程。因此,对这些情报产品进行自动简报的生产,用户可以选择自己关心的领域或热点,自动生成简报并浏览,可以大大提高用户的

第 8 章
情报工作发展的能力支撑

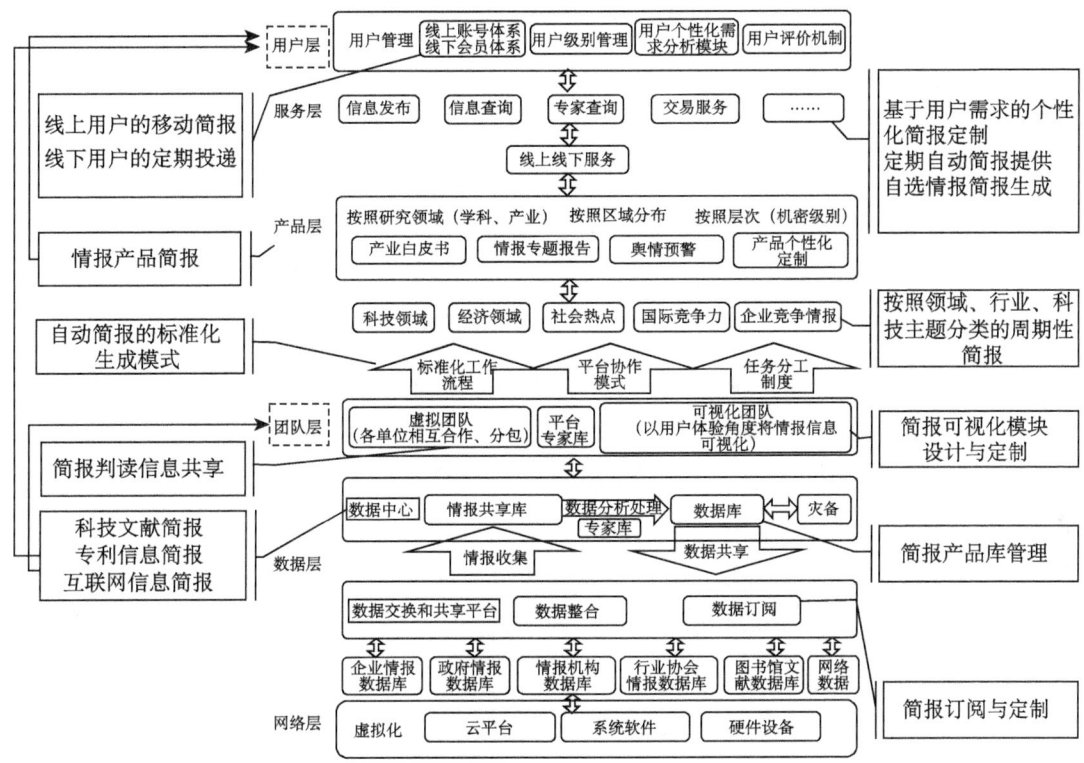

图 8-21 以自动简报服务为例的情报服务模式创新

工作效率。

(2) 情报知识即服务 (KaaS) 模式

从 KaaS 模式来看，情报机构根据用户的需求，基于自动简报工具，整理用户感兴趣的情报源信息，并自动生成简报知识包，对知识进行分类管理，并通过可视化手段及知识计量的方法，对知识进行增值，从而为用户提供日常的情报预警支撑。

在知识服务体系中，数据层为自动简报的后期分析处理提供了知识管理保障，当然，数据层只是自动简报知识管理的一个部分，其实在大多数时候，结合互联网的实时抓取并生成简报更为常见。在数据层中，自动简报库是情报知识库的一个子库，主要是对历年来所生产的简报进行分类存储，便于情报人员或情报用户检索查阅、分析增值。同时，情报知识服务平台的数据层具有可交互、可共享的功能，可以直接对情报用户提供知识管理服务，包括自动简报的订阅或个性化定制。

(3) 情报服务即服务 (SaaS) 模式

从 SaaS 模式来看，通过情报机构的自动简报平台，用户可以对简报平台推送的简报信息进行点赞、留存转发、评论或查看文献的全文信息等操作。

服务层是情报服务平台为用户提供多层次、多形式、个性化服务的管理层，同时，服务层也是用户情报需求分析的数据采集层。自动简报系统在服务层可以提供多样化、个性化的服务。用户可以选择感兴趣的简报种类，定期接收相关简报的推送服务；平台可以基于用户需求分析，对用户主动推送简报服务；用户也可以通过个性化的简报模板系统，定制自己关注的话题，选择自己喜欢的可视化方案，从而接收符合自身情报意愿的自动简报。

用户层是对用户的管理层。自动简报在这一层面，具有多个维度的管理模式。例如，管理自动简报用户的涉密级别，从而决定用户使用自动简报的权限，限制用户的相似度兴趣分析；管理用户的需求，主要是通过分析简报用户的需求，进行分类和聚类处理，并对用户做标签化处理，从而与简报属性形成映射，为用户提供更具针对性的简报服务；用户对简报的评价机制，主要是用户对简报的反馈与判读信息的管理，这是用户与简报生产者的一种沟通机制，有助于情报人员对简报进行完善，或者用户评价的共享对其他用户产生的借鉴作用；线上用户与线下用户不同的简报推送服务，以及相应的管理服务，对线上线下用户针对性对待，但又可以通过平台有机衔接，从而达到拓展情报服务平台用户的目的。

综上所述，基于情报工作能力体系建设思路，从技术支持与服务管理两个维度，将自动简报生成模块、分词词库、行业词库、个性化模板、用户需求分析模块等无缝集成到情报服务平台中，将自动简报库、订阅与推送服务、评论共享服务、涉密等级管理、简报反馈管理等服务管理融入情报服务管理体系中，以更加智慧的简报系统将情报信息准确、及时地传送到情报用户手中，支撑用户决策。情报简报的服务模式只是整个情报工作体系框架各层级相互联系、相互融合的一个侧面案例，虽然不能囊括整个情报工作内容及服务模式，但其工作思路及服务模式都是情报机构能力提升中典型的变化所在。情报工作能力提升的关键就是将传统的情报数据、情报产品以知识管理的方式进行知识增值，将传统的情报产品服务以智能化的服务模式进行服务升级，将传统的情报工作模式以团队组建和生产线方式进行模式创新。也只有在传统情报工作方式的基础上，对知识管理增值、对服务智能升级、对组织模式创新，才有可能让情报机构在外部能力体系中平衡机会与各种需求。

8.4.4　情报服务过程智能化处理

情报的推荐行为是基于准确了解用户需求的前提之下进行的。我国在20世纪90年代就开始了基于用户需求的情报理论体系研究。王秀成[①]提出"情报科学的带头领域将是情报用户对情报需求与利用理论"的观点。靖继鹏等[②]从"以用户为核心"的角度建立了情报科学理论体系。但在实际的传统情报服务中,尚缺乏成熟的信息采集和处理技术,缺乏对海量数据的运算能力。因此,无法获得情报用户数据,并有效地处理这些数据;同时,用户的情报需求多以项目合作形式出现,并没有形成日常管理决策的动态服务[③]。

目前,基于人工智能技术的系统辨识方法,对用户数据进行主动采集、分析、建模、输入等操作,可以解决用户需求判读困难的问题。在基于用户需求深度挖掘的情报服务过程中,从用户数据的采集和挖掘到平台推荐服务,其过程主要由5个阶段组成:数据采集与处理阶段、需求分析阶段、推荐模型对用户与产品的属性匹配阶段、在线推荐服务阶段、在用户端推荐情报产品的可视化呈现阶段。在这个过程中,5个阶段是一个完整的闭环,需求分析模块与推荐模块都会随着用户使用量的增加而不断进行学习优化,使得老用户会因此获得更加精准和个性化的情报产品主动推荐服务(图8-22)。

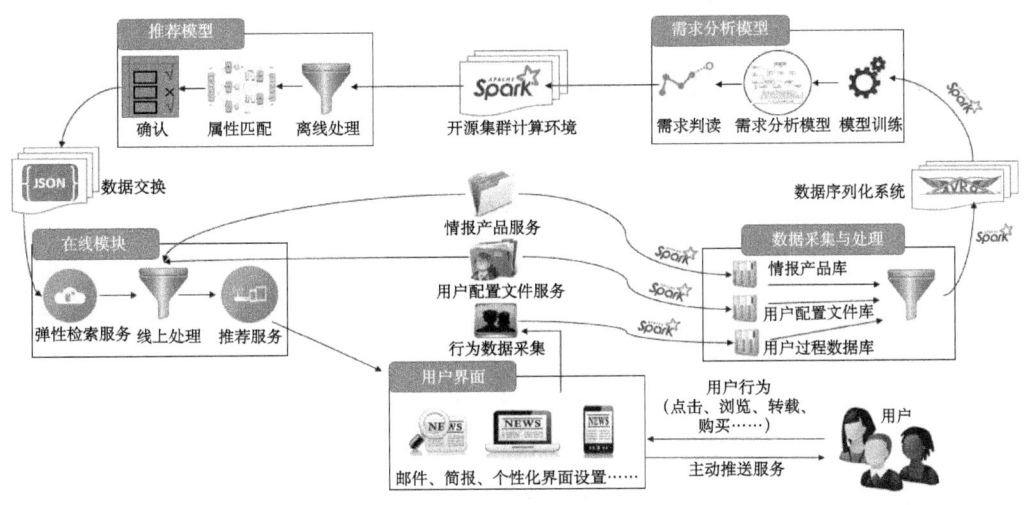

图8-22 基于用户需求挖掘的情报服务框架

---

① 王秀成.论情报科学研究中的带头领域[J].情报科学,1990(4):27-30.
② 靖继鹏,李勇先.试构造以用户为核心的情报学理论体系[J].情报业务研究,1991(4):193-198.
③ 刘如,李梦辉,张惠娜,等.意愿经济环境下用户情报需求的深度挖掘与探索[J].图书情报工作,2017(1):14-24.

(1) 数据采集与处理阶段

这个阶段是针对用户需求深度挖掘的所有数据进行采集、储存、处理工作，一般来讲，主要包括基于情报产品服务的情报产品库、基于用户配置文件服务的用户配置文件库及基于用户端口行为数据采集的用户过程数据库。通过对这些数据的预处理，为用户需求的深度挖掘做准备。

(2) 需求分析阶段

需求分析阶段主要由3个部分组成：模型持续训练优化、对数据进行需求深度挖掘、对需求做预判。模型持续训练优化对于刚刚建设的情报服务平台来说尤为重要，从平台初期到成熟期，随着用户使用量和情报产品量的不断增加，模型在后台需要不断地对规模更大、关系更加复杂的数据进行训练优化，从而使后面的需求预判更加趋向精准。同时，对获取需求数据相对较少的新用户，良好的训练集合可以大大增加主动学习模型的准确性，从而提高对新用户的需求预判。对数据进行需求深度挖掘主要是对情报产品的属性抽取及用户需求属性抽取，对产品的属性抽取工作有两项：一是对新产品进行属性抽取入库；二是针对新产生的用户属性及相关产品进行重新抽取。最后，对需求做预判，是为下一个阶段的属性匹配工作做准备。

(3) 推荐模型对用户与产品的属性匹配阶段

推荐模型的主要工作就是用户与产品的属性匹配，由于前两个阶段已经对数据进行了相应的预处理并且入库，因此，这个阶段是离线的处理过程，也是情报服务平台日常维护中重要的工作内容。对用户属性及产品属性不断地聚类分析，并最终匹配，形成一个匹配列表，推荐模型会按照重要等级，针对用户的需求对情报产品进行排序分析。

(4) 在线推荐服务阶段

由于用户属性的获取途径和情报产品的多源性，我们更加倾向于应用具有易于扩展、可全文检索、分布式文件存储的弹性检索服务。该服务通过JSON的通用数据交换，可以将结构复杂、多源获取的数据进行更加有效的线上处理，最终为用户提供推荐服务。

(5) 在用户端推荐情报产品的可视化呈现阶段

对情报产品的可视化呈现形式是情报产品推荐服务成败的关键因素，这直接影响用户是否接受或满意推荐服务。从技术上来讲，在用户端推荐情报产品的可视化呈现并不困难，通过多个端口、多种方式，借助良好的UI设计就能实现推荐目的。但是一个优秀的推荐产品呈现还需要有诱导用户提出进一步请求的能力，包括对解释推荐的请求。

同时，针对基于内容和知识的推荐系统，对于同一个查询具有相同相似度的两种情报产品可能在另外一套完全不同的产品特征集下不再相似[1]。因此，产品二维可视化的形式可以弥补这种损失信息的情况，把彼此相似的推荐放置在同一个区域，辅助用户自行选择。

8.5 情报工作能力提升路径

"凡事预则立，不预则废。"情报工作能力的提升是一个持久的过程，需要使用战略规划工具进行研究和设计。对情报工作能力提升路径进行战略规划可以辅助决策和管理，通过明确研究规划、发展方向、能力目标等要素，识别和确定发展优先级，更好地把握国家发展的规律和提高预见国家安全风险的能力，促使情报机构获得创新与发展的先机。

8.5.1 情报工作能力提升路径的基本框架

情报工作能力提升路径很好地满足了情报根本使命的愿景和情报历史使命的需求，其基本内涵就是对3个问题的解答：情报机构想拥有什么样的能力？情报机构现在的能力是什么？如何达到期望的能力？而解答这3个问题需要形成一个多层结构格式的基本框架，以时间维度反映能力随时间的演变，以多层空间结构反映能力提升与情报资源、相关利益人、服务模式、组织管理、技术方法和制度法规不同层次要素的联动关系。

基于路线图分析法的共同框架[2]"我们的目标是什么？（Know-why）—我们目前有什么？（Know-what）—如何实现目标？（Know-how）—何时执行计划？（Know-when）—路线图中的待办事项（To-Do）"的逻辑，研究制定情报工作能力提升路径的基本框架"国家愿景（需求）—情报使命—发展规划—实施路径"，如图8-23所示。

---

[1] FRANCESCO R, LIOR R, BRACHA S, et al. Recommender systems handbook [M]. Berlin：Springer, 2011：363.
[2] RICHARD E A. Roadmapping convergence [M] // Managing nano-bio-info-cogno innovations. Berlin：Springer, 2006：23-25.

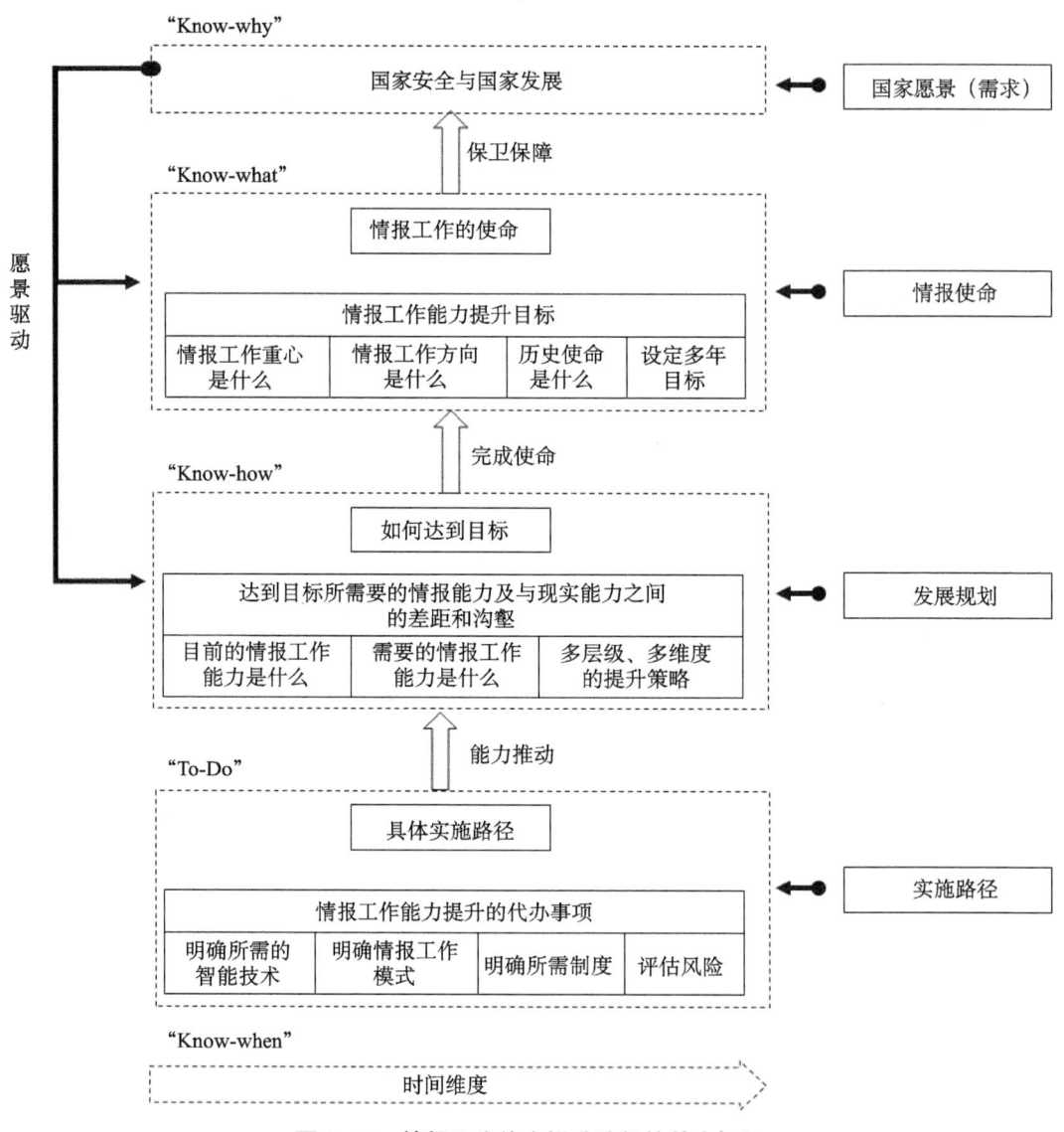

图 8-23　情报工作能力提升路径的基本框架

首先,国家的安全与发展明确了国家为什么需要情报工作,即明确国家愿景(需求),这是情报能力提升路径的基础,是情报工作的根本使命。其次,情报使命明确了情报工作的任务是什么,即界定情报工作能力提升的范畴和层级,确定满足国家愿景(需求)的各项任务,确立情报工作能力提升目标。再次,发展规划明确了如何达到这些目标,即达到目标的策略和方针,并描述达到目标所需要的情报能力和现实能力之间的差距和沟壑,确定多层级、多维度的提升情报工作能力的发展策略。最后,明确提升情报工作能力的具体实施路径，即明确实现情报工作能力提升所需要的资源、方式，评估风险，最终指导情报机构提升情报工作能力。

8.5.2 情报工作能力提升路线图

事业发展画宏图，创新突破绘路线。情报工作能力提升路线图描述了未来的竞争环境、在这种环境中要实现的目标，以及如何在一段时间内实现这些目标计划。它是理解复杂规划系统各个部分如何组合、交互和发展的一种方式。它将情报使命、技术挑战和解决方案联系在一起，有助于确定实现目标的优先事项。

情报工作能力提升路线图具有非常复杂的体系结构，在设计和研究过程中，必须明确可以管控的子区域（层面），以时间维度为横轴来理解和绘制未来发展的方向（图8-24）。

情报工作能力提升路线图是基于其基本框架"国家愿景（需求）—情报使命—发展规划—实施路径"而绘制的，主要以2020—2050年为时间跨度，明确了未来情报工作的使命如何支撑国家愿景，明确了以多层空间结构反映能力提升与情报资源、相关利益人、服务模式、组织管理、技术方法和制度法规不同层面要素的联动关系。

（1）确定未来愿景

面向国家安全与发展的情报工作，首先要契合国家发展战略规划，从而履行情报工作职责，充分释放情报工作能力，找准支撑国家决策工作大局的切入点、结合点、着力点，推动我国实现发展目标。

按照党的十九大报告的部署要求，在2020年全面建成小康社会的基础上，2035年要基本实现现代化，2050年要成为现代化强国。同时，依据科技创新"三步走"战略，到2020年成为创新型国家，到2035年左右进入创新型国家前列，到2050年要成为世界科技强国。我国现代化发展进程的战略部署必然是情报工作的重要动力和引领力量，也是国家愿景的具体表现。情报的使命和职责就是要辅助国家实现愿景，虽然情报工作根本使命"支撑决策、引领决策"和重要职责"耳目、尖兵、参谋"不会改变，但在未来的不同时期，其历史使命和工作重心是不一样的。2020年，我国进入小康社会，并成为创新型国家，这需要情报工作把重心放在跟跑的节奏上，重点监测和采集、研究非对称战略，支撑国家创新驱动发展建设。2035年后，我国基本实现社会主义现代化，并进入创新型国家前列，与世界发达国家的竞争形成并跑赶超的局势，情报工作应该把重心放在并跑的节奏上，着力情报的感知和预测，为国家赶超指明方向，研究突破点，加速

新时代我国情报工作的发展

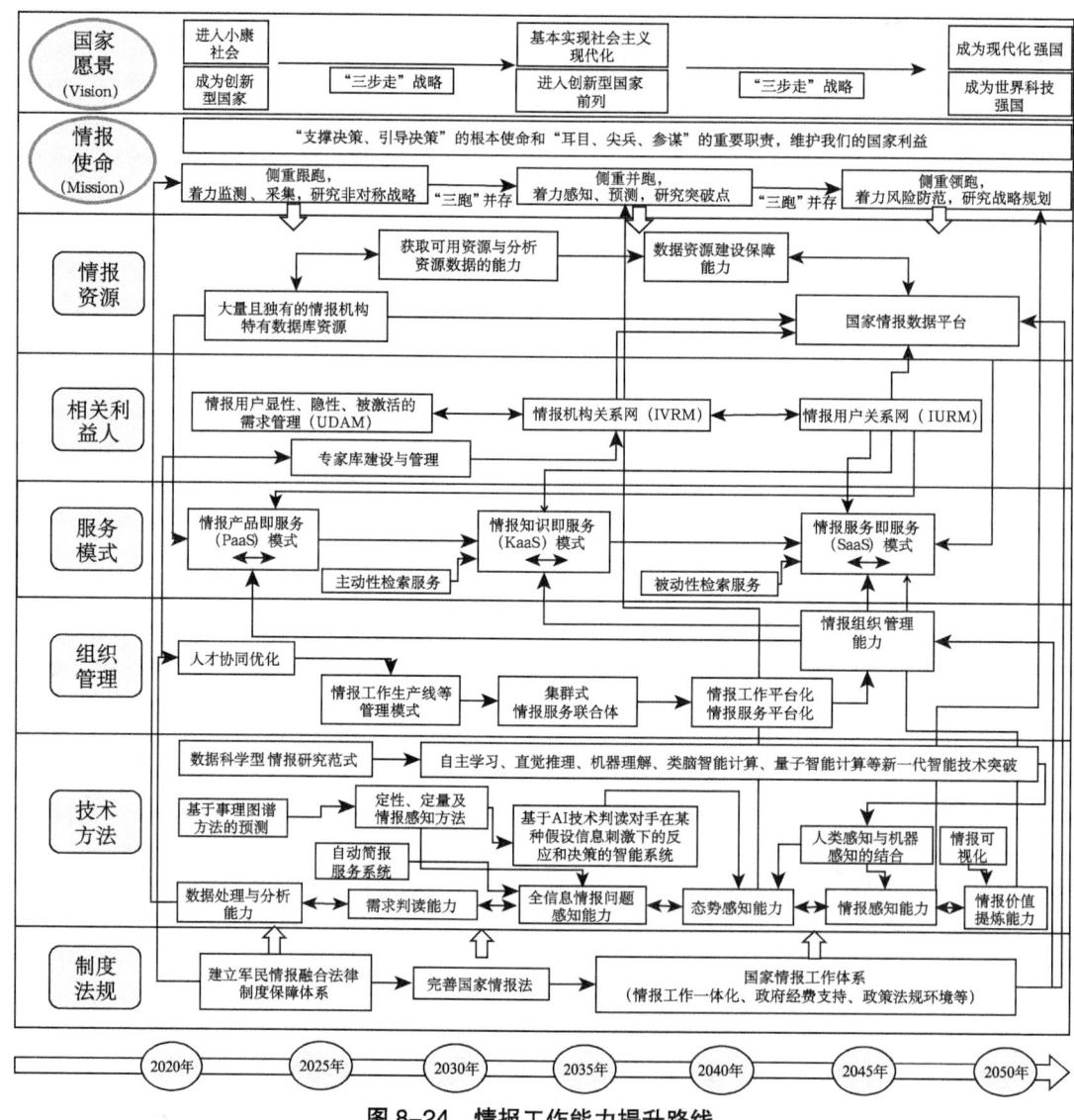

图 8-24 情报工作能力提升路线

形成竞争优势。到2050年,我国成为现代化强国和世界科技强国,这需要情报工作把重心放在领跑的节奏上,重点防范风险,因为没有前车之鉴,也没有可供参考的竞争对手,大部分的前进道路,需要提前评估发展风险,预防竞争对手赶超,研究战略规划,进一步扩大领先优势。

未来30年的发展道路,情报历史使命牵引着情报工作能力的提升,并指导明确情报工作能力提升策略的优先级,为能力提升提供良好的现实条件和基础。

(2) 确认能力提升路径

为实现预期目标，根据上文提到的能力提升状况和现实条件，描述能力提升策略，确定发展优先级。情报工作能力提升路线图以情报资源、相关利益人、服务模式、组织管理、技术方法和制度法规6个层面分别明确实施策略的优先级，并将每个层面内的要素相互联动起来，互相促进，协同提升情报工作能力。

技术方法是情报工作能力提升中最具体的"点"，而依托国家情报数据平台、相关利益人关系网建设、服务模式创新和政策法规保障等这些不同维度的"面"，形成的国家情报工作体系，是情报工作能力提升最重要的"网"。一体化的情报工作可以将多个下属情报机构任务分工、数据共享、相互补充、协同工作，情报工作人员可以发现更多更全面的情报数据，并可供处理和利用，无须考虑自身的地理位置和机构障碍，并设立国家情报工作监察员岗位，避免和裁定工作障碍和冲突，确保情报一体化工作的最佳效果。

(3) 路线图说明

情报工作能力提升路线图只是基于国家安全和发展视角，根据情报机构共同特征，结合时代背景和竞争环境，因而具有一定的宽泛性。不同的情报机构面对不同的情报用户，其具体的情报需求是不一样的，因此这个路线图只具备一定的指导性和参考性，每一个情报机构都应该制定并绘制自身发展的情报工作能力提升路线图，以更好地提供决策支撑。

8.6 本章小结

情报工作能力是情报工作系统满足国家安全与发展战略需求必须掌握并具备的素质和条件，是一种情报工作主体对决策所发挥的作用力。信息技术的迅猛发展和广泛应用为情报工作带来了复杂深远却又不可回避的影响，以知识集成与智能服务为源泉的情报工作能力成为情报工作未来发展的根本动力。自从《国家情报法》颁布以后，增强情报工作能力以保障国家安全与发展等重大利益被视为情报机构的发展基石。情报工作能力影响国家安全和发展的各个环节，从战略层面到战术层面都对情报工作发挥着重要作用。本章在梳理我国情报工作能力发展演变的基础上，总结了情报工作能力体系的六度理念，基于战略性资产理论和情报工作能力体系的构成要素，从内部机能和外部能力两个方面构建了面向国家安全与发展的情报工作能力体系框架，并通过战略规划方法，明确发展方向、能力目标等要素，识别和确定情报工作能力提升的优先级。本章研究的情

报工作主体不仅涉及情报工作人员、情报组织机构,还涉及协同工作的组织机构群。

弥合从需求到能力之间的鸿沟,不断加强情报工作能力建设是一项长期的系统的战略工程,应更新理念,有重点地加强建设,应科学规划我国情报技术创新发展路线图,重点突破大数据情报技术研发,开辟新的智能化情报保障路径,加强情报平台/系统建设,最终形成与我国大国地位相匹配的"大国情报"能力。

后 记

历时一年多的时间,《新时代我国情报工作的发展》的撰写工作终于在这个深秋接近尾声。近年来,为了更好地分析与研究新时代情报工作转型的实质与未来发展方向,我们团队在"情报 3.0"概念基础上,又形成了"新时代的情报定义""情报生产力""发展情报""计算情报""缄默知识"等一系列理论成果。理论上的探索与讨论提升了我们在实践中思考的能力,加速了年轻同志们的成长,推动了我们的实际工作,这是让我们最为欣慰的地方。

世界的发展、科技的换代、媒介的延伸及人文的变更,加速了我们所处时代的创新与变革,这使得情报工作正在且必须历经涅槃。随着科技力量与社会需求的发展与助推,情报工作已由以信息分析为标志的情报 1.0 时代、以知识服务为标志的情报 2.0 时代,迈向"互联网+情报"新形态下的以知识集成与智能服务为核心支撑决策的情报 3.0 时代,即进入了以人工智能为代表的网络时代。一方面,情报生产力大幅提高,会改变社会的决策过程和决策机制,进而调整社会的生产关系。情报生产周期迅速缩短,情报工作能更加快速、全面、有预见性地应对决策者的决策需求,促使情报服务范围逐步扩大。另一方面,又促使情报机构生产关系发生了调整。情报机构必须转变情报生产过程的组织与分工关系,以适应新的生产力变化需求,快速转变思维范式,不断调整情报生产关系,推动情报工作从知识服务向其高级阶段——智能服务转变,成为 21 世纪情报工作者的使命和义不容辞的责任。

一、关于情报工作重点的思考

情报工作具有伴生属性,是伴生于情报对象的。情报是由决策者的角色、情报技术、情报载体的变化而决定自身的变化，也就是其工作重心、方式、手段因时代变化而变化。当今，中国的经济总量已经居世界第二，达到美国的 2/3，中国工业配套能力已经居世界第一。中国作为世界第二大经济体飞速发展，与美国之间的差距逐渐缩小，逐步迈进世界舞台中央。对于未来，可以大概率地认为，再过 10 年左右，我国将是世界第一大经济体，届时一个人口总数、人均 GDP 相当于欧洲的城市带将在中国东南沿海崛起，世界经济格局将是美、中、欧甚至更大可能是中、美、欧的排序，期间的重大变革、滔天动荡将是中国未来 10 年不得不面对的现实。这些全局性的基本情况，与我国 20 世纪 50 年代初步建立现代情报体系时相比，时代背景已经发生了革命性变化。情报工作应根据新时代的要求，以从跟跑到并跑、领跑的态势转变为工作出发点，以引领国家走向世界舞台中央为使命，再思考。

在跟跑阶段，情报工作是基于已知情报的研究，厘清客观现状即可，即清楚认识领跑者所处状态和相应发展路径，就是完成情报工作的主要内容，今天和今后相当长的一段时间，跟跑仍然是主旋律，即便是 10 年后美国的科技存量仍然是我们的两倍以上，因此，传统的基础性工作不能丢。而在并跑、领跑模式下，情报工作缺少可参考借鉴的发展方向和发展路径，其道路需要情报工作者去寻找和探索，此时情报工作的主要内容就变成了以"发展的视角"研究社会、科学、技术未来发展的相关问题，尤其是战略问题。在此背景下，未来情报工作的重点任务必将发生重大变革。情报工作重点应逐渐从传统的客观情报研究转移到探索国家未来"如何发展"和"怎样发展"的"发展情报"研究上来，战略研究将再次雄起。

情报的根本任务就是为决策服务，将要到来的 10 年滔天巨变，我国重大决策主要集中在经济、国际关系、军事和国内秩序 4 个方面。其中，经济无疑是主战场，其他 3 个方面都是由经济这个基础所决定的。经济主战场的根本任务就是在世界大格局中为中国人民争取分到更多的劳动成果，而能否分到更多的劳动成果取决于对中国劳动成果的刚性需求和贸易规则。分到更多的劳动成果用经济词汇表述就是分配到更多的利润，即劳动的利润分配规则会有重大影响。劳动成果的刚性需求越大就能分配到越多的利润，劳动成果的刚性需求大小多数是由技术优势决定的。贸易规则是商品交换的规则，它在更大范围内决定了商品交换整体利润分配规则，因此经济主战场的任务就是取得更多的国民收入，而不仅仅是国内生产总值（GDP）。为决策服务的情报的未来工作重点就是为取得更多的国民收入服务，简单地说，就是重点为中国在全球产业中步入高利润区间服务。

后 记

随着全球化的发展,当今世界高利润产业的特征之一就是大投入,收回大投入就要求有大市场,否则投入无法收回。这一特征的表象就是在许多高利润产业前3名左右的企业总的市场占有率达70%以上,是高度垄断的,而中国经常是市场的主体,中国国内市场就足以"养活"一家世界顶级企业,中国市场完全有能力成为中国培养自己超级企业的摇篮和长期生存的基地。从过去的市场换技术到今天的以市场培育自己的技术是党的十九大提出的换挡升级的具体实现路径,也是我们的底气所在!因此,高利润市场研究也应划入未来情报研究的范畴。

另外,当今世界能代表国家竞争实力的不是GDP本身,而是有不可替代性的代表先进生产力的可竞争GDP,即世界需要它但其他国家又难以生产的GDP,代表先进生产力的GDP才可能是产生高利润的GDP。可竞争GDP的本身也是防止霸权国家技术讹诈、技术突袭的法宝。走近世界舞台的中央,没有可竞争GDP撑腰是不可能的,这是话语权的基础。

高利润和可竞争GDP都是以科技为基础的,因此,科技情报传统的科学、技术和产业的预言、发现、跟踪、预见和计划建议仍然是主战场。

未来情报工作的重点还包括劳动成果分配的规则,其主要呈现为贸易规则。既然贸易规则是商品交换中利润分配的重要因素,制定贸易规则的基础是以科技为基础的经济、政治、军事实力。贸易情报的基础也是经济实力,因此原有的情报融合贸易(情报)、国际关系(情报)共同为贸易规则改进服务就成为必然。未来10年,我们会面对大规模、长时间跨度革命的巨变期,修正世界贸易的不合理规则将会成为主流。

未来情报工作的关注点还包括计量贸易的货币。货币本身是贸易的计量单位,对中国而言,不可信的计量单位货币不可能是我们建立高利润产业的基础,更不可能是我们建立技术优势的基石,也绝对不是中国走近世界舞台中央的基础。进一步加强可以信赖的人民币的稳定会增强我们抵御货币战争和金融灾难的抗风险能力。提高我国高利润产业贸易中的可信货币和可信新型货币的比重及其提高路径,也将是情报携其他学科共同研究的问题,这也是情报的关注点。

未来,虚拟世界将会改变人的思维、认知,进而直接作用并可能改变现实社会。因此,虚拟世界与物理世界规律的异同、虚拟世界与现实社会相互作用的情报工作将是情报工作新的必须谱写的篇章。大数据、人工智能等先进的信息处理技术为虚拟世界的探索提供了技术手段与方法支撑。从虚拟经济到虚拟技术推动现实发展改变现实世界,甚至包括西方选举政治的变革，使我们认识到虚拟世界的推动力量将会远远大于现实世界，这就是我们必须面对的革命。

全息技术将会改变人际交往、学习、思想交流的基本形态，将是虚拟世界的一个里程碑，再加上 AI 中的黑箱、半黑箱算法的模拟能力（尤其是隐性知识），众多人将可以同时和任何个体在任何时间、任何地点交流，每一个人都可以生活在"伟人"之中，将会颠覆认知、教育形态，从而使我们的下一代人人都能从小和历史各时期的顶级英才（如科学家）一起生活，使人人都成长为"精英"，因而加速社会的发展进程，这可能会是人类新的科学革命，原始创新的思维和革命。

情报工作需要面向未来发展的多维目标及实现每个目标的多重发展路径，传统的情报方法在解决多情报并行问题上无法满足大规模人力需求，需要借助人工智能、脑科学、认知技术等手段，通过计算机来计算情报、辅助决策。因此，具备定量化、可重复、机器可处理等特性的计算范式的情报分析将是未来情报分析计算化的重要发展方向。基于此，情报工作必须进行研究范式变革，从基于事实型数据的情报研究范式转变为基于过程型数据计算的发展情报研究范式，使情报成为引领科技进步、促进社会发展的有力武器。

二、关于未来发展的战略判断

美国人均 GDP 从 2 万美元到 3 万美元用了 9 年，日本用了 5 年，中国将在 2030 年前后向 3 万美元发起进军，几年（预计 7 年左右）之后将会达到 3 万美元，随后中国将站在世界舞台的中央。从社会收入角度看中国崛起，可以看成是全世界高收入岗位（国家、行业）的再分配（崛起的衡量标志），因此研究高收入岗位的全世界分布及其变化规律是情报工作的重要内容。中华文明曾经引领世界几百年，人口是决定性因素，科技，尤其是在中华文明下的科技（中国传统思想下的科技）是另一个决定性因素，科技之上则是文化认同。

数字社会带来的逆城市化进程与现有的城市化进程的对冲，对社会稳定提出了更大的挑战，对政府治理提出了更加矛盾的需求。因此，在未来宝贵的 7～12 年，我国的发展环境将极其严峻，历史性任务和使命十分重大，而其结果将是"中华民族的伟大复兴"。

根据过去 10 年中美经济发展速度的差异计算，预计 2030 年前后我国的 GDP 将追上美国，届时中国将有 3 亿～5 亿人口的人均 GDP 达到英法德日的水平，即一个和欧洲体量一样的发达地区将在中国东南地区崛起。世界格局将从欧美发达国家变为美、中、欧等发达国家，甚至中、美、欧等发达国家。

造成自由经济（市场经济）失灵的根本原因是源于科技发展的新阶段特征——投资巨大。由于本次技术革命的技术发展进入到高投入期（单项投入以百亿美元为单位），能支撑此种投入的机构必须占有全球市场并获利后才能维持其地位，形成研发垄断、技术垄断、市场垄断。因此，不能再用市场经济的基本原则去定义此种经济，只能从垄断、寡头的角度去认识此种经济现象。由于一两个经济体就占有世界市场并拥有了行业所有利润，因此，对此类经济体的争夺直接上升到大国竞争的层面。争夺的核心是：占有少数的第一，拥有一个第一就是拥有一个全球产业的利润。中国的优势，即集中力量办大事的优势！对许多产业而言中国是全球最大单一市场，占有全球市场的 1/3 左右，甚至更高。因此，国内市场就足以"养活"一个世界级的领先企业，如芯片。所以，这是我们全球竞争的底牌之一。中国的人口规模很重要，中国的高收入人口很重要，中国的高收入岗位绝对数量也很重要。中国要维持人口优势和人口结构优势才能保持未来的竞争力。

在中国崛起的过程中，各种"陷阱"颇多，如硅芯片的追赶，有可能在我们还没追赶上时就要面临硅芯片达到物理极限，新的材料（如碳、氮化镓）就要取代硅。因此，我们在硅芯片的追赶中要考虑"度"的问题，安排好"转场比赛"，切不可只顾了眼前的"硅"赛场，忘了及时参加"新场地的比赛"而丢了先发优势，预计"硅"赛场的比赛只剩下 5 年左右的时间。

数字社会将会改变人类的生产、管理模式，最终导致社会的形态发生重大变化。农耕时代，由于工作场所是农田，村落的分布大致等于步行范围，社会基层的治理基础是家族。工业时代的工作场所是工厂，因此，城市成为主流，社会治理的形式是城市管理。而数字社会，由于人们工作与位置关系的弱化，将会从逆城市化开始进入新的时代，其治理将会是"虚拟治理+分布式治理"，网络控制权将是至高无上的权力。由此将会改变社会格局和人们的思想意识状态，进而发生新的革命。因而社会治理将会面临重大革命式的改变。

情报不仅要消除不确定性，更要增加可能性。

新时代广泛深刻的社会变化和技术更迭为情报工作发展提供了契机，也对情报工作者的素质和能力提出了更高的要求。面向领跑者、并跑者发展情报工作是一个十分复杂的过程，要克服和随时面临外部因素和内部因素的突变干扰，离不开专家智慧的群体碰撞、启发，这是任何纯粹的计算机技术所不具备的，计算情报是不可或缺的情报工作条件。未来情报工作的核心能力是以人为中心对情报做出有价值的判断。情报判读过程的本质就是从原始混沌状态中感知到问题的存在，经过定性—定量—研判—再定性—再定量—判读—再定性—再定量—再判读的往复过程。践行这个往复过程，离不开缄默知识的应用，而先进的设备和技术只是人在解决情报问题时所使用的工具而已。对此，情报工作者应抓住时代赋予的机遇，牢记"支撑决策、引导决策"的根本使命和"耳目、尖兵、参谋"的重要职责，借助智能化信息技术，生产更多的情报产品，影响和支撑社会发展决策，在维护和捍卫国家利益方面发挥更大的作用。

参考文献

[1] ALBRIGHT R E. Roadmapping convergence [M] //BAINBRIDGE W S, ROCO M C. Managing nano-bio-info-cogno innovations. Berlin: Springer Verlag, 2006: 23-25.

[2] BERTALANFFY L. General system theory [M]. New York: George Braziller, 1968: 41.

[3] CORNIN B. An introduction for social Intelligence [J]. Social intelligence, 1991, 1(1): 1-6.

[4] DEDIJER S. Social engineering of intelligence for development [C] // Document No.6 at the Meeting on the Knowledge Industry and the Process of Development. Paris: OECD, 1980: 1-59.

[5] DEERWESTER S, DUMAIS S T, FURNAS G W, et al. Indexing by latent semantic analysis [J]. Journal of the American society for information science, 1990, 41(10): 391-407.

[6] EGGEN D P. Ex-aide recounts terror warnings: clarke says bush didn't consider Al qaeda threat a priority before 9/11 [N]. The Washington Post, 2004-03-25.

[7] ENDSLEYM R. Toward a theory of situation awareness in dynamic systems [J]. Human factors, 1995, 37(1): 32-64.

[8] FARHAD M. True enough: learning to live in a post-fact society [M]. Hoboken: John Wiley & Sons, 2008: 74-80.

[9] FRANCESCO R, LIOR R, BRACHA S, et al. Recommender systems handbook [M]. Berlin: Springer, 2011: 363.

[10] HAKEN H, WUNDER L A, YIGITBASI S. An introductionto synergetics [J]. Kluwer academic publishers, 1995, 3(1): 97-130.

[11] JAMES G M, ANNA V, JILLIAN R. How think tanks shape social development policies [M]. Pennsylvania: University of Pennsylvania Press, 2014: 13.

[12] JOACHIM T. Text categorization with support vector machines: learning with many relevant features [J]. European conference on machine learning, 1998, 10(1): 137-142.

[13] JOHNSON T. Designing with the mind in mind: simple guide to understanding user interface design rules [M]. Boston: Morgan Kaufmann Publishers, 2010: 52.

[14] KENT S. Strategic intelligence for American world policy [M]. Princeton: Princeton University

Press，1949：155.

[15] MICHAEL I H. Intelligence and the problem of strategic surprise [J]. Journal of strategic studies，1984，7（3）：229-281.

[16] MOORE D T, Sensemarking-a structure for an intelligence revolution [M]. Washington：NDIC Press，2011：6-74.

[17] National intelligence strategy of the United States of America [R]. Office of the Director of National Intelligence，2019：17-24.

[18] PELLEGRINELLI S，BOWMAN C. Implementing strategy though projects [J]. Long Range Planning，1994，27（4）：125-132.

[19] ROBERT S Hirschield. Public papers of the president of the United States [J]. The journal of higher education，1971，34（5）：294-295.

[20] SHERMAN K. Strategic intelligence for American world policy [M]. Princeton：Princeton University Press，1965：155.

[21] 安路，吴燕珠，李纲.反恐情报信息工作能力的体系框架研究[J].图书馆学研究，2018（17）：68-76.

[22] 安淑新.国外智库管理运行机制及对我国的启示[J].当代经济管理，2011，33（5）：88-92.

[23] 白继红.我国社会科学情报学理论研究综述[J].图书馆理论与实践，1993（3）：23-25.

[24] 白列湖.协同论与管理协同理论[J].甘肃社会科学，2007（5）：228-230.

[25] 包昌火，包琰.中国情报工作和情报学研究[M].北京：科学出版社，2013：47-48.

[26] 包昌火，李艳，包琰.论竞争情报学科的构建[J].情报理论与实践，2012（1）：1-9.

[27] 包昌火，李艳，王秀玲，等.竞争情报导论[M].北京：清华大学出版社，2011：11-14.

[28] 包昌火，刘彦君，张婧，等.中国情报学论纲[J].情报杂志，2018（1）：1-8.

[29] 包昌火，马德辉，李艳.Intelligence 视域下的中国情报学研究[J].情报杂志，2015，34（12）：1-6，47.

[30] 包昌火，马德辉，李艳，等.我国国家情报工作的挑战、机遇和应对[J].情报杂志，2016（10）：1-6，17.

[31] 包昌火，王秀玲，李艳.中国情报研究发展纪实[J].情报理论与实践，2010，33（1）：1-3.

[32] 包昌火，谢新洲，张燕，等.企业竞争情报系统[J].中国信息导报，2001（8）：33-36.

[33] 包昌火，张燕，黄英.情报学进展：2002—2003年度评论(第五卷)[M].北京：国防工业出版社，2003：310-374.

[34] 包昌火.对我国情报学研究中三个重要问题的反思[J].图书情报知识，2012（2）：4-6.

[35] 包昌火.加强竞争情报工作，提高我国企业竞争能力[J].中国信息导报，1998（11）：33-36.

[36] 包昌火.科技情报工作的三个发展阶段[J].情报理论与实践，1985（1）：13，34.

[37] 包昌火.让中国情报学回归本来面目[J].情报杂志，2011，30（7）：1.

[38] 布鲁斯·史密斯.科学顾问：政策过程中的科学家[M].温珂，李乐旋，周华东，译.上海：上海交通大学出版社，2018：14.

[39] 曹默. 浅议社科情报工作的制约因素[J]. 黑龙江社会科学, 1995（1）：74-77.

[40] 陈峰, 张薇. "中兴事件"中的典型高端竞争情报产品分析[J]. 情报杂志, 2018, 37（5）：5-9.

[41] 陈峰. 竞争情报理论方法与应用案例[M]. 北京：科学技术文献出版社, 2014：21.

[42] 陈峰. 竞争情报与战略情报关系辨析[J]. 情报理论与实践, 2012, 35（8）：125-128.

[43] 陈峰. 论面向高端用户提供情报服务的四个层次[J]. 情报杂志, 2016（35）：13-17.

[44] 陈峰. 美国同行的"民用情报"认知与实践：富德-格拉德-赫林竞争情报学院管窥[J]. 情报杂志, 2013, 32（8）：1-6.

[45] 陈明, 凌云翔, 吴树银. 大数据时代的反恐怖情报保障策略研究[J]. 情报杂志, 2015, 34（6）：5-11.

[46] 陈向阳. 国际格局多层化与大国关系多样化及中国应对[J]. 江南社会学院学报, 2017, 19（1）：38-41.

[47] 陈晓辉. 刑事特情适用的若干争议焦点研究[J]. 求实, 2010（增刊2）：69-71.

[48] 池建文, 顾小放. 科技情报工作需要尽快摆脱"非常态"[J]. 情报理论与实践, 2007, 30（6）：721-724.

[49] 初景利. 新时代情报学与情报工作的新定位与新认识："情报学与情报工作发展论坛（2017）"侧记与思考[J]. 图书情报工作, 2018（1）：140-142.

[50] 戴汝为. 从定性到定量的综合集成法的形成与现代发展[J]. 自然杂志, 2009（6）：311-314, 326.

[51] 党跃臣. 中国社会科学情报理论研究综述[J]. 大学图书馆学报, 1998（5）：29-32, 35.

[52] 邓立军. 中国现代秘密侦查史稽考[J]. 四川警察学院学报, 2014（3）：1-9.

[53] 丁世飞. 高级人工智能[M]. 徐州：中国矿业大学出版社, 2015：2.

[54] 杜人淮. 中国特色军民融合式发展：内涵、特征与实现形式[J]. 南京政治学院学报, 2013（6）：78-82.

[55] 杜元清. 地平线扫描的概念及案例研究[M]//情报学进展（2016—2017年度评论）[C]. 北京：国防工业出版社, 2018：154-191.

[56] 樊宏, 戴良铁. 基于能力的人力资源管理新模式[J]. 科学学与科学技术管理, 2004（9）：98-101.

[57] 樊松林. 竞争情报研究方法体系的架构与选用[J]. 情报科学, 2000（10）：872-876.

[58] 范并思. 社科情报学：一个逐渐远行的学派[J]. 图书情报知识, 2006（6）：80-83.

[59] 范并思. 社科情报学理论建设的问题和思路[J]. 图书馆学通讯, 1987（1）：22.

[60] 范并思. 推动社科情报的学科建设[J]. 情报资料工作, 2006（5）：12-14.

[61] 范并思. 中国社会科学情报理论研究评述[J]. 图书馆, 1989（5）：11-14.

[62] 符福峘. 论为宏观管理决策服务的战略情报研究[J]. 情报理论与实践, 2003（2）：97-101.

[63] 高金虎, 吴晓晓. 中西情报思想史[M]. 北京：金城出版社, 2016：121, 234.

[64] 高金虎, 张魁. 情报分析方法论[M]. 北京：金城出版社, 2017：23-27.

[65] 高金虎. 从"国家情报法"谈中国情报学的重构[J]. 情报杂志, 2017（36）：2-7.

[66] 高金虎. 军事情报学[M]. 江苏：江苏人民出版社, 2017：3-135.

[67] 高金虎. 论国家安全情报工作, 兼论国家安全情报学的研究对象[J]. 情报杂志, 2019, 38（1）：

1-7.

[68] 高金虎. 论情报的定义 [J]. 情报杂志, 2014 (3): 1-5.

[69] 高金虎. 情报分析方法论 [M]. 北京: 金城出版社, 2017: 10.

[70] 高金虎. 作为一门学科的国家安全情报学 [J]. 情报理论与实践, 2019, 42 (1): 1-9.

[71] 高庆德. 基于态势感知的美军空间情报对抗研究 [J]. 航天电子对抗, 2009, 25 (2): 23-25, 41.

[72] 谷贤林, 邢欢. 美国教育智库的类型、特点与功能 [J]. 比较教育研究, 2014, 36 (12): 1-6.

[73] 郭诚开. 基于综合集成研讨厅的网络银行安全问题研讨模式探究 [D]. 北京: 中国人民公安大学, 2017: 2-6.

[74] 郭晓彬. 侦查策略与措施 [M]. 北京: 法律出版社, 2006: 248.

[75] 郭昀. 情报与符号: 从大情报观情报载体 [J]. 情报科学, 1988 (3): 25-28.

[76] 郝旭洁. 中国智库成果转化机制研究 [D]. 呼和浩特: 内蒙古大学, 2015: 47-51.

[77] 何馗. 试论社科情报的特点 [J]. 云南财贸学院学报, 1992 (1): 48-50.

[78] 和婷. 大数据思维对图书馆信息服务工作的启示 [J]. 图书馆建设, 2014 (1): 64-68.

[79] 贺德方, 蔡镭. 中国情报学百科全书 [M]. 北京: 中国大百科全书出版社, 2010: 45.

[80] 贺德方. 数字时代情报学理论与实践: 从信息服务走向知识服务 [M]. 北京: 科学技术文献出版社, 2006: 39.

[81] 贺德方. 我国科技情报行业发展战略与发展路径的思考 [J]. 情报学报, 2007, 26 (4): 483-487.

[82] 化柏林. 科技信息大数据在情报服务中的应用 [J]. 图书情报工作, 2017 (16): 150.

[83] 化柏林, 武夷山. 论我国科技情报工作的基本特征 [J]. 情报理论与实践, 2013 (5): 11-13, 19.

[84] 黄朴民. 孙子兵法的理论体系与文化启示 [J]. 中共杭州市委党校学报, 2003 (6): 33-38.

[85] 黄如花. 80年代以来我国社科情报工作理论研究综述 [J]. 情报资料工作 (双月刊), 1994 (5): 20-22.

[86] 黄晓斌. 试论新环境下我国竞争情报工作的发展方向 [J]. 情报科学, 2000, 18 (11): 967-970.

[87] 黄玉成. 建国以来刑事侦察学的发展概况 [J]. 公安大学学报, 1985 (4): 4.

[88] 霍国庆, 汪冰. 穿越冷战的情报科学史及其启示: 理查兹"情报科学与冷战的结束"评价 [J]. 情报科学, 1998 (16): 90.

[89] 江焕辉, 舒洪水. 美国反恐情报变革研究: 应对新问题与新挑战 [J]. 情报杂志, 2018, 37 (11): 16-22.

[90] 蒋小天. 公安部内设机构大调整: 多部门整合做强办案部门, 设情报指挥中心 [N]. 南方都市报, 2019-05-13.

[91] 蒋颖. 中国社会科学情报学会三十年回顾 [J]. 情报资料工作, 2016, 37 (6): 7-10.

[92] 焦健, 王祥. 数据挖掘在美国本土安全中的应用 [J]. 舰船电子工程, 2006 (1): 32-35.

[93] 靖继鹏, 李勇先. 试构造以用户为核心的情报学理论体系 [J]. 情报业务研究, 1991 (4): 193-198.

[94] 靖继鹏, 马费城. 情报科学理论 [M]. 北京: 科学出版社, 2009: 3.

[95] 柯平. 当代情报学理论体系的建构 [J]. 情报学报, 2004, 23 (3): 377-384.

[96] 赖茂生. 新环境、新范式、新方法、新能力: 新时代情报学发展的思考 [J]. 情报理论与实践,

2017（40）：2.

[97] 冷伏海，于微微.从2002—2011年ARIST及《情报学进展》载文内容看情报学研究动态与发展[J].情报学报，2013，32（10）：1012-1025.

[98] 李昇.推动媒体与智库融合发展[J].现代国企研究，2015（15）：44-51.

[99] 李德毅.云计算技术发展报告[M].北京：科学出版社，2012：5.

[100] 李纲，李阳.面向决策的智库协同创新情报服务[J].图书与情报，2016（1）：36-43.

[101] 李广建，江信昱.论计算型情报分析[J].中国图书馆学报，2018，44（1）：4-16.

[102] 李国秋，吕斌.组织：情报学研究中一个长期被忽视的维度：来自谢尔曼·肯特的启示[J].图书情报知识，2012（2）：74-80.

[103] 李辉，陈雪飞，刘如，等.国家安全与发展视阈下情报供给侧改革研究：基于供给侧五角模型解释框架[J].情报理论与实践，2019，42（10）：9-14.

[104] 李辉，侯元元，张惠娜，等.情报3.0背景下科技情报服务能力评价指标体系构建[J].情报理论与实践，2017（6）：67-71.

[105] 李辉，杨国立，樊彦芳.我国军民情报融合的战略意义、制约问题与发展策略研究[J].情报理论与实践，2019（11）：1-7.

[106] 李辉，张惠娜，付宏.情报3.0时代科技情报服务能力构建[M].北京：社会科学文献出版社，2017：20-29.

[107] 李辉，张惠娜，侯元元，等.情报3.0时代科技情报服务能力研究：基于工程技术视角的服务能力四层结构模型[J].情报理论与实践，2017（3）：1-4.

[108] 李建军，催树义.世界各国智库研究[M].北京：人民出版社，2010：6-8.

[109] 李涛.高等院校视觉识别系统的构建与研究[D].保定：河北大学，2007：4.

[110] 李文良.中国国家安全体制研究[J].国际安全研究，2014（5）：44.

[111] 李效筱.社会科学情报工作与图书馆工作的联系与区别[J].图书馆学刊，2012（7）：9-13.

[112] 李阳，李纲.工程化与平行化的融合：大数据时代下的应急决策情报服务构思[J].图书情报知识，2016（3）：4-14.

[113] 李阳，李纲.我国情报学变革与发展："侵略"思索、范式演进与体系建设[J].图书情报工作，2016（22）：5-11.

[114] 李阳，孙建军.中国情报学与情报工作的本土演进：理论命题与话语建构[J].情报学报，2018，37（6）：631-641.

[115] 李阳.工程化思维下的智库情报机能研究[J].情报杂志，2016，35（3）：36-48.

[116] 梁俊兰.社科情报学理论研究存在的主要问题[J].情报资料工作，2008（6）：23-26.

[117] 梁邻德.社会科学情报学[M].南京：南京大学出版社，1988：101-102.

[118] 梁占平.论情报学研究[J].中国信息导报，2003（1）：12-15.

[119] 刘昊，张志强.建立军民融合一体化专利管理体制的思考：基于首批解密国防专利的分析[J].情报杂志，2017，36（10）：110-116.

[120] 刘怀宝.略谈竞争情报及其搜集方法[J].图书情报知识，1987（2）：30-32.

［121］刘怀宝.试论工商情报［J］.图书情报知识，1987（1）：15-18.

［122］刘建明，王泰玄.宣传舆论学大辞典［M］.北京：经济日报出版社，1993：3.

［123］刘锦源.知识方程与情报决策［J］.情报杂志，2006（5）：105-108.

［124］刘景泉，肖光文.当代世界格局与中国特色社会主义新时代［J］.南开学报（哲学社会科学版），2018（1）：1-11.

［125］刘琦岩.科技智库亟需提升情报工程化水平［J］.情报工程，2018（8）：1.

［126］刘强.情报工作与国家生存发展［M］.北京：时事出版社，2014：584.

［127］刘如，吴晨生，刘彦君，等.中国科技情报工作的传承与发展［J］.情报学报，2019，38（1）：38-45.

［128］刘如，许明金，吴晨生，等.基于科技情报服务体系创新的情报快速生产线建设研究［J］.情报理论与实践，2017，40（9）：55-60.

［129］刘如.大数据时代情报可视化应用研究［M］.北京：兵器工业出版社，2015：35.

［130］刘同，真溱，汤珊红.界定众包情报［J］.情报理论与实践，2016（1）：145.

［131］刘细文，虞惠达.分布式科技战略情报研究与服务之工作模式研究［J］.情报学报，2007（3）：430-434.

［132］刘岩芳.情报学的发展与现代情报观［J］.情报科学，2001，19（12）：1239-1241.

［133］刘昭东.信息工作理论与实践［M］.北京：科学技术文献出版社，1995：558-559.

［134］刘植惠.大情报观内涵的透视［J］.情报杂志，2000，19（3）：3-4.

［135］刘植惠.关于情报学学科建设的思考［J］.情报学报，1987（1）：13-18.

［136］刘植惠.评"大情报"观［J］.情报理论与实践，1999（2）：69-71.

［137］卢太宏.变革中的情报工作新观念与新方式［J］.科技情报工作，1987（3）：15-17.

［138］卢太宏.情报科学的三个研究规范［J］.情报学报，1987（1）：19-22.

［139］卢心钢.对加强刑侦基础工作的思考［J］.辽宁警专学报，2009（4）：17-19.

［140］吕冬煜，党齐民.基于文本挖掘的可视化竞争情报提取［J］.计算机应用与软件，2005，135（2）：50-51，135.

［141］麻智辉.试论我国社科情报体制的改革［J］.图书情报知识，1992（1）：24-26.

［142］马德辉，黄紫斐.美国《国家情报战略》的演进与国家情报工作的新变化、新特点与新趋势［J］.情报杂志，2015，34（6）：1-4，11.

［143］马德辉.中国公安情报学的兴起和发展［J］.情报杂志，2015（11）：7-14.

［144］马海舰.刑事侦查措施［M］.北京：法律出版社，2006：175.

［145］马克·洛文塔尔.情报：从秘密到政策［M］.杜效坤，译.北京：金城出版社，2015：273.

［146］缪其浩.社会情报（智能）的理论、应用及其对发展中国家的意义［M］//情报学进展（1996—1997年度评论）.北京：兵器工业出版社，1997：1-28.

［147］潘建国.基于语义的用户建模技术与应用研究［D］.上海：上海大学，2008：7-8.

［148］彭靖里，邓艺，刘建中，等.国内外竞争情报产业的发展与研究述评［J］.情报理论与实践，2005（4）：4-8.

[149] 彭靖里，杨斯迈，赵鸿阳．我国竞争情报研究与服务发展评述［J］．情报探索，2008（10）：75-78．

[150] 彭亚平，王亮．俄罗斯联邦情报法制建设及其特点［J］．情报杂志，2017，36（1）：14-17．

[151] 濮方圆．以色列军事情报工作军民融合基本路径研究［J］．情报杂志，2017，36（2）：8-11．

[152] 钱晶晶．论新型智库对外传播特性的具体表征：以春秋、CCG 和重阳金融三大智库为例［J］．全球传媒学刊，2016，3（1）：80-89．

[153] 钱学森，于景元，戴汝为．一个科学新领域：开放的复杂巨系统及其方法论［J］．自然杂志，1990（2）：3-10．

[154] 钱学森．科技情报工作的科学技术［J］．医学信息学，1984（2）：3-10．

[155] 钱学森．情报资料、图书、文献和档案工作的现代化及其影响［J］．经济管理，1979（1）：6-10．

[156] 张力治．情报学进展（第十二卷）［M］．北京：国防工业出版社，2018：156．

[157] 邱均平，段宇峰．论知识管理与竞争情报［J］．图书情报工作，2000（4）：11-14．

[158] 屈健，李琦．我国情报机构的变革与情报体制演变历程研究［J］．情报杂志，2011，30（6）：4-7．

[159] 沈迈克．关于中国共产党中央调查部的历史考察［J］．黄语生，译．当代中国史研究，2010（2）：99．

[160] 尚文倩．人工智能［M］．北京：清华大学出版社，2017：1．

[161] 申丹娜．大科学与小科学的争论评述［J］．科学技术哲学研究，2009，26（1）：101-107．

[162] 沈固朝．"耳目、尖兵、参谋"：在情报服务和情报研究中引入 Intelligence studies 的一些思考［J］．医学信息学杂志，2009，30（4）：1-5．

[163] 沈进建．美国智库的法律责任与法律约束初探［J］．智库理论与实践，2016，1（1）：75-80．

[164] 师宏睿．布鲁克斯情报认知观研究［J］．图书馆理论与实践，2001（6）：51-53．

[165] 苏新宁．大数据时代情报学与情报工作的回归［J］．情报学报，2017，36（4）：331-337．

[166] 孙晶琼．谢尔曼肯特战略情报观与我国传统情报观的比较研究［J］．科技创业月刊，2017，30（7）：106-109．

[167] 孙静．卡罗尔人机交互理论的认知方法论［D］．太原：山西大学，2012：3-8．

[168] 孙瑞英，马海群．总体国家安全观视域下中国特色的国家情报工作安全体系构建研究［J］．情报资料工作，2019，40（1）：33-43．

[169] 孙学琛．情报研究工作的回顾与展望［J］．情报学报，1986（5）：3-4．

[170] 孙振誉，张蕙杰，白碧君，等．信息分析导论［M］．北京：清华大学出版社，2007：13．

[171] 泰鸿．从"科技情报工作"到"情报工作"［J］．情报杂志，1983（4）：15-16．

[172] 谭安洛．出路在于拓展：关于社科情报事业的发展［J］．情报杂志，1992（3）：30-33．

[173] 汤欢．战略情报观与我国传统情报观的比较研究［J］．科技创业月刊，2017（6）：103-104．

[174] 唐晓波，郑杜，翟夏普．基于大数据智能的竞争情报系统模型研究［J］．情报理论与实践，2018，41（11）：133-137，160．

[175] 唐志龙．略论能力的基本特征［J］．学习论坛，2005（4）：52-54．

[176] 陶秀杰，龚婷，吴志强．基于交互式情报用户需求深度挖掘的电网信息检索方法研究［J］．图书情报知识，2014，160（4）：57-62．

［177］涂海丽，唐晓波，谢力.基于在线评论的用户需求挖掘模型研究［J］.情报学报，2015（10）：88-97.

［178］托马斯·库恩.科学革命的结构［M］.4版.金吾论，胡新和，译.北京：北京大学出版社，2012：9-11.

［179］万劲波，王桂侠.科技智库影响力的提升路径［N］.科技日报，2014-11-30（2）.

［180］王崇德.情报观的进化［J］.情报业务研究，1990（4）：169-173.

［181］王飞跃.从激光到激活：钱学森的情报理念与平行情报体系［J］.自动化学报，2015，41（6）：1053-1061.

［182］王鸿刚.中国参与全球治理：新时代的机遇与方向［J］.外交评论（外交学院学报），2017（6）：1-21.

［183］王健英.中国共产党组织史资料汇编（增订本）［M］.北京：中共中央党校出版社，1995：963.

［184］王庆红，王平.企业用户情报需求挖掘及资源关联可视化展示研究［J］.图书与情报，2014（3）：27-32.

［185］王世伟.试析情报工作在智库的前端作用：以上海社会科学院信息研究所为例［J］.情报资料工作，2011（2）：92-96.

［186］王伟军，付立宏.面向21世纪的现代情报观：从大情报观谈起［J］.情报理论与实践，1999，22（5）：313-315.

［187］王文.对中国特色新型智库几个重大问题的思考［J］.智库理论与实践，2016，1（1）：24-30.

［188］王文.让更多外籍精英参与中国智库建设［J］.对外传播，2014（4）：41-42.

［189］王文.思想不"伐谋"，崛起无后劲：中国智库如何影响世界［J］.对外传播，2016（11）：41-42.

［190］王文.中国特色新型智库的国际影响力评估与构建［J］.新闻与写作，2018（6）：21-23.

［191］王延飞，闫志开，何芳.从智库功能看情报研究机构转型［J］.情报理论与实践，2015（5）：1-4，11.

［192］王曰芬，李鹏翔.图书情报机构知识服务能力及评价研究（Ⅰ）：服务能力的内涵与构成［J］.情报学报，2010（6）：1087-1097.

［193］王知津，陈维军.论竞争情报的理论来源［J］.图书情报工作，2007，51（7）：28-30，61.

［194］王知津，栗莉."信息、知识、情报——再认识"［J］.情报科学，2001，19（7）：673-676.

［195］翁芝光.把握社会科学情报事业转型发展的契机［J］.社会科学动态，1996（8）：20-22.

［196］吴晨生，陈雪飞，李辉，等.情报生产力突破及其对社会发展的影响［J］.情报理论与实践，2018，41（2）：1-6.

［197］吴晨生，李辉，付宏，等.情报服务迈向3.0时代［J］.情报理论与实践，2015，38（9）：1-7.

［198］吴晨生，张惠娜，刘如，等.追本溯源：情报3.0时代对情报定义的思考［J］.情报学报，2017（1）：5-8.

［199］肖晞.国际秩序变革与中国路径研究［J］.政治学研究，2017（4）：38-48，126.

［200］谢尔曼·肯特.战略情报：为美国世界政策服务［M］.北京：金城出版社，2012：1.

[201] 谢晓专.情报学"名不副实"的尴尬及其解决之道[J].情报资料工作,2010,31(3):14-19.

[202] 邢杰,马德辉.论我国竞争情报研究现状及发展趋向[J].津图学刊,2003(1):77-80.

[203] 熊剑平,储道立.中国古代情报史[M].北京:金城出版社,2016:3.

[204] 熊志军.试论小科学与大科学的关系[J].科学学与科学技术管理,2004,25(12):5-8.

[205] 徐秀军.国际秩序:变革呼唤加强全球治理[J].世界知识,2018(14):34-35.

[206] 薛澜.智库热的冷思考:破解中国特色智库发展之道[J].中国行政管理,2014(5):6-10.

[207] 杨国立,李品.总体国家安全观背景下情报工作的深化[J].情报杂志,2018,37(5):52-58.

[208] 杨国立,苏新宁.迈向 Intelligence 导向的现代情报学[J].情报学报,2018(5):460-466.

[209] 杨建林,孙明军.竞争情报收集的自动化[J].情报杂志,2005(1):40-43,

[210] 杨教."大""小"情报观辨析:兼评某种"大情报观"[J].情报杂志,1996,15(1):3-7.

[211] 杨沛超,汪小熙.社会科学情报事业发展的历史轨迹与未来走向:以中国社会科学院图书馆为例[J].情报资料工作,2008(6):9-13.

[212] 由鲜举.国家安全保护之利器:浅析美、俄、英情报体系和情报机构建设[J].保密科学技术,2017(8):14-17.

[213] 袁建霞,董瑜,张薇.论情报研究在我国智库建设中的作用[J].情报杂志,2015,34(4):4-7,12.

[214] 袁莉,姚乐野.基于EA的快速响应情报体系顶层设计研究[J].图书情报工作,2016,60(23):16-22.

[215] 袁中.社科情报理论研究的反思[J].图书情报知识,2007(1):71-73.

[216] 詹姆斯·麦根,安娜·威登,吉莉恩·拉弗蒂.智库的力量[M].王晓毅,李艳波,郑少雄,译.北京:社会科学文献出版社,2016:151-172.

[217] 张东冬.美国国家实力衰落与国际权力格局的变化[J].国际展望,2018,10(2):32-51.

[218] 张晖.新中国成立初期的解放军八大总部[J].党史博览,2018(4):34-40.

[219] 张家年,马费成.美国国家安全情报体系结构及运作的研究[J].情报理论与实践,2015,38(7):7-14.

[220] 张家年,马费成.我国国家安全情报体系构建及运作[J].情报理论与实践,2015,38(8):5-10.

[221] 张家年,马费成.总体国家安全观视角下新时代情报工作的新内涵、新挑战、新机遇和新功效[J].情报理论与实践,2018(7):1-6,13.

[222] 张家年,卓翔芝.融合情报流程:我国智库组织结构和运行机制的研究[J].情报杂志,2016,35(3):42-48.

[223] 张家年.情报融合中心:美国情报共享实践及启示[J].图书情报工作,2015,59(13):87-95.

[224] 张家年.情报视角下我国智库能力体系建设的研究[J].情报资料工作,2016(1):92-98.

[225] 张秋波,唐超.总体国家安全观指导下情报学发展研究[J].情报杂志,2015(12):7-10,20.

[226] 张晓军.美国军事情报理论研究[M].北京:军事科学出版社,2007:67.

[227] 张聿忠.走进新世纪的社科信息理论与实践研究:历史的回眸与展望[J].情报资料工作,2000(1):2-6.

[228] 赵冰峰.情报学：服务国家安全与发展的现代情报理论［M］.北京：金城出版社，2018：316.

[229] 赵若玺，徐治立.新科技革命会引发什么样的产业变革［J］.人民论坛，2017（23）：79-81.

[230] 赵炜.公安改革40年：历程、经验、趋势［J］.中国人民公安大学学报（社会科学版），2018（2）：1-11.

[231] 赵云，邵珠峰，陈璐怡，等.军民融合中基于创新链的分层适应性保密体系构建［J］.中国科技论坛，2019（1）：37-45.

[232] 曾建勋.花甲之年的惆怅：科技情报事业60年历程反思［J］.情报理论与实践，2017（11）：5-8.

[233] 郑彦宁，杨阳，赵筱媛.我国科技情报机构研究业务发展现状调查［J］.情报理论与实践，2010，33（7）：63-66.

[234]《中国情报学百科全书》编辑委员会.中国情报学百科全书［M］.北京：中国大百科全书出版社，2010：175.

[235] 周晓英.社会科学信息工作发展的机会与对策［J］.情报资料工作（双月刊），1995（2）：16-18.

[236] 朱礼军，段黎萍，赵婧.面向创新战略的情报工程理论方法与挑战［J］.情报工程，2016，2（2）：26-32.

索 引

D

大情报观..................20
大数据....................18
大数据思维................51

G

公安情报工作..............2
国家安全情报工作..........2
国家情报工作..............1
国家情报工作机构..........1
国家情报发展战略........112
国家情报数据平台.........89
国家情报体制.............10
国家智库建设战略.........45

J

竞争情报..................1
竞争情报工作.............25
军民情报.................80
军民情报基础设施共建共享模式..236

军民情报融合.............80
军民情报协同模式........235
军民融合.................36
军民融合战略............242
军事情报工作..............1
"军转民"情报披露模式....233

K

科技情报工作.............11

M

"民参军"情报交易模式....233

Q

情报......................1
情报服务.................12
情报服务模式.............66
情报服务平台............270
情报感知.................34
情报工程化..............101

情报工程思维..................101
情报工作..........................1
情报工作能力..................34
情报工作能力体系..........258
情报观念思维..................96
情报机构智库转型..........120
情报平行思维..................104
情报生产线......................65
情报体制..........................2
情报文化..........................170
情报系统思维..................103
情报协同能力..................313
情报信息可视化..............304
情报智库..........................120

R

人工智能..........................18

S

社科情报工作..................19

X

协同................................11
新科技革命....................49

Y

移动互联网....................50
云物移大智....................66

Z

智库................................12
智库服务........................25
智库转型........................21
中华人民共和国反间谍法..................9
中华人民共和国国家安全法............9
中华人民共和国国家情报法............1
中国特色新型智库..........................18
总体国家安全观..............................9